BURT FRANKLIN: RESEARCH & SOURCE WORKS SERIES
Selected Essays and Texts in Literature and Criticism 200

GOETHE EN FRANCE

FERNAND BALDENSPERGER

GOETHE EN FRANCE

ÉTUDE DE LITTÉRATURE COMPARÉE

DEUXIÈME ÉDITION, REVUE

BURT FRANKLIN
New York, N. Y.

Published by LENOX HILL Pub. & Dist. Co. (Burt Franklin)
235 East 44th St., New York, N.Y. 10017
Reprinted: 1973
Printed in the U.S.A.

Burt Franklin: Research and Source Works Series
Selected Essays and Texts in Literature and Criticism 200

Reprinted from the original edition in the Columbia University Library.

Library of Congress Cataloging in Publication Data

Baldensperger, Fernand, 1871-1958.
Goethe en France.

Reprint of the 1920 ed. published by Hachette, Paris.
1. Goethe, Johann Wolfgang von, 1749-1832—Appreciation—France.
I. Title.
PT2173.F7B3 1973 831'.6 72-81938
ISBN 0-8337-3961-1

GOETHE EN FRANCE

INTRODUCTION

Goethe a fait en France deux séjours : le 22 septembre 1770, il fut inscrit, comme étudiant en droit, sur les registres de l'Université de Strasbourg, où il passa près d'un an ; le 27 août 1792, il franchit la frontière près de Longwy, pour suivre, curieux et sceptique, l'expédition de quelques semaines dont Valmy fut le terme. Mais il est à peine utile de dire que ce titre, *Goethe en France*, concerne la notoriété et l'influence de son œuvre et de sa personnalité chez nous, et nullement ces deux séjours que le poète allemand a faits dans notre pays. Aucun d'eux, quelque profit qu'en ait su tirer sa propre culture, ne semble avoir directement contribué à étendre sa renommée en France. Faut-il déplorer à ce propos, avec Sainte-Beuve, qu'il n'ait point eu l'occasion de venir à Paris et d'y passer six mois, « vers 1786, un peu avant son voyage d'Italie », et de s'y faire connaître « comme tant d'illustres étrangers devenus nôtres » ? Suard avait regretté déjà que Goethe ne fût pas venu « causer avec Diderot ». Napoléon, en 1808, le pressa vivement de se fixer dans sa capitale, et Talma garantissait à l'auteur de *Werther* la faveur enthousiaste des Parisiennes. Plus tard encore, vers 1825, au moment où le *Globe* menait son admirable campagne d'élargissement intellectuel, le poète de *Faust* n'eût pas manqué de trouver une réception chaleureuse auprès des plus avisés parmi les doctrinaires du romantisme. On imagine assez bien sa visite au Paris cultivé de ce temps : l'accueil qu'il y aurait rencontré, moins bruyant que celui dont Walter Scott fut l'objet un peu plus tard, aurait sans doute comporté plus de mutuelle sympathie. Quelques hôtels aristocrates ou bourgeois, quelques bureaux de rédaction auraient fêté, soit l'écrivain, soit l'ami d'un grand-duc ; et peut-être Chateaubriand se serait-il résigné, en faveur de l'hôte étranger, à ne pas être, un soir ou deux, le centre du salon de l'Abbaye-au-Bois....

Mais la présence visible de Goethe à Paris aurait-elle vraiment aidé à révéler au public français la véritable valeur du poète allemand, et la France aurait-elle été ainsi dispensée d'*épeler Goethe*, selon la très juste expression de Sainte-Beuve? C'est assez douteux. On pourrait, avec autant de vraisemblance, regretter que ce maître, aux heures où sa notoriété était le plus en jeu, n'ait point été signalé à la France par un critique qui, tel Carlyle en Angleterre ou Emerson aux États-Unis, fût d'humeur ou de taille à comprendre et à proclamer sa mesure absolue. « Le plus frappant exemple, dans notre âge, d'un écrivain qui est, en un mot, ce que la philosophie peut appeler un Homme » ; « celui qui, plus que tout autre, a été mis dans la confidence de l'*Esprit du Monde* » : de telles formules peuvent paraître bien sibyllines — encore que la première ne soit qu'une variante du mot bien connu de Napoléon; elles ont eu cependant l'avantage de résumer avec force et durée, pour la pensée anglo-saxonne, la signification la plus profonde qu'on soit tenté de rechercher dans Goethe. Or, ce sont, au contraire, des explorations consécutives plutôt qu'une découverte d'emblée qui constituent l'histoire de la fortune littéraire et de la notoriété du poète allemand chez nous.

Même s'il en eût été différemment, la série des générations intellectuelles aurait encore *épelé* Goethe. Même si l'ensemble composite de son œuvre eût été signalé par quelque Français de 1825 ou de 1840, des curiosités successives n'en auraient pas moins détaché telle partie ou tel détail, la fenêtre où Werther pleure vers le ciel morne, la spire vertigineuse du *Faust*, le fronton pur du temple où rêve Iphigénie, le pavillon de jardin de la *Métamorphose* ou la chambre haute des *Entretiens*. Car il est bien certain qu'une époque littéraire, lorsqu'elle découvre et qu'elle annexe des idées ou des formes exotiques, ne goûte et ne retient vraiment que les éléments dont elle porte, par suite de sa propre évolution organique, l'intuition et le désir en elle-même. Les influences étrangères, à qui l'on fait une gloire ou un crime, suivant les points de vue, de « libérer » ou de « dévoyer » une littérature, n'agissent jamais que dans une direction conforme aux tendances de celle-ci. Elles nous informent de nous, et, selon le mot de Pascal, « elles nous font part de notre bien ». Il en est en effet de ces actions intellectuelles comme des destinées morales des individus, où l'on donne des conseils, mais où l'on n'inspire point de conduite. Ces conseils, ce sont ici les œuvres qui, issues d'un autre système de civilisation, renferment déjà en acte, et parfois avec excès, ce qui n'est encore qu'en puissance en deçà des frontières. « Un figuier, dit un proverbe oriental, devient fécond en regardant les figues de l'arbre voisin.... »

Il a paru possible de répartir le détail de cette étude entre un petit nombre de très grandes divisions générales : elles correspondent à la succession des principaux aspects sous lesquels Goethe est apparu à la France. Succession véritablement chronologique, car on pourrait déterminer avec précision le moment où la périphrase favorite d'*auteur de Werther* est remplacée, dans le langage courant, par l'épithète d'*auteur de Faust*; et, moins visibles ailleurs, des indices analogues marqueraient de même dans quel ordre diverses faces du génie de Goethe ont attiré nos regards. Non point, assurément, qu'il faille considérer l'efficacité de telle œuvre comme limitée à telle période : *Werther* n'a point perdu le pouvoir d'attendrir de jeunes sensibilités, et *Faust* est resté le type le plus vivace des drames qui prétendent symboliser la destinée humaine elle-même. D'autre part, dans chacune de ces périodes où domine l'un des aspects de Goethe, quelqu'un n'a pas manqué de prévoir ou de pressentir ce qui sera, ensuite, une vérité acceptée de la majorité : dans celui qui n'était guère, pour la France contemporaine, que l'auteur de *Werther*, Mme de Staël signale le poète dramatique que les réformateurs romantiques invoqueront; J.-J. Ampère dépasse sa génération littéraire en distinguant, à travers la fantasmagorie que 1830 goûtait dans le *Faust*, quelques symboles profonds; Taine et Montégut entendent les leçons d'une haute discipline intellectuelle et morale, alors que le « Jupiter de

Weimar », le « grand Olympien » semble, à la plupart des hommes de 1860, figé dans une attitude d'impassible et implacable indifférence. Il n'en reste pas moins, malgré ces regards avant-coureurs, plus clairvoyants ou mieux informés, qu'une orientation principale, une dominante temporaire, a fait agir à tour de rôle, sur la pensée française, un des éléments dont se compose l'œuvre intellectuelle la plus complexe des temps modernes. La disposition adoptée dans ces pages s'efforce de rendre compte de la succession même de ces influences : bien qu'elle n'aille pas sans quelques difficultés, elle a paru la plus propre à mettre en valeur les significations maîtresses de Goethe et à isoler en quelque sorte, à son heure, la fibre vraiment vivante et frémissante.

Ayant tenu à m'en garder, je tiens à me défendre de deux sophismes. Le premier consisterait à supposer, sous ces expressions, la *pensée française*, la *mentalité française*, des entités en lesquelles la masse de la nation, ou même le public qui lit, se trouveraient étroitement solidaires des idées de ses écrivains. Est-il besoin de dire qu'une telle conception ne saurait être admise que pour la commodité du discours, — et qu'on risque d'autant moins d'y croire absolument que l'on traite de Goethe, de Goethe si souvent « seul » dans son pays et dans son époque? Et pourtant, il faut bien reconnaître qu'un minimum d'adhésion ne peut faire défaut à la voix la moins retentissante, celle d'un indépendant comme Gérard de Nerval ou d'un isolé comme Émile Montégut, et que le réseau des causes ne permet point à l'activité des plus aristocratiques même et des plus solitaires d'échapper à l'empreinte des influences et des déterminations. D'autre part, il est certain que la presse, surtout les journaux quotidiens qui ont été constamment consultés pour ce travail, offre des garanties nombreuses d'opinion moyenne; un article inséré dans les numéros consécutifs d'un périodique peut être assez justement interprété comme l'expression d'une pensée admise, à ce moment-là, par un groupe qui va du directeur qui l'accueille au « vieil abonné » qui ne proteste pas.

L'autre sophisme dont je me suis efforcé de me garder consisterait à départir des éloges ou des blâmes suivant l'intelligence et la sympathie que Goethe a trouvées chez nos écrivains. Que Chateaubriand et Edmond Scherer n'aient point goûté le poète d'*Iphigénie*, que Lacretelle ou Barbey d'Aurevilly ne l'aient pas compris, il n'y a là que des phénomènes explicables par des incompatibilités de tempérament ou des insuffisances de pensée et d'information, nullement une raison de défaveur *a priori* : et l'homme qui fut un des critiques les plus judicieux qui aient été, a donné là-dessus de trop bons avis pour qu'un peu de son équité ne doive pas inspirer ses historiens.

Goethe a beaucoup reçu de la France. Il a aimé d'elle sa culture humaine et sociable, le jeu alerte des idées qui, de Diderot aux « jeunes gens » du *Globe*, n'a guère cessé de l'intéresser, — et aussi, je crois bien, cette « sensualité moyenne » du Français, en laquelle Matthew Arnold faisait résider la caractéristique de notre nation. Il a suivi avec éblouissement la surprenante trajectoire de Napoléon, dont la fortune lui semblait à la fois le symbole et le châtiment des destinées surhumaines. Il a de bonne heure appris à goûter la netteté classique de notre théâtre, et notre XVIIIe siècle, par Rousseau et par Voltaire, a profondément agi sur lui. Dans la circulation incessante des idées et des formes, Goethe doit beaucoup à la pensée et à l'art français, et l'on a pu dire sans trop d'exagération qu' « il s'est formé entre la France et l'Allemagne, participant des deux, et recevant ainsi une double impulsion ». Il serait impossible, en tout cas, de supposer, d'imaginer Goethe dans une Allemagne qui n'aurait pas eu la France pour voisine, pour antagoniste intellectuelle et pour complément. Cette dette contractée envers notre pays par le grand Allemand, voyons sous quelles formes il la lui a payée au cours de cent quarante années[1].

1. Il a paru possible de libérer cet exposé de l'appareil continu des références. L'indication des sources se trouve souvent insérée dans le texte même ; lorsqu'elle fait défaut, on voudra bien admettre la correction de la citation, même si, au bas de la page, elle n'est pas corroborée par un renvoi à une édition, à un feuillet déterminés. C'est une créance que le public semble accorder sans difficulté. Je ne l'ai demandé aux spécialistes que provisoirement : une *Bibliographie critique de Goethe en France* a réparti, dans des cadres correspondant à ceux-ci, l'amas de documents dont je n'entends donner ici que les résultats,

PREMIÈRE PARTIE

L'AUTEUR DE WERTHER

CHAPITRE I

« TÊTES FROIDES » ET « ÂMES SENSIBLES »

> « Werther... ton amante... son époux, quels noms chéris! Ils vivront, avec les noms de ceux qui les ont fait connaître, tout le temps que l'Amour et la Vertu auront des Autels parmi les hommes! »
>
> (Avis de l'éditeur du *Nouveau Werther*, 1786).

Le nom de Goethe n'était encore tombé sous les yeux de lecteurs français que dans un article assez sévère consacré à *Clavigo*, en décembre 1774, par le *Journal encyclopédique*, quand parurent, en 1776 et 1777, les premières traductions de *Werther*. Il s'en faut que celle d'Aubry (ou, en réalité, du comte de Schmettau), les *Passions du jeune Werther*, la plus répandue en France, trouvât dans la presse un accueil favorable. Les critiques jugèrent assez généralement l'action languissante, les personnages insignifiants et le style déclamatoire. « Il y a trop peu de complications d'événements dans cette histoire », écrivait le *Journal de Paris* du

10 janvier 1778. A l'exception de deux situations qui sont « belles et bien rendues », l'ouvrage « nous a paru excessivement fatigant par le ton frénétique qui y règne d'un bout à l'autre. Ce Werther est dans des convulsions perpétuelles; ses lettres présentent moins le développement d'une passion tendre que le délire d'un homme qui a le transport au cerveau; il grince sans cesse des dents : au lieu d'intéresser, il fait peur. » L'*Année littéraire*, l'ancienne revue de Fréron, trouvait bien dans ce petit livre d'outre-Rhin « le naturel, la naïveté de l'Odyssée; le charme de la vie patriarcale; de grands tableaux; des élans d'imagination; une chaleur soutenue ». En revanche, « point d'intrigue; point de plan; caractères manqués ou exagérés; détails minutieux et multipliés à l'excès; peu de philosophie; des pensées vagues et décousues; un ton de déclamation; des écarts fréquents; le but principal souvent perdu de vue, et un mauvais choix d'images, de métaphores et de tours ». Avec le désordre de l'action, c'étaient les caractères des personnages qui encouraient les reproches les plus vifs : Albert, « froid discoureur, amant insipide, ami imprudent, cerveau des plus étroits,... une de ces bonnes gens qu'on rencontre partout, maîtres aimables à la tête d'une famille, personnages insupportables dans un roman. Lolotte, fille et sœur vertueuse et bienfaisante, j'en conviens, mais douée d'un esprit et d'un goût fort communs. » Quant à Werther, « ses penchants le portent à des excès puérils, ses passions dégénèrent en frénésie, et paraissent impliquer contradiction. Concevez-vous qu'avec cette fougue d'imagination, ce naturel impétueux, cet amour poussé jusqu'à l'idolâtrie, il n'ait pas en horreur un rival heureux, ne cherche point à l'écarter, et se contente de la présence et des entretiens de Lolotte? » Même note dans le *Journal des savants* et dans le *Cours de littérature ancienne et moderne* de La Harpe. Si le *Mercure de France* se montrait plus indulgent, il rappelait

cependant sans y contredire que « les critiques de ce pays ont soutenu que cet ouvrage manquait d'action. Ils n'ont pu comprendre comment Werther avait perdu la tête pour une personne aussi peu séduisante que Charlotte ». De sorte que la *Correspondance littéraire* de Grimm pouvait assez légitimement, en mars 1778, résumer en ces mots l'impression des critiques parisiens : « On n'y a trouvé que des événements communs et préparés sans art, des mœurs sauvages, un ton bourgeois, et l'héroïne de l'histoire a paru d'une simplicité tout à fait grossière, tout à fait provinciale. » Et l'on peut suivre assez longtemps la trace de ces objections faites par la critique de l'ancienne doctrine, amie de la variété des incidents et de la vivacité du dialogue dans le roman, à ce livre qui, au contraire, valait plutôt par l'intensité de la vie intérieure qui s'y révélait et l'effusion lyrique par où elle s'exhalait.

En revanche, assez indifférente pour l'instant à l'action morale de la littérature, la critique ne s'inquiéta guère des réserves qu'au nom de la religion ou de la société, on pouvait s'aviser de faire au tragique dénouement de *Werther*. « Il n'y a d'attachant, écrivait La Harpe, que le moment du suicide » ; et le successeur de Fréron vantait l'intérêt et le pathétique de cette dernière partie. Le *Mercure* estime que l'exemple de Werther « est bien capable d'inspirer l'horreur de ses excès, et de mettre en garde contre les suites d'une passion si violente, quand on s'y livre tout entier, et qu'elle affecte une tête naturellement aussi vive que celle du jeune Werther ». A dix ans de là, le *Mercure* reprendra cette thèse de la moralité de ce suicide : « Esprit, grâces, talents, tout ornait l'amant de Charlotte, tout lui promettait des succès brillants et le bonheur; il devient coupable, et tout est détruit : la morale mise en action n'eut jamais d'exemple plus frappant et plus terrible. *Werther* est donc un de nos bons livres en ce genre d'écrire.... » (12 janvier 1788).

La *Gazette universelle de littérature*, publiée à Deux-Ponts, s'insurge bien contre « cette production singulière qui a causé la fermentation la plus générale » et dénonce « les impressions dangereuses que cette lecture a produites. La manie du suicide n'est déjà que trop commune; l'accréditer, c'est répandre le plus meurtrier de tous les poisons ». Mais ce cri d'alarme, poussé en français dès 1777, semble concerner l'Allemagne, où paraissait ce périodique, plutôt que la France elle-même, où la critique eut l'attitude que nous avons vue : dédaigneuse et formaliste, soucieuse surtout de règles qui semblaient violées et d'habitudes qui paraissaient contrariées dans ce livre d'événements peu singuliers et de péripéties médiocres.

Perpétuel conflit des doctes et des simples lecteurs! Le public, en revanche, donnait raison à *Werther* et à Goethe. Quel public? Il apparaît assez nettement, lorsqu'on parcourt les *Mémoires* du temps, que la première clientèle du mélancolique héros fut surtout bourgeoise; le monde de la Cour, l'aristocratie qui dégustait cette fameuse « douceur de vivre » de la fin de l'ancien régime, ne semble pas avoir fait autant de cas de ce roturier à tendances idéalistes que la bourgeoisie ou la petite noblesse des provinces. « Tous ceux qui étaient jeunes alors et condamnés à l'inaction, dit J.-J. Weiss, tous ceux qui, après les petites mœurs du XVIIIe siècle, avaient soif ou de pureté ou de grandeur, avaient reçu une étincelle de Werther. » Pour ceux-là, en effet, « qui souffraient de 89 qui n'arrivait pas assez vite », il y avait dans la fièvre et la susceptibilité de Werther quelque chose d'analogue à leur propre inquiétude. Sa sentimentalité rêveuse le rendait sympathique au docile public des livres d'amour; et la pensée qui fait le fond de sa désespérance le recommandait à ceux qu'attriste la douloureuse déception :

Qu'est-ce que tout cela qui n'est pas éternel?

Sans doute, ceux qui goûtèrent ce petit roman pour un motif aussi noble furent l'exception; c'est un cas isolé aussi que l'engouement d'un Cabanis, admirant surtout *Werther* pour « son langage toujours simple, clair et précis ». On peut même dire que ce livre bénéficia moins de sa nouveauté que de sa concordance avec toute une littérature antérieure qu'il résumait, en quelque sorte, et précisait : car une entière originalité est aussi préjudiciable au succès immédiat d'un livre qu'une absolue banalité à sa durée. Or le public de Rousseau en particulier, femmes et jeunes gens en tête, retrouvait dans *Werther*, condensés et plus dramatiques, l'inspiration même du philosophe de Genève, la forme épistolaire qui depuis la *Nouvelle Héloïse* était restée courante dans le roman, le culte de la nature et jusqu'à cette piété végétale à laquelle se reconnaîtront, jusqu'à George Sand, tous les vrais disciples du « promeneur solitaire ». Suard était frappé — et d'autres sans doute avec lui — de l'analogie de Werther avec le Dorval de Diderot. La casuistique de la sensiblerie et de la vague tristesse qui s'épandait dans les œuvres d'un Baculard d'Arnaud ou d'un Loaisel de Tréogate, *Epreuves du sentiment* et *Soirées de mélancolie*, était ici resserrée, rythmée, semblait-il, selon un accent autrement ému. Enfin ce petit drame de cœur en plein décor d'idylle dut bénéficier de l'idéal qu'on s'était fait, dans la seconde moitié du XVIIIe siècle, d'un génie allemand exclusivement tendre, rustique et larmoyant.

A côté de ces conditions propices à un favorable accueil, il n'est pas indifférent de noter quelques circonstances accessoires. L'Alsace, où Goethe avait été étudiant, devait jouer, pour cet enfant de Francfort plus que pour d'autres écrivains allemands, le rôle de médiatrice littéraire auquel sa situation l'a prédestinée. La future baronne d'Oberkirch, qui n'est encore que Mlle de Waldner, reçoit en 1776 l'hommage de la *Claudine* de Goethe, et confie à son journal que cette pièce ne l'a pas « moins touchée que *Werther* », et qu'elle est « enthousiaste de ce poète ». Annette de Rathsamhausen — plus tard Mme Degérando — suit de très près le mouvement littéraire de l'Allemagne contemporaine : elle recommandera à son fiancé et à Camille Jordan la lecture des écrivains qui ont distancé les Gleim et les Gessner. La famille de Berckheim est en grande intimité avec Mme de Laroche, qui avait été mêlée à la genèse même du roman de Goethe. Celui-ci envoie, au cours de l'été de 1773, son premier *Goetz* « à Monsieur Demars, lieutenant à Neuf-Brisac », et se demande si son drame plaira aux Français : il s'assurait en tout cas un lecteur et un admirateur pour son roman de 1774. C'est un Strasbourgeois que Ramond de Carbonnières, le premier imitateur français de *Werther*, et ses *Dernières Aventures du jeune d'Olban* s'intitulent « Fragments des amours alsaciennes ».

La Suisse ne fit point défaut non plus à une tâche qu'elle a souvent remplie, et que lui impose sa place au carrefour des nations. Le Bernois Sinner tira de *Werther*, dès 1775, son drame *les Malheurs de l'amour* ; le Vaudois Deyverdun en donna l'année suivante, à Maestricht, une traduction, ornée de gravures de Chodowiecki ; et la scène du *Nouveau Werther* sera placée sur les bords du lac de Neuchâtel. Même avant toute révélation du roman de Goethe à la France, il est évident qu'il eut ici, comme en Alsace, un rudiment de public qui pouvait, dans une certaine mesure, préparer l'autre, le grand public de Paris et des provinces. Mme de Staël écrira plus tard à l'auteur de *Werther* que son livre a fait époque dans sa vie : n'est-ce point par la Suisse française que Mlle Necker en eut connaissance? C'est de Genève en tout cas que Goethe écrit, en 1779, à Mme de Stein, que les Français sont sous le charme de son roman.

Même à Paris, où la colonie allemande, vers la fin de l'ancien régime, était assez nombreuse, on imagine bien qu'avant les traductions françaises, un écho atténué dut répondre à la clameur qui salua *Werther* dans les pays germaniques, et préparer ainsi l'attention française. Il y eut sans doute, pour lire à Paris *Werther* dans le texte, d'autres lecteurs encore que ce J.-G. Wille, le graveur allemand qui voyait défiler dans son atelier du quai des Grands-Augustins une bonne partie du Paris cultivé, et qui nota dans son journal, à la fin de l'année 1774, le jour où il reçut le fameux petit roman, « ouvrage presque unique dans son genre... la manière attaque l'âme et le cœur ».

Quoi qu'il en soit de la sourde préparation par laquelle ce livre étranger, mal accueilli par la critique, put trouver un public, *Werther* répondait trop bien à l'état d'esprit de cette génération pour ne pas y faire, une fois admis et connu, une fortune rapide. Si les « têtes froides » de la critique faisaient leurs réserves, les « âmes sensibles » accueillaient d'enthousiasme l'effusion du malheureux héros et maudissaient les raisonneurs et les sages qui pouvaient demeurer sourds à tant de fiévreuse et vertueuse exaltation. Un des rares journaux qui fassent bon accueil au roman de Goethe, les bourgeoises *Affiches de province* (4 février 1778), se déclarent séduites. « Né avec une imagination ardente et un cœur encore plus sensible, Werther représente sous les couleurs les plus vives tous les objets qui l'environnent.... L'agitation et le désordre de son âme vous attachent.... » Ce terme d'*âmes sensibles*, combien de fois ne reviendra-t-il pas, associé au souvenir de Werther ou au rappel de son succès! Un nouveau traducteur s'excusera de refaire ce qui a été fait avant lui et de hasarder une entreprise difficile « .... Je l'aurais peut-être regardée comme au-dessus de mes forces, si des motifs particuliers ne m'avaient décidé.... Le traducteur de *Werther* devait avoir un cœur sensible.... Vous qui savez aimer, qui, après vous être attendris sur les douleurs de Clarisse, courez protéger l'innocence et défendre la vertu : hommes sensibles et courageux, c'est à vous que je consacre ces feuilles.... Pour vous, hommes froidement sensés ! à qui la nature a refusé le sentiment, êtres imparfaits qui, par une fausse vanité, vous montrez fiers de ce qui vous manque, et traitez la sensibilité de faiblesse ; infortunés qui n'avez jamais goûté la douceur d'aimer et d'être aimés, ne lisez point cet ouvrage, et surtout gardez-vous bien de le juger. Ce n'est pas pour vous qu'il est écrit.... »

C'est dans la dernière décade du siècle que retentissent encore ces invocations. Refoulé par les premiers événements de la Révolution, le fanatisme pour *Werther* n'a subi en effet qu'une éclipse. Le roman de Goethe avait conquis, en 1776, une génération éprise de la volupté des larmes, fatiguée de l'état social où elle vivait et douloureusement repliée sur elle-même. Après le plus fort de la tourmente, l'ambition méditative des uns, l'isolement et le désorientement des autres y cherchent encore une pâture. L'officier d'artillerie qui s'appelle Napoléon Bonaparte fait ses délices de *Werther*, et trouve dans les imprécations du héros contre le monde, indifférent aux véritables valeurs, un langage conforme à sa rêverie ambitieuse. Aussi lorsqu'en 1798 Bourrienne est chargé de former une bibliothèque de camp pour le vaisseau qui porte en Égypte Bonaparte, celui-ci rédige-t-il une note manuscrite où *Werther* vient presque en tête de la subdivision ROMANS. Il a lu sept fois ce livre, ce qui n'est pas mal pour un lecteur qui avait, après tout, d'autres préoccupations ; il suggère à Bourrienne d'en faire une nouvelle traduction : sollicitude bien particulière et significative ! D'autres indices témoignent de la vogue persistante du livre et de ses héros : si plus d'un beau parc, à la fin de l'ancien régime, renfermait un autel élevé parmi de sombres verdures « au malheureux amant de Charlotte », la grande fantaisie de costumes qui s'étala après Thermidor fit une place aux culottes jaunes et à l'habit bleu de Werther, aux robes et aux chapeaux *à la Charlotte*, et l'état civil a conservé le souvenir du prénom de Werthérie, donné à des Françaises nouveau-nées par des lecteurs enthousiastes ou de ferventes lectrices.

La littérature n'avait pas manqué, dès les premières traductions, de s'inspirer d'un ouvrage aussi bruyamment acclamé. Le Bernois Sinner n'avait même pas attendu ces traductions pour écrire un drame en français, *les Malheurs de l'amour*, qui mettait gauchement en scène, sous de nouveaux noms, l'aventure du héros de Goethe. En 1777 paraît à Yverdon — et Dorat, la même année, l'insère dans le *Journal des Dames* — le livre de Ramond de Carbonnières, alors réfugié en Suisse à la suite d'une affaire d'amour. Les *Dernières Aventures du jeune d'Olban* se passent en Alsace; le héros a aimé une jeune fille, Nina; obligé de fuir à la suite d'un duel, il trouve à son retour Nina mariée à un autre, s'indigne et se désespère. « Tout me repousse du monde et m'avertit de le quitter. — Nina ! elle n'est plus.... ne sera plus à moi... L'infortune m'entoure.... pèse sur moi. Je regarde le ciel et la terre; rien ne me console; tout me rappelle mon malheur. » Et l'infortuné d'Olban se tue.

Le *Nouveau Werther* de 1786 n'est qu'un remaniement assez singulier de la traduction Deyverdun : l'histoire se joue sur les bords du lac de Neuchâtel, Charlotte s'appelle Lucie et Albert Monsieur Dupasquier. Un peu plus tard, on traduit de l'anglais les *Lettres de Charlotte pendant sa liaison avec Werther*, et la critique regrette que cet ouvrage ne soit pas « entrelacé » avec le roman primitif. L'éditeur prévient le public qu'il en a tiré des exemplaires de même format que celui-ci, pour la commodité des lecteurs qui seraient désireux d'associer ainsi par la reliure les deux ouvrages.

En 1791, le roman de *Werthérie*, par Perrin, renverse la situation de l'original allemand, et pousse le ton de la sentimentalité à une exagération qui peut presque sembler parodique. L'héroïne désespérée met fin à ses maux en absorbant douze prises d'opium ; on grave ces lignes sur sa tombe, que représente une gravure en tête du second volume : « Werthérie, belle, vertueuse et trop sensible, morte à dix sept ans. L'amour l'a tuée. Passant, lis, pleure et tremble ! »

Dénouement heureux, au contraire, dans le *Saint-Alme* de Gorgy, encore que la vignette de la première page fasse voir le héros de ce nom penché, dans une attitude inquiétante, au-dessus d'un torrent; mais la marquise de Valcerne qu'aime ce malheureux devient veuve pendant un voyage qu'il fait en Hollande ; et Saint-Alme, à son retour, rencontre dans un bois la dame de ses pensées qui lui apprend que son mari est mort, non sans leur laisser à tous deux une jolie fortune.

En 1791, Goubillon, secrétaire particulier de Madame, belle-sœur du roi, publia *Stellino, ou le Nouveau Werther*, qu'il dédia à sa royale patronne. C'est d'une Anglaise qu'est amoureux ce cadet de Werther; il la suit en Italie, où elle essaie de le guérir de son impossible amour en lui faisant lire, au milieu des ruines de Rome, des livres de choix, parmi lesquels, cure singulière, le roman de Goethe lui-même.

D'autre part, les adaptations dramatiques ne s'étaient pas arrêtées à la tentative de 1775. En 1778 parut un *Werther, ou le Délire de l'Amour*, drame en trois actes par de la Rivière. Séb. Mercier a laissé en manuscrit un *Romainval, ou le Poète vertueux*, quatre actes qui témoignent d'une admiration que le fameux « dramaturge » ne pouvait manquer d'éprouver pour le fiévreux petit livre : mais il avait soin de détourner, par l'intermédiaire d'un ami du héros, le coup dont Romainval, cédant enfin à l'attirance du suicide, tentait de se frapper. Le même scrupule se retrouve dans l'adaptation qui fit paraître pour la première fois, en 1792, le héros au frac bleu sur les planches d'une scène française : c'était le Théâtre-Italien, qui ne se prêtait guère, par la nature ordinaire de son répertoire et le goût de son public, au tragique et au larmoyant. Aussi le *Werther et Charlotte*, en prose mêlée d'ariettes, de Dejaure, avec musique de Kreutzer, qui fut donné le 1er février 1792, fut-il affublé d'un dénouement postiche qui lui permit de s'intituler *comédie*. Après quelques scènes attendrissantes à souhait, Werther décide de se tuer; on entend un coup de pistolet, et Charlotte tombe évanouie. Mais au moment où Albert veut courir au secours de l'infortuné, son vieux domestique Ambroise annonce qu'il a eu le bonheur de détourner le pistolet. Werther reparaît sain et sauf, balbutie des excuses comme un enfant qui s'est mal conduit, et promet de renoncer à sa passion. Malgré le succès qu'on fit à la pièce et à sa musique, ce dénouement postiche fut blâmé. « Adoucissement inutile, écrivait le *Journal de Paris* du 3 février 1792, puisque les spectateurs ont déjà éprouvé toute l'horreur de la catastrophe. On n'y gagne que le ridicule de voir un homme du caractère de Werther revenir chanter tout de suite avec les autres. »

Les traces que cette première influence werthérienne a laissées dans la littérature de l'époque sont nombreuses, comme l'on pense, dans le roman; elles sont, en quelque sorte, une ombre portée, précise et nette, à l'influence de Rousseau, à celle aussi de Young et d'Ossian, dont la vogue restait grande. Quoi de plus werthérien que ces adieux à la vie de Faldoni, le héros des *Lettres de deux amants* de Léonard (1783) : « La tempête redouble! le ciel est comme une mer en fureur. J'entends le bruit des arbres fracassés et le mugissement lugubre qui sort des montagnes. Quelques étoiles brillent dans l'obscurité des nuées et s'éteignent subitement. Hélas! la nature se couvre de deuil pour le départ de deux de ses enfants! La voilà cette lune que j'ai tant aimée.... » Est-il de la lignée immédiate de Werther ou descend-il directement de Saint-Preux, le précepteur qui dans la *Caliste* de Mme de Charrière (1786) traîne son indécision rêveuse et mélancolique? La plupart de ces hommes sensibles n'ajoutent pas grand'chose au type traditionnel. Les plus intéressants sont ceux chez qui la mélancolie causée par un amour interdit ou par une exaltation de la sensibilité se complique de l'amertume du roturier ou du petit bourgeois à qui la société refuse une place digne de sa valeur. Assurément, Mlle de Condé, en 1786, déclare être de celles à qui *Werther* « avait beaucoup plu ». Mais c'est dans l'autre camp qu'il faut chercher sa vraie clientèle, un Roucher qui réclamera cette *Consolation de sa captivité*, un Romance-Mesmon y voyant une « table » de toutes les nuances de la vie du cœur, un Girardin songeant à donner cette épitaphe à un inconnu qui se tua dans le parc d'Ermenonville :

> Hélas, pauvre inconnu, si tu tiens de l'amour
> Une obscure naissance et ta noble figure,
> Devais-tu dans ces lieux outrager la nature,
> Comme un autre Werther, en t'y privant du jour?

Ainsi, les plus intéressants continuateurs de Werther ont été, non les chevaliers sentimentaux de la littérature d'imagination ou ses vicomtes larmoyants, mais les jeunes gens cultivés de la bourgeoisie, inactifs encore et frémissants, cadets pâlissants que la Révolution disperse violemment hors de la littérature, et qui échangeront l'habit bleu de Werther pour la jaquette de Camille Desmoulins — ou pour la redingote grise elle-même.

La poésie de cette époque n'a guère profité des sources d'inspiration que lui offrait *Werther*, et que les débuts du romantisme connaîtront si bien plus tard. Sans doute, il convient de relever les *héroïdes*, les lettres en vers de Charlotte à Werther, ou de Werther à Charlotte, qui se rencontrent dans les recueils poétiques et les almanachs de la fin du XVIIIe siècle, ou encore cette traduction des lamentations du vieux guerrier ossianique lues par Werther et Charlotte, publiée en 1795 par un certain Coupigny :

> Pourquoi me réveiller, ô souffle du printemps?
> Vainement tu me dis : « Sur ta tige épuisée
> Je répands les trésors d'une fraîche rosée.... »

Sans doute, on trouve des réminiscences de *Werther* accueillies dans des œuvres où l'on ne s'aviserait guère d'en chercher, comme cette conclusion du troisième chant de la *Gastronomie* où Berchoux, contant l'aventure du susceptible Vatel, la faisait suivre de cette exhortation :

> O vous qui par état présidez aux repas,
> Donnez-lui des regrets, mais ne l'imitez pas.

Mais, tandis que le roman et la nouvelle avaient déjà une souplesse et une indépendance qui se prêtaient à la sincérité et à l'émotion directe qui seront bientôt l'apanage des genres lyriques, la poésie demeure engoncée dans les cadres anciens, et les Parny ou les Collin d'Harleville, les Delille et les Roucher, s'accommodent d'entraves que rompra seulement le large frisson élégiaque de 1825. L'héroïde ou la lettre en vers semblent être les biais par où l'émotion werthérienne se glissa le plus souvent dans la poésie du siècle finissant : aussi tard qu'en 1798, le *Werther à Charlotte* de Lablée donnait lieu à une discussion sur les attributions de ce genre hybride de l'héroïde, réservée, en principe et par définition, à un personnage héroïque. Mais « l'amour malheureux, écrivait en juin le *Spectateur du Nord*, est surtout ce qui lui convient. Quiconque a lu le roman de *Werther* est à même de juger si un poète sensible a pu y trouver le sujet d'une Héroïde ».

Ce n'est que çà et là, en dépit d'une initiation prolongée à la mélancolie et à l'expansion personnelle en littérature, que les poètes des dernières décades du siècle se risquent à confier à leurs vers le frémissement de leur tristesse, comme dans ce passage où Chénier revendique à sa façon, dans une Élégie, le droit au suicide :

Souvent, las d'être esclave et de boire la lie
De ce calice amer que l'on nomme la vie,
Las du mépris des sots qui suit la pauvreté,
Je regarde la tombe, asile souhaité,
Je souris à la mort volontaire et prochaine,
Je me prie en pleurant d'oser rompre ma chaîne....

ou dans ce rappel d'une prétention assez werthérienne au monopole de la douleur :

Nul des autres mortels ne mesure les peines,
Qu'ils savent tous cacher comme il cache les siennes,
Et chacun, l'œil en pleurs, en son cœur douloureux,
Se dit : « Excepté moi, tout le monde est heureux ».

Mais de telles rencontres, en poésie, sont rares. Il est rare aussi qu'on trouve, comme dans ce fragment d'une ode sur l'*Homme*, par un collaborateur du *Mercure de France*, une méditation douloureuse analogue à celle qui fait le fonds de la métaphysique du héros de Goethe :

Son esprit est borné, ses vœux sont infinis...

Mais vous ignorez tous et l'homme et son destin;
Lorsque vous m'étalez le dogme le plus sage,
J'en fais un vain usage
Si je ne connais pas mon principe et ma fin[1].

De pareils indices du romantisme à venir sont plus isolés, en somme, dans les genres soumis aux règles poétiques que dans les proses, plus souples, de la nouvelle et du roman : et c'est ici, en effet, plutôt que dans les vers des alentours de 1780, que l'on surprend l'écho de *Werther*. Un écho qui ne fait guère que répéter le son qu'il accueille,

1. *L'Homme*, ode, par Marteau, *Merc. de France*, janvier 1776.

sans y ajouter cet accent nouveau, sans lui faire subir cette transformation qui sont la raison d'être des influences littéraires. Effusions débordantes de cœurs débiles qui ne savent pas vouloir; désespoirs d'amoureux trop vertueux pour conquérir l'objet aimé et interdit à leurs vœux, trop faibles pour guérir de leur passion : voilà, avec l'adoration sentimentale de la nature, vieil héritage de Rousseau, ce qui a surtout passé dans les œuvres où le souvenir de *Werther* se discerne. Ce qu'il y a d'ardent, d'impatient et de fougueux dans l'œuvre de jeunesse de Goethe se retrouve à un moindre degré dans la littérature de cette première phase d'influence, et aussi le frémissement de souffrance sociale que les jeunes gens du Tiers-État instruit n'ont pas manqué d'en ressentir. C'est plutôt dans la vie que dans la fiction que ces éléments-là ont exercé une action, difficile assurément à déterminer, et qui se confondait avec bien d'autres influences. Goethe reçut à Rome, en novembre 1787, une lettre d'un lecteur français qui le remerciait d'avoir pu, à distance et par son livre, « ramener le cœur d'un jeune homme à l'honneur et à la vertu »; plus d'un sans doute, parmi les hommes de la Révolution et du Consulat, aurait pu lui attribuer de même un peu de sa foi, de sa fougue ou de son ambition.

En tout cas, Goethe est devenu nettement, dès cette fin du XVIIIe siècle, « l'auteur de *Werther* », et va le rester longtemps. Le titre de « traducteur de *Werther* » s'ajoute honorablement à un nom d'homme de lettres. De 1776 à 1797, dix-huit traductions ou rééditions répandent dans le public des versions, médiocres le plus souvent, et d'une sentimentalité exagérée encore, de l'original allemand. Des vignettes les ornent, représentant, soit quelque scène particulièrement pathétique, soit le portrait du malheureux Werther : il ajoute, dit une annonce, « à l'intérêt qu'inspire le caractère du héros et à la douceur des larmes qu'on ne peut refuser au malheur d'un si joli garçon ». Ou bien ce sont des gravures, comme celle qui décore la muraille de la chambre de X. de Maistre et qu'il est tenté d'arracher et de piétiner pour faire sentir au « froid Albert » toute son indignation....

Mais les temps sont changés; la Révolution a fourni aux sensibilités repliées sur elles-mêmes ou puérilement débordantes une carrière, une diversion — ou un tombeau; et Bonaparte commence à « faire remuer toute cette jeunesse », comme dira rudement Stendhal plus tard. Le frémissement de révolte par où *Werther* s'apparentait à l'espoir roturier de la jeune France de 1780 cesse insensiblement d'être l'élément agissant de ce livre; et sa mélancolie «dissolvante» et «antisociale» va être, ou condamnée par ceux qui souhaitent une reconstruction des croyances et une reprise des traditions, ou goûtée pour la seule volupté des larmes par ceux qu'émeut la mélancolie des ruines et le regret du passé. Parmi les œuvres qui, aux confins du siècle, portent la trace de *Werther*, la *Delphine* de Mme de Staël est à peu près seule à reprendre l'idée individualiste du roman de Goethe sans la corriger ou l'atténuer : c'est que ce livre de l'ancienne élève de Rousseau, bien qu'il ait paru en 1802, a de plus lointaines racines.

Mme de Staël a dit elle-même : « *Werther* a fait époque dans ma vie ». Comment ce petit livre, où tout parle des droits de la passion, n'aurait-il point ravi cette femme extraordinaire, toujours prête à intéresser son cœur, et sa sensibilité, et l'ardeur d'un génie prodigue, à ce qui pour d'autres serait resté épisode d'imagination ou manifestation d'intelligence? « Ce qui l'amusait était ce qui la faisait pleurer », rapporte une de ses amies d'enfance : quelle lectrice d'élection pour un livre comme *Werther*! Elle le met en bonne place, en 1795, dans son *Essai sur les Fictions*. Après avoir jugé les fictions « merveilleuses et allégoriques », dont le plaisir est vite épuisé pour l'homme des temps modernes, et les fictions « historiques », incompatibles à la fois avec la vérité de l'histoire et avec la liberté du roman, elle passe aux fictions « où rien n'est vrai, mais où tout est vraisemblable, où tout est à la fois inventé et imité ». C'est à ce genre de romans qu'elle reconnaît tous les mérites, le *don d'émouvoir* en première ligne, et *Werther* se trouve cité au nombre de ces œuvres qui ont l'éloquence de la passion et qui suggèrent surtout l'idée de la toute-puissance du cœur.

En 1800, dans son traité *de la Littérature*, Mme de Staël revenait longuement sur les mérites de *Werther*, « le livre par excellence que possèdent les Allemands », disait-elle, et elle en détaillait la signification latente. « Comme on l'appelle un roman, beaucoup de gens ne savent pas que c'est un ouvrage.... On a voulu blâmer l'auteur de *Werther* de supposer au héros de son roman une autre peine que celle de l'amour, de laisser voir dans son âme la vive douleur d'une humiliation, et le ressentiment profond contre l'orgueil des rangs, qui a causé cette humiliation; c'est, selon moi, l'un des plus beaux traits de génie de l'ouvrage. Goethe voulait peindre un être souffrant par toutes les affections d'une âme tendre et fière; il voulait peindre ce mélange de maux, qui seul peut conduire un homme au dernier degré du désespoir. Les peines de la nature peuvent laisser encore quelques ressources : il faut que la société jette ses poisons dans la blessure, pour que la raison soit tout à fait altérée, et que la mort devienne un besoin. » Notons ces dernières phrases : parmi tant de jugements qui faisaient de Werther un « jeune premier » intéressant et mélancolique, et de son aventure une histoire d'amour singulière et pathétique, la sympathie de cette disciple de Rousseau attribue au roman de 1774 sa pleine valeur sociale, celle qui lui avait attiré sa clientèle enthousiaste de l'ancien régime. Puis, après avoir situé Werther dans son milieu social, Mme de Staël analyse la nature de ses effusions. « Quelle sublime réunion l'on trouve, dans *Werther*, de pensées et de sentiments, d'entraînement et de philosophie! Il n'y a que Rousseau et Goethe qui aient su peindre la passion réfléchissante, la passion qui se juge elle-même, et se connaît sans pouvoir se dompter.... Rien n'émeut davantage que ce mélange de douleurs et de méditations, d'observations et de délire, qui représente l'homme malheureux se contemplant par la pensée, et succombant à la douleur, dirigeant son imagination sur lui-même, assez fort pour se regarder souffrir, et néanmoins incapable de porter à son âme aucun secours. »

Mme de Staël défendait ensuite *Werther* d'être une incitation au suicide : plaidoyer que le point de vue nouveau auquel on se plaçait en France pour juger le roman de Goethe rendait actuel et opportun. Et tandis qu'autour d'elle la majorité des voix condamnait le dénouement « anti-social » du livre, elle revendiquait, non pas les droits du génie, comme le fera le romantisme, mais plutôt, pour l'individu que la destinée accable, le droit de se soustraire volontairement à la lutte.

« L'examen de ses propres sensations par celui-là même qu'elles dévorent », avait écrit Mme de Staël; c'est à cette forme d'effusion directe qu'elle aura recours, au milieu de sa liaison avec B. Constant, — orageuse association de deux êtres traînant côte à côte leur chaîne sans consentir à la rompre, sans se décider à la river, — quand elle voudra faire ce roman qu'elle avait annoncé dans le *Traité des Passions*, prédit dans *la Littérature*, ce livre « qui dévoilera véritablement le malheur, qui fera connaître ce que l'on a toujours craint de représenter, les faiblesses, les misères qui se traînent après les grands revers; les ennuis dont le désespoir ne guérit pas; le dégoût que n'amortit point l'âpreté de la souffrance. » Ce livre, c'est *Delphine*, roman par lettres, genre qui suppose, dira-t-elle dans l'*Allemagne*, « plus de sentiments que de faits ». Les faits, ce sont ici les obstacles successifs qui rendent incomplètes et toujours hésitantes les amours de Delphine d'Albémar et de Léonce de Mondoville, et ce sont des malentendus qui seraient réparables, n'était une incompatibilité absolue de caractère et de « sentiments » entre elle, qui ne prend conseil que de son cœur, et lui, dont la *considération* est la règle et la loi. Du moins meurent-ils ensemble, et leur fin tragique démontre par antithèse « qu'un homme doit savoir braver l'opinion, qu'une femme doit s'y soumettre ». Aphorisme qui est une concession à la morale moyenne que la thèse de *Delphine*, à le bien prendre, devait combattre : car Mme de Staël voulait, au fond, donner raison à ceux qui n'obéissent qu'à leur cœur et ne croient pas que le qu'en-dira-t-on doive limiter la sensibilité de l'individu.

Le mal dont souffrait Werther, c'était de ne point trouver sa place dans la société, de n'avoir ni l'énergie de se la faire, ni la résignation qu'il faudrait pour en prendre son parti, de n'être apte ni à imposer ni à contenir son individualité; le mal dont souffre Delphine, c'est de se trouver, de même, contrariée par un réseau d'opinions et de règles qui sont ici, non plus la nécessité sociale, mais « la loi de l'homme ». Si bien qu'une plainte très analogue dans son principe s'exhale de ces deux livres, plainte de l'individu contre la société, plainte de la femme contre la conception qui n'a laissé, dans la destinée de son sexe, qu'une ressource, le mariage, et qu'une chance de bonheur, l'amour dans le mariage; et qui, à défaut de ce lot, exige qu'on « étouffe ces élans de l'âme qui appellent le bonheur et se brisent contre la nécessité » : car ici non plus on ne songeait à proposer un remède qui eût été l'altruisme, le dévouement à une cause impersonnelle, à une charité vraiment agissante. L'analogie entre *Werther* et *Delphine* ne manqua pas de frapper les lecteurs perspicaces, Stendhal qui trouvait l'héroïne bien métaphysicienne, Villers qui écrivait à Mme de Staël, le 4 mai 1803 : « L'idée fondamentale et créatrice de tout votre ouvrage a été : de montrer la nature primitive, inaltérable, naïve, passionnée, aux prises dans ses élans avec les barrières et les entraves du monde conventionnel.... Remarquez que c'est la même idée-mère qui a guidé l'auteur de *Werther.* »

Il y avait assurément quelque originalité à faire en 1802 un *Werther* féminin — ou féministe; car la thèse impatiente du roman de Goethe se trouvait assez communément combattue, à cette heure de réorganisation générale, de restauration et de réfection. Et, parmi ses lecteurs, les plus fervents eux-mêmes étaient disposés a n'en retenir que la mélancolie, le mode *mineur* dominant, pour l'appliquer à tous les regrets que suscitait dans les âmes inquiètes la rupture des anciennes traditions.

CHAPITRE II

WERTHERS ARISTOCRATES ET CHRÉTIENS.

« *Werther* aussi, dis-je en lui présentant le volume.... — L'ami des malheureux », dit Stella.
(CH. NODIER, *Les Proscrits*, ch. VIII, 1802.)

Diverses traductions nouvelles de *Werther* qui parurent de 1800 à 1804, et surtout celle de Sevelinges, ramenèrent l'attention de la critique sur un ouvrage dont l'actualité pouvait sembler épuisée. Et, tandis que des articles rares et sans écho signalent des œuvres comme *Iphigénie*, *Hermann et Dorothée*, *Wilhelm Meister*, qui pouvaient être considérés comme les correctifs de l' « égoïsme » de *Werther*, on débat avec insistance une question qui n'avait guère arrêté les critiques de 1776, ou sur laquelle, préoccupés surtout de règles esthétiques, ils avaient assez vite passé condamnation. Le héros de Goethe mérite-t-il indulgence et sympathie? N'est-il pas moins malheureux que coupable, — coupable de s'insurger contre les lois divines et humaines, de dédaigner la religion et de déserter la vie? Mme de Staël ne trouvait pas son exemple contagieux : tel n'était pas l'avis de ceux qui se préoccupaient de renouer, aux alentours de 1800, le lien social, et qui ambitionnaient de rendre à la France « l'unité morale » et les sécurités de la croyance. Il est difficile de dire si la foi véritable et le christianisme sincère étaient au fond des cœurs, en cette époque de réorganisation universelle; mais il est certain que la restauration du culte, considéré comme un nœud de solidarité et une garantie de moralité, était accueillie favorablement par le plus grand nombre des esprits. Même auprès des lecteurs favorables à la mélancolie sentimentale et à la délicatesse rêveuse du héros germanique, Werther porte la peine de sa mort désespérée et de son insociable humeur. Assurément, il reste un type d'amoureux exalté, et ses souffrances émeuvent toujours les jeunes sensibilités éprises d'une vie intérieure intense. Benjamin Constant, après avoir cité une lettre de Lucien Bonaparte à Mme Récamier, ajoute cette remarque : « Le style de cette lettre est visiblement imité de tous les romans qui ont peint les passions, depuis *Werther* jusqu'à la *Nouvelle Héloïse.* » Ballanche, faisant l'éloge, dans son livre *du Sentiment* (1801), des écrivains chez qui « le cœur est au bout de la plume », de s'écrier : « *Werther! Paul et Virginie!...* N'est-ce pas assez de nommer ces deux chefs-d'œuvre? » Aussi bien, des pages entières de son ouvrage, tout de tendresse et d'effusion, sont pénétrées d'une rêverie werthérienne. « Oh! combien je plains l'être apathique et froid qui ne se passionne jamais, qui est mort à tout sentiment expansif, qui n'a point de sang au cœur, point de feu dans la tête, point de fluide sentimental dans les fibres, qui ne sait ni s'émouvoir, ni s'attendrir, ni pleurer! » Et la *Bibliothèque française* de Pougens écrit en février 1801 : « Le nom seul de Werther éveille une foule de sensations, à la fois douces et déchirantes, dans l'âme de quiconque a médité ces pages mélancoliques.... » Enfin Legouvé, traçant en 1798 un portrait de la Mélancolie dans une pièce de vers qui porte ce titre, ne se dispensait pas de lui faire tenir ce bréviaire de toute tristesse :

> Ah! si l'art à nos yeux veut tracer ton image,
> Il doit peindre une vierge assise sous l'ombrage,
> Qui, rêveuse, et livrée à de vagues regrets,
> Nourrit, au bruit des flots, un chagrin plein d'attraits,
> Laisse voir, en ouvrant ses paupières timides,
> Des pleurs voluptueux dans ses regards humides,
> Et se plaît aux soupirs qui soulèvent son sein,
> Un cyprès devant elle, et *Werther* à la main.

Mais des réserves sont fréquentes: si la critique voltairienne goûte peu le lyrisme et l'action tout intérieure de *Werther*, le néo-christianisme sentimental se garde d'accueillir sans restrictions sa philosophie trop peu déférente à la loi religieuse. « Quel est le but de *Werther*? écrit Degérando dans un journal commencé le 1er août 1798. De nous apprendre à aimer? Mais son amour le rend malheureux et coupable. Ne valait-il pas mieux nous apprendre à faire de ce sentiment un moyen de bonheur et de vertu? » Et son compatriote lyonnais Ballanche, qui va dans le premier de ses *Fragments* jusqu'à reprendre une des exclamations ossianiques de *Werther* : « Souffle du printemps, pourquoi viens-tu murmurer à mon oreille le bonjour matinal? » se donne à lui-même, dans le quatrième morceau du recueil, la réponse que la foi pouvait faire au gémissement du plaintif héros : « Être vain et passager, tu t'étonnes de la misère de tes destinées, comme si ton Créateur n'avait que la durée de ta courte vie pour les remplir. »

La résistance à *Werther* va jusqu'à l'anathème. Une condamnation expresse de ce livre, avec des exemples de suicides causés par sa lecture, figure dans les *Entretiens sur le Suicide* de l'abbé Guillon en 1802. L'Athénée de Lyon met au concours une pièce de vers sur l'influence des romans sur les mœurs. La satire de Millevoye qui, publiée en 1802, a remporté le prix, ne nomme pas le roman de

Goethe, mais nous présente une lectrice possédée par le souvenir de ses lectures :

Peut-être, méditant l'horreur d'un suicide,
Elle gagne à pas lents une rive homicide,
Frissonne, mais s'armant d'un courage nouveau,
Prend la mort pour refuge et l'onde pour tombeau.

Et les notes qui complètent le poème expliquent ainsi la manie de suicide qui sévit à ce moment[1] : « Ne serait-ce point que leur imagination, frappée de l'exemple de quelque héros de roman, placé dans une situation à peu près semblable à la leur, aura adopté leur délire et voulu mourir comme eux d'un trépas héroïque? »

Se complaire dans l'exaltation rêveuse de l'amant de Charlotte tout en faisant appel à la foi et en regrettant la sécurité des anciennes croyances — telle est la singulière gageure où s'arrête la partie la plus vivante peut-être et la plus personnelle de la littérature de 1800. C'est dans les années du commencement du siècle que paraissent les premières œuvres de Charles Nodier, et l'on peut dire de leurs héros, et de l'auteur lui-même, qu'ils sont des Werthers pendant la Révolution et les régimes mal assurés qui suivirent, des Werthers en mal de la foi et de l'ordre, avec tout le frémissement et la trépidation de leur aîné d'outre-Rhin. On sait combien fut profonde et durable la hantise des spectacles de la Terreur chez Nodier, fils du président du Tribunal criminel de Besançon, élève d'Euloge Schneider à Strasbourg, conspirateur contre le Directoire et contre Bonaparte, émigré à l'intérieur et récidiviste aventureux et romanesque. « Charles Nodier, disait Henri Heine, a été, dans sa vie, si souvent décapité qu'il n'est pas étonnant qu'il ait un peu perdu la tête. » *Werther* contribua à développer les germes d'exaltation imagina-

1. Reichardt, *Un hiver à Paris sous le Consulat*, signale la fréquence des suicides (p. 438 de la trad. Laquiante).

tive qui ne faisaient pas défaut au jeune Franc-Comtois. Dans une lettre écrite de Giromagny où il était contraint de se cacher, il énumère les livres qui composent sa petite bibliothèque de fugitif, Shakspeare, Montaigne, Linné, Klopstock, les *Psaumes* et *Robinson Crusoé*, et il termine ainsi : « Je ne te parle pas de *Werther* parce que je le porte toujours avec moi ». C'est que pour lui, tout comme pour ses personnages, le « héros de toute tristesse » associe sa mélancolie à celle des fugitifs et des solitaires et leur offre le cordial de son désespoir : *Werther* devient le livre mystique de l'âme souffrante et désemparée. Ou bien le désenchantement du héros se complique de toutes les préoccupations d'une jeunesse incertaine de l'avenir prochain et effarée de l'anarchie ou du tumulte présents.

Voici les *Proscrits*, dont les personnages se promènent avec un exemplaire de *Werther* dans leur poche. « C'est l'ami des malheureux », et tous, le condamné politique, le lunatique par amour, la femme de l'émigré absent, en font leur lecture préférée et y puisent une sorte d'exaltation névrosée. Voici *Adèle*, publiée en 1820, écrite à une époque bien antérieure, et qui raconte les méditations d'un émigré qui rentre en France, qui voudrait au moins tirer de ses infortunes l'avantage d'aimer sans contrainte, de s'affranchir des entraves nobiliaires, et qui souffre de trouver dans son monde la perpétuation des anciens préjugés. Voici surtout le *Peintre de Salzbourg*, où le culte werthérien de Nodier, en 1803, éclatait sans autre réticence que son scrupule religieux. Le cadre et la composition générale sont calqués sur *Werther*; le trio des personnages correspond au groupe traditionnel Werther-Charlotte-Albert; mais ici, outre l'amoureux, Charles Munster, proscrit et peintre mélancolique, et Eulalie, l'épouse résignée, le mari lui-même, au lieu d'être une « tête froide », partage la morbidesse fiévreuse des deux autres personnages. Et ce mari, Spronk, se prend d'une telle sympathie pour le triste Munster qu'il s'arrange pour mourir sans trop tarder d'une maladie de langueur, non sans avoir appelé à son chevet sa femme et son ami. « Soyez heureux, leur dit-il, maintenant que ma misérable vie ne peut plus y porter d'obstacle. » Mais Eulalie entre au couvent, et Charles meurt dans les flots du Danube débordé.

Le werthérisme, qui triomphait dans ce livre avec une semblable outrance, tenu en échec par le seul scrupule chrétien, ne s'effacera jamais chez Nodier. Il rappellera en 1811, dans son *Souvenir de Quintigny*,

Ce bocage si frais que mes mains ont planté,
Mon tapis de pervenche, et la sombre avenue
Où je plaignais Werther que j'aurais imité....

Plus tard, en 1829, il rééditera les *Dernières Aventures du jeune d'Olban* en faisant précéder l'œuvre de Ramond d'une préface fervente. Et longtemps encore cette espèce d'inquiétude fébrile et triste reparaîtra dans son œuvre, volontiers rattachée à l'ère révolutionnaire, et nuancée, suivant les cas, d'un peu d'ironie, de fantastique, ou de violence shakspearienne. Elle est le plus intégrale dans les romans et nouvelles de la première jeunesse, et son acuité conduit Nodier à s'inquiéter des remèdes que la société offre à un mal dont il a éprouvé toute la rigueur. Nous avons vu qu'Eulalie entrait au couvent; dans un opuscule qui faisait suite au *Peintre de Salzbourg*, les *Méditations du cloître*, plus tard encore dans la lettre qui termine les *Tristes*, Nodier insistait sur cette idée du couvent, urgent refuge des sensibilités trop décontenancées par la vie. « Terreurs d'une âme timide qui manque de confiance dans ses propres forces; expansion d'une âme ardente qui a besoin de s'isoler avec son Créateur; indignation d'une âme navrée qui ne croit plus au bonheur;

activité d'une âme violente que la persécution a aigrie; affaissement d'une âme usée que le désespoir a vaincue; quels spécifiques opposent-ils à tant de calamités? Demandez aux suicides.... Sait-on combien il est près de s'ouvrir au crime, un cœur impétueux qui s'est ouvert à l'ennui? Je le déclare avec amertume, avec effroi : le pistolet de Werther et la hache des bourreaux nous ont déjà décimés! »

Si dans l'esprit de Nodier l'exaltation werthérienne se combinait avec la notion d'un christianisme nécessaire et consolateur, le nostalgique attachement au passé, aux choses de l'ancien régime se trouve transposé en un ton analogue dans les romans où divers aristocrates émigrés ont, vers la même époque, exprimé leur trouble. Les premières années de l'Émigration passées et l'illusion d'une prochaine revanche tombée, l'habitude de l'exil favorisa chez certains un repliement sur eux-mêmes que les volontaires de l'armée de Condé ne semblent guère avoir connue. La mélancolie allemande et la vivacité française s'unissent dans un roman tel que l'*Émigré*, où Sénac de Meilhan, en 1797, traçait dans le caractère de son héros, Saint-Alban, un type de Werther moins raisonneur et plus sociable. On traduisait de l'allemand, la même année, une *Histoire de deux Amants émigrés*, correspondance digne de *Werther*, disent les journaux, par la ferveur de deux cœurs uniquement occupés d'eux-mêmes. Sainte-Beuve nous a donné, dans ses *Portraits de femmes*, l'analyse d'un roman inédit de Mme de Rémusat, qui s'intitulerait *Charles et Claire*, ou *la Flûte*, et qui, datant de plus tard, se rapporte bien cependant par sa donnée à cette seconde période, moins trépidante et plus résignée, de l'Émigration. L'*Eugène de Rothelin* de Mme de Souza, si werthérien par la psychologie du héros, âme « sensible » et tendre, et par sa forme de roman épistolaire confidentiel, s'y rattache aussi. C'est une nouvelle génération d'émigrés qui paraît dans ces œuvres, élevée dans l'exil au lieu d'y être arrivée avec les préjugés et les habitudes de l'âge mûr, et qui est aussi doucement mélancolique que les compagnons de refuge de Rivarol et de Mme de Genlis pouvaient être dédaigneux et ironiques. L'influence immédiate de la sentimentale Germanie aidant, il n'est pas surprenant que cette littérature se soit teintée de nuances qui auraient sans doute beaucoup surpris les causeurs spirituels de l'ancien régime, ou les critiques qui avaient jadis déclaré que Charlotte était une héroïne bien provinciale et Werther un amoureux invraisemblable.

Ces jugements portés, naguère, au nom du goût et des habitudes littéraires, contre le roman de Goethe, n'ont point tout à fait cessé de se faire entendre, et un article des *Débats*, le 13 février 1804, oppose au « prétendu chef-d'œuvre allemand » « la richesse de l'invention, la variété des incidents, le dialogue plein de chaleur et souvent d'éloquence » qui triomphent dans une foule de romans français. Mais le grand sujet de reproche à présent, c'est décidément l'apologie du suicide, l'exhortation à la mort volontaire et à « l'insociabilité » qu'on s'acharne à découvrir dans *Werther*. A propos de la traduction de Sevelinges, qui porte la date de 1804, et qui s'efforce de rendre avec plus de fidélité que ses devancières l'original allemand, une discussion violente s'ouvre dans la presse. « Des critiques graves et sévères, écrit le *Publiciste* du 12 frimaire an XII, ont regardé *Werther* comme une des productions les plus pernicieuses qu'on ait depuis longtemps publiées. Il a, dit-on, été la cause de beaucoup de suicides en Allemagne.... On pourrait encore faire un autre reproche à ce livre, c'est qu'il y perce de toutes parts une haine violente pour les institutions sociales, un profond mépris pour toutes les distinctions des rangs, et un dégoût, une aversion marquée pour toute fonction civile, pour tout emploi de ses facultés au profit de la société. C'est sous ce rapport qu'il peut produire le plus grand mal. »

Mais c'est dans le *Mercure de France* que l'attaque fut le plus virulente. Deux articles du commencement de 1804 (16 nivôse et 14 pluviôse an XII), avec une réplique du *Journal de Paris* le 4 pluviôse, s'élevèrent avec une singulière âpreté contre l'entreprise du traducteur et contre le modèle allemand. « Pasteurs des hommes, faites revivre l'arbre dans ses racines, si vous voulez que son feuillage vous réjouisse dans la saison de la verdure.... » Werther a les traits de sa nation : et n'est-ce pas de l'Allemagne que procède le mouvement d'idées d'où la Révolution est sortie? « Je n'ai pu... m'empêcher de reconnaître la véritable cause du succès de *Werther*, lorsque je remarque que les passions les plus emportées y trouvent des principes si rassurants dans l'apologie du suicide, et que la doctrine de l'indépendance y est mise en honneur dans le caractère du héros... Pour remonter à la source d'un si grand mal, il n'est guère possible de jeter les yeux sur quelqu'une des productions déréglées du génie allemand, sans s'apercevoir que la littérature de cette nation, où chaque écrivain s'abandonne, comme il lui plaît, à sa fougue naturelle, a pris son caractère dans le système d'une liberté illimitée d'opinion. » La Réforme avec l'œuvre de ses « moines séditieux » procède, en somme, du même esprit d'insoumission : dangereux exemple et principes détestables, voilà qui, plus encore que le vague et le décousu du livre, doit faire rejeter décidément le roman de Goethe.

La *Décade philosophique* et le *Journal de Paris* raillaient la grandiloquence orthodoxe du critique du *Mercure*, « s'élançant du bureau de son journal dans la chaire de vérité, comme s'il haranguait un synode, ou comme si son pauvre petit article était un mandement.... C'est cette damnable philosophie, ce sont ces damnés de philosophes à qui le censeur de *Werther* aimerait à rendre au centuple tous les maux qu'il les accuse d'avoir faits. » Mais les temps n'étaient point propices aux « idéologues »; le *Mercure de France* reconstitué, et le *Moniteur* qui reproduisait dans sa partie littéraire les articles et les tendances de cette revue, s'employaient activement à réaliser dans le monde intellectuel ce que le gouvernement du Consulat s'efforçait d'effectuer dans le domaine politique : un retour aux anciennes traditions, une restauration, sinon de la sincérité religieuse, du moins de la foi commune et extérieure, et, comme on l'a dit plaisamment, un badigeonnage du christianisme. Il était bien conforme à ces tendances de stigmatiser, au fond de *Werther* et de son influence, l'esprit d'individualisme et de libre examen.

Or, pour comprendre par quels points le *René* de Chateaubriand est comme une réponse à *Werther* qu'il continue par d'autres côtés, rappelons-nous que ce même *Mercure* avait patronné et publié en 1801 *Atala* et annoncé le *Génie du Christianisme*; rappelons-nous qu'en 1802 cette revue, confidente, par son principal rédacteur Fontanes, de la pensée de Chateaubriand, avait signalé dans *René* « la moralité tout à fait neuve et malheureusement d'une application très étendue. Elle s'adresse à ces nombreuses victimes de l'exemple du jeune Werther, de Rousseau, qui ont cherché le bonheur loin des affections naturelles du cœur et des voies communes de la société ». Dans sa *Défense* du *Génie du Christianisme* dont *René* est un épisode, Chateaubriand lui-même déclarait que l'auteur combat, dans cette œuvre, « le travers qui mène directement au suicide. C'est Jean-Jacques Rousseau qui introduisit le premier parmi nous ces rêveries si désastreuses et si coupables.... Le roman de *Werther* a développé depuis ce germe de poison. L'auteur du *Génie du Christianisme*, obligé de faire entrer dans le cadre de son Apologie quelques tableaux pour l'imagination, a voulu dénoncer cette espèce de vice nouveau, et peindre les funestes conséquences de l'amour outré de la solitude.... » C'était ensuite le même ressouvenir donné aux couvents, comme aux abris naturels des âmes malades du mal de rêverie, que nous avons vu chez Nodier : « Les couvents offraient autrefois des retraites à ces âmes contemplatives que la nature appelle impérieusement aux méditations.... » Il faut noter enfin qu'à deux reprises encore, dans ses *Mémoires d'Outre-Tombe*, et bien qu'il nomme deux fois Goethe « le poète de la matière », Chateaubriand lui rend un implicite hommage de disciple à maître : « Lord Byron vivra, soit qu'enfant de son siècle comme moi, il en ait exprimé, comme moi et comme Goethe avant nous, la passion et le malheur... » et, allusion qui ne veut pas aller jusqu'à la gratitude : « Je reconnais tout d'abord que, dans ma première jeunesse, *Ossian*, *Werther*, les *Rêveries du promeneur solitaire*, les *Études de la Nature*, ont pu s'apparenter à mes idées[1]. »

Chateaubriand a voulu faire une sorte d'*Anti-Werther*, créer en tout cas un personnage qui gardât la séduction de ce type si représentatif et si moderne, qui servît en même temps de correctif et d'antidote à son individualisme et à son oubli des consolations religieuses. La dépendance est directe entre le héros de Goethe et celui de Chateaubriand. Ceci n'est nullement pour diminuer le mérite du grand écrivain français : même sans ce précurseur germanique qui a provoqué son émulation, suscité sa contradiction et précisé sa pensée, il avait, pour se passer de précédents, assez de puissance créatrice, assez d'ampleur

1. *Mémoires d'Outre-Tombe*, éd. Biré, t. II, p. 208. Cf. une lettre d'E. Quinet à sa mère, après une visite à Chateaubriand, le 23 mars 1831 : « Nous parlâmes de toutes choses : de la Grèce, de l'Allemagne, de Goethe, de *Werther* qu'il admire fort.... »

de rêve et d'ardeur d'invention. Il en avait plutôt trop, à ne considérer que le but qu'il s'assignait en 1800. Il voulait faire un Anti-Werther, et il a créé un Werther chrétien, plus éclatant que l'autre, qui s'est rangé aux côtés du héros de Goethe au lieu de le renverser. Et comment en eût-il été autrement? Pour réfuter par l'humilité l'espèce d'égoïste souffrance de Werther et son aspiration confuse vers l'impossible, il eût fallu être une personnalité de mi-côte, quelque chose, j'imagine, comme le Fromentin qui a écrit *Dominique* ou comme le poète Wordsworth qui, vers le moment où Chateaubriand créait *René*, cherchait la paix du cœur dans sa retraite du pays des lacs, tandis que la somptueuse imagination du gentilhomme breton ne pouvait que sculpter dans un marbre nouveau une figure tragique et solitaire. Son René, inutile de le rappeler, c'est lui-même par beaucoup de traits. Et Werther a bien moins un descendant qu'un demi-frère ou un cousin dans ce Celte songeur, attaché à la tradition et au christianisme, aristocrate et désabusé autant qu'il était, lui-même, bourgeois et naïf. Werther souffrait de ne point savoir goûter le présent, se résigner enfin à l'impossible, s'accommoder de conditions sociales hostiles; René souffre de la vie même, de l'inutilité de l'effort et de l'indifférence de toute destinée, puisque le cœur de l'homme ne peut atteindre que le fini et le passager tout en ayant l'idée et le désir de l'infini. Werther disait : « Si je pouvais vouloir! » René dit : « Ce n'est pas la peine de vouloir. » Il ajoute aussi, à la psychologie du rêveur sentimental, la notion d'une fatalité, d'une malédiction qui s'acharne sur lui. Il rapporte avec soi le malheur, et sera, dans les *Natchez*, la cause involontaire du massacre de toute la tribu : prédestination à l'infortune perpétuelle qui, tout à fait absente de *Werther*, augmente encore ici la théâtrale grandeur du personnage. Fidèle d'ailleurs à la tendance de son œuvre, Chateaubriand lui fait dire, par la bouche du P. Souël, de dures vérités qui doivent être la réprobation de tant de rêverie inefficace et de tristesse orgueilleuse, au nom de la religion chrétienne : « Rien ne mérite dans cette histoire la pitié qu'on vous montre ici. Je vois un jeune homme entêté de chimères, à qui tout déplaît et qui s'est soustrait aux charges de la société pour se livrer à d'inutiles rêveries. On n'est point, monsieur, un homme supérieur parce qu'on aperçoit le monde sous un jour odieux. On ne hait les hommes et la vie que faute de voir assez loin.... Jeune présomptueux, qui avez cru que l'homme se peut suffire à lui-même, la solitude est mauvaise à celui qui n'y vit pas avec Dieu ; elle redouble les puissances de l'âme en même temps qu'elle leur ôte tout sujet pour s'exercer. Quiconque a reçu des forces doit les consacrer au service de ses semblables : s'il les laisse inutiles, il en est d'abord puni par une secrète misère, et tôt ou tard le ciel lui envoie un châtiment effroyable. »

Telle est la « brusque réprimande » que le *Mercure de France* félicitait Chateaubriand d'avoir fait prononcer à son missionnaire, comme une condamnation de la rêverie égoïste. Est-il nécessaire de remarquer que, pour la plupart des lecteurs sensibles à la beauté littéraire et disposés déjà à suivre la pente des songes mélancoliques, l'anathème chrétien lancé contre le héros n'enlevait rien au prestige de celui-ci, et que le rêveur de Chateaubriand, assis au bord des flots de Méschacébé et drapé superbement dans sa souffrance orgueilleuse, devint bientôt — à considérer son effet — un *alter ego* du jeune enthousiaste, en habit bleu à boutons d'or, que Goethe avait promené sous les feuillages de Wetzlar? Chateaubriand le reconnaissait lui-même, le jour où, préférant à son habitude dire du mal de soi que de n'en point parler, il déclarait dans ses *Mémoires* : « Si *René* n'existait pas, je ne l'écrirais plus ; — s'il m'était possible de le détruire, je le détruirais. Une famille de René poètes et de René prosateurs a pullulé.... Il n'y a pas de grimaud sortant du collège qui n'ait rêvé être le plus malheureux des hommes....» Et là encore, il prenait le contre-pied de son devancier allemand, qui proclama toujours, en dépit d'un « pullulement » analogue et dont il s'indignait, le droit qu'a toute souffrance sincère de clamer sa plainte, — mais qui n'admettait le werthérisme que comme une attitude passagère de l'homme en face de la vie, comme une période transitoire que les forts traversent, où ne s'attardent que les débiles....

Tandis que la figure de Werther se transformait ainsi chez l'auteur du *Génie du Christianisme*, gagnant en éclat et en prestige fatal, ajoutant je ne sais quelle langueur celtique à la mélancolie traditionnelle, un roman français dû à une plume étrangère reprenait, avec une conclusion conforme à la tendance religieuse du moment, la situation sentimentale du roman de Goethe et son effusion désolée. C'est en décembre 1803 que paraît *Valérie*, dont l'auteur, Mme de Krüdner, se rattache par sa naissance à l'autre extrémité de l'Europe, à ces pays de Baltique d'où sont venus à la littérature les mystiques ou les mystérieux qui s'appellent Hamann, Hoffmann ou Zacharie Werner. Elle aussi, — la petite Livonienne aux yeux d'un bleu sombre, et blonde de ces cheveux cendrés qui ne sont qu'à Valérie, dira-t-elle dans son roman, mariée à un « froid Albert », mari positif et de vingt ans plus âgé — mettra dans ce roman une bonne part de sa propre destinée, et ne fera que transcrire, dans le mode dont *Werther* avait fourni la clef, un épisode de son existence : l'adoration que lui voua, au cours de quelques années de sa vie de femme de diplomate, un jeune secrétaire d'ambassade, Alexandre de Stakieff. Elle a peu ajouté aux données psychologiques de la réalité. *Valérie* est un roman par lettres développant cette situation : un jeune homme tombe amoureux de la femme de son ami, n'est point deviné par elle, s'enivre silencieusement de cet amour sans issue — et finit par en mourir. Car Mme de Krüdner a voulu absolument que le Gustave de son roman, qui représente l'Alexandre de Stakieff de la réalité, mourût de son cœur brisé. Peut-être croyait-elle d'ailleurs, de bonne foi, qu'il en avait été ainsi. « Mais quoi, objectait quelqu'un devant qui elle disait que le jeune homme était mort; mort? mais il est à Genève! — Oh! mon très cher, s'écria-t-elle avec sa grâce naturelle, s'il n'est pas mort, il n'en est guère mieux pour cela. » En tout cas, le bon jeune homme du roman meurt authentiquement : après des adieux où il a fait à Valérie l'aveu de son amour, il s'éloigne — trop tard pour se ressaisir vraiment — et se met bientôt à tousser et cracher le sang. Il importait à l'auteur qu'une longue agonie, racontée longuement, fît valoir à la fois la grandeur de l'amour de Gustave qui va jusqu'à la phtisie, et sa résignation chrétienne, qui attendrit tous ceux qui l'approchent. L'auteur le tue ainsi après qu'il a promis à Valérie de ne point se suicider, après qu'il a écrit à un de ses amis ces lignes qui sont une sorte de désapprobation du dénouement de *Werther* : « Ne t'effraie pas, Ernest, jamais je n'attenterai à ma vie; jamais je n'offenserai cet Être qui compta mes jours et me donna pendant si longtemps un bonheur si pur. O mon ami! je suis bien coupable de m'être livré moi-même à une passion qui devait me détruire! Mais, au moins, je mourrai en aimant la vertu et la sainte vérité; je n'accuserai pas le ciel de mes malheurs, comme font tant de mes semblables... »

Cette métamorphose angélique du jeune premier werthérien reste, malgré tout, factice et sans durable intérêt, — pour ne rien dire des détails qui font « dater » terriblement le roman lui-même, comme la fameuse « danse du châle » à l'ambassade d'Espagne. Werther et René ont au fond de l'âme l'insatiable désir de l'infini, de l'absolu, de l'idéal, le malaise de ne pouvoir accepter la vie et les réalités avec leurs limitations : Gustave ne souffre que d'aimer Valérie; et ce n'est que çà et là, et par accident, que sa mélancolie s'élève jusqu'à la généralité plus haute de ses aînés. Mais, venant à sa date de 1803, le roman de Mme de Krüdner a été salué par les lecteurs de l'époque comme un *Werther* sentimental encore, mais religieux et moral. L'intention était marquée dès la Préface. « Qu'on ne s'étonne pas, écrivait l'auteur, de voir Gustave revenir si souvent aux idées religieuses : son amour est combattu par la vertu, qui a besoin des secours de la religion ; et, d'ailleurs, n'est-il pas naturel d'attacher au ciel des jours qui ont été troublés sur la terre? » Et tandis que Goethe, dans une lettre à Eichstädt du 21 avril 1804, déclarait ce livre « nul, sans qu'on puisse dire qu'il soit mauvais », la critique du temps discerna généralement quelle parenté sanctifiée le rattachait à *Werther*. Michaud écrivait dans le *Mercure de France* du 18 frimaire an XII : « ... Gustave meurt, comme Werther, victime de sa passion, mais il ne donne point l'exemple affreux du suicide; la religion recueille ses derniers soupirs. » De même, une lettre insérée dans le *Publiciste* du 21 nivôse an XII : « Il nous semble que l'auteur a voulu expressément éviter ce qu'il y a de répréhensible dans *Werther*. Celui-ci, toujours mécontent, fronde toutes les institutions, se plaint sans cesse de son sort, et finit par le suicide. Gustave... toujours résigné, donne en mourant la plus belle des leçons... » Il est vrai que cette mort elle-même attristait à l'excès certains lecteurs : le prince de Ligne dut écrire pour la princesse Galitzine une fin plus consolante, parce qu'un jour cette dame n'avait pu souper chez lui, tant la lecture de *Valérie* l'avait mise en larmes. La vogue fut grande, mais caduque en raison même du manque de signification typique du héros et de l'intérêt passager des milieux décrits. Elle fut plus brève, tout compté, que le renom d'un livre singulier qui est du même temps, l'*Oberman* de Sénancour; mal connu à son apparition en 1804, retrouvé avec délices par une génération postérieure, et associé par elle dans une commune admiration avec *Werther* et *René*, cet ouvrage, disait en 1868 Sainte-Beuve à la fille de l'auteur, empêchera le nom de Sénancour d'être jamais oublié.

Cependant c'est surtout pour sa date et pour l'espèce de renforcement qu'il prêta, en 1820, à l'influence de *Werther*, qu'*Oberman* doit être cité ici. Étienne de Sénancour, lorsqu'il acheva de l'écrire aux environs de Fribourg en Suisse, avait eu diverses aventures de vocation et de sentiment, rébellion aux volontés paternelles, mariage de résignation, deuils répétés, qui auraient pu fournir quelque intérêt romanesque à cette confession monotone et pénétrante. Mais il semble que Sénancour ait voulu restreindre autant que possible la part des événements, du monde extérieur, des accidents du cœur dans cette rêverie par correspondance, qui se poursuit au long de dix années sans qu'un épisode un peu poussé y mette une diversion sentimentale ou anecdotique. Il s'écriait, dans un article paru en 1821 dans l'*Abeille* : « Et toi, fils intéressant de la nature d'Outre-Weser, sensible ami d'une Charlotte insignifiante, tu avais du bon; mais j'ai plaint tes idées un peu restreintes. Il t'eût suffi d'être roulé par des flots, et emporté dans les gouffres. Tu aurais été satisfait, j'en suis sûr, de descendre aux mers de l'Afrique, par les canaux enflammés de l'Etna. Pauvre Werther! faible courage, froide imagination!... » Et l'on dirait que vraiment Sénancour a tenu à laisser son héros dans une sorte de désespérance *in abstracto*, pour mieux faire valoir ses objections à tout bonheur et à toute activité, sa résignation persévérante. Un profil de femme semble-t-il se dessiner vaguement dans l'ombre où Oberman végète? Il l'a vue, cette sœur de son ami Fonsalve, tendre et malheureuse; il s'est inquiété un instant, puis s'est écarté; pas plus qu'il ne veut sortir de lui-même, écrire, voyager, se rendre utile, il ne tient pas à aimer, croyant trop peu à sa propre existence pour l'affirmer par l'amour. Ainsi dégagée de l'intérêt sentimental qui palpitait dans *Werther*, de l'affirmation de facultés rares et fastueuses qui s'étalait dans *René*, la mélancolie d'Oberman est tout entière dans l'inquiétude d'un esprit qu'attristent la perpétuelle fuite des choses, du temps, des phénomènes, l'incertitude des notions religieuses et morales, l'énigme de la destinée, et qui arrive, non au suicide ou à l'orgueil de l'homme « fatal », mais à l'abdication la plus négative. Werther était un imaginatif de faible volonté, René un rêveur de génie qui jugeait inutile de vouloir; Oberman est un faible qui cherche dans la loi même des choses une raison à son absence de volonté; — ou, pour reprendre les images dont George Sand a illustré sa comparaison de ces trois héros, « Werther est le captif qui doit mourir étouffé dans sa cage; René, l'aigle blessé qui reprendra son vol; Oberman est cet oiseau des récifs à qui la nature a refusé des ailes, et qui exhale sa plainte calme et mélancolique sur les grèves d'où partent les navires et où reviennent les débris... ».

Si le werthérisme trouvait dans *Oberman* sa métaphysique, l'*Adolphe* de Benjamin Constant lui fournissait son extrême aboutissement, le terme où l'analyse et la dissection intime abolissent à jamais la spontanéité du cœur. Quand il l'écrivit en quinze jours, en 1807, combien son auteur était loin du temps où il apparaissait au cercle de Mme de Staël comme Werther en personne, avec ses longs cheveux blonds et ses grands yeux bleus! Le subtil martyre des amours trop clairvoyantes, le long supplice des desséchantes casuistiques avaient achevé, durant sa liaison avec l'auteur de *Delphine*, de tuer toute ingénuité sentimentale chez celui qu'un contemporain appelait « le plus pervers des hommes avant trente ans ». Et il y a plus loin encore de la ferveur de Werther, de son enthousiasme pour la nature, de sa cordialité pour les humbles, pour les enfants, à cette impitoyable analyse tout occupée de soi, à « ce penchant à l'inconstance et cette fatigue impatiente, maladies de l'âme, qui la saisissent quelquefois subitement au sein de l'intimité! » Mais ce livre, si différent de ton, par sa rigueur d'analyse et son réalisme psychologique, de la mélancolie enthousiaste de *Werther* comme du désenchantement oratoire de *René*, cette précise étude qui renoue la tradition abandonnée de Marivaux et de Laclos, ne se trouve pas moins située sur la même ligne, aux dernières branches du même arbre. Il est un peu au roman de Goethe ce que Marivaux est à Racine : le stade où la vie intérieure n'a plus besoin du contre-coup du monde extérieur pour vibrer longuement, mais où elle se fait poison ou volupté d'elle-même et de ses moindres tressauts. Et Werther à trente ans, si la vie ne le guérissait pas de sa fébrile susceptibilité, serait sans doute, aux bras d'une Charlotte plus impérieuse, comme Adolphe en face de la douloureuse et dominatrice Éléonore.

Le *nirvana* d'Oberman et l'aridité subtile d'Adolphe restaient, à leur date, des manifestations assez isolées de l'esprit d'analyse et de mélancolie dont *Werther* avait été un des symptômes les plus notables et des plus énergiques agents. Il est rare aussi de trouver à cette époque, comme dans le *Werther*, drame en cinq actes, en prose, de Gournay (1802), le dénouement par suicide accepté dans les œuvres qui reprenaient le thème du fameux petit livre, ou une donnée analogue. Ce qui est la règle chez les écrivains qui sacrifient au sentiment, c'est plutôt, nous l'avons vu, une conclusion qui ne soit pas un défi à la morale reçue, qui soit même, s'il est possible, une exhortation à la piété et au sens des nécessités vitales. Mais c'était méconnaître le vrai remède au werthérisme. « Le meilleur moyen de se délivrer de la tristesse, dit saint Jean Chrysostome, c'est de ne point l'aimer. » Et, qu'ils la poursuivent jusqu'à la consomption ou qu'ils la promènent en de nouveaux continents, il est certain que les cadets de Werther *aiment leur tristesse*, comme ils aiment leur inaction et l'idée que leur cas est à peu près unique, au moins exceptionnel et d'une rareté flatteuse pour un jeune orgueil. La poésie continue à ignorer cette source de lyrisme : le roman lui offre une dérivation qui lui permet de s'épancher, en attendant le débordement poétique de 1820.

Si bien que le roman de Goethe ne disparaît jamais entièrement de l'attention ni de la littérature. Un traité *des Romans* de Dampmartin (1803) l'omet, il est vrai, dans une revue des œuvres de ce genre. Mme de Genlis, bien qu'elle cite Goethe parmi les auteurs allemands qui ont « enrichi d'ouvrages immortels » la littérature de leur pays, ne fait pas entrer *Werther* dans le plan d'éducation d'*Adèle et Théodore* : elle est trop hostile — ici — à la sensibilité et au romanesque. Mais Kotzebue note, dans ses *Souvenirs de Paris*, un jeu de mots que le roman de Goethe suscite. « Le jeune homme à la mode voit-il, au souper, un de ces gâteaux aux pommes nommés *Charlotte*, il dit très spirituellement : « Je voudrais bien être le Werther de cette Charlotte ! » Barthélemi Huet de Froberville publie en 1803, à l'Ile de France, *Sydner ou les Dangers de l'imagination*, Auguste Lambert en 1807 son *Praxède*. Un anonyme *Nouveau Werther, ou Edmond et Cécile* en 1804, un *Werther des bords de la Doire* en 1811, une traduction de l'anglais, les *Fureurs de l'amour*, continuent la lignée presque immédiate des médiocres sous-Werthers ; des romans épistolaires comme la *Claire d'Albe* de Mme Cottin se rattachent de plus loin à la même tradition, en faisant encore apparaître le trio du mari, bourru bienfaisant, de la jeune femme sensible et du jouvenceau que l'amour rend languissant; mais c'est ici, la faute commise, la femme qui meurt.

L'année 1809 remet le public en face de l'œuvre originale : le comte Henri de La Bédoyère réédite ses *Souffrances du jeune Werther*, traduction parue en 1804, ornée désormais de trois gravures, mais aussi inexacte et aussi tendancieuse que sous sa première forme. Le faux bon goût et les scrupules « bien pensants » rivalisent pour défigurer le livre de Goethe : la révolte de Werther contre les règles sociales, la dernière phrase, si poignante : « Nul ecclésiastique n'a accompagné sa dépouille », sont simplement supprimées; et il n'est plus question du frac bleu et du gilet jaune que la mode même, autrefois, avait adoptés.

En face de cette version si peu satisfaisante, celle de Sevelinges conserve son avantage, bien qu'elle date de la fin de 1803. Une note du *Journal de Paris*, le 7 avril 1809, la signale à ses lecteurs, alors que le *Publiciste*, le 1er avril, avait annoncé la traduction de La Bédoyère. « Elle a d'abord le mérite matériel d'avoir été faite sur la dernière édition de Goethe; aussi y trouve-t-on douze lettres de plus, et une partie historique presque entièrement neuve. Elle n'a pas dû son succès à ce seul avantage, quelque grand qu'il soit. Le style en est correct et plein de chaleur; enfin, quoique la traduction, objet de l'article du *Publiciste*, soit annoncée comme nouvelle, il sera facile de s'assurer que celle de M. de Sevelinges est encore plus nouvelle. »

Il s'en faut d'ailleurs que l'œuvre de jeunesse de Goethe, vieille de trente-cinq ans à cette heure, soit examinée historiquement, avec l'objectivité qu'on accorde peu à peu aux choses qui sont bien du passé. L'Empire ayant marqué un retour au goût classique, il ne faut pas s'étonner si, avec les objections « chrétiennes » et « sociales » qui persistent, les réserves esthétiques conservent toute leur force. Geoffroy traite *Werther* de monstrueuse folie; les *Débats* déclarent, le 7 juin 1809, que le meilleur titre serait, non les *Passions*, comme écrivait Aubry, non les *Souffrances*, comme les traductions nouvelles s'intitulent, mais les *Sottises* du jeune Werther. Et une analyse ironique suivait le début de cet article qui déclare le roman de Goethe « mauvais sous tous les rapports ». « Par où ce Werther peut-il m'attacher? Quel est le fond de son caractère? Une mélancolie niaise et orgueilleuse. Quelles sont les qualités de son cœur? Une sensibilité fougueuse et déréglée, nourrie par le désœuvrement, une disposition à larmoyer, qui vient d'une grande irritation nerveuse. Est-on dédommagé de tant de ridicules par les qualités de son esprit? Non; c'est une tête mal faite, un esprit absolument faux, plein d'idées bizarres et de maximes absurdes.... »

Cette même année 1809, au carnaval, un voyageur allemand à Paris notait un groupe de masques dont il semble que *Werther* ait fourni l'idée. « Un amoureux désespéré, à califourchon sur un mulet indolent, tenait à la main un pistolet de bois et fuyait devant une cruelle Dulcinée qui lui arrachait l'arme meurtrière et faisait ensuite la nique au pauvre fou. La Philosophie, dans un costume brun plissé, suivait, sans doute pour réconforter le désespéré par de sages remontrances. » Raillerie plus énergique encore, et qui fut acclamée par les critiques les plus graves : le théâtre des Variétés faisait, de l'aventure de l'amant de Charlotte, le sujet d'une bouffonnerie dont la première fut donnée le 29 septembre 1817, et qui tint fort longtemps l'affiche. *Werther, ou les Egarements d'un cœur sensible*, « drame historique » en un acte, mêlé de couplets, par Duval et Rochefort, détruisait par l'absurde la donnée sentimentale du roman de Goethe. Charlotte devenue la plantureuse et grasse épouse d'un aubergiste, Werther s'enivrant pour noyer son désespoir et prononçant, par la bouche du fameux comique Potier, des sentences comme celle-ci : « Ah! mon cher, tu ne sais pas tout ce que renferme de larmes l'œil d'un personnage sentimental! » — quel échec pour le « pathos nébuleux » et la « rêverie germanique »! Même les critiques qui faisaient des réserves sur la facture de la pièce, comme le feuilletonniste des *Débats* ou les rédacteurs des *Lettres champenoises*, en approuvaient la tendance, dès qu'ils inclinaient à rendre la « philosophie » du XVIIIe siècle responsable du désarroi des âmes. Jamais autant qu'au début de la Restauration, on n'a affecté de croire à une influence immédiate du livre sur les mœurs, et de demander compte à *Werther* des suicides du temps. « Il n'est point de jour, écrivait Lamennais dans le *Conservateur* de 1819, où le récit de quelque suicide ne vienne consterner l'âme, et nous éclairer sur la profondeur de la plaie que la philosophie a faite aux mœurs publiques. » Ou plus nettement encore : « Combien d'infortunés, s'écriait Aimé-Martin dans les *Débats* du 26 juillet 1818, ont dû leur perte aux pages licencieuses des Louvet et des Laclos! J'ai vu les feuilles d'un *Werther* couvertes du sang de son lecteur! Livres infâmes, qui parlent à toutes les passions en feignant de parler à l'honneur! »

Cependant, au fond des provinces, une génération grandissait que ces anathèmes n'atteignaient guère, que ces railleries indignaient. « Avons-nous été assez irrités, nous autres, racontera un jour J. Janin dans les *Débats* du 27 avril 1846, quand tout remplis du fanatisme de Werther, amoureux fous de Charlotte et furieux d'oisiveté, nous avons vu nos pères et nos mères qui riaient comme des fous,... comme des sages, à ce même Werther représenté par ce même Potier? Nous eussions étranglé Potier en l'honneur de Werther et de Charlotte. » Mais ce n'est que plus tard, dans un avenir qui n'est très proche que pour quelques-uns, que se manifestera librement la large rêverie que *Werther* contribue à alimenter sourdement. On en est, en 1817, aux *Élégies* d'un Treneuil, aux suprêmes *Germanicus*, aux dernières *Caroléides*, au balbutiement sénile du pseudo-classicisme. *Werther* semble nettement en échec, matière à vaudevilles de boulevard, sujet d'invective pour les sociologues et les moralistes. De 1810 à 1822, il ne semble pas qu'aucune réédition ait été faite des traductions antérieures. A l'usage des cabinets de lecture et des femmes en quête de distraction littéraire, un *Dictionnaire des romans*, en 1819, le rangeait parmi les « romans d'amours pastorales et champêtres », et aussi parmi les « romans sentimentals (*sic*), pathétiques, attendrissants et larmoyants ».

Une élite, clairsemée parmi le public français, commençait à connaître Goethe autrement qu'en sa qualité d'auteur de *Werther*. Mais les traductions d'*Hermann et Dorothée* en 1800, de *W. Meister* en 1802, des *Affinités* en 1810, n'avaient pas arrêté longtemps l'attention française, déçue par l'apparente médiocrité du sujet de l'un, déroutée par la signification abstruse des autres. Et c'est Goethe classique de la sentimentalité que divers visiteurs allèrent voir à Weimar : plusieurs s'étonnèrent de trouver ce disciple de Rousseau vivant et bien vivant, causeur très sociable et homme d'État fort affairé ; quelques-uns comprirent aussi que le public français ne pouvait s'en tenir perpétuellement à l'espèce de légende tenace qui, dans les *Tables* du *Moniteur universel* pour les années 1799 à 1814, faisait attribuer deux rubriques différentes à *Goethe, conseiller du duc de Weimar*, et à *Goethe, auteur de Werther*.

CHAPITRE III

LES VISITEURS FRANÇAIS DE GOETHE

« Goethe n'a plus cette ardeur entraînante qui lui inspira *Werther*. »
(Mme DE STAEL, *De l'Allemagne*, II, 7.)

Plutôt que de *Goethe en France*, c'est de *la France chez Goethe* que traite ce chapitre. Dès les dernières années de l'ancien régime, le poète allemand, installé à Weimar, reçut la visite de quelques Français qui promenaient leur curiosité au delà des frontières politiques, dans cette « république des lettres » que formait véritablement l'Europe intellectuelle à cette époque. Ce furent ensuite l'Émigration, l'exil ou la guerre qui amenèrent en Allemagne des voyageurs malgré eux ou des hôtes munis, en guise d'introduction, de billets de logement : plusieurs de ces Français, et non des moins illustres, eurent avec l'auteur de *Werther* des entretiens mémorables et féconds. Plus tard encore, quand la paix rétablie en Europe laissa le champ libre aux ardeurs de la pensée, la ferveur et l'admiration devaient conduire à Weimar Saint-Marc Girardin et V. Cousin, J.-J. Ampère et David d'Angers, pèlerins dévotieux qu'avaient précédés, en plein tumulte révolutionnaire et napoléonien, des éclaireurs et des explorateurs souvent involontaires.

De tous les écrivains allemands de la fin du XVIIIe siècle,

Goethe était, avec Wieland, le mieux fait pour s'entretenir avec des *Welches*, sans leur causer l'espèce d'attendrissement ébahi que produisit le vieux Klopstock chez les émigrés de Hambourg, ou l'impression d'étrangeté que pouvait laisser à des interlocuteurs français la gaucherie d'un Schiller ou le prophétisme d'un Herder. Cet enfant de Francfort, cet ancien étudiant de Leipzig, pour qui notre idiome n'avait jamais été une langue tout à fait étrangère, pour qui, surtout, des Français — lieutenant de roi, comédiens ambulants ou maître à danser — avaient été, à plusieurs reprises, de familières relations, pouvait converser de plain-pied avec des visiteurs ou des hôtes venus de France. Il le pouvait d'autant mieux qu'une amitié princière et des fonctions d'État l'élevaient, aux yeux de ceux que pouvaient embarrasser des scrupules ou des préjugés d'ancien régime, au-dessus de la simple condition de littérateur. Homme de cour et homme du monde, ne livrant pas sa tour d'ivoire aux indifférents, mais leur laissant volontiers l'accès de ses abords, sachant être, à ses heures, enjoué et brillant causeur, il ne risquait pas d'encourir des dédains pareils à ceux que le XVIIe siècle avait connus, au temps où le P. Bouhours demandait si un Allemand pouvait avoir de l'esprit.

Tous les Français avec qui Goethe s'est trouvé en contact, cela va sans dire, n'ont pas également contribué à sa notoriété dans notre pays, ni même emporté, de leur passage ou de leur séjour à Weimar, des impressions également fécondes ou justes. Ni les nobles réfugiés, ni les officiers ou les diplomates de l'Empire, n'étaient préparés ou disposés à un égal degré à prendre la vraie mesure de Goethe; beaucoup d'entre eux sacrifiaient sans doute à une curiosité banale en faisant connaissance avec « l'illustre auteur de *Werther* », — et celui-ci, au contraire, mettait plus que de la coquetterie à se dissimuler et à se faire oublier. Il n'en reste pas moins que ces rapports directs avec un écrivain dont Paris connaissait le nom, confirmaient son adoption par la pensée française et préparaient les voies à de nouvelles influences.

L'abbé Raynal, expulsé de France après la réédition de son *Histoire philosophique des deux Indes*, s'arrêta à Weimar en avril et mai 1782, et divertit la société par son entrain de bel-esprit. « Il nous a très agréablement amusés pendant quelques jours, écrit Goethe à Knebel le 5 mai. Il est plein des anecdotes les plus plaisantes, qu'il sait relier entre elles avec son esprit philosophique universel et français. Il dit aux rois la vérité et des flatteries aux femmes; il se fait bannir de Paris et s'accommode très bien de nos petites cours. J'ai, comme tu peux facilement te l'imaginer, complété, grâce à lui, nombre d'idées.... »

Peu de temps après le passage du sémillant abbé, Weimar recevait la visite d'un érudit archéologue, Gaspard d'Anse de Villoison. « Je n'ai vu Villoison que quelques jours, mande Goethe au même correspondant; c'est un homme bon, agréable, heureux. » Villoison de son côté écrit à la duchesse mère : « J'ai passé hier une soirée délicieuse avec M. Goethe; une seule de ses paroles et de ses réflexions suffit pour confirmer la grande réputation dont il jouit à si juste titre. » D'ailleurs, comme il était naturel, l'helléniste français fut surtout séduit par la tournure d'esprit et les goûts classiques de Wieland : bien des Français partageront cette impression, surtout ceux qui possèdent, irréductible, une forte culture humaniste. En juin 1782, la duchesse Amélie ayant fait faire le buste des trois grands écrivains fixés à Weimar, Goethe, Herder, Wieland, Villoison s'offrit à fournir des inscriptions latines. Voici les quatre vers qu'il écrivit pour Goethe, poète et ministre :

Augusto et Musis charus, tractavit amores
  Lethiferos juvenis, fortia facta ducum
Atque pari ingenio commissa negotia, nostrae
  Maecenas aulae Virgiliusque simul.

Goetz de Berlichingen indiqué par trois mots, mais les amours de *Werther* et les fonctions officielles de Goethe signalées et comme contrastées, « Mécène et Virgile tout ensemble » : c'est bien ainsi que pouvait se résumer, pour un visiteur français de 1782, l'essentiel de la carrière de Goethe. L'opposition de l'œuvre de désespoir et de révolte avec l'activité du haut fonctionnaire ducal, surtout, ne manquera pas de frapper bien des Français qui s'arrêteront à Weimar. Et sans doute faudra-t-il, à défaut d'une perspicacité particulière, un séjour prolongé comme celui que firent dans cette résidence divers émigrés, pour concilier l'apparente antinomie de ces deux aspects.

L'armée des Princes, où Goethe se trouva, en 1792, et où Chateaubriand a pu le croiser par hasard, semble avoir peu contribué à le rapprocher de l'Émigration. Il fallut que celle-ci devînt sédentaire pour amener d'autres contacts. Bien qu'il ait lui-même, à l'occasion, consigné des preuves de la légèreté et de l'inintelligence politique des émigrés, Goethe s'est plu à rendre hommage aux qualités de résignation, de patience et de dignité par lesquelles les meilleurs d'entre eux, installés en Allemagne, balançaient les défauts de la masse. « Parmi ceux qui s'établirent en Thuringe, dit-il, il me suffira de nommer Mounier et Camille Jordan pour justifier la faveur dont jouit la colonie tout entière : sans être à la hauteur de ceux-là, elle ne se montra nullement indigne d'eux. » Il convient d'ajouter à ces noms celui du comte Dumanoir, « de tous les émigrés le plus cultivé, sans aucun doute, doué d'un solide caractère et d'un bon sens lucide », écrit Goethe en 1795. C'est à lui que Degérando et Jordan durent, un peu plus tard, d'être accueillis par la société de Weimar. « Pour avoir accès, leur avait écrit le 17 février 1798 Mlle de Rathsamhausen, la future Mme Degérando, adressez-vous à

M. Dumanoir, émigré français, très bien accueilli par le prince, tout-puissant auprès de lui.... »

Il ne saurait être ici question des sympathies qu'ont pu trouver auprès de Goethe les nostalgies, les espérances ou les occupations des Français que Quatre-vingt-treize et Fructidor amènent en Thuringe, la maison d'éducation fondée par Mounier, le choix qui fait, du fils du comte Dumanoir, le compagnon du jeune prince de Weimar. Si ces réfugiés politiques s'attendaient à rencontrer, dans l'auteur de *Werther*, un Rousseau germanique, ils ont dû être surpris de se voir en présence d'un dignitaire et d'un fonctionnaire, surintendant des plaisirs intellectuels d'une résidence. Était-ce encore un écrivain, seulement, que ce naturaliste et ce physicien qui s'occupait de la théorie des couleurs et de la métamorphose des plantes, que ce dilettante et ce collectionneur qui, à son retour d'Italie, se plaisait surtout à décorer ses murs de plâtres et de dessins? Il prête à Mounier, en 1796, un *genera plantorum*, intéresse à des travaux d'histoire naturelle, en 1798, le comte et la comtesse Fouquet, s'inquiète, en 1810, de faire traduire par Villers ses paradoxes d'optique : que tout cela rappelle peu le pistolet de Werther! L'émigré de Pernay traduit cependant en Français le sixième livre de *Wilhelm Meister*; un autre, venu comme réfugié, et fixé à Weimar, traduit en 1818 l'Essai sur la *Cène* de Léonard. Mais il n'est pas douteux que pour la plupart des membres de cette colonie, Narbonne ou Wendel, le comte d'Ecquevilly ou Moriz, rien ne devait être plus déconcertant que les incarnations actuelles d'un écrivain que son attitude et sa situation paraissaient désormais éloigner à ce point de son œuvre de jeunesse. Wieland, le gracieux humaniste, si représentatif de la culture du XVIIIe siècle, continue à satisfaire bien davantage la curiosité des Français résidant à Weimar. C'est avec lui que Mounier est surtout lié; c'est de lui que, par l'intermédiaire de savants comme Boettiger, des revues françaises entretiendront le plus volontiers leurs lecteurs; c'est à « Monsieur Wieland » que François de Neufchâteau adressera une poésie datée de Weimar, le 20 novembre 1806, où il se plaindra familièrement d'une malencontreuse attaque de goutte.

Plusieurs des réfugiés, et non des moindres ni des moins intelligents, restèrent en relations avec le milieu de Weimar après qu'ils furent rentrés en France. Par Boettiger, Mme de Schardt, Amélie d'Imhoff et Mme de Stein-Nordheim, Camille Jordan et les Mounier furent longtemps tenus au courant de ce qui se passait dans la ville qui avait accueilli leur exil; d'autres correspondances moins notables ont dû rattacher de même, à d'anciens hôtes allemands, plus d'un « aristocrate » à qui la France s'était rouverte.

Parmi les étrangers qui se trouvèrent en rapports directs avec Goethe, il en est quatre qui méritent de retenir l'attention quelque temps : trois d'entre eux, Villers, Mme de Staël, Benjamin Constant, sont les plus avisés des écrivains qui se préoccupèrent, au commencement du XIXe siècle, de faire en Allemagne une « remonte d'idées »; le quatrième, Napoléon, offrit, par sa rencontre avec Goethe, le saisissant spectacle de la conjonction des deux génies les plus représentatifs de l'âge moderne.

C'est de Lubeck, le 10 août 1803, et au moment où il allait retourner en France, que Charles de Villers écrivit à Goethe pour la première fois. Il lui dit son désir : « Combattre de toute ma force le système entier de culture matérialistique et d'imphilosophie française ». Et après lui avoir avoué quel besoin il éprouvait d'être encouragé, dans cette lutte contre le matérialisme du XVIIIe siècle, par un des « princes de l'humanité », il lui disait : « Voilà d'où naît depuis si longtemps le besoin que j'ai de communiquer avec vous, d'attirer vers moi une de vos pensées, qui me vivifiera, et sera comme le fil par où ma frêle destinée littéraire tiendra au rocher de la vôtre. » Un « petit écrit », sans doute sa *Philosophie de Kant*, accompagnait cette lettre enthousiaste et gauche, où Villers se promettait bien de faire un jour « le pèlerinage de Thuringe » pour aller voir le grand homme.

Ce vœu ne fut pas exaucé; mais les relations entre Goethe et le *Janus bifrons* ne s'arrêtèrent point là. Villers avait, en 1799, analysé dans le *Spectateur du Nord* l'*Iphigénie* de Goethe: exilé lui-même, il avait, « la vue offusquée de larmes involontaires », traduit la plainte de la vierge éloignée du toit paternel.

Ah! malheur à celui dont les jours solitaires
Se traînent dans l'exil, loin de parents, de frères!
Sa lèvre presse en vain la coupe du bonheur,
Le poison de son âme en corrompt la douceur....

En 1806, il cite *Torquato Tasso* et le *Dieu et la Bayadère* à l'appui de sa thèse dans son *Érotique comparée, ou Essai sur la manière essentiellement différente dont les poètes français et les allemands traitent l'amour*, volupté chez ceux-là, enthousiasme chez ceux-ci. Goethe le remercie chaleureusement de l'envoi de ce petit livre, qu'il a reçu en pleine tourmente de guerre et d'invasion. Cette même année 1806, l'adresse d'une lettre de Villers à Goethe, qui se trouvait sur une table de la maison de Weimar, renseigne sur l'identité de l'habitant les soldats français qui préparent le cantonnement : « Ils se comportèrent très aimablement à mon égard, écrit Goethe à Villers le 11 novembre, et en usèrent avec moi le mieux du monde dans ces mauvais jours. Et c'est donc à vous, mon cher M. Villers, que je dois, outre la présentation littéraire que vous m'avez value auprès de vos compatriotes, une autre présentation d'un genre tout différent. » Le grand état-major, en effet, et le maréchal Augereau avaient recommandé aux troupes d'occupation les biens et la personne de ce « savant distingué, homme recommandable dans toutes les acceptions du mot ».

En 1807, comme Goethe était très occupé de sa *Théorie des Couleurs*, son ami Reinhard lui proposa, comme traducteur de son ouvrage et comme médiateur de ses idées en France, Villers, qu'il connaissait personnellement, auquel il écrivit le 28 juin pour lui communiquer ce dessein, « tout à fait digne du saint apostolat auquel vous vous êtes dévoué ». Villers consentit à demi, se trouva ensuite empêché de s'exécuter; en 1810, lorsqu'on en reparla, il sembla à Goethe que l'opinion de Villers en matière d'optique s'accordait mal avec ses propres théories. Ce projet n'eut pas de suite, non plus que le désir de Goethe et de Villers de se rencontrer en personne. Par l'intermédiaire de Reinhard, ils restèrent en communication indirecte; et c'est grâce au germanophile lorrain que Goethe put prendre connaissance d'un fragment inédit de l'ouvrage qui a été la réalisation de la plus chère pensée de Villers : l'*Allemagne* de Mme de Staël.

Villers, avec qui elle s'était rencontrée à Metz, en décembre 1803, lorsqu'elle eut décidé d'employer à un voyage en Allemagne son exil « à quarante lieues de la capitale », lui avait tracé son itinéraire. Elle s'achemina par Francfort sur Weimar, où Benjamin Constant devait la rejoindre en janvier, mais où elle eut le regret, à son arrivée, de ne point trouver Goethe. Il était à Iéna, accablé de besogne et à peine remis d'une grave maladie, assez défiant, par surcroît, de ces interviews par lesquels une Parisienne prétendait le confesser en un tour de main. « Vous devez croire, lui écrivait-elle le 15 décembre, que mon premier désir en venant en Allemagne est de vous connaître, et de m'honorer de votre bienveillance.... » Et le 18, après une nouvelle sollicitation où elle vantait son indifférence « à tout le matériel de la vie » : « Je vous dis cela pour que vous n'imaginiez pas de me recevoir comme une dame de Paris, mais comme la femme du monde qui a le plus pleuré à Werther et au comte d'Egmont.... Voilà une lettre écrite comme si je vous avais vu toute ma vie, mais ne vous ai-je pas lu toute ma vie? Mais votre Werther n'est-il pas l'ouvrage que j'ai relu cent fois et qui s'est uni à toutes mes impressions? »

Enfin, le jour de Noël, Mme de Staël, qui avait été invitée tout de suite au château, vit pour la première fois Goethe chez la duchesse mère. Comme elle s'était imaginé, nous dit Boettiger, « un Werther tout au plus un peu vieilli », elle fut déçue dans son attente; il lui sembla qu'un esprit aussi supérieur était mal logé dans ce corps de cinquante-cinq ans un peu engraissé et flétri. « Je voudrais mettre son esprit dans un autre corps. » Tout entière hantée par le souvenir de *Werther*, prête sans doute à retrouver le frisson d'enthousiasme douloureux dont ce livre l'avait secouée, elle fut froissée d'entendre Goethe plaisanter; elle ne goûta qu'à demi les œuvres par où l'auteur de *Werther* se dégageait de sa première inspiration; le drame de la *Fille naturelle*, auquel elle assista le 21 décembre, lui déplut fort. La duchesse Amélie écrivait bien à Knebel, le 7 janvier 1804 : « Mme de Staël a une idée très claire de Goethe ». Ce n'était point l'avis de Henry Crabb Robinson, le jeune Anglais établi à Weimar qui s'efforçait de lui faire comprendre Goethe et qui la jugeait incapable de saisir exactement les raisons de sa supériorité. « Monsieur, répliqua-t-elle un jour qu'il lui disait qu'elle faisait fausse route, je comprends tout ce qui mérite d'être compris; ce que je ne comprends pas n'existe pas.... »

Lorsqu'en mars elle quitta Weimar pour Berlin, elle se rendait bien compte de tout l'enrichissement intellectuel qu'elle devait aux heures passées à s'entretenir avec

Goethe : elle souhaitait voir se renouveler, au retour, ces féconds entretiens. « Ces trois semaines, peut-être, hélas! les dernières que je passerai de ma vie avec vous, je veux les consacrer à vous entendre, je veux vous voler tout ce qui se vole, cela vous laissera bien riche encore, et revenir en France avec un butin tout à fait différent de celui que nos généraux y rapportent. »

Ce butin qu'elle ramenait d'Allemagne, ce n'était pas encore l'immense variété de vues et d'idées qu'elle déploiera dans son livre; il faudra qu'A.-W. Schlegel — qui n'est pas la moindre acquisition qu'elle dut à son voyage outre-Rhin — l'aide à comprendre ses propres intuitions et mette de l'ordre dans ses divinations; il faudra que cet admirable théoricien lui fasse résoudre la dissonance qui la choque dans Goethe, « poète et métaphysicien. Le poète est lui-même, l'autre est son fantôme. » Il faudra aussi que dans sa conception de la destinée, la théorie de l'exaltation fasse place, comme on l'a dit, à la théorie de la moralité, pour qu'elle donne son rythme et sa valeur au monde d'idées nouvelles qu'elle défendra dans son *Allemagne*. Mais, dès 1804, la voici renseignée sur la physionomie générale de la littérature allemande, sur la place qu'y tient Goethe, et un Goethe plus « spectateur » que « passionné », un Goethe qui « n'a plus cette ardeur entraînante qui lui inspira *Werther* ». Elle pourra dire avec quelque fierté : « La connaissance personnelle de l'homme qui a le plus influé sur la littérature de son pays sert, ce me semble, à mieux comprendre cette littérature »; et elle s'arrêtera à décrire la conversation de Goethe pour l'avoir pratiquée.

Malgré tout, en dépit de son information et quoiqu'elle n'ait point fermé ses yeux aux nouveaux horizons qu'ouvrait l'œuvre ultérieure de Goethe, elle conserve à *Werther* une fidélité et une préférence secrètes, et s'accommode mal des récentes incarnations de l'écrivain, qui « aurait grand tort de dédaigner l'admirable talent qui se manifeste dans *Werther* ». Et il semble qu'elle se retienne à peine d'éprouver, vis-à-vis de tant de nouveaux chefs-d'œuvre, une déception pareille à celle que lui causa, dans les salons de la vieille duchesse, sa première rencontre avec le poète quinquagénaire en qui elle s'attendait à trouver un Werther à peine un peu fané.... « Mme de Staël, déçue de ne pas trouver un second Werther en Goethe, dit très justement Bettina, s'est trompée deux fois, la première dans son attente, la seconde dans son jugement. »

Comme la femme illustre qu'il avait rejointe à Weimar en janvier 1804, Benjamin Constant a oscillé entre l'admiration et la réserve : le *Journal intime* qu'il commença en Allemagne à cette époque a gardé la trace de ces alternatives d'entraînement et de recul, qui étaient si bien dans son caractère. Mme de Staël, mettant le bonheur dans l'enthousiasme, se buttait à l'équilibre de l'auteur de *Werther*, manifesté dans son attitude et réalisé dans sa poésie : Benjamin Constant, préoccupé des applications de la philosophie et de la littérature à la vie sociale, soucieux avant tout (comme le note Goethe) d'agir par la pensée sur le monde de la morale pratique et de la politique, s'effare de trouver son interlocuteur indifférent à la portée de ses œuvres et à l'attitude du public. Le 6 pluviôse : « Quel dommage que la philosophie mystique de l'Allemagne l'ait entraîné ! » Le 26 pluviôse : « C'est un homme plein d'esprit, de saillies, de profondeur, d'idées neuves. Mais c'est le moins bon homme que je connaisse.... » Le 6 ventôse : « Je ne connais personne au monde qui ait autant de gaîté, de finesse, de force et d'étendue dans l'esprit que Goethe ! » Le 9 : « ... Décidément il y a bien de la bizarrerie dans l'esprit de Goethe.... »

Du moins, si là encore il n'y eut pas complète entente et

intelligence absolue, la bonne volonté et le profit réciproque ne firent point défaut. « Bien que ma façon de comprendre et de traiter la nature et l'art ne pût lui être toujours manifeste, les efforts qu'il fit pour se l'assimiler, pour la rapprocher de ses propres idées, pour la traduire dans sa langue me furent à moi-même d'une très g..nde utilité : ils m'indiquèrent ce qu'il y avait dans mon procédé d'embryonnaire encore et d'obscur, d'incommunicable et de peu pratique. » Goethe rend hommage en ces mots à la compréhension de Constant; celui-ci, de son côté, se souvint toujours, même au milieu de préoccupations d'une autre nature, des heures où il avait eu l'honneur de donner la réplique à l'auteur de *Faust*. En 1827, il lui écrivait, pour lui recommander un ami qui projetait le voyage d'Allemagne : « Je ne sais si les bontés que vous avez eues pour moi, il y a bien longtemps, ont laissé dans votre esprit quelques traces : ce que je sais, c'est qu'elles sont toujours gravées dans ma mémoire et que j'ai cherché toutes les occasions de m'en vanter[1] ... »

Quatre ans après le passage à Weimar de Mme de Staël et de Constant, Napoléon, traversant l'Allemagne en conquérant, s'arrêtait à Erfurt. « Notre ville, écrivait au *Moniteur Universel*, le 2 octobre 1808, un correspondant anonyme, devient de plus en plus brillante. Il paraît que les cours de tous les princes voisins s'y sont transportées. Celle de Weimar a amené ici le célèbre Goethe, ministre du duc. Cet auteur, qui est jeune encore et dont la réputation date déjà de si loin, assiste exactement aux représentations que donnent les comédiens ordinaires de S. M. l'Empereur et Roi. Il paraît apprécier parfaitement nos acteurs et admirer surtout les chefs-d'œuvre qu'ils représentent. » Le jour même où cette information était adressée d'Erfurt au

1. J.-J. Coulmann, *Réminiscences*, t. III, p. 174.

Moniteur, Goethe était mandé chez l'Empereur : première entrevue qui eut lieu en présence de Talleyrand, de Daru, de Berthier et de Lannes (qui connaissait Goethe depuis 1806), et où, durant près d'une heure, les deux héros de l'action et de la pensée s'entretinrent de littérature et d'histoire, de *Werther* que Napoléon examine avec la compétence d'une lecture répétée, du drame fataliste qu'il n'aime pas. Après avoir parlé, l'Empereur ajoutait presque chaque fois : « Qu'en pense *M. Göt*? » et il marquait son attention ou son approbation, quand son interlocuteur avait la parole, par une brève interruption ou un signe de tête pensif. La principale objection qu'il faisait à *Werther*, c'était que le héros fût poussé au suicide autant par ambition froissée que par amour ; le drame fataliste lui paraissait une absurdité : « le destin, c'est la politique ». Le 6 octobre, à Weimar où Napoléon venait de se rendre, une nouvelle entrevue eut lieu, à un bal offert par le grand-duc aux souverains du Congrès : le genre de la tragédie fit les frais de la conversation. Le 14 octobre, Goethe recevait l'ordre de la Légion d'honneur.

On s'est plu à exalter la signification et la valeur presque symbolique de cette rencontre de Goethe et de Napoléon. Assurément, il convient d'admirer les hasards qui mirent en présence ces deux hommes exceptionnels, si différents par la destinée et les œuvres, si analogues pourtant, et si dignes de se comprendre, pour tant de traits communs : surtout, chez l'ancien *Stürmer und Dränger* et chez l'ancien jacobin, un vigoureux réalisme contempteur de l'abstraction et de l'utopie, un aristocratisme dédaigneux des instinctives et incohérentes oscillations des masses. Cependant, si Goethe a bien compris Napoléon (à qui, plus tard, il restera fidèle, au scandale des patriotes), s'il a admiré en lui une de ces belles forces « qui tendent à persévérer dans l'être », « à s'affirmer par l'effort constant de la volonté », s'il a discerné aussi sa qualité d'héritier de la Révolution, on ne saurait dire avec certitude que Napoléon, inversement, ait compris Goethe. On connaît la fameuse parole dont il le salua à Erfurt : « Voilà un homme! » Mais l'ancien fervent de *Werther*, « réaliste » déterminé à présent, n'entendait-il point féliciter par là le père spirituel du jeune désespéré d'avoir su vivre, lui, et de n'avoir pressé la détente que d'un pistolet imaginaire? L'Empereur ne rendait-il pas hommage au sens de la hiérarchie, à l'acceptation des pouvoirs politiques dont faisait preuve un ex-disciple de Rousseau devenu ministre d'État? L'éclectisme littéraire du poète, en tout cas, restait lettre morte pour l'esthétique étroite de Napoléon, qui s'étonne « qu'un grand esprit comme Goethe n'aime pas les genres tranchés ». Et que dire de la préférence manifeste accordée par Napoléon, à Weimar, au vieux Wieland, dont la tournure d'esprit et le classicisme de culture devaient plaire davantage, en effet, aux goûts du Maître? Toute déférence pour un « respectable vieillard » mise à part, il y a là l'indice de prédilections intellectuelles qui ne pouvaient s'accorder que superficiellement avec la conception d'art d'un Goethe. En tout cas, si l'entrevue du vainqueur d'Austerlitz avec l'auteur de *Faust* reste un épisode saisissant de l'histoire et un événement notable de la vie du poète, elle importe beaucoup moins, pour les relations spirituelles des deux pays, que les entretiens qu'ont pu avoir avec Goethe de moins augustes visiteurs. En dehors de l'éclat que lui conférait aux yeux des Français la bienveillance impériale, du lustre que pouvait lui valoir cette décoration de la Légion d'honneur dont il était si fier, en dehors des rapports cordiaux que le séjour de Napoléon lui permit de reprendre ou de nouer avec des généraux et des ministres, Lannes surtout et Maret, il ne saurait être question d'une notoriété plus précise de Goethe en France qui serait due à cet exceptionnel intermédiaire; et l'*Allemagne* de Mme de Staël, à deux ans de là, n'en paraîtra pas moins un crime de lèse-patrie à Napoléon et à la censure impériale.

L'Empereur des Français avait insisté d'une façon plutôt pressante (« je l'exige de vous! ») pour que Goethe allât se fixer à Paris : amabilité de souverain qui n'eût pas dédaigné une annexion pacifique comme celle-là. Le poète allemand semble avoir songé assez sérieusement à accepter cette invitation, et l'on a pu se demander quelle influence une pareille transplantation aurait eue sur son œuvre. Elle aurait certainement hâté le moment où Goethe cessa, pour la pensée française, d'être uniquement l'*auteur de Werther*, pour prendre une signification plus large; mais la révolte contre le classicisme n'en eût guère été précipitée.

C'est sans doute à l'invitation impériale et aux hésitations de Goethe que faisait allusion un des « suivants » de Napoléon que le poète de Weimar dut le plus apprécier. Talma et sa femme, déjeunant chez Goethe un des derniers jours d'octobre, l'engagèrent fort à venir à Paris, le prièrent de descendre chez eux : toute la France, disaient-ils, leur envierait le bonheur d'avoir sous leur toit l'auteur de *Werther*; pas une Parisienne n'aurait de cesse qu'elle ne l'eût vu; il trouverait son livre dans tous les boudoirs... Le roman de jeunesse fit une bonne partie des frais de la conversation, Talma exposant le plan de la tragédie qu'il en voulait tirer avec la collaboration de Dulise, et s'informant aussi, non sans un peu de maladresse, de l'histoire vraie qu'on disait être le point initial de *Werther*. Le soir du départ de Talma, Goethe lui lut de ses poésies : c'était, pour un Français, une primeur dont on voudrait savoir comment elle fut accueillie.

Il s'en faut que les relations personnelles de Goethe avec la France aient été interrompues, dans l'intervalle qui sépare, de ce temps où Napoléon fait jouer Talma devant un parterre de rois, l'époque où le romantisme français tournera vers Weimar ses regards et ses pas. Diplomate au service de la France, Reinhard, ami de Goethe, sert souvent d'intermédiaire, et procure une entrevue avec celui-ci à des consuls ou des chargés d'affaires qui passent par le grand-duché. Il cite à Goethe, dans une lettre du 7 septembre 1811, des passages enthousiastes d'un rapport détaillé que lui a envoyé M. Lefébure, après une visite où il semble que la littérature ait tenu sa place dans la conversation. «... J'étais un Français qui était allé pour rendre hommage au plus beau génie de l'Allemagne et je m'aperçus bientôt que M. Goethe me faisait en Allemagne les honneurs de la France. Il est impossible d'allier plus d'esprit, plus de modestie et de cette urbanité qui jette sur la science un vernis si aimable. Je lui disais, en parlant de notre littérature, que nous nous étions enfermés dans des bornes étroites.... » Ou bien c'est à Carlsbad, où il va prendre les eaux, que Goethe rencontre des Français; et c'est à Teplitz, en 1810, qu'il fait connaissance avec un aimable représentant de l'ancien régime et avec un intéressant déchu de l'ère actuelle, le prince de Ligne et l'ex-roi Louis de Hollande. Celui-ci, que Goethe retrouvera avec grand plaisir à Marienbad en 1823, est, au moins en matière de versification, un novateur aussi intransigeant que son frère est conservateur opiniâtre : et il est possible que l'œuvre littéraire du comte de Saint-Leu — son pseudonyme futur — doive autre chose à Goethe que les corrections qu'il a, dit-on, fait subir à quelques-unes de ses poésies. En 1818, à Carlsbad, Mme Catalani, la célèbre cantatrice, conseillait au grand écrivain d'aller à Paris pour voir « la façon dont Potier jouait son *Werther* » : il s'agissait de la pasquinade donnée aux Variétés!

Il faut ajouter à ces noms ceux des chargés d'affaires de France en résidence à Weimar, ceux aussi de Suisses français comme le mathématicien Tralles de Neuchâtel, découvert par Goethe à Berlin en 1804, ou comme le Genevois Soret, le grand confident de ses recherches scientifiques. Infatigable voyageur, le marquis de Custine a rapporté d'une rencontre avec Goethe le souvenir le plus ému et le plus durable. En somme, même avant ces alentours de 1830 où la pensée française renouvelée se tournait si volontiers vers Weimar, l'illustre écrivain qui y résidait s'est trouvé, plus souvent qu'aucun poète étranger, en contact immédiat avec des représentants de la France. D'autres encore, émigrés épars dans les pays germaniques, ont pu être renseignés par des Allemands sur cet auteur que l'ancien régime, sur la foi de son premier roman, avait presque adopté : Vanderbourg, Sevelinges, pour ne citer que ces publicistes-là, avaient passé en Allemagne leurs années d'exil.

Assurément, tous ces Francais n'ont pas également contribué à transmettre à leur pays une image de Goethe rectifiée ou complétée : mais, ci-devant revenant d'Émigration ou généraux rentrant de campagne, ils ont pu élargir, au moins autour d'eux, des notions fort arriérées : que l'auteur de *Werther* fût vivant, cela seul valait la peine d'être dit et d'être su. Puis — même sans admettre avec Chateaubriand que le changement de littérature du nouveau siècle lui soit arrivé de l'Émigration et de l'exil, — il faut songer à la part que châteaux et salons ont prise dans l'élaboration du romantisme et la préparation de son public ; il faut considérer l'appoint que tant d'involontaires explorateurs de l'étranger fournissaient, au retour, à l'orientation nouvelle des idées. Au moins indirectement, le contact entre Goethe et le public du premier romantisme ne sera plus rompu. Sismondi venant de Genève et de Coppet, dans l'hiver de 1812, pour passer quelques semaines dans la société parisienne, quittant Mme de Staël et Schlegel pour les salons des deux faubourgs, quelle propagande pour les idées que l'*Allemagne* avait été empêchée une première fois de développer! Le fils de Mounier, un ancien réfugié de Weimar, lié avec Stendhal, quelle occasion, pour ce tempérament qui volontiers brusquait son jugement sur les choses, de s'informer et de se renseigner! Il est vrai qu'il n'était guère d'humeur à en profiter.

La Restauration ne manqua pas de multiplier ces contacts entre la pensée française et quelques-uns des hommes qui se trouvaient en situation de la renseigner sur Goethe. A. de Humboldt passa presque chaque année quelques semaines à Paris. Benjamin Constant fut rédacteur au *Mercure de France*. Le Dr Koreff, un Allemand, et qui avait écrit des travaux dans sa langue, fréquenta de très près le Paris intellectuel de la Restauration. De Barante, fils d'un ancien préfet de Genève, a rendu hommage à ce qu'il appelle « l'heureux hasard de Coppet ».

Le *Globe* et la phalange doctrinaire de ses premiers rédacteurs pouvaient dès l'origine se renseigner à une autre source encore. Victor Cousin, au cours d'un voyage en Allemagne, s'était en 1817 arrêté à Weimar pour voir Goethe; et il lui sembla que ce qui caractérisait son esprit, c'était « l'étendue.... Il m'est impossible, dira-t-il dans ses *Souvenirs d'Allemagne*, de donner une idée du charme de la parole de Goethe : tout est individuel, et cependant tout a la magie de l'infini; la précision et l'étendue, la netteté et la force, l'abondance et la simplicité, et une grâce indéfinissable sont dans son langage. Il finit par me subjuguer, et je l'écoutais avec délices.... »

Pourtant, ce travail de plus complète information est occulte encore; ce n'est que plus tard que se développera l'image agrandie de Goethe à laquelle contribuent, dans le détail, tant de renseignements plus ou moins directs. Longtemps encore, la périphrase courante : *l'auteur de Werther*, sous les plumes françaises, correspondra évidemment à la notoriété réelle de Goethe. *Hermann et Dorothée, Wilhelm Meister*, les *Affinités*, en dépit de traducteurs et critiques, n'effacent pas le souvenir du mélancolique héros, dont de nombreuses rééditions ravirent la mémoire. Il faudra la publication de *l'Allemagne* en 1813 pour qu'un portrait plus complet s'impose à l'attention du public. Avant le livre de Mme de Staël, les ébauches n'ont pas manqué : le *Spectateur du Nord* durant l'Émigration, des revues et des quotidiens de Paris, de la *Décade* au *Publiciste*, de la *Bibliothèque française* au *Journal de Paris* et au *Moniteur* lui-même, ont souvent entretenu leurs lecteurs de nouvelles littéraires de Weimar. Un *Voyage en Allemagne et en Suède* par J.-P. Catteau, publié en 1810, a présenté un Goethe nouvelle manière, « revenu des écarts où l'avait entraîné une imagination ardente » : mais l'image de Goethe se trouvait sans doute brouillée plutôt que complétée par ces traits qu'on y ajoutait.

D'ailleurs, même après la publication de *l'Allemagne*, et tant que la lutte contre l'ancienne littérature se réduit à des escarmouches légères, les novateurs et leurs adversaires s'inquiètent à peine de ce portrait retouché. De l'œuvre poétique et dramatique qui leur est présentée sous un jour différent et si nouveau, de l'activité complexe dont le détail est analysé comme il convient à un écrivain « qui pourrait représenter la littérature allemande tout entière », — les débuts de la Restauration persistent à ne retenir et à n'aimer qu'un livre : et c'est encore *Werther*.

CHAPITRE IV

LE MAL DU SIÈCLE

> «... Le vague d'un jeune et grand cœur qui ne trouve point ici-bas son objet... »
> (SAINTE-BEUVE, Prospectus pour les Œuvres de Victor Hugo, 1829.)

Deux hommes de la première génération du XIXe siècle, Quinet et Musset, l'un tourné vers l'avenir, dans la douloureuse attente de temps nouveaux à demi pressentis, mais qui tardaient à paraître, l'autre éprouvant plutôt le vide laissé par les ruines du passé, ont dit avec une lucidité frémissante le mal dont souffrirent les meilleurs de leur âge. « Je ne voyais autour de moi ni un guide auquel je pusse me fier, ni même un compagnon dans la route où je tremblais et brûlais à la fois de m'engager. J'avais le pressentiment qu'il s'agissait d'un renouvellement presque entier des choses de l'esprit. Et comme je ne voyais personne y travailler, je me croyais seul. Cette solitude m'accablait dans le moment même où tant d'œuvres qui ne périront pas, encore inconnues, se préparaient en silence et couvaient déjà sous la terre. Quoique cette souffrance allât souvent jusqu'au désespoir, il n'y avait là pourtant rien qui ressemblât au spleen, à l'ennui de la vie, à tout ce que l'on a appelé le vague des passions, vers la fin du dernier siècle. C'était, il me semble, à bien des égards, le contraire de la lassitude et de la satiété. C'était plutôt une aveugle impatience de vivre, une attente fiévreuse, une ambition prématurée d'avenir, une sorte d'enivrement de la pensée renaissante, une soif effrénée de l'âme après le désert de l'Empire. Tout cela joint à un désir consumant de produire, de créer, de faire quelque chose, au milieu d'un monde vide encore. Ceux que j'ai interrogés plus tard sur ces années m'ont dit avoir éprouvé quelque chose de pareil. Chacun se croyait seul comme moi : chacun pensait, rêvait comme dans une île déserte. La force renaissante du siècle les travaillait tous en même temps, et ils éprouvaient les douleurs de la croissance morale qui percent jusqu'aux os. Que de plaintes furent alors exhalées! Que de larmes sincères furent versées[1]!... » Plus saisissante encore est la *Confession d'un enfant du siècle*, échappée à l'un des plus vibrants de cette « génération ardente, pâle, nerveuse », mise au monde par les femmes des soldats de l'Empire. A la Restauration, écrit Musset, « trois éléments partageaient la vie qui s'offrait aux jeunes gens : derrière eux un passé à jamais détruit, s'agitant encore sur ses ruines, avec tous les fossiles des siècles de l'absolutisme; devant eux l'aurore d'un immense horizon, les premières clartés de l'avenir; et entre ces deux mondes quelque chose de semblable à l'Océan qui sépare le vieux continent de la jeune Amérique, je ne sais quoi de vague et de flottant, une mer houleuse et pleine de naufrages, traversée de temps en temps par quelque blanche voile lointaine ou par quelque navire soufflant une lourde vapeur; le siècle présent, en un mot, qui sépare le passé de l'avenir, qui n'est ni l'un ni l'autre et qui ressemble à tous deux à la fois, et où l'on ne sait, à chaque pas qu'on fait, si l'on

1. Quinet, *Hist. de mes idées*, p. 240.

marche sur une semence ou sur un débris.... Un sentiment de malaise inexplicable commença donc à fermenter dans tous les jeunes cœurs. Condamnés au repos par les souverains du monde, livrés aux cuistres de toute espèce, à l'oisiveté et à l'ennui, les jeunes gens voyaient se retirer d'eux les vagues écumantes contre lesquelles ils avaient préparé leurs bras. »

Napoléon, selon le dur propos de Stendhal, faisait remuer toute cette jeunesse. Laissée à l'inaction et à l'inquiétude, ne voyant pas bien, dans l'indécis et le factice de la Restauration, à quoi elle était propre, elle se repliait sur elle-même; ou bien elle s'élançait, hors du réel et du présent, en quête d'idéales conditions d'existence et de développement. Or, *Werther*, parmi tant d'autres lectures qui confirmaient la même tendance, fut, pour cette génération encore, un livre d'élection. Jadis, sous l'ancien régime, âmes sensibles et volontés impatientes en avaient fait leur bréviaire ; il avait charmé et consolé les tendres et les craintifs que bouleversaient les tourmentes de la Révolution, les tâtonnements des régimes qui précédèrent l'Empire; à présent — et c'est la dernière fois qu'il agira d'une manière étendue sur la jeune France intellectuelle — il est lu et relu par ceux que trouble l'inquiétude d'un cœur ingénu et d'une âme ardente qui cherche ici-bas son objet.

C'est en vain, nous l'avons vu, que *Werther* est signalé comme un livre dangereux, et que les journaux les plus graves en font ressortir le caractère irréligieux et antisocial : la Restauration est marquée par une recrudescence d'objections de ce genre. En vain aussi, la parodie s'attaque de plus en plus à la situation qui fournit son cadre au roman allemand et à la sentimentalité dont il est devenu l'emblème : les petits théâtres de Paris, si prompts à affubler du faux-nez de la charge et du travesti les émotions les plus sincères, transforment à l'envi, à cette époque, le petit livre de Goethe. La pièce que joue Potier aux Variétés en 1817 n'est pas seule à tourner en ridicule la langueur werthérienne. En 1819, la Porte-Saint-Martin donne *le Jeune Werther ou les Grandes Passions* de Désaugiers et Gentil. Charlotte est ici, non plus une aubergiste, mais la femme d'un épicier-droguiste : et c'est elle qui sert à Werther la mort-aux-rats qui mettra fin à ses souffrances, d'où un affreux calembour dans les adieux du héros :

Quand demain le jour va renaître,
La mort aura... la mort aura....
La mort aura fini mes maux!

Repris en 1825 aux Variétés, cet acte y avait été précédé, d'abord par le *Werther* de Duval et Rochefort de 1817, puis par un *Retour de Werther, ou les Derniers Épanchements de la sensibilité*, comédie où Duval développa, en 1820, sa parodie antérieure. Albert était toujours l'aubergiste du Blanc-Cerf, dans un village voisin de Munich; et Charlotte songeait encore, après dix-neuf années, à son cher Werther :

Je vais sur quarante-sept ans,
Et ma peine augmente sans cesse.

L'amoureux d'antan, lui aussi, continue à chérir son souvenir; mais, s'arrêtant dans ce village, il aperçoit Albertine, la fille de Charlotte, s'éprend d'elle à l'instant, et voudrait parler à l'ancienne aimée de l'aimée nouvelle. Albert l'en dissuade : « Ne la désabuse pas, laisse-lui croire que tu l'aimes toujours. » Et Werther : « Si ça vous arrange tous deux, je le veux bien.... »

Cependant la mélancolie des jeunes hommes continue à s'enivrer des effusions de cet amant que bafoue ainsi l'ironie du boulevard. « Tant que je vivrai, écrit Lamartine en tête des *Méditations poétiques*, je me souviendrai de certaines heures de l'été que je passais couché sur l'herbe ou dans une clairière des bois... et de tant de soirées d'automne ou d'hiver passées à errer sur les collines, déjà couvertes de brouillard et de givre, avec Ossian ou *Werther* pour compagnon. » Le témoignage immédiat de sa correspondance confirme ce souvenir du poète. « Je viens aussi de lire *Werther*, écrit-il, le 9 novembre 1809, à Aymon de Virieu : il m'a fait la chair de poule, comme tu dis. Je l'aime pas mal non plus. Il m'a redonné de l'âme, du goût pour le travail, le grec, etc. Il m'a aussi un peu attristé et *assombri*. Mais vive cette tristesse-là ! c'est celle que Montaigne aime tant. » Et, le 30 septembre 1810 : « Voici l'automne : c'est le temps où je deviens amoureux, mélancolique, rêveur, ennuyé de la vie ; c'est le temps où je lis *Werther*, et où je suis souvent tenté d'imiter cet aimable et malheureux héros de roman. » Parmi les futurs écrivains du romantisme, c'est en particulier chez ceux qui vivent en province, avec un décor rustique autour d'eux ou dans les environs, que se rencontrent de semblables témoignages. « Quand j'étais un jeune écolier stéphanois, dira plus tard J. Janin, rêvant aux paysages de Virgile en plein jardin de racines grecques,... il n'y avait dans la ville que deux endroits où l'écolier pût lire à son aise *les Passions du jeune Werther*.... » Sainte-Beuve, retraçant sous les traits de Joseph Delorme une bonne part de confidentielle autobiographie, décrit ainsi sa rêverie et ses lectures : « Il s'asseyait contre un arbre, les coudes sur les genoux et le front dans les mains, tout entier à ses souvenirs, et aux innombrables voix intérieures.... parfois, seulement, de ces lectures vives et courtes qui fondent l'âme ou la brûlent ; tous les romans de la famille de *Werther* et de *Delphine* : le *Peintre de Salzbourg*, *Adolphe*, *René*, *Édouard*, *Adèle*, *Thérèse Aubert* et *Valérie*... », — multiple écho d'un même gémissement qui venait éveiller une âme prête à gémir à son tour. Associant la douloureuse préoccupation de la *carrière* à l'inquiétude plus générale du *mal du siècle*, le jeune Edgar Quinet, en

1820, consulte les héros de ses romans favoris sur le choix d'une profession. « Quel avait été le gagne-pain de Grandisson, de Quentin Durward, du fiancé de Lamermoor, de Lara, de Manfred?... Ne disait-on pas que le jeune Werther avait commencé par la diplomatie? Pourquoi ne serais-je pas diplomate à son exemple? »

Même les jeunes gens que rebute la forme de ce livre, comme Jouffroy, et qui s'indignent de ses « exclamations » et de ses « points interrogatifs » autant que de la folie et de la faiblesse du héros, subissent malgré eux une contamination de mélancolie. « Si, par hasard, cette lettre était triste, écrit Jouffroy à Damiron le 5 décembre 1817, ne vous en effrayez pas : j'ai pris la plume en achevant de lire *Werther* pour la premiere fois... je ne retoucherai ce livre de ma vie, tant il m'a laissé une fâcheuse impression, tant il m'inspire de dégoût !... »

Mais, s'il est possible de donner, par le témoignage des écrivains, des preuves de la singulière attention où le romantisme des approches de 1820 — celui de l' « enthousiasme rêveur » prêché par Mme de Staël — a généralement tenu *Werther*, il serait malaisé de déterminer où commence, où finit l'influence de ce livre même dans les œuvres qui vont désormais exprimer « le mal du siècle ». Le roman de Goethe a fait partie de l'atmosphère dont se pénétra cette végétation ardente ou langoureuse; mais les effluves qui émanaient de *Werther* se combinèrent avec d'autres éléments, et l'analyse n'est point facile à faire. Ainsi que dans la liste des lectures du Joseph Delorme de Sainte-Beuve, maints ouvrages appartenant à la lignée werthérienne, *René*, *Oberman*, d'autres encore, s'ajoutent à *Werther* lui-même, et sont accueillis dans une commune admiration : témoin ce petit cercle de 1820, où J.-J. Ampère — si précocement désenchanté à cet âge, — Albert Stapfer, Jules Bastide et quelques autres se réunissaient pour communier dans une sorte de culte, dont le double Évangile était *Werther* et *Oberman*. Communion dangereuse, culte trop sincère sans doute, puisque, dans la nuit du 12 au 13 mai 1830, Sautelet, un des fidèles de cette chapelle, mettait fin à une existence qui n'était point parvenue à ressaisir son équilibre. « On ne peut guère faire une vie double, agir et contempler, avait-il écrit à un ami. Si dans une année ou deux la vie ne me paraît pas claire, j'y mettrai fin.... » S'il est vrai — comme le proclamaient divers publicistes de l'époque — que le suicide ait été l'aboutissement de bien d'autres jeunes mélancolies, entre 1820 et 1830, on comprend que le « funeste chef-d'œuvre », comme Nodier lui-même appelait *Werther* dans la *Quotidienne* du 22 décembre 1825, ait été l'objet de plus d'une excommunication. Encore conviendrait-il de ne pas attribuer au seul roman de Goethe une action débilitante sur des imaginations et des sensibilités déjà anémiées et affaissées.

Ce sont de moins néfastes influences qui se rencontrent dans la littérature elle-même. On peut se demander s'il faut voir, dans certaines coïncidences singulières, des réminiscences, des souvenirs conscients, ou bien les rencontres d'âmes semblablement orientées. Werther, dans la lettre qui racontait le bal où il s'était, pour la première fois, trouvé avec Charlotte, s'écriait tout à coup : « Wilhelm, faut-il être franc? Jamais la jeune fille que j'aimerai, sur laquelle j'aurai de l'empire, non, jamais elle ne valsera avec un autre qu'avec moi, dussé-je périr! » Cri du cœur qui témoigne à la fois de l'exaltation étrange où vit continuellement Werther, et de l'effarement que dut en effet causer, après les danses lentes et *à distance* du XVIIe et du XVIIIe siècles, l'adoption de la valse par les salons. Or, dans l'*Eugène de Rothelin* de Mme de Souza, qui était de 1808, le héros s'écriait, presque dans les mêmes termes : « Quelle danse que cette valse! Jamais celle que j'aimerai ne valsera avec un autre que moi; et jamais celle qui m'aimera ne valsera, même avec moi, devant personne. » Pareil serment dans l'*Élie Mariaker* de Boulay-Paty, en 1834:

.. tout bas je me jurais
De ne jamais laisser celle que j'aimerais,
Qui m'aimerait aussi, danser avec un autre
Cette danse où vraiment toute femme est la vôtre.

Alfred de Vigny semble prendre ici l'idée de son poème *le Bal.* Musset y revient, avec une insistance voluptueuse, dans la *Confession*; Alphonse Karr de même, au chapitre LXV de son roman *Sous les Tilleuls.* Et s'il n'y a pas nécessairement, dans ces rencontres, imitation ou souvenir, du moins y a-t-il l'indice d'une parenté dans la sensibilité et la susceptibilité....

Il en va de même, d'une façon générale, de la mélancolie et de la sentimentalité du romantisme : elles avaient leurs raisons spontanées et indigènes, s'alimentaient à des lectures de tout genre, et *Werther* ne faisait qu'ajouter son influence à bien d'autres. Cependant, c'est le précédent créé par le roman de Goethe qu'invoquent le plus volontiers les critiques du temps, lorsqu'ils rendent compte d'œuvres parues dans ces années de 1820 à 1835 environ, où se manifeste l'incapacité de s'adapter à la vie ambiante, de consentir à la réalité immédiate et voisine, la difficulté de guérir d'une mélancolie néfaste ou d'un amour qu'on juge impossible ou coupable. Delécluze cite *Werther* au premier rang des influences qui ont préparé l'éclosion romantique. Ce n'est que plus tard, et par une évolution très normale, que le byronisme s'empara des âmes; ce changement d'attitude reproduisit en raccourci, et dans l'intérieur d'une même génération, la descendance et la filiation qui mènent de la plainte de Werther au sarcasme de Byron :

Comme un citron pressé le cœur devient aride.
Don Juan arrive après Werther.

Mais les jeunes hommes qui, autour de 1820, se passionnaient pour le petit livre de Goethe y goûtaient encore, très compatibles avec l'enthousiasme et la foi, un idéalisme passionné et une naïveté de sentiments fort éloignés des ricanements byroniens, et qui ne contredisaient point la prière et l'adoration, s'ils y suppléaient bien souvent. « Je rêvai, dira l'un d'eux, je rêvai, ce qui n'est pas du tout la même chose que prier, mais ce qui en tient lieu pour les âmes du siècle, la sensation vague les dispensant commodément de tout effort de volonté. Rêver, vous le savez trop, c'est ne rien vouloir, c'est répandre au hasard sur les choses la sensation présente et se dilater démesurément par l'univers en se mêlant soi-même à chaque objet senti, tandis que la prière est voulue, qu'elle est humble, recueillie à mains jointes, et jusqu'en ses plus chères demandes couronnée de désintéressement[1]. » Rêverie féconde, du moins, à laquelle notre poésie a dû le grand frisson élégiaque du lyrisme renaissant!

Le souvenir de *Werther* s'impose surtout dans certains cas. Il y a d'abord le roman épistolaire ou autobiographique où se confessent des âmes dépareillées qui ne peuvent se fixer et se reposer nulle part, qui ne peuvent se donner entièrement ni se reprendre tout à fait, *Volupté* de Sainte-Beuve et son *Arthur* inachevé; l'*Édouard* de Mme de Duras; la *Confession* de Musset, dont plusieurs pages — l'apostrophe à Gœthe, l'indignation contre les « gens raisonnables et pratiques » les considérations sur le suicide — témoignent assez combien la *Nouvelle Héloïse* et *Werther*, « sublimes folies » que relisait, en 1834, l'auteur des *Nuits* quand il méditait d'élever ce mausolée à son triste amour, ont occupé sa pensée; *Fernand* de Sandeau; les premiers romans de Feydeau plus tard, et bien d'au-

1. Sainte-Beuve, *Volupté*, p. 56.

tres monographies de vies monotones, mais intérieurement agitées, bien d'autres fictions mettant en scène le trio du mari, de la femme et de l'amant. Le suicide ne les dénouera pas toujours, tant s'en faut : la religion, comme dans l'*Arthur* de Guttinguer ou dans *Volupté*, recueillera ces cœurs inassouvis; dans le *Jacques* de George Sand, le sacrifice héroïque du mari dénouera la douloureuse complication où se débattent les âmes.

On songe encore à *Werther* quand l'écrivain présente au lecteur une mélancolie de jeune homme ployant sous l'oppression de la destinée contraire, un chercheur d'idéal heurtant du front les étoiles et trébuchant dans la vie, un grand talent, un génie ignoré se repliant douloureusement devant l'indifférence du monde. Car ceux-ci ont aimé sans doute, dans la confession du héros de Goethe, cette indépendance ombrageuse qui lui faisait préférer l'inaction la plus périlleuse à une activité qui risquait d'être accompagnée d'humiliations. Chez quelques-uns de ces méconnus, l'idée de la « fatalité » du génie exacerbe encore la souffrance causée par le sourd dédain du siècle pour les âmes supérieures. Le Chatterton de Vigny est la personnification de ce type, où l'amoureux désespéré s'efface derrière le génie ignoré : et le Torquato Tasso de Goethe, sorte de Jean-Jacques ou de Gilbert défiant et soupçonneux, a sans doute contribué dans quelque mesure à déterminer la psychologie du poète qui ne trouve point sa vraie place ici-bas. Ce n'était nullement l'amour, selon l'auteur de *Stello*, qui nous intéressait dans Werther, Paul, Roméo, Desgrieux, mais le malheur; et Vigny songeait dès 1832 à peindre, tel qu'il l'imaginait, le jeune homme entraîné vers le suicide non par dépit amoureux ou par lassitude et désenchantement philosophique, mais par le sentiment que la société n'avait pour lui ni sympathie ni intelligence — ni véritable emploi, en somme. « Je ne demande à la société, écrit-il, deux ans plus tard, dans sa *Dernière nuit de travail* de *Chatterton*, que ce qu'elle peut faire. Je ne la prierai point d'empêcher les peines de cœur et les infortunes idéales, de faire que Werther et Saint-Preux n'aiment ni Charlotte ni Julie d'Étanges; je ne la prierai pas d'empêcher qu'un riche désœuvré, roué et blasé, ne quitte la vie par dégoût de lui-même et des autres.... Mais on pourrait ne pas laisser mourir cette sorte de malades.... : ces jeunes désespérés qui demandent le pain quotidien, et dont personne ne paie le travail.... »

Le Joseph Delorme de Sainte-Beuve se rattache à la même lignée : « Werther jacobin et carabin », disait Guizot, mais aussi Werther souffreteux et pauvre, âme dépareillée de poète par surcroît; et aussi l'Élie Mariaker de Boulay-Paty, dont la morbidesse, si étrangement dolente, confine souvent à la pathologie, et qui ne cache pas son admiration pour ses modèles :

Et déjà nous causions des lettres de Werther,
De Valérie aussi (Madame Krüdener,
Cette femme inspirée), et puis du vieux Goethe
Dont la prose est encore une œuvre de poète....

et tant d'autres mélancoliques, rebelles, sans grande énergie, qui sont de même race, quoique parfois de condition différente. L'Édouard de Mme de Duras est un plébéien. Bénédict, dans la *Valentine* de G. Sand, se révolte contre la médiocrité de son sort paysan qui ne répond point à l'élévation de son âme éprise d'idéal; Louis Lambert est « toute une âme captive », dit Balzac lui-même, alors que Werther est « l'esclave d'un désir »; c'est pourtant, à un degré réduit, une mélancolie analogue qui pénètre la plainte de l'amoureux de Charlotte et « ces douleurs d'un pauvre enfant aspirant après la splendeur du soleil, la rosée des vallons et la liberté... »

Le précédent de *Werther*, devenu le roman classique de

l'amour sentimental, est invoqué aussi quand l'expression de la passion prend quelque chose d'extatique et de douloureusement frémissant chez un personnage qui peut être, quant au reste, plutôt actif et vaillant, violent même et impérieux plutôt qu'éploré et larmoyant. Le *Globe* fait remarquer (2 mars 1826) que le Bug-Jargal dressé en pied par Hugo dans le roman de ce titre est à la fois « amoureux comme Werther, grand et fort comme Hercule ». « C'est Werther en chapeau goudronné », s'écrient les *Débats*, le 30 janvier 1832, à propos du nautique héros d'un mélodrame joué à la Gaîté. Il y a, de même, combiné à des éléments tout différents, parfois presque incompatibles, du werthérisme dans la nuance ombrageuse de l'amour chez Octave de Malivert, le héros de l'*Armance* de Stendhal, dans le Didier de *Marion Delorme*, et chez ce véhément Antony de Dumas, qui joint le blasphème d'un Franz Moor aux délicatesses de Werther. Ce n'est guère que dans des œuvres aussi germaniques de psychologie, de décor et d'accent que *Sous les Tilleuls* d'A. Karr, qu'il pourra y avoir concordance véritable entre ce werthérisme en amour et le reste des caractères : et ici les figures de femmes rappellent encore Charlotte, tandis que dans la plupart des autres œuvres qu'a touchées, à ce moment, l'influence plus ou moins directe de *Werther*, les héros masculins surtout ont reçu quelque héritage du traditionnel amoureux à l'habit bleu barbeau.

Assurément, l'adoption de Werther par la pensée française, autour de 1830, ne va point sans mainte limitation : il est certain que, dans Werther, l'âme inassouvie qui sent vivre en soi l'univers, l'être chimérique qui, même si Charlotte n'existait pas, se tuerait encore par amour de l'idéal et dégoût du réel, a moins conquis la plupart des lecteurs qu'une certaine manière de comprendre l'amour. Mais c'est là une déformation légère, presque insignifiante à côté de celles que subissent communément, pour payer leur naturalisation, des *types* empruntés à des littératures étrangères. Dans ce domaine purement sentimental, du moins, *Werther* semble définitif. Il est, dit Balzac, du nombre des œuvres « qui vous donnent la clé de presque toutes les situations du cœur humain en amour [1] ». Th. Gautier, dans la Préface de *Mlle de Maupin*, attribue au roman de cœur, au roman « ardent et passionné », pour père Werther l'Allemand, pour mère Manon Lescaut la Française. L'amour à la Werther s'oppose, selon Stendhal, à l'amour à la Don Juan; et « l'amour à la Werther ouvre l'âme à tous les arts, à toutes les impressions douces et romantiques, au clair de lune, à la beauté des bois, à celle de la peinture, en un mot au sentiment et à la jouissance du *beau*... ». Si bien que ce nom — comme celui de Don Juan ou de Lovelace, — ce nom d'un héros étranger en vient à prendre la valeur d'une sorte de terme générique, comme dans ces vers :

> Je voudrais, sur le sein d'une infidèle épouse
> Qui m'aurait pris pour âme et pour Werther chéri .... [2]

La hantise de Werther, considéré comme le parfait amoureux, est surtout discernable chez les poètes de 1830. Ils comprennent le fétichisme dont les jeunes Allemands de 1774 se rendaient coupables :

> J'étais comme Werther, et j'avais un frac bleu
> Qui m'était resté cher par-dessus toute chose,

nous dit un sonnet de Boulay-Paty; Th. Guiard associe le dénouement du roman de Goethe à une heure de rêverie à deux :

> Et nos yeux s'égaraient dans les champs de l'éther,
> Et tu rêvais. — Et moi je pensais à Werther
> Chargeant l'âme fatale, et priant pour Charlotte.

1. *Revue Parisienne*, 25 sept. 1840.
2. *Elie Mariaker* p. XXXIII.

Musset, plus tard, remarquera

> *Qu'il se* console de Werther
> Avec la reine de Navarre;

mais, en pleine crise de passion frémissante, dans ce même mois de mai 1834 où il confesse à George Sand qu'il « a bien envie d'écrire notre histoire », il lui dit aussi : « Je lis *Werther* et la *Nouvelle Héloïse.* Je dévore toutes ces folies sublimes dont je me suis tant moqué. » D'ailleurs s'il s'en moquait, au temps de sa jeunesse gamine, il en avait tiré le thème de cette fervente invocation à l'étoile de l'amour :

> Pâle étoile du soir, messagère lointaine,
> Dont le front sort brillant des voiles du couchant,

par où débutait la dernière lecture d'Ossian que Werther, déjà résolu à se tuer, fit à Charlotte, anxieuse et troublée.

Voici donc Werther devenu surtout, autour de 1830, non plus l'homme de la nature irrité de la société, le bourgeois délicat souffrant de venir trop tôt dans un monde trop vieux, ou l'égoïste poussant jusqu'au suicide l'adoration de soi, — mais le séduisant modèle des cœurs qui sont tout à l'amour, qui vivent de lui et pour lui, et auxquels répugne la façon ordinaire et bourgeoise de considérer les choses du sentiment. Or c'est ce représentant des amours de romans, ce type d'une espèce d'âmes que le bon sens rassis juge dangereuses et décevantes, qu'une partie de la littérature d'alors, porte-paroles de la raison bourgeoise en face de l'exaltation romanesque et de la fantaisie artiste, s'ingénie çà et là à déprécier. Un livre de 1827, *Célestine, ou l'Héroïne de roman*, par Dalban, imagine « une jeune personne pleine de sentiments élevés, qui vit avec des héros de romans, entretient avec eux d'aimables relations, leur parle, leur écrit ». Parmi d'autres personnages échappés aux fictions célèbres, Werther traverse l'action de ce livre; et, dans une des dernières lettres, une amie de Célestine lui annonce le suicide du malheureux, en s'élevant contre l'extravagance chimérique d'un tel acte. « La nature n'a pas placé le bonheur si loin de nous. Je l'ai toujours dit : on n'a à se défier que de son cœur.... Une chose pitoyable! Un fou qui se tue pour une femme, et qui la couvre à jamais du ridicule d'un pareil scandale! »

Cette même année 1827, une pièce de vers d'un auteur nommé Randon du Theil mettait en scène une jeune fille que les livres où l'amour s'exprime en un langage exalté — et *Werther* est du nombre — précipitaient à sa chute :

Elle a lu son album, où la mélancolie
Traça les noms touchants de Werther, de Julie,
Se croit une Héloïse, et pleure chaque amant
L'un près du précipice, et l'autre au monument;
Se pâme en un chalet, dans un cloître soupire,
Se mire au bord du lac, tombe dans le délire;
Et, suppliant l'amour de couronner ses feux,
Dans son maître à danser voit un autre Saint-Preux.

Le théâtre bourgeois s'inquiète, de même, de l'influence néfaste exercée sur de faibles imaginations féminines par cet amoureux surgi des pages d'un roman, et qu'il n'est guère prudent de prétendre rencontrer dans la vie réelle. Dans un drame de Labrousse et Brot, *Juliette*, donné à l'Ambigu en mars 1834, une lecture trop crédule de *Werther* avait les conséquences les plus tragiques pour Juliette de Lamarre. Le même charme dangereux émané de ce roman agissait, dans *Être aimée ou mourir* de Scribe et Dumanoir (Gymnase, 1835), sur Clotilde, la jeune femme du notaire Bonnivet : mariée au sortir du couvent, impatiente de rencontrer un homme qui, mieux que son mari, répondît au héros de ses lectures, elle finissait par comprendre que les grandes phrases des amoureux sont de simples moyens de séduction, non l'expression d'une âme supérieure et d'un cœur rare. C'était « Werther démasqué », Werther ramené à n'être, au fond, qu'une variété de Don Juan, un séducteur à masque de rêverie sentimentale : le bon sens et la prose prenaient ainsi leur revanche sur un personnage qui incarnait, pour d'autres, toutes les délicatesses du sentiment vrai.

Cette littérature, plus curieuse comme document qu'à titre d'œuvre d'art, mettait en garde contre l'attraction de l'idéal werthérien plutôt qu'elle ne marquait une décadence du principe même du werthérisme. De même, des ouvrages de morale, tels que les *Maladies du Siècle* d'Édouard Alletz (1835), recueil de nouvelles à thèse que commentait un discours préliminaire, se contentaient de dénoncer chez Rousseau, Werther, René, Byron et autres « sublimes solitaires de l'âme », un égoïsme foncier, exacerbé et morbide : l'auteur reprenait ainsi les objections que moralistes et sociologues n'ont guère cessé de faire au héros de Goethe. Mais le recul de la façon werthérienne de comprendre l'amour, sa déchéance au profit d'autres préoccupations sont très discernables, à partir de 1830, dans des œuvres qui, si elles ne nomment pas toujours *Werther*, le sous-entendent en quelque sorte, et permettent de diagnostiquer l'insensible déclin de ce qui avait fait jadis la vogue immense de ce livre.

Ce que les générations de 1770 à 1830 avaient surtout goûté dans *Werther*, c'était la forme mélancolique qu'y revêtait l'amour, et l'association du sentiment lui-même à d'autres idées, celle de la mort, de la poésie triste, rêveuse ou exaltée; et enfin l'attitude désolée et découragée d'un jeune homme en face d'une société où sa place n'était point marquée d'avance. Ch. Nodier avait dit que *Werther* était un « livre nécessaire », un de ces livres « qui sont l'expression attendue et infaillible d'une époque sociale, même en France, où l'idée de la mort et celle de l'amour ne s'étaient jamais alliées que dans les froides hyperboles du madrigal ». Cette alliance pourra subsister encore dans la sensibilité de quelques-uns, mais voici qu'elle passe de mode pour la plupart. « Le pistolet de Werther n'entre pas d'ordinaire, nous dit en 1832 le Gerfaut de Ch. de Bernard, dans le mobilier des élégants du boulevard de Gand. » Et, dans la *Peine du Talion* du même romancier, n'est-ce pas une pointe directe à l'adresse d'un passage célèbre de *Werther* que cette exclamation d'un des personnages : « Mme Javerval ne m'a-t-elle pas demandé hier si j'aimais Klopstock? Klopstock! Comment diantre voulez-vous qu'une passion résiste à cela? » C'est que le goût des larmes mêlé aux choses du sentiment, qui avait fait la grande vogue de *Werther*, cesse peu à peu d'être d'actualité.

Malgré ce qu'il y a encore de maladif et de frémissant chez Julien Sorel, il est visible que *le Rouge et le Noir*, paru en 1830, marque un tournant dans la psychologie de la jeunesse contemporaine. L'amour devient manifestement une forme de l'ambition; les délices et les rêveries de la sentimentalité sont abandonnées pour un idéal de conquête et de proie. Et ce n'est pas sans raison que Stendhal met entre les mains de son inquiet adolescent un tout autre livre que les effusions de l'amant de Charlotte, et alimente son « âme de feu » par la lecture dévotieuse du *Mémorial*. Ce détail significatif n'échappa point aux contemporains. J. Janin écrivait, dans les *Débats* du 26 décembre, après avoir noté les principaux ouvrages que dévore, en province, « tout jeune homme qui se croit de l'avenir » : « A son héros, M. de Stendhal n'a donné ni Rousseau, ni Voltaire, ni Goethe, il lui a donné Napoléon : le *Mémorial de Sainte-Hélène* est le livre favori de Julien. »

De même, la volonté tendue et ambitieuse du Rastignac de Balzac — celui qui représente à son gré le jeune homme intelligent de l'époque — est bien exclusive, elle aussi, de toute sentimentalité werthérienne. Ecoutons-le, dans la *Peau de chagrin*, railler ce qu'avaient goûté ses aînés de

1820, et qui semble maintenant à peine excusable chez une femme. Rastignac doit épouser « une jolie petite veuve », et c'est d'elle qu'il parle à un de ses amis : « Elle lit Kant, Schiller, Jean-Paul, et une foule de livres hydrauliques. Elle a la manie de toujours me demander mon opinion, je suis obligé d'avoir l'air de comprendre toute cette sensiblerie allemande, de connaître un tas de ballades, toutes drogues qui me sont défendues par le médecin. Je n'ai pas encore pu la déshabituer de son enthousiasme littéraire : elle pleure des averses à la lecture de Goethe, et je suis obligé de pleurer un peu, par complaisance, car il y a cinquante mille livres de rente, mon cher, et le plus joli petit pied, la plus jolie petite main de la terre. »

C'est, en somme, l'énergie des individus doués pour l'action qui proteste à présent, dans Stendhal et dans Balzac, contre la mélancolie passive de Werther. Ces jeunes héros, à qui de nouvelles conditions politiques et sociales ouvrent des carrières ignorées de leurs aînés, pour qui Napoléon a été professeur d'énergie, veulent conquérir la vie et n'admettent ni la résignation ni le découragement éploré. Peut-on imaginer une condamnation plus expresse du principe même et de la raison profonde de toute la psychologie werthérienne que cette pensée de Balzac dans *César Birotteau* : « Oublier est le grand secret des existences fortes et créatrices : oublier à la manière de la nature, qui ne se connaît point de passé, qui recommence à toute heure les mystères de ses infatigables enfantements. Les existences faibles... vivent dans les douleurs, au lieu de les changer en apophtegmes d'expériences. » Ailleurs, dans l'*Anselme* de Busoni (1835), Werther tourne en don Juan avant de se décider à l'action.

Et désormais Werther redevient ce qu'il avait certainement cessé d'être pendant quelque temps : un type tout allemand de sensibilité. Le mélancolique héros conserve son intérêt, assurément, et sa valeur anecdotique ou romanesque. La *Jeunesse de Goethe* de Louise Colet, en 1839, un mélodrame de Souvestre et Bourgeois, *Charlotte et Werther*, en 1846, remettront sur la scène, sans grand succès d'ailleurs, l'aventure immortalisée par Goethe, ou plutôt d'imaginaires épilogues : dans la première de ces pièces, Goethe épouse, devenue veuve, celle qui avait été l'original de Charlotte; dans la seconde, c'est Werther qui, marié avec sa bien-aimée, n'est nullement heureux avec elle, et la trompe. Une inquiète clientèle de *Werther* continuera à se recruter parmi les très jeunes gens : le Frédéric Moreau de l'*Éducation sentimentale* de Flaubert le placera encore, au fond de sa province, au premier rang de ses lectures favorites. Mais il faudra l'éternelle jeunesse poétique, si attendrie, si sensitive, de Lamartine, pour *faire du Werther*, comme il disait, dans son *Raphaël*, en 1847, et pour donner délibérément une expression à ce point subjective à une mélancolie que le public, et les gens de lettres aussi, jugent désormais assez démodée. Car la mélancolie, ce sera dorénavant un pessimisme systématique plutôt que personnel; et le vers de Vigny :

> J'aime la majesté des souffrances humaines,

remplacera pour les âmes un peu hautes l'ancien égoïsme qui faisait croire à Werther et à ceux de sa race, « que leur souffrance était unique », et que personne avant eux n'avait connu la douleur. Des déguisements nouveaux s'offriront, si elle persiste, à la tristesse des tendres et des rêveurs, et Sainte-Beuve remarquera très justement, en 1856, à propos du *Centaure* de Maurice de Guérin, que cette fiction projette dans les horizons fabuleux la confession du poète, qui y a fait « son *René*, son *Werther*, sans y mêler d'égoïsme et en se métamorphosant tout entier dans une personnification qui reste idéale, même dans ce qu'elle a de monstrueux ».

Aussi *Werther* reste-t-il un livre-type, même après le romantisme, même quand la rêverie éplorée a cessé d'être à la mode; les jeunes sensibilités peuvent continuer à s'en émouvoir; en revanche sa valeur significative est restreinte et ne touche plus désormais des générations entières.

Il y a longtemps d'ailleurs que, dans le langage courant des journaux et des revues, la banale périphrase consacrée par un demi-siècle d'usage, *l'auteur de Werther*, a été remplacée par cette autre expression, *l'auteur de Faust*. C'est vers 1828, au moment où le petit roman de 1773 perdait de son efficacité actuelle, que s'est opérée cette substitution de clichés. On était alors en pleine bataille littéraire; et Goethe auteur dramatique, surtout le machiniste mystérieux et le déconcertant philosophe de *Faust*, occupait à son tour et retenait quelque temps l'attention française : d'où une nouvelle adoption, enthousiaste de la part de quelques-uns, moins unanime cependant que la vogue persistante de *Werther* durant une cinquantaine d'années. Adoption moins intime aussi et moins féconde pour la littérature française; car le principe même de la production dramatique de Goethe, son persévérant éclectisme dans le choix de ses formes théâtrales, était d'un faible service pour la campagne romantique. L'influence de *Werther* avait été assurément plus efficace et plus profonde, si l'on songe que la mélancolie de tout un demi-siècle, cette mélancolie propice à la poésie vraie et qui est presque, à elle seule, un procédé de connaissance et un agrandissement de l'âme, s'est alimentée à la source que les confidences du triste amoureux de Wetzlar avaient ouverte jadis. Les plus grands et les plus éloquents de cet âge, qui avait trouvé dans la rêverie religieuse et grave le meilleur de ses inspirations et le plus durable de son lyrisme, auraient pu dire comme Lamartine vieillissant, qui se tournait une fois encore, en 1866, vers cette chère lecture d'antan : « Je me souviens de l'avoir lu et relu dans ma première jeunesse pendant l'hiver, dans les âpres montagnes de mon pays, et les impressions que ces lectures ont faites sur moi ne se sont jamais ni effacées ni refroidies. La mélancolie des grandes passions s'est inoculée en moi par ce livre. J'ai touché avec lui au fond de l'abîme humain.... Il faut avoir dix âmes pour s'emparer ainsi de celle de tout un siècle[1]. »

1. *Cours familier de littérature*, t. XXI, p. 9.

DEUXIÈME PARTIE

LE POÈTE DRAMATIQUE ET LYRIQUE

CHAPITRE I

LA RÉFORME DRAMATIQUE

> « N'aura-t-on pas quelque peine à s'expliquer comment il s'est pu faire que, dans un moment où nous étudions en France avec un soin si curieux le théâtre de nos voisins d'Allemagne, nous ayons négligé précisément l'homme auquel il doit son existence, et qui à lui seul est plus varié, plus riche que tous ses élèves ensemble? »
>
> (STAPFER, *Notice* placée en tête des *Œuvres dramatiques de Goethe*, 1825.)

Nietzsche s'est indigné d'entendre le commun des Allemands méconnaître la valeur respective de leurs deux grands classiques au point de les nommer d'une haleine et d'employer des formules comme « Goethe et Schiller », ou même « Schiller et Goethe »! Il est certain que le romantisme français, s'il lui arrivait de citer les poètes allemands qui pouvaient aider son assaut contre le théâtre classique, disait ingénument « Schiller et Goethe », et bien souvent même « Schiller » tout seul. L'auteur de *Marie Stuart* placé très haut, tout près de Shakspeare dont il semblait être un disciple plus moderne, un lieutenant plus accessible et plus conscient aussi, « le romantique avec préméditation », Schiller fort avisé des ressources scéniques, ami des coups de théâtre, de la grandiloquence dramatique, des grands heurts de passion et des larges effusions de sentiment; Goethe, décevant par la variété même de ses formes successives, par le paganisme d'une *Iphigénie* et le classicisme d'un *Tasso*, déconcertant aussi par ce qu'on savait de sa vie, sa situation officielle, ses fonctions de conseiller d'un prince : telle fut, d'une manière générale, la conception que se fit le Romantisme, dans sa période la plus militante, des deux poètes dramatiques de l'Allemagne.

Quelques journaux donnaient, çà et là, des nouvelles de *Weymar*; des revues, de loin en loin, publiaient un extrait sur la vie de Goethe; et l'auteur de *Werther* devenu le « Nestor des auteurs germaniques », le « patriarche de la littérature allemande », surintendant et ministre, s'apparentait beaucoup moins aux rêves révolutionnaires de la jeune France intellectuelle que la figure un peu indécise, mais sympathique, de Schiller, mort jeune et pauvre, enthousiaste et sentimental.

Et quoi de moins encourageant, pour des jeunes gens qui tenaient de l'*Allemagne* la meilleure partie de leurs notions sur le théâtre de Goethe, que ce jugement d'ensemble de Mme de Staël sur sa carrière dramatique? « Dans les pièces qu'il a faites pour être représentées, il y a beaucoup de grâce et d'esprit, mais rien de plus. Dans ceux de ses ouvrages dramatiques, au contraire, qu'il est très difficile de jouer, on trouve un talent extraordinaire. Il paraît que le génie de Goethe ne peut se renfermer dans les limites du théâtre; quand il veut s'y soumettre, il perd une portion de son originalité, et ne la retrouve tout entière que quand il peut mêler à son gré tous les genres. » Cependant, les escarmouches livrées dès le commencement du siècle entre classiques et futurs romantiques mettaient assez souvent en cause l'auteur de *Faust* et de *Goetz*. « Les Anglais mêmes, écrivaient les *Débats*, le 26 janvier 1804, repoussent de leur scène les *drames germaniques* qu'on a commencé à introduire sur la nôtre. S'ils appellent *invasion des barbares* cette introduction des pièces de Kotzebue, de Schiller, de Goethe, etc., quel nom devons-nous leur donner? » Et si, d'après divers principes esthétiques et moraux, les *Réflexions* mises en 1809 par Benjamin Constant en tête de son *Wallenstein*, le *Cours de littérature dramatique* de Schlegel, en 1814, et tel article un peu flottant de Ch. Nodier, vantaient les traits de vérité et les libres beautés que renfermait l'œuvre dramatique de Goethe, il ne manquait pas de voix pour lancer l'anathème contre l'auteur qui, « dans son *Goetz de Berlichingen*, fait changer *cinquante-six fois* le théâtre » (*Débats*, 10 août 1822), ou contre ce drame « qui a pour titre *Faust*, où le diable arrive au premier acte, déguisé en petit-maître, et enlève dans la dernière scène le héros de cette comédie charmante » (*Débats*, 13 mars 1820).

On combattait encore dans les ténèbres : combien étaient-ils, ceux qui se reportaient au texte original, ou qui recherchaient, dans le *Nouveau Théâtre allemand* publié à la fin de l'ancien régime par Friedel et de Bonneville, les traductions de *Goetz* et de *Stella* qui y figuraient? Mais voici qui va préciser les arguments et renseigner les curiosités : le libraire Ladvocat entreprend, en 1820, la publication de ses *Chefs-d'œuvre des théâtres étrangers*; et les vingt-cinq volumes de ce répertoire font de bonne heure la plus large place à l'œuvre dramatique de Goethe. Sauf le *Faust,* dû à de Sainte-Aulaire, un *Goetz* de G. de Baer, et quelques autres pièces, ce fut Charles de Rémusat — ayant appris l'allemand pour lire Kant — qui traduisit, avec son ami de Guizard, le théâtre de Goethe presque en entier, et qui accompagna de notices plusieurs pièces. Le baron d'Eckstein blâma, dans les *Annales de la littérature et des arts*, l'éclectisme avec lequel les entrepreneurs de cette publication donnaient, en même temps que des beautés avérées, des « bagatelles » qui ne méritaient pas l'honneur de la traduction. Aug. Schlegel, par ses relations avec la famille et le groupe de Mme de Staël, suivait de près la publication de Ladvocat. En général, la critique fut favorable à cette entreprise. Ch. Nodier la commenta, dans les *Débats*, de feuilletons sympathiques, et le *Moniteur universel* pouvait dire, le 24 novembre 1823, que « les noms de Schiller et de Goethe ont retenti en France.... Egmont, Clavigo, Iphigénie, Torquato Tasso et Faust ont été dévorés par une foule de lecteurs avides de connaître et de juger les productions originales de ces muses étrangères. »

La publication de Ladvocat n'était point terminée que déjà le théâtre de Goethe avait sollicité l'ingéniosité des auteurs dramatiques. A cette époque de tâtonnements et de demi-révolte, où la *Marie Stuart* de Lebrun était considérée comme un triomphe romantique, ce n'était pas encore le désordre shakspearien de *Goetz* ou la fantastique synthèse de *Faust* qui pouvait séduire les auteurs en quête d'un sujet. C'est la comédie, plutôt que le drame, qui va chercher dans le théâtre de Goethe des situations et des motifs, quitte à les traiter selon les formules traditionnelles. « De tous les poètes étrangers contemporains, dit le *Journal des Débats*, le 14 mars 1824, Goethe et Moratin sont ceux qui depuis deux ou trois mois ont trouvé sur nos petits théâtres le plus d'imitateurs. Les sources qu'ils ont ouvertes aux vaudevillistes sont sans doute inépuisables, puisque tous y puisent à pleines mains; mais les applaudissements du public autorisent ce débordement de productions étrangères; personne n'est donc en droit de se plaindre.... »

Les plus notables de ces adaptations françaises, qui reprenaient les situations des « drames bourgeois » de la jeunesse de Goethe, furent jouées à la fin de l'année 1823. En septembre, Merville, transportant en Russie la scène de *Clavigo*, donna à l'Odéon *le Frère et la Sœur, ou le Protecteur naturel*, drame en quatre actes en prose : afin d'éviter le dénouement tragique de l'original, et de terminer par le mariage, il dut nécessairement relever son héros, M. de Lutzow, et atténuer sa faute, pour le rendre digne de Mlle Doberville, la Marie Beaumarchais de sa pièce. Cette « pâle imitation » d'une œuvre dont on avait parfois goûté, jadis, l'énergie et la fougue, n'eut pas grand succès. En revanche, au Gymnase, le public demanda à grands cris, en novembre, les auteurs d'un drame en un acte, *Rodolphe, ou Frère et Sœur* : c'étaient Scribe et Mélesville, et la pièce était une « heureuse imitation de *le Frère et la Sœur*, de Goethe », écrit Adrien de Jussieu à J.-J. Ampère, le 12 décembre. Un succès moins bruyant, mais fort honorable encore, accueillait à l'Odéon, le même mois, un autre acte imité du même original : *Guillaume et Marianne*, de Bayard. E. Quinet écrivait à sa mère à ce sujet, le 3 novembre : « On vient d'applaudir beaucoup un petit drame, imité de Goethe, par Bayard. Cette émotion populaire a vivement répondu à tout ce que je sentais; c'est un de mes bons jours.... » Et Saint-Valry notait dans la *Muse française* : « Cette imitation faite avec beaucoup d'esprit et d'adresse a fourni à plusieurs critiques fort savants l'occasion de dénigrer le beau génie de Goethe et la littérature allemande.... Le public s'est montré moins *classique* et plus juste.... ».

En effet, tandis que l'inquiétude des jeunes esprits et la curiosité de la foule se trouvaient satisfaites à entendre du

Scribe et du Bayard, le malaise des fervents de la tradition s'exhalait en invectives violentes. La traduction, par de Saur et de Saint-Geniès, des *Hommes célèbres de France au XVIIIe siècle* avait contribué, en 1823, à ramener l'attention sur Goethe, dont Aubert de Vitry traduisait les *Mémoires*. Le *Moniteur universel*, les *Annales de la littérature et des arts*, la *Revue encyclopédique* s'occupaient longuement de ces révélations, qui venaient éclairer d'un jour nouveau des œuvres mal connues.

Aussi Goethe est-il largement associé, en 1823 et 1824, à tous ceux que les classiques invétérés considèrent comme les empoisonneurs du goût français. Cassandres éplorées ou bouffonnes Cassandres, les défenseurs de l'orthodoxie dramatique prédisent la fin de Troie. « O honte! ô démence! s'écrie Lacretelle jeune en ouvrant, le 4 décembre 1823, la saison de la Société des Bonnes-Lettres, on vient d'invoquer contre nos classiques, non seulement l'autorité d'une femme bien plus célèbre par la force et l'éclat de son esprit que par la sûreté de son goût, et dont la bizarre impartialité tint la balance indécise entre Corneille et Schiller, entre Racine et Goethe, entre Voltaire et Kotzebue, mais encore l'autorité de Schlegel, ce Quintilien du romantisme...! Instruirons-nous notre bouche à répéter ces blasphèmes germaniques?... Irons-nous sacrifier à des dieux étrangers qui demandent en holocauste les plus grandes et les plus pures renommées du monde littéraire? Irons-nous déposer à leurs pieds les plus belles couronnes de la France, et nous écrier comme un peuple conquis : *Vive la Germanie! Vivat Teutonia!* Mais voyons toutes les conséquences extrêmes qu'amènerait parmi nous l'invasion allemande. S'il faut tout réformer dans notre littérature, à plus forte raison faudra-t-il tout réformer dans nos institutions politiques.... Si les brigands, objets de prédilection des peintures romantiques, deviennent trop rares, il faut en repeupler nos routes, nos forêts et nos villes : car il n'y a qu'eux qui donnent de la physionomie à un siècle, à une littérature.... »

Un autre Académicien, Auger, donna à sa protestation un éclat plus officiel et un cadre plus solennel que la Société des Bonnes-Lettres. Directeur de l'Académie française pour 1824, il adressa de retentissantes félicitations, le 25 novembre, au récipiendaire Soumet, qui avait récemment, dans la *Muse française*, raillé les « monstres informes » dont la traduction des *Chefs-d'œuvre des théâtres étrangers* avait, disait-il, révélé l'insignifiance. « Ce n'est pas vous... qui faites cause commune avec ces amateurs de la belle nature, qui, pour faire revivre la statue monstrueuse de Saint-Christophe, donneraient volontiers l'Apollon du Belvédère, et de grand cœur changeraient *Phèdre* et *Iphigénie* contre *Faust* et *Goetz de Berlichingen.* » Enfin Népomucène Lemercier lisait à l'Académie, le 5 avril 1825, ses *Remarques sur les bonnes et les mauvaises innovations dramatiques* et engageait ironiquement ses auditeurs à faire connaissance avec « les aventures de Faust ».

Le conseil narquois de l'auteur de *Clovis* venait un peu trop tôt en ce qui concerne *Faust.* Mais Auger n'avait pas tort de citer *Goetz de Berlichingen* (non sans affecter, en prononçant ce titre, un accent « barbare et burlesque » dont le *Globe* et le *Mercure du XIX*^e^ *siècle* eurent la cruauté de le plaisanter). Outre que la traduction du théâtre de Goethe par Albert Stapfer, achevée en 1825, fournissait à son tour aux romantiques un texte soigné et de judicieuses remarques, le drame historique de Goethe avait déjà eu quelque part dans l'histoire de la littérature française. Inséré — après une première traduction parue à Hambourg en 1773 — dans le *Nouveau théâtre allemand* de Friedel et Bonneville, *Goetz* avait été l'objet de comptes rendus peu louangeurs, mais attentifs, dans le *Mercure* de 1787 et l'*Année littéraire* de 1788. Dès le XVIIIe siècle, il avait contribué à alimenter les flots un peu troubles de Séb. Mercier, et inspiré les suites de tableaux dialogués où Ramond de Carbonnières retraçait la *Guerre d'Alsace pendant le grand schisme d'Occident*. Cité par les *Réflexions* mises par B. Constant en tête de son *Wallenstein*, il avait donné lieu, en 1809, à de légères polémiques, fort accrues, plus tard, par la publication de l'*Allemagne*. Pixérécourt n'avait pas manqué de tirer parti des éléments les plus faciles à imiter de cette pièce militaire et moyenâgeuse : il s'en souvint surtout dans *Victor ou l'Enfant de la forêt*, et dans *Charles le Téméraire*. Nodier, de son côté, ne dédaignait pas d'aiguiser la colère de son Jean Sbogar, en 1818, sur l'indignation du vieux chevalier de Goethe. C'est en 1824, enfin, qu'Eug. Delacroix, renseigné par son ami Pierret, le secrétaire de Baour-Lormian, décidait d'offrir l'hommage des arts à l'héroïque destinée du preux à la main de fer : projet que le dessin, la lithographie et la peinture devaient en effet réaliser concurremment au long de plusieurs années.

Mais c'est surtout par le *Globe* et par le groupe de littérateurs qui, en dehors des poètes du Cénacle, se trouvaient en communauté d'idées avec cette revue, que *Goetz de Berlichingen* menaçait d'exercer une action décisive sur l'évolution du théâtre français. Il y eut là, parmi ces jeunes gens avisés et sagaces qui tenaient les vers en moindre honneur, un sincère effort vers le drame historique en prose, en même temps qu'une sérieuse étude des conditions mêmes du théâtre moderne. Divers articles étudièrent le mélange des genres, les trois unités, la question de l'histoire au théâtre. Mérimée fit de Cromwell le héros d'une pièce, qu'il lut un dimanche devant quelques amis, et qui, sans « unités » d'aucune sorte, empruntait son tragique à l'histoire, son comique au jargon puritain. Ch. de Rémusat, peu après, donna lecture de son *Insur-*

rection de Saint-Domingue dans le salon du directeur du *Globe*.

Mais il importait que cette conjonction de l'histoire et du drame ne se fît pas hors du ciel national : Mérimée raconta, sous la forme scénique approximative du *Goetz*, l'insurrection des paysans dans le Beauvaisis pendant la captivité du roi Jean, et sa *Jacquerie*, *scènes féodales*, prit place en 1825 dans le *Théâtre de Clara Gazul*. On y trouvait, outre le traditionnel morcellement en scènes détachées, plus d'un détail qui rappelait *Goetz* : la réception d'un brigand parmi les « loups »; la « belle histoire du temps des preux » que le petit Conrad se faisait raconter par son précepteur, maître Bonnin, et qu'il interrompait par des naïvetés et des vaillances enfantines; une bataille successivement aperçue dans l'instantané de divers épisodes. Un peu plus tard, Vitet publiait les *Barricades*, suivies à peu de distance des *États de Blois* et de la *Mort de Henri III*. Lui-même le disait dans la préface de la première de ces œuvres : « C'était le moment où les réformateurs littéraires commençaient à prêcher avec ferveur leurs théories dramatiques, où chaque matin l'anathème était lancé contre les pièces de théâtre circonscrites dans une durée de vingt quatre heures et dans un espace de trente pieds carrés.... Beaucoup de gens crurent voir dans mes scènes historiques une sorte de transaction et comme un moyen d'accommodement. »

Ces tentatives intéressantes avaient le tort grave de s'inquiéter trop peu des possibilités scéniques; inconvénient dont avait souffert, comme on sait, la première rédaction de *Goetz*, et dont Goethe lui-même s'ingénia à corriger sa pièce en un remaniement mieux approprié au théâtre. Mais, en dehors de ce défaut pratique, ces drames étaient-ils bien le genre nouveau souhaité par Mme de Staël et Benjamin Constant en 1809 et en 1810, réclamé plus récemment par Stendhal? Assurément, on renonçait ici à l'alexandrin, ce « cache-sottise », et l'on y taillait en plein drap dans la chronique du passé. Mais on y confondait, à vrai dire, l'histoire dialoguée avec le drame historique, la succession immédiate des « tableaux » avec la cohésion artistique, la véracité des détails avec la vérité de l'impression totale. Si avisés qu'ils fussent, les jeunes doctrinaires de ce groupe manquaient du sens de la vraie vie dramatique; même dans leurs théories, ils faisaient trop bon marché de nécessités qu'un homme de théâtre juge impérieuses et obligatoires : le centre d'intérêt, la progression dans les destinées et les caractères, la dépendance manifeste et la causalité visible des faits historiques. Rémusat avait eu raison, dans le *Lycée français* de 1820, de réclamer « cette liberté intelligente qui transporte sur le théâtre les hommes tels qu'ils sont, avec leurs faiblesses, leurs incohérences et leurs inégalités »; mais n'annonçait-il pas lui-même l'erreur primordiale de tous ces efforts en définissant ensuite la vérité historique, « ce caractère irrégulier et fortuit, bien connu de quiconque a considéré les affaires de ce monde ailleurs que dans les livres. Voilà le genre de beautés que je souhaite à nos tragédies futures.... »

Continuée par un homme de théâtre qui eût été soucieux de chercher dans l'histoire autre chose que ces « clous » où Dumas accrochera ses tableaux, cette tentative issue, à travers *Goetz*, des *Histoires* de Shakspeare, aurait peut-être donné à notre romantisme son drame historique en prose. L'impérieuse intervention de Victor Hugo, lyrique prestigieux qui n'entendait pas abandonner l'usage des vers au théâtre, vint, dès la *Préface de Cromwell*, proclamer les droits d'une autre forme de drame. Car c'est le drame historique cher au *Globe*, — et non, comme on l'a cru, des mélodrames opposés, eux aussi, à la doctrine classique, — que V. Hugo éconduit si poliment dans son manifeste. « On sent que la prose, nécessairement bien plus timide [que le vers], obligée de sevrer le drame de toute poésie lyrique ou épique, réduite au dialogue et au positif, est loin d'avoir ces ressources. Elle a les ailes bien moins larges. Elle est ensuite d'un beaucoup plus facile accès; la médiocrité y est à l'aise; et, *pour quelques ouvrages distingués comme ceux que ces derniers temps ont vus paraître*, l'art serait bien vite encombré d'avortons et d'embryons. » On ne s'y trompa point au *Globe*, et Rémusat, rendant compte de *Cromwell*, ne manqua pas, dans le numéro du 2 février 1828, de rompre une dernière lance en faveur de la prose. « Pour être moins belle et moins nombreuse, la prose n'est pas dépourvue de charme et de noblesse. *Goetz de Berlichingen* a son genre de grandeur et d'idéal, et Goethe s'y montre plus poète à mon sens que dans *le Tasse* ou l'*Iphigénie*. La prose peut ne rien ôter à l'intérêt, au pathétique même.... » Mais c'étaient là les dernières cartouches d'un parti en déroute; avec la revendication d'Hugo et la sanction que lui donnèrent ses pièces en vers, toute une forme de drame, chatoyante, oratoire, sans réalisme véritable ni souci sérieux de l'histoire, s'imposait décidément.

Et d'autre part, le drame des situations brutalement émouvantes, du pathétique facile, de la couleur locale plaquée, des coups de théâtre poignants et injustifiés, triomphait dans le même temps avec Dumas. L'auteur d'*Henri III et sa cour* parle, au VIIIe livre de ses *Mémoires*, de sa lecture « du fameux drame de Goethe, *Goetz de Berlichingen* ». Cet habile dans l'art d'illusionner et d'émouvoir distingue « trois ou quatre scènes noyées dans ce drame gigantesque, qui m'avaient paru suffire à un drame » : et c'est d'un simple conflit accessoire qu'il s'agit, « de la situation de la femme poussant l'homme qu'elle n'aime pas à tuer l'homme qu'elle aime »; le vieux chevalier à la main de fer, la cause qu'il défend, le milieu qu'il évoque, sont oubliés pour un épisode secondaire, mais émouvant, la duplicité d'Adélaïde entre Weislingen et Frantz....

Car c'est bien ainsi, au fond, que le théâtre romantiqu se servit des précédents étrangers et shakspeariens do il s'était réclamé jadis. Sa vraie vie organique n'est ni dans le déploiement d'une action historique qui trouve en elle-même son centre d'intérêt, ni dans le développement d'un caractère déterminé par les conditions de son temps et réagissant ensuite sur les événements; son intérêt, son efficacité sont ailleurs, et Dumas s'abusait lui-même lorsqu'il répondait à des détracteurs qui l'accusaient de plagiat : « Je pris les uns après les autres ces hommes de génie, qui ont nom Shakspeare, Corneille, Molière, Calderon, Schiller et Goethe. J'étendis leurs œuvres comme des cadavres sur la pierre d'un amphithéâtre, et, le scalpel à la main pendant des nuits entières, j'allai jusqu'au cœur chercher les sources de la vie et le secret de la circulation du sang.... » Ce sont plutôt des *disjecta membra* que le rythme même d'une vie dramatique nouvelle que le romantisme est allé chercher dans la tradition shakspearienne.

Sans doute, en ce qui concerne spécialement le théâtre de Goethe, toutes les pièces qui pouvaient fournir un élément de pathétique ou de couleur locale ont suscité chez nous des imitations ou des adaptations. C'est une transcription de *Goetz* que *Kernox le Fou*, drame en quatre actes et en vers, de Cordelier Delanoue, joué à l'Odéon en mai 1831, et où Kernox, le fou d'Adalbert, dénonçait à celui-ci les amours coupables d'Adélaïde et livrait l'adultère aux Francs-Juges. *Egmont*, la plus belle des pièces de Goethe au gré de Mme de Staël et de J.-J. Ampère, et qui dès 1822 inspirait Eug. Delacroix, est adapté, à Marseille d'abord, puis au théâtre du Panthéon, en août 1832, dans *le Comte d'Egmont* de Riquier. En revanche, *le Comte d'Egmont* de Senty (Odéon, octobre 1844) ne devra presque rien à cette étude de caractère dans le cadre de l'histoire qu'avait tentée Goethe, et qu'adaptera encore Rolland dans un drame en vers (Odéon, mai 1847).

Clavigo, naguère accueilli en faveur d'un sujet propre au drame bourgeois, bénéficie à son tour de la couleur locale qui s'y peut insinuer, et Léon Halévy donne à la Porte-Saint-Martin, en mars 1831, un *Beaumarchais à Madrid* en trois actes, où Mme Dorval et Bocage jouent les premiers rôles : utilisation romantique d'une donnée qui, depuis la fin du XVIIIe siècle jusqu'à la *Marie de Beaumarchais* de Galoppe d'Onquaire en 1852, a souvent occupé la scène française.

Le Tasse lui-même, si dénué de mouvement extérieur, si exclusivement psychologique, avait fourni matière à un « drame historique » : il est vrai qu'Alexandre Duval, l'auteur du *Tasse* en cinq actes en prose, donné au Théâtre-Français en décembre 1826, ne prenait de la pièce de Goethe que l'idée de l'amour disproportionné entre un homme de génie et une princesse destinée à un trône, de la jalousie d'un grand seigneur hostile au poète ; il reproduisait quelques-unes des scènes les plus pathétiques, mais s'efforçait, pour le reste, d'amplifier et d'étendre son sujet. Quant à la psychologie ombrageuse du poète et à sa méfiance exaltée, ce serait plutôt, nous l'avons vu, dans le caractère du Chatterton de Vigny qu'il conviendrait d'en chercher un reflet.

Stella — traduite jadis dans le *Nouveau Théâtre allemand*, adaptée par Dubuisson et Deshaye en un drame en trois actes, *Zélia*, qui avait été joué au Théâtre de la rue de Louvois, traduite encore par Cabanis, et redonnée sous cette forme dans les *Chefs-d'œuvre des théâtres étrangers*, — *Stella* n'a point suscité d'imitation romantique directe. En revanche, la légère bleuette de *Jery et Bätely*, après avoir fourni une *Tyrolienne* aux Nouveautés et un *Pierre et Marie* au Gymnase, trouva sa version française la plus durable dans le livret du *Chalet*, par Scribe et Mélesville, qui fut donné à l'Opéra-Comique, en septembre 1834, avec la gracieuse musique d'Adam.

Si le drame romantique a été entraîné assez loin de la formule théâtrale qui se réclame de Shakspeare, et si les imitations directes des pièces de Goethe ne dépassent guère le niveau de la production courante, il n'est que juste de signaler quelques-uns des emprunts épisodiques que la nouvelle école fit à cet ancêtre qu'elle admirait plutôt qu'elle ne le pénétrait vraiment. Dans des scènes comme celle que Goethe a imaginée dans *Egmont* pour mettre en présence Machiavel et Marguerite de Parme, il n'est pas douteux que le romantisme ait appris l'ingénieux et séduisant artifice qui introduit un personnage connu, ne tenant pas directement à l'action, mais dont l'opinion est précieuse à entendre et l'apparition émouvante et significative. D'autre part, comme par Schiller et par Werner, le romantisme a été initié par Goethe à toutes les ressources du lyrisme dans le drame : et l'on sait assez combien les tendances de la jeune école la prédisposaient à accueillir et à exagérer le secours que l'élément lyrique peut donner au développement d'une action ou à la psychologie d'un personnage.

Ailleurs, ce sont des emprunts de détail, un motif, une situation, qui ont passé, du théâtre de Goethe, dans le drame romantique. L'exclamation de Doña Sol dans *Hernani*, déjà perceptible dans *Amy Robsart* :

> Que sur ce velours noir ce collier d'or fait bien,

reproduit une naïveté de Claire dans *Egmont* : « Ah! le velours est trop magnifique.... » On chante un *De Profundis* dans *Lucrèce Borgia* comme on chante le *Dies iræ* dans

Faust. C'est l'inquiétude du duc d'Albe, se demandant si Egmont donnera dans la souricière tendue, que reprend Sentinelli, au quatrième acte de la *Christine* de Dumas. Il y a de brefs souvenirs de *Gœtz* et d'*Egmont* dans le *Lorenzaccio* et l'*André Del Sarto* de Musset : des plaintes sur la lâcheté des temps, des conversations de bourgeois, un babil d'enfant ou un propos d'ecclésiastique. Il n'est pas indifférent non plus de noter que le *Comte de Carmagnola* de Manzoni, qui fut l'occasion d'un article du *Lycée français* en 1820 et d'une fameuse lettre de l'auteur « à M. Chauvet sur les unités », est inspiré par *Egmont.* Goethe est ainsi, au second degré, un auxiliaire; et Fauriel ne manqua pas, en publiant la traduction de *Carmagnola* et d'*Adelghis*, de faire suivre la première de ces pièces de l' « examen » que Goethe lui avait consacré dans *Ueber Kunst und Alterthum* et que Manzoni, en 1820, envoyait à son ami français.

En somme, Goethe, invoqué par les novateurs dans leur campagne théorique contre le classicisme, a fourni plutôt des arguments en faveur de la réforme que des modèles conformes aux aspirations des plus actifs parmi les réformateurs. Il ne serait possible de rattacher à son drame shakspearien le drame historique de notre romantisme qu'en oubliant la déviation caractéristique qui entraîna, dès 1828, les tentatives des auteurs dans des régions fort éloignées de *Gœtz* et d'*Egmont*, — ou de la *Jacquerie* et des *États de Blois.* Remarquer, ainsi qu'on l'a fait, que W. Scott reçut de *Gœtz* la première impulsion qui détermina son œuvre, et que la couleur historique du romancier écossais fournit toute une atmosphère aux hommes de théâtre de 1830, c'est pousser bien loin la recherche des filiations littéraires, et oublier que l'accent personnel ajouté par un disciple comme W. Scott n'est pas éloigné de couvrir la note initiale venue du drame de jeunesse de Goethe.

L'éclectisme artiste de l'auteur d'*Iphigénie* ne pouvait assurément offrir qu'un appoint provisoire et secondaire à l'affranchissement romantique : tels aspects de son œuvre y ont aidé, mais il y avait, dans l'ardeur même des auteurs de 1830, une outrance et comme un égoïsme qui les dissuadait de l'espèce d' « indifférence » de Goethe, attribuant à chaque sujet la forme qui lui semblait organiquement appropriée à sa nature, et passant de Shakspeare à Racine suivant les exigences de son thème. Comment les romantiques auraient-ils compris cette signification profonde du théâtre de Goethe, eux qui n'aspiraient qu'à soumettre le monde, la vie et l'histoire au rythme impérieux de leur *moi*? A ne considérer que les variations des formes dramatiques, l'auteur de *Goetz* a eu son heure dans notre littérature, même avant que *Faust* y vînt suggérer un approfondissement de la pensée et un élargissement du domaine artistique; mais il n'était conforme, ni à la superbe poussée romantique, ni à la nature essentielle du théâtre de Goethe, qu'un contact étroit et durable s'établît entre les révolutionnaires de la Porte-Saint-Martin et l'éclectique de Weimar. Ce n'est pas sans raison que, le romantisme ayant triomphé, le portrait de Goethe ne figurait point parmi les douze médaillons d'auteurs dramatiques que le public de l'Odéon, en novembre 1837, fut appelé à contempler au plafond de la salle fraîchement restaurée....

CHAPITRE II

LE LYRISME ROMANTIQUE

> « Pour prouver que ces vieilles histoires de fées et de démons peuvent fort bien se parer des couleurs de la poésie, nous aimerions à citer quelques-unes des compositions charmantes de Goethe.... »
> (A. JULLIEN, *Revue encyclop.*, 1825, p. 860.)

La lutte engagée autour des règles dramatiques, l'exaltation frémissante des sensibilités et des imaginations, l'envahissement de la littérature par la couleur locale, le costume et le décor, — tous ces aspects tumultueux du romantisme font un peu oublier ce qui fut une des premières ambitions et l'une des manifestations les plus curieuses de ce complexe mouvement. Il y eut, en France comme ailleurs, un romantisme soucieux d'exprimer surtout et de suggérer ce qui échappe aux sens, ambitieux de graviter dans un monde suprasensible et transcendental, de chercher plutôt son domaine dans le mystère que dans la réalité. Confisquée plus tard au profit du fantastique et du grotesque, de bonne heure avilie dans l'informe littérature des *Vampires* et des *Solitaires*, cette tendance tout idéaliste du premier romantisme trouvait, autour de 1820, sa justification théorique et sa réalisation. Ch. Nodier, rendant compte, dans les *Débats*, de la 5e édition de *l'Allemagne*, voudrait « dépeindre les caractères particuliers » du genre romantique; « mais comment peindre ce qui échappe à l'expression, ce qui se dérobe presque à nos organes, ou ce qui n'agit sur eux que par une puissance invisible dont l'ascendant résulte en grande partie de ce qu'elle a de vague, et ne s'explique que par ce qui ne peut s'expliquer? » En 1823, le premier volume des *Tablettes romantiques* symbolise, dans un frontispice de Louis Boulanger, la déité inspiratrice du romantisme en une figure qui n'annonce point la Muse vigoureuse, révolutionnaire et truculente de plus tard : celle-ci est « une femme voilée et drapée, couronnée d'étoiles, et emportée dans les espaces sur un char antique attelé de deux chevaux noirs galopant ». Les premiers poèmes de Lamartine, les *Études poétiques* de Chênedollé, l'*Eloa* de Vigny, telles *Odes* de Victor Hugo et maintes nouvelles mystérieuses de Nodier avaient bien reçu l'inspiration de cette déesse uniquement vaporeuse, sidérale et mystique. Plus tard, une discussion bien connue entre Victor Hugo et Hoffman des *Débats* portera sur cette supériorité des « abstractions » sur les « réalités »; et en 1825, à une date où déjà l'invasion de la couleur locale et la séduction du costume historique détournaient la jeune littérature vers d'autres régions, un poème hostile, le *Temple du Romantisme*, d'H. Morel, fera chanter à la nouvelle école ces vers :

Poètes d'ici-bas, chantres de la matière,
Quand par-dessus les cieux m'emportent mes élans,
Rampez, rampez dans la poussière,
Esclaves d'une règle odieuse aux talents.
Au gré de votre erreur profonde,
Du monde *positif* retracez les appas :
Pour un fils d'Apollon, le véritable monde
Est celui qui n'existe pas.

Le bon Viennet, faisant en 1824, dans son *Épître aux Muses sur le Romantique*, le recensement ironique des thèmes chers à la nouvelle école, les énumérait ainsi :

> ... C'est une vérité qui n'est point la nature,
> C'est la mélancolie et la mysticité;
> C'est l'affectation de la naïveté;
> C'est un monde idéal qu'on voit dans les nuages;
> Tout, jusqu'au sentiment, n'y parle qu'en images;
> C'est la voix du désert, c'est la voix du torrent,
> Ou le roi des tilleuls, ou le fantôme errant
> Qui le soir, au vallon, vient siffler ou se plaindre;
> Des figures enfin qu'un pinceau ne peut peindre;
> C'est un je ne sais quoi dont on est transporté,
> Et moins on le comprend, plus on est enchanté....

Le roi des tilleuls! Cette allusion transparente — avec un contresens — au titre d'une des ballades les plus célèbres de Goethe, montre par où un certain côté de l'œuvre lyrique du poète allemand pouvait intéresser ce romantisme à tendance métaphysique. On avait, çà et là, donné naguère, dans des revues, des traductions de poésies lyriques de Goethe : mais l'*Amour peintre de paysage* (*Mercure étranger*, 1813), le *Nouvel Amour* (*Décade philosophique*, an IX), surtout avec le faux anacréontisme de la version française, qu'était-ce, au fond, que du Parny allemand?

> L'Amour, non pas l'Amour enfant,
> Mais celui dont Psyché regretta les caresses,
> Promenait dans l'Olympe, au milieu des déesses,
> Le regard assuré d'un jeune conquérant....

Si, d'autre part, quelques pièces d'une poésie plus intime, toute simple et toute nue, avaient paru dans quelques périodiques, elles devaient plutôt décevoir que séduire le commun des lecteurs. Il fallait la pénétration d'un Benjamin Constant et la souplesse de son goût initié à l'exotisme poétique pour aimer « cet abandon à des sensations non réfléchies, ces descriptions commandées par l'impression », qu'il tente, sur la route de Bâle à Morgenthal, de faire saisir à Mme Necker de Saussure; il fallait l'intelligence inquiète d'un J.-J. Ampère pour apprécier l'imprévu de ces directes effusions, dont il parle, le 10 août 1820, à son ami Bastide. Quant aux poésies de Goethe que traduisit Cabanis pendant la Terreur, pour distraire Mme Helvétius, quant à celles que Victor Cousin fit passer en français durant sa détention en Allemagne, elles restent hors du courant général de la littérature.

Au contraire, une poésie mystérieuse, « idéale » à souhait, se trouvait enclose dans certaines ballades de Goethe : c'est d'elle que s'avisa le romantisme balbutiant. La plainte de la *Violette* inspira Nodier dès 1804 :

La violette ingénue
Au fond d'un vallon obscur,
Déployait sur l'herbe émue
Son frais pavillon d'azur...

et Chênedollé, plus grandiloquent, un peu plus tard :

Pourquoi faut-il qu'à tous les yeux
Le destin m'ait cachée au sein touffu de l'herbe,
Et qu'il m'ait refusé, de ma gloire envieux,
La majesté du lys superbe?

La publication de l'*Allemagne*, ici encore, précisa les curiosités. Mme de Staël avait traduit, dès 1800, le *Pêcheur* et *le Dieu et la Bayadère*, en vers assez gauches, quoique appliqués à rendre la souplesse d'expression de l'original. Plus efficacement, elle signala, dans le *Pêcheur*, « l'art de faire sentir le pouvoir mystérieux que peuvent exercer les phénomènes de la nature »; elle expliqua la pensée dissimulée sous le plaisant récit de l'*Apprenti sorcier*; le mélange d'amour et d'effroi qui termine la *Fiancée de Corinthe*, et la bizarre évocation hindoue *le Dieu et la Bayadère* reçurent un rudiment de commentaire dans son chapitre de la *Poésie allemande*. Nodier se chargea, dans ses feuilletons des *Débats*, d'initier plus intimement les lecteurs de la

Restauration à ces productions singulières et nouvelles. Enfin, en 1825, vinrent la *Notice sur Goethe* d'Albert Stapfer, avec de nombreuses traductions en vers (dont plusieurs trouveront une place dans l'anthologie de Gérard de Nerval), et les *Poésies* de Goethe que, sous le nom de Mme Panckoucke, divers commensaux de la maison du célèbre éditeur, Aubert de Vitry et Loève-Veimars en tête, publièrent dans les *Chefs-d'œuvre étrangers*. Le romantisme avait là, sinon la totalité de l'œuvre lyrique de Goethe, du moins ce qui devait lui paraître essentiel, ce qui, avec la *Lénore* de Bürger, un peu de Schiller et de Moore, pouvait le mieux justifier quelques-unes de ses tentatives du côté de la poésie mystérieuse et clair-obscuriste. Le *Globe* du 5 mai 1825 signala les défauts — inexactitudes et lourdeurs — qui déparaient la traduction de Mme Panckoucke ; la *Revue encyclopédique*, le *Moniteur*, le *Mercure du XIXe siècle* comblèrent d'éloges la traductrice et commentèrent longuement l'imprévu de cette incarnation insoupçonnée de l'auteur de *Werther*.

« Le merveilleux que l'on nous propose d'adopter, écrivait Léon Thiessé dans le *Mercure*, comme étant d'accord avec nos croyances... revient souvent dans les poésies de Goethe. » « Pour prouver, disait la même année la *Revue encyclopédique* à propos d'un recueil de *Ballades*, pour prouver que ces vieilles histoires de fées et de démons peuvent fort bien se parer des couleurs de la poésie, nous aimerions à citer quelques-unes des poésies charmantes de Goethe. » Deux ans auparavant, les ballades « écossaises » qui terminaient le second volume de l'*Olivier Brusson* d'Henri de Latouche rappelaient déjà à un rédacteur de la *Muse française* « les poésies du même genre, de *Goète* et de Schiller, qui ont obtenu tant de succès en Allemagne ».

Ce fut précisément de Latouche qui fit la fortune du

Roi des Aulnes en France. La *Ruche d'Aquitaine* avait donné, au commencement de 1818, une traduction de cette ballade en vers fort plats; un peu plus tard, la même revue bordelaise inséra un article d'E. Géraud, où une version en prose du *Roi des Aulnes* était suivie d'observations fort désobligeantes pour « ce fantôme qu'un enfant voit et entend, tandis que son père ne peut l'apercevoir, et qui tue son innocente victime parce que *sa beauté le charme* ». Presque aussitôt, la 18e des *Lettres champenoises* de 1818 publiait la traduction en vers de Latouche, et observait que cette « élégie » est « fondée sur une tradition superstitieuse, fort connue dans tout le Nord, et qui attache à l'ombrage des saules et des aulnes une espèce de génie malfaisant dont on effraie l'imagination des enfants ». Le journaliste français trouvait « plus touchant et plus naturel que dans l'original » le dénouement, ainsi délayé par le trop ingénieux traducteur :

Mais le vieux châtelain, pressant son coursier noir
(Et l'enfant dans ses bras), regagne son manoir.
Voilà les hautes tours et la porte propice.
Le pont mouvant s'abaisse; il entre, et la nourrice
Apporte sur le seuil un vacillant flambeau.
Le père, avec tendresse, écarte son manteau.
« Soyez donc plus discrète; il m'a durant la route,
Isaure, entretenu des esprits qu'il redoute :
Il criait dans mes bras, mais maintenant il dort.
Reprenez votre enfant. — Oh! dit-elle, il est mort! »

Ce fut la plus célèbre, la plus discutée aussi des ballades de Goethe; — il est vrai qu'on l'attribuait parfois à son traducteur lui-même. Le *Pêcheur*, spécialement patronné par Mme de Staël, traduit en prose dans la *Ruche d'Aquitaine* en 1818, trouva de son côté de nombreux interprètes, depuis Chênedollé :

Sur les bords d'un fleuve limpide,
Un pauvre pêcheur arrêté,
Après une course rapide,
S'était assis un soir d'été...

jusqu'à Mélanie Waldor :

> D'un lac tranquille et pur effleurant la surface,
> Dans sa barque légère un pêcheur a glissé....

en passant par les quatrains d'alexandrins du baron de Saint-Félix dans l'*Almanach des Muses* de 1828, et par les couplets plus alertes de la *Revue provinciale* en 1831 :

> L'onde frémit, l'onde s'agite;
> Tout près du bord est un pêcheur.
> De ce beau lac le charme excite
> Dans l'âme une molle langueur.

La *Fiancée de Corinthe* expia sans doute par quelque défaveur le paganisme de son sujet; mais elle eut l'honneur de figurer dans les *Études* d'Émile Deschamps :

> Un jeune homme d'Athène à Corinthe est venu.
> C'est la première fois. Cependant il espère,
> Chez un noble habitant, vieux hôte de son père,
> Entrer comme un ami trop longtemps inconnu.
> Les deux pères, rêvant une seule famille,
> Fiancèrent jadis et leur fils et leur fille....

Cette traduction fut fort goûtée de Goethe, nous dit Eckermann. Elle suivait, dans le recueil de Deschamps, une des innombrables versions françaises du *Roi de Thulé* :

> Il fut à Thulé, dit l'histoire,
> Un roi tendre et fidèle encor.
> Sa maîtresse, en mourant, pour boire,
> Lui fit don d'une coupe d'or.

Car la curiosité des novateurs romantiques ne manqua point de détacher de *Faust* ce joyau lyrique, de même qu'elle alla chercher la chanson de *Mignon* dans *Wilhelm Meister*. La plus ancienne traduction de ce roman avait tenté de la donner en vers :

> La connais-tu cette heureuse contrée
> Où croît l'olive et l'orange dorée;
> Où le laurier, le myrte, toujours verts,
> De leur feuillage égayent les hivers?
> Mon bien-aimé! partons, partons bien vite;
> Qu'attendre encor, quand l'amour nous invite?

Très enthousiaste du personnage de Mignon, et de son « charme inexprimable », A. Stapfer n'avait pas négligé de donner une traduction en vers de ces fameuses strophes. Th. Gautier, à son tour, en inséra le début dans sa *Chanson de Mignon* :

> « Ne la connais-tu pas, la terre du poète,
> La terre du soleil où le citron mûrit,
> Où l'orange aux tons d'or dans les feuilles sourit?
> C'est là, maître, c'est là qu'il faut mourir et vivre,
> C'est là qu'il faut aller, c'est là qu'il me faut suivre.

Et combien écoutèrent en effet le conseil du poète, comme Lamartine, qui déclare dans ses *Confidences* que les vers nostalgiques de Goethe lui avaient d'avance révélé la pureté du ciel italien, et qui leur donne une réplique dans *Milly* ?

Quel profit le romantisme a-t-il tiré de l'œuvre lyrique de Goethe? Dans son *Génie du XIXe siècle*, paru en 1842-43, Ed. Alletz, jugeant d'un coup d'œil un peu rapide « les progrès de l'esprit humain depuis 1800 jusqu'à nos jours », n'hésitait pas à faire hommage au poète allemand d'une bonne part du lyrisme nouveau. « La quatrième école dans la poésie du XIXe siècle, écrivait-il, est celle qui met tantôt le drame et tantôt la philosophie dans l'ode, et qui donne à la ballade la majesté de l'épopée, à la romance le mouvement de la tragédie, à la chanson même les proportions du dithyrambe. Goethe est le fondateur de ce genre, qui a reculé les bornes de la poésie lyrique. » Et un long passage de l'Appendice caractérisait l'œuvre du « poète lyrique par excellence, Goethe. Jamais la beauté de la forme ne s'est unie avec plus de charme à la peinture des sentiments les plus vrais et les plus habituels de l'âme que dans ses odes, ses ballades et ses fabliaux, jamais aucun poète lyrique n'a saisi avec tant de justesse l'accord de ce qu'il y a d'universel dans l'homme avec ce qu'il y a de particulier dans un homme. Chacun se retrouve tout entier dans les poésies de Goethe sans que le poète ait cessé de se peindre lui-même. »

En réalité, le romantisme a restreint selon ses préférences la signification et la valeur active de l'œuvre lyrique de Goethe. Les « odes », citées par Alletz à deux reprises, et les romances « aux proportions de dithyrambes », n'ont guère fourni de modèles aux poètes de 1825. Ils ne retinrent rien, non plus, ou presque rien, de ces lieds qui sont les fleurs impérissables de la couronne poétique de Goethe; ils ne goûtèrent qu'à demi ces brefs poèmes intimes où un état d'âme reçoit son expression la plus spontanée dans un minimum de développement, où la concordance ou la dissonance entre l'aspect de la nature et quelque impression, une joie, un chagrin, un souvenir, s'exprime en quelques rapides couplets. Il leur fallait plus de grandiloquence, plus d'ampleur dans l'exposition du thème poétique, un mouvement plus oratoire et des images plus poussées; ils étaient mal préparés à aimer tels lieds dont Heine disait que c'est un baiser mis sur notre âme. Dans le VIIe *Paysage* de Th. Gautier, le début trahit le souvenir d'une des plus exquises de ces poésies, le *Chant du soir du voyageur* :

Pas une feuille qui bouge,
Pas un seul oiseau chantant....

mais comme la suite, purement descriptive, s'écarte vite de la soupirante musique, de la fugitive association d'un rêve et d'une impression vespérale qui s'exhale dans les huit vers de Goethe! Même Gérard de Nerval et Blaze de Bury, deux traducteurs dont les poésies originales ont gardé quelque trace de leur initiation plus poussée à l'œuvre du maître, rencontrent rarement ce ton du lied goethéen, avec ses notations immédiates, sa simplicité d'accent, et cette imperceptible adresse à rattacher un grain de sable même aux lois universelles du monde. Il faudra toute une évolution du goût littéraire, le désenchantement et la lassitude des trop copieuses effusions lyriques, pour qu'on apprécie chez nous cette forme de poésie; il faudra aussi que la musique de Schubert aide à révéler l'émotion qui y est enclose (E. Deschamps fournit, pour la collection des *Lieder* de Schubert, une traduction dont Berlioz vantait la « souplesse prodigieuse »); il faudra que des études comme l'*Histoire du lied* d'Ed. Schuré insistent — en 1868 — sur la forme vraiment populaire, même chez Goethe, de ce genre de lyrisme. Mais l'activité des poètes inclinera à cette époque vers l'esthétique parnassienne ou vers le réalisme poétique; et, pour les sensibilités que solliciterait une inspiration plus personnelle et spontanée, l'influence de Heine, et de ses couplets d'un art plus visible et plus spirituel, plus frémissant aussi, fera tort à celle de Goethe.

Quant au romantisme, il n'a vraiment retenu, de l'œuvre lyrique de l'auteur du *Roi des Aulnes*, que les ballades, intitulées parfois « élégies » ou « romances » à l'origine, et interprétées de plus en plus dans le sens du fantastique pur. Le symbolisme naturel et le mysticisme panthéiste que revêtait, pour Goethe, l'affabulation de ses ballades, ne devaient guère tenter une génération dont l'éducation avait été toute chrétienne; et, malgré l'abondance des traductions et des commentaires, cette partie de l'œuvre du poète allemand n'a pas suscité des imitations bien nombreuses. Sans doute, Gautier reprendra, dans *l'Ondine et le Pêcheur*, le vieux thème du *Pêcheur* :

> L'air frémit, l'eau soupire et semble avoir une âme;
> Un œil bleu s'ouvre et brille au cœur des nénufars;
> Un poisson se transforme et prend un corps de femme,
> Et des bras amoureux, et de charmants regards....

Édouard d'Anglemont, dans ses *Nouvelles Légendes françaises*, restitue au moyen âge le même sujet, et c'est un *Étang ducal* qui engloutit le jeune villageois séduit par la

Naïade. Le même poète, dans ses *Légendes françaises*, modifiait par les souvenirs et les coutumes du pays de Brie l'humour cabalistique de l'*Apprenti sorcier*. Sans doute, un *Sylphe*, échappé de ce coin de l'œuvre de Goethe, vient voleter dans notre poésie romantique; c'est lui qui semble murmurer dans la seconde *Ballade* de Victor Hugo :

> Je suis l'enfant de l'air, un sylphe, moins qu'un rêve,
> Fils du printemps qui naît, du matin qui se lève,
> L'hôte du clair foyer durant les nuits d'hiver,
> L'esprit que la lumière à la rosée enlève,
> Diaphane habitant de l'invisible éther,

et qui inspire le bon Dumas dans la *Psyché* de 1829 :

> Je suis un sylphe, une ombre, un rien, un rêve,
> Hôte de l'air, esprit mystérieux,
> Léger parfum que le zéphyr enlève,
> Anneau vivant qui joint l'homme et les dieux;

c'est lui qui anime une partie d'un poème de P. Lacroix :

> O mon Sylphe, couché sur le dos d'un phalène
> Qui bourdonnait d'orgueil sous son fardeau léger,
> Tu m'apparus riant, et de ta fraîche haleine
> S'exhalaient en parfums la rose et l'oranger,

ou procure une épigraphe à une pièce des *Ombres et Rayons* d'H. de Gourville :

> Qu'il aille, couronné de roses,
> Errer dans les plaines écloses
> Un sceptre de lis à la main,
> Que papillon ou jeune abeille
> Il boive dans la fleur vermeille
> Le miel des larmes du matin.

Cependant les poètes de cet âge, quoi qu'ils en aient, n'ont point vécu intimement dans la familiarité des esprits élémentaires; et les légendes qu'il leur plaît d'utiliser, si propices qu'elles soient à l'émotion poétique, restent pour eux, malgré toute leur sympathie, des contes de nourrices. C'est moins le « cor merveilleux de l'enfant » que la trompe ou l'olifant des pages et des preux qui résonne ici. Hugo a beau citer, dans la *Préface de Cromwell*, les aulnes parmi les rôdeurs sinistres de nos cimetières, ces croyances populaires qu'il invoque et dont il revendique les droits artistiques ne sont pour lui qu'une figuration curieuse et favorable au « grotesque », une machine poétique sans beaucoup plus de signification que l'ancienne mythologie. On regrette que Gérard de Nerval, l'écrivain de cette génération qui apportait, avec Nodier, la plus souple complicité d'imagination et de sentiment pour le folk-lore, se soit contenté de tracer un programme sans l'exécuter, quand, dans ses *Chansons et légendes du Valois*, après avoir cité les couplets

Quand Jean Renaud de la guerre revint...

il ajoutait : « Ceci ne le cède en rien aux plus touchantes ballades allemandes ; il n'y manque qu'une certaine exécution de détail qui manquait aussi à la légende primitive de *Lénore* et à celle du *Roi des Aulnes*, avant Goethe et Bürger. » Et encore : « Il serait à désirer que nos bons poètes modernes missent à profit l'inspiration naïve de nos pères, et nous rendissent, comme l'ont fait les poètes d'autres pays, une foule de petits chefs-d'œuvre qui se perdent de jour en jour avec la mémoire et la vie des bonnes gens du temps passé. » C'est là une invite qu'on n'écoutera guère qu'un demi-siècle plus tard.

Ainsi qu'il arrive des thèmes dont une littérature retient surtout le merveilleux superficiel, plusieurs ballades de Goethe fournirent à l'âge romantique des livrets d'opéra. Après Jouy, Scribe écrit un livret sur *le Dieu et la Bayadère*; dans la *Fée aux Roses*, il utilise pour Halévy, au premier acte, l'aventure de l'*Apprenti sorcier*. Le même sujet, si l'on en croit Blaze de Bury, hanta jusqu'à sa mort Meyerbeer, qui y voyait un charmant livret d'opéra. Th. Gautier imaginait un ballet dont le *Roi des Aulnes* fournirait le motif, et supposait la fille du fantômal souverain vraiment éprise du fils du cavalier.

Mais la renaissance de notre poésie, si elle n'a point été touchée jusqu'en ses profondeurs par la vibration des poèmes de Goethe, a cependant gagné, à une initiation un peu limitée, d'autres bénéfices que des sujets d'opéra. Faisons bon marché d'adaptations telles que le *Rideau de ma voisine*, où Musset mit en français le *Selbstbetrug* de Goethe. Signalons de nombreuses analogies de disposition et de détail entre le poème intitulé *Zueignung* et la *Nuit de mai*. Ne croyons pas trop que le *Divan*, comme on l'a dit, ait influé sur les *Orientales*. N'hésitons pas en revanche à rappeler quel secours la ballade allemande pouvait apporter à une poésie qui voulait être imaginative plutôt que raisonnable, suggestive plutôt que descriptive; et notons à ce sujet quelques détails plus particuliers. C'est bien la mystérieuse alliciance évoquée dans le *Roi des Aulnes* que reprenaient, dans *la Fée et la Péri* de Victor Hugo, les refrains prometteurs des deux esprits; et l'innocent qui les écoutait cédait à la même séduction que le petit garçon de Goethe ou que son pêcheur :

Et l'enfant hésitait, et déjà moins rebelle
Écoutait des esprits l'appel fallacieux;
La terre qu'il fuyait semblait pourtant si belle!
Soudain il disparut à leur vue infidèle....
Il avait entrevu les cieux!

La *Ronde du Sabbat*, qui parut si éminemment romantique, est un Walpurgis mis en ballade. Enfin il semble bien que le *Roi des Aulnes* ait contribué, avec la *Lénore* et le *Chasseur sauvage* de Bürger, à acclimater dans notre poésie la « chevauchée » : l'aventure d'un cavalier dont la course, à travers le poème, constitue l'unité de celui-ci. Le genre troubadour avait mis en vogue, si je puis dire, une romance

« de pied ferme » ; même le romancero espagnol, très connu de nos poètes dès 1814, ne déchaînait point avec autant d'énergie que ces ballades septentrionales le trot ou le galop d'un homme à cheval, voyageur, chasseur ou fantôme. C'est à un « Passant » de ce genre que Victor Hugo s'adresse dans sa Xe Ballade :

Voyageur, qui, la nuit, sur le pavé sonore
De ton chien inquiet passes accompagné,
Après le jour brûlant, pourquoi marcher encore?
Où mènes-tu si tard ton cheval résigné?

Et, que ce soit dans le *Pas d'armes du roi Jean*, ou dans la première partie de ce *Mazeppa* qui réduit le poème de Byron à la terrible galopade du héros, ou encore dans le dialogue des *Deux Cavaliers dans la forêt* des *Contemplations* et dans la poursuite effrénée de l'*Aigle du Casque*, ces passages mystérieux ou ces randonnées énormes, inspirées par d'antiques légendes promues en Allemagne à la dignité littéraire, traversèrent désormais notre littérature. Elles sont surtout saisissantes chez Hugo, mais d'autres poètes, cela va sans dire, n'ont pas manqué de s'en servir à l'occasion, sans que le rattachement à la ballade allemande soit toujours légitime et direct.

Si le romantisme de 1820 avait surtout goûté l'évocation du transcendant et du suprasensible qu'offraient les ballades de Goethe, il est certain qu'aux approches de 1830 l'affabulation fantastique, le pittoresque étrange étaient ce qu'on y devait surtout goûter : délimitation bien conforme à la tendance générale de la littérature, qui, soucieuse d'émotion rêveuse en 1820, inclinait, dix ans plus tard, vers la couleur à tout prix. La conception même de l'Allemagne, l'idée que se faisait de ce pays étrange la France littéraire, varie dans le même sens selon ces préférences du moment, et sous l'influence de la notoriété grandissante de Hoffmann :

la Germanie cesse un peu d'être le pays de toutes les candeurs et des rêves immatériels les plus éthérés pour devenir le réceptacle de toutes les fantasmagories, des mystères les plus violents parfois et les plus diaboliques, le refuge d'une sorte de moyen âge attardé aux saillies de ses donjons et tapi dans les ténèbres de ses forêts....

Or, la Muse du drame irrégulier ayant rencontré, vers 1828, la Muse du fantastique, elles étaient allées de compagnie chercher le *Faust*, « tragédie informe », semblait-il, et « diablerie » avérée à coup sûr, dans la pénombre inquiétante où restait cette œuvre singulière.

CHAPITRE III

AUTOUR DE FAUST

> « Quel temps merveilleux!... on s'initiait aux mystères du *Faust* de Goethe.... »
> (TH. GAUTIER, *Hist. du Romantisme*, p. 5.)

En sa qualité de drame philosophique, *Faust* porta d'abord la peine de sa double nature : les uns y virent surtout une tragédie extrêmement mal faite, les autres une philosophie très peu distincte. Comme la première partie de l'œuvre fut seule connue, même en Allemagne, jusqu'en 1832, il fallut quelque temps pour que le public discernât, dans le poème de Goethe, autre chose qu'un drame d'amour ou une fantasmagorie. Cependant l'élan romantique, le génial désir de s'élancer par delà les conditions et les limitations humaines se trouvait trop d'accord avec la psychologie initiale du héros légendaire, pour que la fougue des jeunes hommes de 1830 n'ait pas sympathisé avec la rêverie ardente du docteur allemand.

Mme de Staël, dans son *Allemagne*, avait longuement analysé le premier *Faust* et traduit quelques scènes de cet « étonnant ouvrage ». Très nettement, elle avait fait du diable, du diable méchant et railleur, le véritable héros de la pièce; la « révélation diabolique de l'incrédulité » lui avait semblé être le principe même de cette création, devant laquelle elle restait déconcertée, froissée dans son enthousiasme et dans sa dévotion à toutes les valeurs positives, déçue d'éprouver que *Faust*, qui « étonne, émeut, attendrit », ne laisse pas « une douce impression dans l'âme ». Et, tout en rendant justice à la puissance de suggestion exercée par une œuvre qui « fait réfléchir sur tout... et *sur quelque chose de plus que tout* », elle avait expressément marqué que ce drame « n'est pas un modèle » et que ce « chaos intellectuel » devait être tenu plutôt pour la vertigineuse gageure d'un homme d'esprit que pour une œuvre d'art. Cependant, on avait joué en 1808, sur la scène d'amateurs de Coppet, des scènes de *Faust*, que Schlegel, sans doute, commentait abondamment.

Comme Mme de Staël, Benjamin Constant avait discerné surtout, dans l'œuvre encore incomplète de Goethe, une sorte de testament intellectuel du XVIIIe siècle, incrédule, ironique et négateur, « une dérision de l'espèce humaine, — écrit-il dans son *Journal*, le 22 pluviôse an XII, — et de tous les gens de science. Les Allemands y trouvent une profondeur inouïe, quant à moi, je trouve que cela vaut moins que *Candide*; c'est tout aussi immoral, aride et desséchant, et il y a moins de légèreté, moins de plaisanteries ingénieuses et beaucoup plus de mauvais goût. »

Mais la tendance philosophique, trop indistincte pour l'instant, déçoit encore bien moins que n'effarent la complexité et la singularité de la forme : la lutte est à peine engagée entre classiques et romantiques, que déjà *Faust* sert d'épouvantail. Moyenâgeuse, « métaphysique » et incohérente, cette pièce est considérée, à distance et par ouï-dire, comme le type achevé de la « poésie frénétique ». L'*Anti-Romantique* du vicomte de Saint-Chamans, publié en 1816, regrette dès 1814 qu'on n'ait pas laissé aux marionnettes « ce composé d'horreurs humaines, de gaietés diaboliques et de démence poétique » : il n'en juge d'ailleurs que sur le rapport de Mme de Staël et de Schlegel. Le succès de la *Marie Stuart* de Lebrun en mars 1820 — première bataille rangée où les romantiques aient pu crier victoire — fait redouter aux classiques une invasion étrangère où *Faust* ne manquera point d'avoir sa place; et les *Débats* écrivent, avec un tremblement, le 13 mars : « *Don Carlos*, *Waltenstein* (*sic*) et les *Brigands* ne tarderont pas à fondre sur nous. Je ne désespère même pas de voir incessamment à l'Odéon un drame de Goethe, qui a pour titre *Faust*, où le diable arrive au premier acte, déguisé en petit-maître, et enlève dans la dernière scène le héros de cette comédie charmante.... » Et le même journal, le 28 juillet, pense caractériser suffisamment le *Manfred de Byron*, *songe d'un malade*, en rappelant le souvenir de *Faust*, où « le Diable paraît en habit français, l'épée au côté, et le chapeau à trois cornes sous le bras. Au lieu d'un diable, on en voit dix ou douze dans *Manfred.* » Il semble d'ailleurs qu'à cette date, où la critique n'est guère renseignée que par des témoignages de seconde main, l'hétérodoxie dramatique de la pièce paraisse à peine plus déplorable que l'intervention du diable. La *Revue encyclopédique*, rendant compte, en 1821, du roman de Maturin, *Melmoth the Wanderer*, s'empresse de remarquer que ce « monument de la dépravation du goût » peut « donner une idée d'un ouvrage entièrement analogue à celui-ci, la pièce allemande du célèbre Goethe, intitulée *le Docteur Faust* ou *la Science malheureuse*, qui a fait de tout temps une grande fortune en Allemagne ». Au reste, le drame philosophique de Goethe va, en effet, participer assez longtemps en France des mêmes destinées que des ouvrages issus de ce romantisme grossièrement diabolique auquel les romans d'Anne Radcliffe et le *Moine* de Lewis avaient dû naguère leur succès.

Mais voici enfin qu'il est possible à la critique et au public de contempler le monstre face à face. Sainte-Aulaire donne en 1823, dans le neuvième volume des *Chefs-d'œuvre des théâtres étrangers* publiés par Ladvocat, une traduction de *Faust*, élégante et facile, mais infiniment trop libre, et assez peu soucieuse de l'original pour supprimer des scènes entières, celles où paraissent des personnages mystérieux. La même année est mise en vente la traduction d'Albert Stapfer, beaucoup plus consciencieuse et plus exacte, assez sobre cependant pour qu'un critique de la *Revue encyclopédique*, Charles Coquerel, observe que « ce serait induire en erreur les amateurs du *romantisme* que de leur recommander une traduction qui, en général, est sagement écrite ». Du moins est-on à même désormais de contrôler en meilleure connaissance de cause des jugements longtemps demeurés approximatifs et lointains; et le *Moniteur universel* du 24 novembre 1823 range *Faust* au nombre des ouvrages qui ont été dévorés « par une foule de lecteurs avides de connaître et de juger les productions originales des muses étrangères ». De Saur et de Saint-Geniès donnent une analyse de *Faust* dans une note ajoutée à leur médiocre traduction des *Hommes célèbres de France au XVIII*e *siècle*, et la critique, çà et là, fait allusion à l'intérêt surtout philosophique de cette œuvre qui n'a de théâtral que l'apparence extérieure : Stapfer, lui-même, reconnaît que c'est une « bizarre production ».

Cependant l'orthodoxie classique n'a pas désarmé. Bien qu'elle affecte d'admettre que la traduction des *Théâtres étrangers* a porté le plus rude coup à des ouvrages vantés de confiance avant d'être connus, elle ne néglige aucune occasion de dire leur fait, en pleine Académie, à ces « monstres informes ». *Faust*, généralement associé aux drames exotiques qu'il convient d'excommunier, est cité par Auger sur le même plan que *Goetz*; et Népomucène

Lemercier, le 5 avril 1825, s'écrie ironiquement, au milieu de ses *Remarques sur les bonnes et les mauvaises innovations dramatiques* : « Lisez les aventures de Faust qui se voue au démon, et tombe des régions sublimes de la métaphysique dans le lit d'une paysanne qu'il pousse à la potence pour crime d'infanticide et de meurtre d'une mère... ».

D'ailleurs, soyons-en sûrs, la plupart des novateurs qui, à cette date, « lisaient » en effet, selon le conseil ironique de l'auteur de *Moïse*, admiraient avec un parti pris analogue et tout autant d'incertitude cette œuvre trop indifférente aux possibilités scéniques, trop dénuée des ordinaires moyens d'action, trop pénétrée aussi de symbolisme et de métaphysique. C'est plutôt parmi les indépendants ou les philosophes que parmi les gens de lettres, même avancés, qu'il faut chercher l'intelligence du poème de Goethe, un Nodier classant Faust et Méphistophélès au nombre des « types » admirables de la littérature[1], un J.-J. Ampère discernant ici « l'expression la plus complète que Goethe ait donnée de lui-même[2] », un Quinet toujours prêt à appliquer, dans ses lettres à sa mère, les souvenirs de *Faust* à des incidents de sa vie intérieure. Quant à la littérature active, elle reste désorientée devant la complexité du poème. Les *Aventures de Faust et sa descente aux enfers*, par de Saur et de Saint-Geniès (1825), donnent matière à de nombreux articles où il est parlé du drame de Goethe, « aussi sublime qu'il est bizarre », « où il n'est possible d'admirer que de belles scènes ». Et, si désormais l'attention et quelque déférence ne sont pas refusées à *Faust*, l'impression dominante, c'est toujours que l'obscurité, la *darkness visible*, envahit l'œuvre, et surtout que la scène n'en saurait tirer aucun parti. Il faut arriver à 1827, et au delà, pour trouver

1. *Des types en littérature.*
2. *Le Globe*, 20 mai 1826 ; cf. 31 juillet 1827, 20 février 1828.

la trace des emprunts que ne pouvait manquer de produire enfin une initiation qui fut lente et incomplète, sans doute, mais qui ne resta point aussi superficielle qu'on l'a dit quelquefois.

Seulement, vers ce moment où *Faust* va cesser d'être une pure curiosité exotique, où l'œuvre du poète allemand tendra à fournir à la littérature française des éléments d'imitation et de création, une sorte de départ a commencé à se faire, qui distingue et choisit dans l'infinie diversité du poème. Le drame total de la destinée humaine, le conflit entre les principes d'action et entre les systèmes philosophiques, le jeu des forces naturelles ou morales, toutes ces intentions profondes qui s'esquissaient au moins dans le premier *Faust* sont à peu près négligées, soit pour le fantastique et l'infernal, soit pour le sentimental et le romanesque. Méphistophélès et Marguerite font tort, en ce moment, au héros qui les rencontra sur son chemin.

Le diabolique semble l'emporter tout d'abord. Les arts du dessin, dont l'influence a été si grande en matière de prédilections intellectuelles, ont préparé les voies. Eugène Delacroix, frappé par les compositions de Retzsch sur *Faust*, très impressionné, en 1825, par une adaptation anglaise qu'il en voit jouer à Londres, et dont le Méphistophélès surtout lui semble « un chef-d'œuvre de caricature et d'intelligence », exécute, au cours des années 1826 et 1827, les planches des dix-sept lithographies qui paraissent en 1828, accompagnant une réédition in-4° de la traduction Stapfer. Son *Méphistophélès apparaissant à Faust* au salon de 1827, son *Faust et Méphistophélès* l'année suivante, font saillir, de même que ces lithographies, le côté archaïque et ténébreux du sujet : Tony Johannot continuera la même tradition. D'autre part, l'influence de *Faust*, du *Faust* fantastique et mystérieux, rejoint ici et renforce le courant qu'avaient alimenté naguère des romans hasardeux, d'un diabolisme simpliste ou trop uniquement pittoresque, et où conflue aussi, vers cette date, l'occulte prestige des *Contes* d'Hoffmann. Les fantasmagories sinistres sont à la mode; un peu partout, dans les livres et sur les planches, un pacte infernal lie au diable quelque blasé, savant ou roué, avide d'étendre le cercle de sa jouissance ou de son pouvoir.

C'est d'abord, le 27 octobre 1827, aux Nouveautés, *Faust*, drame en trois actes de Théaulon et Gondelier avec musique de Béaucourt. « La réputation dont jouit *Faust* dans toute l'Europe, le succès qu'il a obtenu sur tous les théâtres d'Allemagne et d'Angleterre, avait attiré hier une foule immense... », écrivent, le 29, les *Débats*; et, après avoir constaté les différences extrêmes qui séparent de l'original allemand ce mélodrame où Faust, amoureux quelconque, évoquait le diable pour lui demander l'or nécessaire à son mariage, le feuilletoniste ajoute : « Faust, après avoir si longtemps cherché en vain la pierre philosophale, fera certainement de l'or au théâtre des Nouveautés ». En effet, malgré toutes les réserves que des journaux comme le *Globe* crurent devoir faire, déplorant « qu'un aussi admirable sujet ait été ainsi réduit au néant d'un libretto », le mélodrame des Nouveautés tint l'affiche tout l'hiver, et il compta parmi les ouvrages à succès du répertoire de ce théâtre.

Dès l'année suivante, en 1828, paraît la traduction de Gérard de Nerval. Tandis que les deux versions antérieures avaient ambitionné de dégager simplement *Faust* des voiles que l'idiome étranger jetait autour de lui, la traduction en prose et en vers de Gérard souhaitait d'en faire un ouvrage classique et un vrai livre français, où le charmant poète que Gautier a comparé à Euphorion, fils d'Hélène et de Faust, aurait transposé dans la langue de Voltaire les imaginations et les rêves d'Outre-Rhin. Le *Faust* de Gérard mérite à ce titre d'être cité au même rang que les œuvres suscitées par le poème de Goethe, et non parmi les simples traductions : n'y avait-il pas, là aussi, à en croire le témoignage de Ch. Monselet [1], l'aboutissement d'une longue hantise et comme la satisfaction d'une lointaine nostalgie. Gérard enfant séduit par la traduction illustrée du *Faust* de Klinger entrevu chez un bouquiniste, trop pauvre pour l'acheter, et gardant au cœur l'obsession de ce mystérieux docteur allemand? On sait le plaisir que prit le patriarche de Weimar à se relire dans le *Faust* de Gérard. S'il n'est pas exact qu'il ait écrit à ce traducteur : « Je ne me suis jamais si bien compris qu'en vous lisant », il n'a point caché sa joie à retrouver, en feuilletant cette transcription de sa pensée dans une langue différente, une fraîcheur d'impression que le texte allemand ne lui procurait plus. En dépit de ses gaucheries et de ses inexactitudes, ce fut là le véritable *Faust* des romantiques, l'initiateur de Berlioz et de Théophile Gautier — le *Faust* des poètes, en un mot, beaucoup plus que la traduction Stapfer, si probe et si consciencieuse, qui était plutôt le *Faust* des rédacteurs du *Globe*.

Notez que la critique hostile, un peu calmée les années précédentes, reprend ses attaques de plus belle, maintenant que *Faust* semble prétendre à un droit de cité dans la littérature française. « Ces deux rôles (Faust et Marguerite) et trois ou quatre scènes qui s'y rattachent, écrit le *Journal des Débats*, le 7 août 1828, commandent l'admiration que l'on accorde maintenant au génie de l'auteur, comme tout le reste autorise le reproche de barbarie que les gens de bon sens adressent à son drame hétéroclite. » Charles d'Outrepont s'indigne, dans ses *Promenades d'un Solitaire*, contre « toute cette métaphysique absurde. N'y a-t-il pas un peu plus pour le cœur et pour l'esprit dans *Télémaque*, ou dans le poème *Sur la loi naturelle*, que dans tout le

1. *L'Artiste*, 21 septembre 1856.

bavardage germanique de Faust et de Méphistophélès? Mille ouvrages comme ce drame ne feront pas avancer l'esprit humain d'un pas : je dis plus; ils le feront rétrograder. Goethe n'est ici qu'un songe-creux que ses admirateurs et ses compatriotes mêmes ne comprennent pas toujours. » « Je ne trouve, décide la *Revue encyclopédique*, qu'un seul ouvrage qui, pour l'obscurité, le vague et le décousu, puisse être mis en parallèle avec la pièce de Goethe; c'est le roman de Rabelais,... l'un et l'autre semblent être le produit du génie en délire.... Cette pièce vient d'être imitée sur un de nos théâtres; d'autres imitations s'en préparent, dit-on. *Faust* et les ouvrages du même genre seraient-ils destinés à recevoir un jour droit de cité dans la littérature française? J'en doute. Malgré les efforts des adeptes du germanisme, le public français s'obstinera encore longtemps à vouloir comprendre avant d'admirer. »

Les imitations auxquelles cet article fait allusion, c'était d'abord le *Faust* en trois actes dont la Porte-Saint-Martin donna la première le 20 octobre 1828, sorte de féerie à grand fracas, dont les auteurs, Béraud et Merle, avaient sollicité Boïeldieu de devenir leur collaborateur. L'auteur de la *Dame blanche* avait refusé, dès le 9 mars, d'entrer dans cette combinaison qui eût transformé le « drame » en opéra-comique, et fait passer, peut-être, la nullité de son texte au nom des droits qu'un livret aura toujours d'être insignifiant. Le *Faust* de la Gaîté resta donc un « drame en trois actes, à grand spectacle, imité de Goethe ». Une mise en scène superbe en fit le succès, et aussi le nom de Frédérick Lemaître sur l'affiche. « Le rôle de Méphistophélès, écrit l'artiste dans ses *Souvenirs*, était d'une nullité tellement désespérante, que je ne trouvai rien de mieux, pour arriver à lui donner un peu d'importance, que d'y introduire une sorte de *Valse infernale* que je composai en compagnie de

Coralie, et du diable en personne, je crois.... » Mme Dorval jouait Marguerite, et c'est elle qu'on voyait couchée dans les in-pace de l'Inquisition, désespérée et pantelante après avoir subi les plus horribles tortures. Le tableau final, hardi comme un décor de mystère médiéval, coupait le théâtre en deux, représentant à la fois la canonisation de Marguerite et la damnation de Faust, le Paradis et ses anges surplombant l'Enfer et ses démons. Il ne fallait pas moins que ces machineries inusitées, et la ronde du sabbat qui entraînait une bande furieuse de diables et de sorcières, et le talent des principaux interprètes, pour faire un sort à cette piètre adaptation, où Faust n'était qu'un « vieillard corrompu, disent les *Débats*, qui ne voudrait revenir à la jeunesse que pour s'enivrer des plus grossières voluptés », où Méphisto donnait la mesure de sa perversité diabolique en séduisant Martha, veuve jeune et coquette! Mais, tandis que Goethe lui-même, dans son lointain Weimar, s'inquiétait de voir son œuvre la plus chère ainsi travestie et dénaturée, les Parisiens se portaient en foule à la Porte-Saint-Martin et faisaient, à tout le moins, un succès au décorateur et au machiniste. « L'âme du poète allemand, grondait le *Globe*, a disparu dans l'imitation. » « Il y a là, exultait un spectateur contemporain, des scènes et des émotions extraordinaires ; c'est un spectacle comme on n'en a encore jamais vu, et dont les bizarreries sont de nature à piquer la curiosité et à la satisfaire.... »

Un *Faust*, un peu plus tard — en mars et avril 1829 — tint assez longtemps l'affiche de la Gaîté : était-ce l'adaptation en trois actes de Nodier? La même année, le médecin Rousset publiait anonymement son *Faust, ou les Premières Amours d'un métaphysicien romantique*, et faisait du vieux docteur allemand un homme de trente-cinq ans, de Méphistophélès, sous le nom de Cimbar, un personnage inquiétant et mystérieux, « assemblage monstrueux de qualités et de vices, de vertus et de crimes », galérien philosophe et Figaro du bagne : aussi limait-il les barreaux de la prison pour faire évader Faust et Marguerite. Quant au *Méphistophélès* en trois actes en vers de Lesguillon, les répétitions en furent arrêtées par la censure, et il fallut le régime nouveau des théâtres pour permettre en 1832 la représentation de ce mélodrame très simplifié.

Enfin, achevant de familiariser le public parisien avec une partie, au moins, de la donnée de *Faust*, un opéra italien semi-serio en mars 1830, le *Faust* de Spohr quelques semaines plus tard, le *Fausto* de Mlle Bertin en 1831 (avec la Malibran en Marguerite) affirmaient le droit de la musique à s'emparer du drame de Goethe. Dès le 10 avril 1829, du reste, H. Berlioz avait adressé à Weimar deux partitions de la musique écrite par lui sur *Huit Scènes* de la traduction Gérard, et un fragment inédit en avait été donné, dans un concert, le 1er novembre de la même année. Et, là encore, comme dans les planches que déchirait le burin furieux de Delacroix, le fantastique et le sinistre l'emportaient : c'était déjà le Faust réprouvé que la *Damnation*, à quinze ans de là, devait entraîner dans sa vertigineuse course à l'abîme.

De tous côtés, d'ailleurs, autour de 1830, le diable sort des trappes et conclut des pactes avec des humains avides ou jouisseurs. C'est une sorcière qui l'évoque dans l'*Amour et la Mort*, aux Variétés, en 1828; il joue son rôle de tentateur déguisé dans le *Moine* de Fontan, imité de Lewis, à l'Odéon en 1831. Il se prendra dans ses propres filets dans le *Méphistophélès* de Lesguillon, en 1832, au théâtre du Panthéon. Dans la poésie, tandis que les *Légendes françaises* d'Édouard d'Anglemont, en 1829, mettent assez rarement en scène des apparitions et des pactes diaboliques, quatre de ses *Nouvelles légendes*, en 1833, nous présentent Satan dans son rôle de contractant perfide. Le héros du *Melmoth réconcilié* de Balzac a obtenu du diable la toute-puissance et l'omniscience. Un contrat joue son rôle dans la *Peau de chagrin*. Et les écrivains eux-mêmes, si nous en croyons un passage humoristique de la *Physiologie du mariage*, auraient volontiers appelé ce pouvoir qu'il leur plaisait de mettre au service de leurs personnages : « Rentré chez lui, l'auteur dit alors à son démon : Arrive, je suis prêt. Signons le pacte ! — Le démon ne revint plus. »

Il est vrai que Méphistophélès n'avait pas besoin de surgir du monde infernal, de mener la *Ronde du Sabbat* que Victor Hugo lui faisait conduire dans ses *Ballades*, de présider la cohue de sorcières et de démons qu'évoquaient l'*Albertus* de Gautier ou le *Méphistophélès* d'Emmanuel Arago, — pour venir grimacer et ricaner parmi les *bousingots*. Romanciers et chroniqueurs se rangeaient volontiers parmi la descendance de Méphistophélès. Telles tirades de Gautier et de Musset, tels passages de Balzac et de J. Janin, de sèche ironie et d'impertinence cavalière, poussaient à l'extrême les procédés de raillerie que le byronisme comportait (non sans un arrière-fonds de lyrisme et un reste d'attendrissement), et aboutissaient au sarcasme absolu que le diable philosophe de *Faust* semblait patronner. « Un de ces hommes dont nous disons, en les voyant : *Il en faut pourtant comme ça* », écrit Balzac dans le *Père Goriot* : et ce sont les termes d'une réplique qui désigne le compagnon de Faust. Dans une pièce jouée au Vaudeville en 1829, *Une Nuit de Paris*, un jeune homme naïf se laissait entraîner, par un Méphistophélès en chair et en os, à toutes sortes de débauches, fort ordinaires au demeurant. Dans la *Salamandre* d'Eugène Sue (1832), un satanique de trente ans, Szaffée, entraînait dans l'abîme le jeune Paul, après avoir — par dilettantisme du mal — ruiné toute notion morale chez sa victime. Un peu de cette malice méphistophélique anime des personnages de Balzac ;

agrémentée de plus de verve que de diabolisme, elle inspire Uladislas, qui donne de si imprudents conseils au jeune Rosemberg, dans la *Quenouille de Barberine* de Musset. Th. Gautier rêvait de l'amplifier jusqu'à représenter, sous le titre et sous les traits du *Vieux de la Montagne*, un corrupteur génial arrivant au pouvoir suprême en exploitant l'humanité tout entière par la satisfaction de ses vices. Même sans aller jusqu'à cette ampleur dans l'influence et dans l'action, il est certain qu'une sorte de persiflage particulier et d'ironie un peu sifflante rappelle, dans le ton de la plaisanterie des gens d'esprit de 1830, la raillerie du diable philosophe; et Charles de Bernard, dans la *Gazette de Franche-Comté* du 26 décembre 1831, constatait que « le sourire silencieux et tordu de Méphistophélès a remplacé le rire franc et épanoui de nos pères, le rire qui d'une oreille à l'autre va.... »

Cependant l'autre élément accessible et aisément assimilable de *Faust*, l'épisode de Marguerite, n'a point perdu ses droits. Classiques et romantiques, de bonne heure, se sont accordés à goûter le charme douloureux de Gretchen. Par pitié pour sa longue souffrance, Mme de Staël a pris sous son indulgente protection « son état vulgaire, son esprit borné ». Le baron d'Eckstein, dans les très conservatrices *Annales de la littérature et des arts*, s'est écrié en 1823 : « ... délicieuse par sa franchise et sa timidité,... il n'y a rien de pareil dans la poésie du siècle ». Le hargneux critique des *Débats*, le 7 août 1828, lançant l'anathème contre le drame de Goethe, n'a fait exception que pour « la grâce et le déchirant pathétique » de ce rôle. Les lyriques s'empressent de recueillir sur ses lèvres la ballade du roi de Thulé. Ulrich Guttinguer tente de rendre, sous le titre de *Marguerite*, le lied pénétrant où l'amante douloureuse gémit sa mélancolie et son repos évanoui :

Je languis de te voir,
Je meurs de ton absence,
J'appelle chaque soir
Ton baiser, ta présence....

Rien ne distrait mon cœur
De ta chère pensée,
Toujours de sa douleur
Mon âme est oppressée....

Edmond Géraud, si hostile au fantastique de *Faust* qu'il trouve le *Moine* de Lewis plus impressionnant, paraphrase la prière de Gretchen dans la cathédrale :

Abandonnée, au printemps de mes jours,
Par un ingrat qui trahit ma tendresse,
Reine du ciel, prête-moi ton secours;
Deviens l'appui qu'implore ma faiblesse.

Ne nous étonnons point si Alex. Dumas, dans son adaptation de *l'Intrigue et l'Amour* de Schiller, s'avise de glisser une allusion au sort de Marguerite dans une réplique du père Miller, ou si, dans son *Don Juan de Maraña*, cet infatigable preneur de toutes mains reconstitue pour Teresa la scène des bijoux et du miroir de *Faust*.

La Lénore à cheval, Macbeth et les sorcières,
Les infants de Lara, Marguerite en prières

sont les toiles qui décorent l'atelier de l'Albertus de Gautier. Et le souvenir de Marguerite est de ceux qu'appellent, chez un homme de cette génération et qui a de la lecture, les arceaux d'une cathédrale[1]. D'une façon générale, le type des ingénues amoureuses, dans la littérature du moment, se nuance de candeur et comme de « blondeur » germanique, dans la poésie et le théâtre fantaisiste de Musset, chez Gautier et chez Janin, même chez Balzac et chez Hugo. Musset, il faut le noter, est tenté d'ajouter, à son évocation de la simple et chaste Gretchen, l'indication

1. Magnin, *Ahasverus; de la nature du génie poétique* (*Rev. des D. M.*, 1er déc. 1833).

d'un sentiment un peu trouble : le frémissement, devant la virginité, de l'homme qui a beaucoup vécu, comme dans ce passage du *Saule* :

> Et toi, charme inconnu dont rien ne se défend,
> Qui fis hésiter Faust au seuil de Marguerite,
> Doux mystère du toit que l'innocence habite,
> Candeur des premiers jours...

ou dans *Rolla* :

> ... trop vieux pour s'ouvrir, ton cœur s'était brisé...
> Quand le ciel te donna de ressaisir la vie
> Au manteau virginal d'une enfant de quinze ans,

et l'on sait de reste combien cette impression se trouvait d'accord avec l'ardente aspiration du poète vers la pureté de la jeunesse et la candeur de la virginité.

Il faut bien l'avouer, l'épisode de Gretchen, plus encore que le fantastique de *Faust* et que l'ironie absolue du personnage de Méphistophélès, a contribué à cacher au gros du public français la signification profonde du drame de Goethe : mais avant de s'en indigner, comme ont fait parfois les critiques allemands, il conviendrait de se demander si vraiment il en fut différemment ailleurs, et en Allemagne même? En tout cas, rien de significatif comme l'irritation d'un critique musical qui s'écrie, dans les *Débats* du 23 avril 1830, à propos du *Faust* de Spohr : « Un *Faust* sans Marguerite est une monstruosité qui devrait nous faire repousser avec dédain l'œuvre du nouveau poète ». Voilà un homme à qui le livret du *Faust* de Gounod n'aurait point paru insuffisant et rétréci! Mettez en face de cette exclamation le jugement si opposé de Delacroix dans son Journal : « Un compositeur fait un *Faust*, et il n'oublie que l'*Enfer*; le caractère principal d'un semblable sujet, cette terreur mêlée au comique, il ne s'en est pas douté, » — et vous aurez les deux pôles entre lesquels oscilla longtemps l'idée que la pensée française se fit du drame complexe de

Goethe : le satanisme dissolvant et l'idylle douloureuse. C'est à celle-ci que Louise Colet, dans sa pièce *la Jeunesse de Goethe*, empruntait un passage d'une soixantaine de vers, qu'elle faisait réciter à l'auteur lui-même et à son ancienne bien-aimée, Charlotte :

Oh! que nos mauvais jours enfin soient oubliés!
Reconnais ton amant! il se jette à tes pieds!
De ton sombre cachot je viens ouvrir la porte.
— C'est sa voix!... est-il vrai que je ne suis pas morte?
Vient-il de me parler?... n'est-ce qu'un souvenir?

La simple Marguerite qui séduisit l'imagination française trouva, à partir de 1830, son peintre attitré dans Ary Scheffer, de même que le diabolique compagnon de Faust eut, aux mains de Delacroix, un pinceau et un burin dignes de lui : semblable partage devait s'opérer entre compositeurs, puisque Gounod achèvera de fixer musicalement l'image de Marguerite, à qui Berlioz préférait les vertiges de la Course à l'abîme. A dater de 1830, toute la partie sentimentale du premier *Faust* défile devant les visiteurs des Salons; Marguerite au rouet, à l'église, sortant de l'église « fait pâmer, écrit Stendhal à un ami, les belles dames du faubourg Saint-Germain ». La série se continuera longtemps, interrompue quelquefois par d'autres sujets, revenant avec prédilection à cette figure délicate, un peu morbide, dont le peintre peu à peu exagérera la suavité fluide; mais ce n'est qu'en 1846 que Gustave Planche prendra la liberté d'écrire dans la *Revue des Deux Mondes* : « Il est permis de croire que le public commence à se lasser de l'interminable série de compositions où figurent Faust et Marguerite », et que Blaze de Bury prendra la défense du peintre et de l'immortel épisode amoureux :

Je les entends s'écrier : Mais
Il n'en finira donc jamais,
C'est chose écrite,

Et nul n'échappe à son destin;
Toujours Faust, toujours Valentin,
Et Marguerite!

Blaze de Bury, fidèle jusqu'au bout dans sa ferveur pour cette Marguerite qu'il a chantée dans ses poésies, était tout désigné pour lui servir de paladin. Mais, aussi bien, en 1846, *Faust* a perdu le pouvoir irritant ou séduisant que nous lui avons vu exercer : le second *Faust* seul, auquel la foule n'accède pas, conserve un attrait d'inconnu ou de mystère, mais le *Faust* réduit que connaît le public, classé désormais chef-d'œuvre, n'est plus en effet qu'un chef-d'œuvre parmi tant d'autres, sans action immédiate et sans actualité saisissante. Il arrive même à Balzac de déclarer dans la *Revue parisienne* que Méphistophélès est « pitoyable » : « Il n'est pas de valet de la Comédie-Française qui ne soit plus spirituel, plus éveillé, agissant avec plus de logique et de profondeur que ce prétendu démon... ». Pareil arrêt de déchéance sera lancé plus tard par Dumas fils, dans la Préface de l'*Ami des Femmes*, contre la Marguerite légendaire, « restée sympathique et immaculée dans l'imagination des hommes, cette gaillarde qui s'éprend à première vue, qui se donne pour un collier et qui tue son enfant! Où est la vierge, où est l'épouse, où est l'amante, où est la mère dans tout cela? » Ce dur paradoxe n'a point entamé une réputation que tant d'années d'affectueuse complicité d'imagination, et la commune tendresse de tous les arts, avaient affermie et assurée. Aux alentours de 1830, même les plus sévères de ceux qui réprouvent le « gâchis » de la pièce de *Faust*, n'ont qu'indulgence et tendresse pour la douce amoureuse; et l'on peut s'étonner qu'au fameux bal costumé que donna Dumas durant le Carnaval de 1832, aucune invitée n'ait déroulé les longues tresses blondes de Gretchen — pas plus, au reste, qu'aucun cavalier n'arbora cet accessoire si commun de déguisement : les plumes obliques du chapeau de Méphisto.

Faut-il reprendre une objection souvent faite, et répéter que le romantisme a méconnu absolument la signification profonde du *Faust*, et qu'à s'assimiler en toute sympathie la fantasmagorie et l'ironie du diable de Goethe, ou la candeur et l'ingénuité sentimentale de la vierge allemande, il a discerné aussi mal que possible, il a ignoré dans ses propres créations, la psychologie foncière du héros? Sans doute, là encore, le goût du pittoresque a pu faire tort à la pénétration philosophique, et beaucoup en sont restés au Faust occultiste, entouré d'un désordre suggestif de laboratoire médiéval, tel que l'a vu Gautier :

> La règle et le marteau, le cercle emblématique,
> Le sablier, la cloche et la table mystique,
> Un mobilier de Faust, plein de choses sans nom,

ou encore, avec moins de précision, Sainte-Beuve :

> Tout ce qu'un docteur Faust entasse en son fouillis
> Se retrouve, et nous rend des temps déjà vieillis,

et, avec le détail des opérations de l'alchimie, Amédée Pommier :

> Quand j'entre dans ton atelier,
> Je crois visiter la cellule
> Où Faust, Flamel et Raimond Lulle
> Avaient leur esprit familier;
>
> Où des livres cabalistiques
> Sur un pupitre étaient ouverts,
> Où se voyaient des mots mystiques
> Et de sentencieux distiques
> Sur les murs blasonnés de vers ;

Vigny évoquant le *pandæmonium* de Paris dans l'« élévation » qui porte ce titre, appelle des souvenirs du Walpurgis :

> Cela siffle, et murmure ou gémit ; cela crie....

Mais il n'est pas vrai que la singularité pittoresque du costume et du décor — dont le roman et le théâtre font assurément leur profit — ait été tout ce que le romantisme a retenu de la méditation de Faust dans son laboratoire. Il y a eu, pour les hommes de 1830, un autre Faust que ce nécroman de conte noir :

> L'autre, vrai docteur Faust, baigné d'ombre profonde,
> Auprès de sa croisée étroite, à carreaux verts,
> Poursuit de son fauteuil quelques rêves amers,
> Et dans l'âme sans fond laisse filer la sonde [1].

Parmi ceux qui sont allés au delà de l'interprétation toute superficielle, beaucoup à la vérité s'en sont tenus à la facile assimilation de Don Juan et de Faust, « homme dégoûté de tout, dit le *Globe*, et qui ne veut un diable que pour raviver son goût blasé ». « Goethe, écrit Stendhal, a donné le diable pour ami au docteur Faust, et avec un si puissant auxiliaire, Faust fait ce que nous avons tous fait à vingt ans, il séduit une modiste. » L'opposition des deux types, en tout cas, est courante, et suggère à V. Hugo, dès la préface de *Cromwell*, une antithèse commode : « Don Juan le matérialiste, Faust le spiritualiste. Celui-là a goûté tous les plaisirs, celui-ci toutes les sciences... Le premier se damne pour jouir, le second pour connaître. L'un est un grand seigneur, l'autre est un philosophe. Don Juan, c'est le corps; Faust, c'est l'esprit. Ces deux drames se complètent l'un par l'autre. » Et c'est à la somme des révélations que proclament ces deux explorateurs de la science et de l'amour et cet autre réalisateur suprême, Napoléon, que la *Comédie de la Mort* de Gautier réduit ce que l'homme peut savoir du mot de cette vie : la présence du néant sous toutes les formes de l'ambition et de l'amour humains, telle est la réponse que font à la fiévreuse enquête du poète ces trois représentants des rêves que l'homme porte dans

1. Th. Gautier, *Destinée*.

son cœur ou sous son front. La déception de Faust n'est pas la moins désolée :

Je n'ai pu de mon puits tirer que de l'eau claire :
Le Sphinx interrogé continue à se taire;
Si chauve et si cassé,
Hélas! j'en suis encore à *peut-être*, et *que sais-je?*
Et les fleurs de mon front ont fait comme une neige
Aux lieux où j'ai passé.

Malheureux que je suis d'avoir sans défiance
Mordu les pommes d'or de l'arbre de science!
La science est la mort.
Ni l'upas de Java, ni l'euphorbe d'Afrique,
Ni le mancenillier au sommeil magnétique
N'ont un poison plus fort.

En effet, pour un âge qui ne pouvait connaître les réponses plus consolantes que le *Second Faust* livrera, tout enveloppées de symbolisme, à l'éternelle inquiétude, le héros de Goethe devait surtout incarner cette inquiétude elle-même. Quelques-uns ont su la discerner. « *Faust*, écrit George Sand en 1839, n'est bien compris que de ce qu'on appelle l'aristocratie des intelligences [1].... » Avec cette réserve et cette délimitation dont je ne crois pas que nulle littérature puisse se dispenser, il faut bien reconnaître que le contenu du poème n'a point semblé à la France de 1830 étroitement restreint à une idylle et à une fantasmagorie, et que les « mystères du *Faust* » parurent cacher autre chose qu'une aventure d'amour et une apparition du diable. L'exégèse à laquelle les mieux informés de la philosophie allemande, parmi les gens de lettres de cette génération, un J.-J. Ampère, un Edgar Quinet, pouvaient soumettre cette vaste synthèse dramatique, manquait assurément de la précision à laquelle tant d'années d'études goethéennes ont permis d'accéder : mais ni l'ampleur des vues ni la pénétration intuitive n'y faisaient défaut. Si néanmoins ce symbole de la destinée humaine, avec tout

1. *Essai sur le drame fantastique* (*Rev. d. D. M.*, 1839, t. IV, p. 593).

ce qu'il contient de prédictions voilées, de révélations mystérieuses et d'indistincts messages, n'a point suscité d'œuvres romantiques analogues, c'est surtout, semble-t-il, à cause des curiosités plus historiques que métaphysiques du romantisme français vers 1830. La philosophie de l'histoire de Herder et de Vico, révélée en 1827, et s'ajoutant à un goût effréné de la couleur locale que confirmait l'influence de Walter Scott, devait incliner tout essai de synthèse de l'humanité, tracé à cette époque, vers le déploiement des époques, vers le défilé des âges, plutôt que vers une construction symbolique qui fût abstraite et distante de la vision historique : et peut-être les temps où André Chénier rêvait à son *Hermès* auraient-ils été plus propices à pareille tentative. Une intention d'épopée se mêle invinciblement, vers 1830, à toute expression d'une philosophie de l'humanité. Des œuvres réalisées plus tard, mais qui ont leurs racines dans ce temps, ne manqueront pas de s'en ressentir. Lamartine dira dans la Préface de la *Chute d'un Ange* : « Je veux exposer la métempsycose de l'esprit; les phases que l'esprit humain parcourt pour accomplir ses destinées perfectibles et arriver à ses fins par les voies de la Providence et par ses épreuves sur la terre » ; et Hugo, dans la Préface de la *Légende des Siècles*, marquera son désir de tracer « dans une espèce d'hymne religieux à mille strophes, l'épanouissement du genre humain de siècle en siècle, et la transfiguration paradisiaque de l'enfer terrestre ». Même déroulement, avec une inspiration plus *cosmogonique* peut-être, dans l'*Ahasvérus* de Quinet : là encore, l'auteur poursuit le *dynamisme* de l'humanité en marche, plutôt que de symboliser l'activité, les aspirations, les blessures et les consolations d'un représentant typique du genre humain. Ici, l'influence de *Faust* est visible : légende populaire comme thème central, forme dramatique avec des intermèdes, prologue dans le ciel — et de nombreux détails, Rachel effeuillant une marguerite, Mob faisant, à la Méphistophélès, le tour des occupations humaines, Ahasvérus et Rachel causant religion, le docteur Albertus Magnus dans son laboratoire....

C'est un Albertus aussi que George Sand met en scène dans les *Sept Cordes de la lyre*, drame fantastique de 1839, d'un symbolisme fort dégagé d'ailleurs de toute arrière-pensée historique et épique, où, par contre, se discerne çà et là l'influence saint-simonienne. Méphistophélès — qui fait allusion volontiers, dans ses *a parte*, au précédent du docteur Faust — suscite chez maître Albertus la même soif de tout comprendre; mais la suprême sagesse, en dépit des embûches du tentateur, prend possession de l'âme d'Albertus après qu'il a connu l'amour. Car l'esprit de l'homme, pour pénétrer l'harmonie de la création, doit connaître, lui aussi, l'harmonie, et vibrer de toutes ses cordes. « Désormais, l'âme d'Albertus sera une lyre dont toutes les cordes résonneront à la fois, et dont le cantique montera vers Dieu sur les ailes de l'espérance et de la joie : il a aimé. » Une femme, Hélène, est, comme dans *Faust*, l'instrument de cette régénération et l'évocatrice du sentiment de l'infini.

Plus encore que dans les épreuves qui mènent l'humanité ou l'âme humaine vers l'harmonie ou la rédemption, le souvenir de *Faust* se retrouve dans cet état d'esprit dont le romantisme a bien connu la fougue inquiète et la fièvre démesurée : le désir de se transporter, par le rêve, par la connaissance, par l'amour ou l'action, au delà des bornes quotidiennes, l'impatience à subir les limitations de la destinée, et, puisque l'idée de l'infini hante le cœur des hommes, l'ambition de la réaliser dans une vie surhumaine ou dans une pensée qui s'égale à l'univers :

Qui de nous, qui de nous va devenir un Dieu ?

Grandiose ou néfaste, ce titanisme dans la pensée ou

l'action a souvent clamé, dans la littérature romantique, son souhait d'absolu ou d'immortalité. L'Empédocle de Polonius l'a connu :

Pour étancher en moi cette soif invincible,
J'aurais voulu franchir tous les temps, tous les lieux;
M'élancer, loin des bords de l'univers visible,
Par delà tous les cieux.

J'aurais voulu m'unir à la nature entière;
Pénétrer les secrets de la terre et de l'air;
Être tout, vivre en tout, dans l'herbe, dans la pierre,
Dans le feu, dans l'éther....

Un moindre panthéisme anime la rêverie faustienne de quelques personnages de Musset. Le Tiburce du *Saule*,

Incliné sous sa lampe, infatigable amant
D'une science aride et longtemps poursuivie,

souffre surtout de la glaciale pauvreté d'âme que l'étude infatigable et dominatrice a installée au fond de lui. Pour le Frank de *la Coupe et les Lèvres*, il s'agit moins de déchiffrer l'énigme de l'univers que de trouver le secret de son propre cœur :

Pourquoi le Dieu qui me créa
Fit-il, en m'animant, tomber sur ma poitrine
L'étincelle divine
Qui me consumera?
Pourquoi suis-je le feu qu'un salamandre habite?
Pourquoi sens-je mon cœur se plaindre et s'étonner,
Ne pouvant contenir ce rayon qui s'agite,
Et qui, venu du ciel, y voudrait retourner?

L'Érostrate d'Auguste Barbier se console en songeant qu'il y a — même en dehors des promesses de la religion — une sorte de prolongement, dans l'être et dans l'existence, de l'homme anxieux de ne point mourir :

Immortalité sainte, ô mon noble délire!
But suprême où mon âme incessamment aspire,
Ah! la gloire n'est pas le seul vaste chemin
Qui nous mène à jouir de tes splendeurs sans fin.

L'amour, l'amour aussi prolonge sur la terre
Des fragiles humains l'existence éphémère,
Et grâce au feu toujours ardent de son flambeau,
La brute même échappe aux horreurs du tombeau;
Tous les actes d'amour épars dans la nature
Sont les rébellions de chaque créature
Contre l'affreux néant! L'hymne de volupté
N'est qu'un large soupir vers l'immortalité.

La Lélia de G. Sand, elle aussi, se souvient de l'ambition démesurée de Faust et de son élancement vers l'infini de la connaissance; l'absolu dans l'amour possède d'une hantise semblable cette nature titanique. Elle-même compare le frémissement et les doutes de sa révolte passionnée à la déception du docteur de Goethe. « ... O vie! ô tourment! tout aspirer et ne rien saisir, tout comprendre et ne rien posséder! arriver au scepticisme du cœur, comme Faust au scepticisme de l'esprit!... »

L'interprétation musicale, enfin, de la soif fébrile et tourmentée de Faust, c'est Berlioz qui la donnera dans sa *Damnation*, à défaut de Rossini et de Meyerbeer, qui furent l'un et l'autre hantés, de leur côté, par le héros romantique par excellence. Sans conclure par l'apaisement suprême, ni faire, à l'ordinaire, leur part aux éléments de grâce, de douceur et d'émotion dramatique où s'attardera Gounod, Berlioz exprimera magistralement cette aspiration et cet accablement proche de la négation, et sollicité par elle, que le romantisme a discernés de préférence dans la songerie de Faust. Et c'est bien à l'âge héroïque de ce mouvement que se rattache, par ses plus étroites affinités, cette partition qui ne fut exécutée intégralement qu'en 1846, quand étaient tombées, même chez les poètes, les ardeurs surhumaines, et que la réaction avait commencé contre le rêve orgueilleux des Titans qui voulaient escalader le ciel.

La politique et les préoccupations humanitaires, où se sont jetés beaucoup de ces ambitieux d'infini, ont hérité de leurs aspirations et les ont limitées en les précisant. D'autres se sont transformés en de simples bourgeois. Vigny s'est retiré dans sa tour d'ivoire. Plusieurs sont retournés aux anciennes croyances, et acceptent les réponses que le christianisme peut donner aux interrogations passionnées du doute et au désemparement des âmes. « Vers 1838, soudainement illuminés par la grâce, les poètes se mirent à chanter la foi. Don Juan se fit ermite[1]... » Faust en fait autant, ou bien, s'il ne se convertit point, l'excommunication est prononcée contre son angoisse même. Philothée O'Neddy, en 1839, se souvient de lui, dans son poème *A douze ans*, pour évoquer le charme de la dévotion dans le cœur d'un premier communiant :

O vieux Faust, si l'appel de la cloche pascale,
Écartant de ta lèvre une fiole infernale,
A pu mettre en ton cœur, d'athéisme endurci,
Une réminiscence émue — un doux souci
Des longs recueillements que jadis, pure et blanche,
Ton enfance à l'église éprouvait le dimanche....

Le héros de *Volberg*, poème de Jean Pécontal, « orgueilleux comme Manfred, savant comme Faust, blasé comme Don Juan », revient à la foi traditionnelle. Dans la *Béatrice* de Saint-René Taillandier se manifeste l'espoir d'une future union de la science et de la foi : les cloches de Pâques, ici, sonneront pour un Docteur Faust plus docile aux croyances ingénues; Hélène et Marguerite seront avec confiance évoquées.... Le poème dramatique en cinq journées de *Livia*, publié en 1836 par Eugène Robin, et dont l'épisode le plus ingénieux était une rencontre de Faust avec Don Juan, se terminerait par la condamnation de Faust, n'était la rédemption émanée de son amour lui-même. Soumet, dont on cite parfois la *Divine Épopée* en témoignage de l'influence du drame goethéen, se réclame, dans

1. Ch. Louandre, Statistique littéraire (*Revue des Deux Mondes*, 1847, t. IV, p. 680).

sa *Préface*, de Dante, Milton et Klopstock, non de Goethe : en effet, c'est *pour* l'humanité, mais en dehors d'elle, que se joue le conflit des puissances supérieures qu'il prétend mettre en scène. En revanche, Adolphe Dumas reprenait le vieux parallélisme établi entre deux types surhumains dans sa *Fin de la Comédie, ou la Mort de Faust et de Don Juan*, reçue à la Comédie-Française en 1836, interdite par ordre supérieur. La même année, dans *Jocelyn*, Lamartine faisait venir le nom de Faust sous la plume de son héros, mais avec la plus significative des restrictions :

Dans mes veilles sans fin je ressemble, ô ma sœur,
A ce Faust enivré des philtres de l'école,
De la science humaine éblouissant symbole....
Oui, c'est Faust, ô ma sœur, mais dans ces nuits étranges,
Au lieu d'esprits impurs, consolé par les anges!
Oui, c'est Faust, ô ma sœur, mais Faust avec un Dieu!

Plus nette encore était l'attitude d'un poème de 1835, la *Vallée de Josaphat* d'Edmond Texier. L'auteur citait le héros de Goethe au tribunal de Dieu en même temps que Napoléon, Byron, et un Poète. Faust confessait l'erreur de son pacte infernal et la tristesse de sa foi perdue :

En vain pendant cent ans j'ai cherché la lumière,
Le monde glane encor dans le champ de l'erreur.
Oh! que de fois, bien haut élevant ma prière,
Je rêvais dans mes nuits un avenir meilleur!...
. . . .
Sans un moment d'erreur qui pèse sur ma vie,
Oh! quelle large route ouverte à l'être humain;
J'allais par la science au sommet du génie,
Et le monde par moi se déroulait sans fin....

Mais le Poète seul, qui, resté croyant, s'était contenté de prier, pourra s'asseoir à côté du fils de Dieu. La vie éternelle refusée à Faust pour « un moment d'erreur » : quelle déchéance pour celui qui proclamait en mourant, après une existence tour à tour orientée vers toutes les activités et toutes les préoccupations, le pouvoir de rédemption du travail! « Celui-là seul est digne de la liberté comme de la vie, qui doit chaque jour se les conquérir à nouveau. » L'irruption du préjugé chrétien est aussi discernable dans le soin que Blaze de Bury prenait, en 1840, d'accompagner sa traduction de *Faust* et du *Second Faust* d'un *Essai sur la mystique* qui mettait la Vierge Marie, la Reine des Anges, au suprême échelon de l' « échelle d'amour » du poème.

D'ailleurs, si nous voyons la pensée française s'écarter, au nom de l'ancienne foi, du poème de Goethe, des œuvres comme celles que nous venons de citer se servaient encore de cette forme même du drame philosophique dont *Faust* nous a révélé la souplesse et la complexité. C'est là, pour notre littérature, une acquisition durable due à l'œuvre de Goethe. Il faudra, par la suite, être un romantique invétéré — je songe au *Souper du Commandeur* de Blaze de Bury, à l'*Imagier de Harlem* de Gérard de Nerval, aux œuvres de jeunesse de G. Flaubert — pour tenter encore une utilisation théâtrale des principaux éléments fournis par le drame allemand; la forme plutôt livresque du drame philosophique, prête à accueillir toutes les variétés d'art et de pensée, se retrouvera au contraire à des époques fort éloignées du romantisme. C'est le souvenir de *Faust* qu'on rappellera, à propos du *Futura* d'Aug. Vacquerie, de l'*Axel* de Villiers de l'Isle-Adam, de la *Tentation de saint Antoine* de Flaubert, des drames philosophiques de Renan et des œuvres complémentaires de la *Légende des Siècles* : théâtre en liberté assurément, lointaine descendance de la vaste méditation dramatisée de Goethe.

Il est vrai que les Français n'ont pas la tête métaphysique; le goût des symboles, la sympathie et l'intelligence pour les abstractions personnifiées et pour le langage des choses inanimées restent chez nous le privilège de l'élite. Gautier avait raillé, dans *Une larme du Diable*, le facile synthétisme de ce procédé, et l'illustre Durand d'Alfred de Musset ne faisait qu'extravaguer d'une façon dont *Faust* avait un peu patronné l'ambitieuse immensité :

> J'accouchai lentement d'un poème effroyable.
> La lune et le soleil se battaient dans mes vers;
> Vénus avec le Christ y dansait aux enfers.
> Vois combien ma pensée était philosophique :
> De tout ce qu'on a fait faire un chef-d'œuvre unique,
> Tel fut mon but : Brahma, Jupiter, Mahomet,
> Platon, Job, Marmontel, Néron et Bossuet,
> Tout s'y trouvait !

Est-ce donc — il est permis de se le demander — une manière de *Second Faust* que Durand avait élucubrée?

Musset pouvait bien, en 1838, viser, par cette raillerie parodique et un peu sacrilège, une œuvre dont la signification intime restait scellée des sept cachets; le poète de *Namouna*, qui a surtout vu dans le « noble Goethe » une sorte de Byron plus tendre, appartenait à une génération mal préparée à pénétrer si peu que ce fût le sens du *Second Faust*, et à une variété d'esprits peu faite, d'ailleurs, pour s'inquiéter vraiment de ce qui n'intéressait point leur cœur. Ampère, en 1828, avait interprété cependant avec beaucoup de sagacité l'intermède d'*Hélène*. Lerminier, dans ses études *Au-delà du Rhin*, analysa longuement, en 1835, ce « drame du panthéisme moderne, de ce panthéisme idéal qui met la pensée à l'origine et au dénouement des choses », « tragédie qui concorde avec la philosophie de Schelling et de Hegel, chœur lyrique de l'ontologie allemande, prophétie des révolutions intellectuelles qui attendent l'humanité ». Mais, la même année, les *Études sur Goethe* de X. Marmier, en dépit de l'admiration pour le *Second Faust* qui s'y manifestait, y déploraient l'incohérence continuelle et le triomphe de l'allégorie. C'est, pour Janin, « le *Faust* des Petites-Maisons », pour Eug. Delacroix, « un ouvrage mal digéré et peu intéressant au point de vue littéraire ». Lamennais le lit en 1841, et sa lecture le confirme dans son antipathie pour Goethe. « Je me figure quelquefois, écrit-il le 24 mai 1841 au baron de Vitrolles, que ce grand charlatan entendait à merveille qu'il ne s'entendait pas et riait en lui-même des pauvres nigauds qui se creuseraient un jour la cervelle pour trouver le mot d'une énigme qui n'en a point.... »

C'est que la pensée française ne pouvait tenter que sur de nouveaux frais d'explorer les abstruses arcanes du *Faust* intégral. La provision d'idées et de sentiments sur laquelle avait vécu le romantisme ne pouvait lui permettre de soupçonner les messages cachés du poème, — à peine la nature et la portée de ces messages. Il fallait une initiation scientifique nouvelle, il fallait aussi la préoccupation grandissante des questions sociales, pour donner à une génération ultérieure — et qui se détournera du romantisme — le goût et le désir de pénétrer une fois de plus l'immense mêlée de légendes enclose dans l'œuvre de Goethe.

Du moins le romantisme a-t-il aimé, dans *Faust*, beaucoup de mystère et beaucoup d'attendrissement; il a compris quel idéal de vie intense et supérieure soulevait le héros au-dessus des bornes assignées à l'activité et à la pensée humaines : et de ces révélations, qui s'ajoutaient à tant d'enseignements et d'encouragements fournis par l'œuvre de Goethe, il a su être reconnaissant à son heure.

CHAPITRE IV

L'HOMMAGE DU ROMANTISME

> « O Goethe ! ô grand vieillard ! prince de Germanie ! »
> (AUG. BARBIER, *Il Campo Vaccino*, 1832.)

Goethe, adopté par le romantisme français, a été interprété par lui plutôt qu'intégralement compris. Lui-même, de son côté, sympathique à cette lutte pour l'émancipation que livrait la littérature française, répugnait à bien des outrances où se plurent tant de jeunes fièvres : il a toujours préféré la sagesse des doctrinaires du *Globe*, la mesure d'un romantique de demi-sang comme Mérimée aux truculences des plus avancés, et même à la fécondité débordante et à la frénétique imagination du Victor Hugo de 1830. Mais, s'il n'y eut jamais, au fond, complète identité de vues entre le credo artistique de Goethe et l'évangile romantique, il y avait eu cependant une alliance de fait. Les noms de *Goetz* et de *Faust* avaient été trop souvent inscrits sur les étendards des novateurs, leurs adversaires avaient trop nettement rangé le poète allemand parmi les partisans étrangers d'une doctrine détestée, et son œuvre avait fourni trop d'arguments offensifs, pour que le renom de Goethe en France ne fût point lié au succès de l'École. Bien souvent, au cours des hostilités mêmes, les combattants s'étaient retournés vers Weimar pour saluer le vieux poète qui suivait de son œil infatigable le mouvement littéraire du pays voisin ; et 1830 marquera, en même temps que le triomphe du romantisme français, l'apothéose du grand écrivain allemand.

Il semblait encore nécessaire, en 1825, d'appeler en témoignage un autre poète étranger, pour justifier cette épithète de *grand* accordée à Goethe. « Un journaliste à qui la littérature allemande est étrangère, écrivait le *Moniteur universel* du 22 octobre, a trouvé fort mauvais que le biographe de Goethe l'eût placé au rang des plus beaux génies : à lui permis. Nous nous bornerons à en appeler à l'opinion de l'Europe lettrée, et à citer, en faveur du biographe, l'autorité d'un poète à qui l'on accorde quelque esprit et quelque talent. Toutes les fois que lord Byron parlait de l'auteur de *Werther* et de *Faust*, il ne l'appelait que le grand Goethe (*the great Goethe*). » « Cette lenteur avec laquelle la renommée de Goethe s'est répandue parmi nous, écrit quelques mois plus tard Ampère dans le *Globe*, tient en grande partie à la qualité la plus éminente de son génie, l'originalité.... Goethe est toujours si différent des autres et de lui-même, on sait si peu où le prendre, on devine si peu où il va... que l'on a besoin, pour le goûter tout entier, de n'avoir pas plus que lui de préjugés littéraires.... »

Un an après la publication de l'article où Ampère expliquait ainsi, par des raisons intérieures, la lente diffusion du renom de Goethe, il était lui-même l'hôte du grand homme. Victor Cousin avant lui, — et le premier de la nouvelle génération littéraire, — avait visité Goethe à Weimar, et renoué ainsi une tradition que des diplomates de passage ou des voyageurs sans qualité particulièrement intellectuelle n'avaient qu'à demi continuée, depuis les visites déjà lointaines de Mme de Staël et de Benjamin

Constant. Mais les séjours de Cousin à Weimar, en 1817 et en 1825, avaient été rapides et brefs, sans vraie sympathie de part et d'autre. Ampère, au contraire, apportait à Weimar, où il resta du 20 avril au 15 mai 1827 environ, une ferveur désintéressée et un peu naïve. Mieux encore que son ami Albert Stapfer qui l'accompagnait, il était admirablement préparé à jouer auprès de Goethe le rôle d'informateur : Sainte-Beuve le remarque avec raison, il était, de toute cette génération, le plus qualifié pour renseigner son hôte sur le mouvement philosophique et littéraire qui se poursuivait à Paris. Il le fit avec une grâce juvénile et une abondance primesautière dont Goethe fut étonné et ravi; il s'attendait à rencontrer un homme inclinant vers l'âge moyen, et fut surpris de voir entrer « un tout jeune homme dans la vivacité et la fleur du premier épanouissement ».

Eckermann a fixé le souvenir de la favorable impression produite sur Goethe par la causerie et l'agrément d'Ampère, renseignant le poète allemand sur Mérimée, sur Vigny et sur d'autres écrivains actuels. Quant au jeune Français, un peu de vanité aidant, il fut sous le charme dès le premier jour. « Cher père, écrit-il le 22 avril à André-Marie Ampère, j'ai vu Goethe, qui m'a reçu à bras ouverts.... J'ai trouvé le grand homme très bon, très simple, très bien portant et très aimable. » Et le même jour, à Mme Récamier : « C'est le plus simple et le plus aimable des hommes. Je m'attendais à quelque raideur, à des habitudes d'idole, qui seraient excusables : pas l'ombre de cela.... »

Excuser des « habitudes d'idole » en s'adressant à l'amie de Chateaubriand, n'y a-t-il pas là une sorte de délicatesse *ad hominem*? C'est à Mme Récamier encore qu'Ampère envoyait une longue lettre qui parut dans le *Globe* du 22 mai, au grand déplaisir de son auteur. « ...Il est le plus intéressant et le plus aimable des hommes. Il a une conscience naïve de sa gloire qui ne peut déplaire, parce qu'il est occupé de tous les autres talents, et si véritablement sensible à tout ce qui se fait de bon, partout et dans tous les genres. A genoux devant Molière et La Fontaine, il admire Athalie, *goûte Bérénice*, sait par cœur les chansons de Béranger, et raconte parfaitement nos plus nouveaux vaudevilles.... »

La publication de cette lettre ayant paru, dans l'entourage de Goethe, une indiscrétion fâcheuse, Ampère protesta de Berlin, le 5 juillet, contre la publicité donnée à une lettre privée par le *Globe* et par les journaux qui le citèrent : mais il profita de l'occasion pour compléter son involontaire reportage. « Puisque j'ai eu le bonheur de diriger dans ce moment l'attention de vos lecteurs du côté de Weimar, permettez-moi de chercher à la satisfaire un peu davantage, en ajoutant quelques mots sur ce point si intéressant de l'Allemagne et sur le grand poète qui l'habite. » Et, après avoir rapidement fait le tableau du milieu de Weimar, Ampère revenait à Goethe et à « la faculté qui le caractérise d'embrasser tout, de s'intéresser à tout, qui donne tant de charme et tant de prix à sa conversation. On est pénétré d'attendrissement, en trouvant tant de jeunesse d'âme et tant de candeur d'admiration unies à tant d'âge et de gloire. Pour moi, je n'oublierai jamais ces familiers épanchements entremêlés de traits piquants ou profonds, ce regard si clair d'où s'échappait par moments un feu extraordinaire, et ce sourire de bonté supérieure sur ses lèvres bienveillantes et inspirées.

« Je n'oublierai jamais, surtout, le jour où je lui ai dit adieu. Il était dans une petite villa qui touche au parc du grand-duc,... il me montrait les grands arbres qui s'élevaient au-dessus de nos têtes. « On est bien hardi de planter un arbre », disait-il en souriant. Tout à coup Goethe se leva comme pour éviter le commencement d'une impression triste; et comme je m'approchais pour le saluer, il m'embrassa, et me donna un livre en souvenir de lui. Je m'éloignai rapidement, le cœur plein d'une émotion difficile à décrire.... »

Plus tard encore, dans des *Esquisses du Nord* publiées par la *Revue de Paris*, Ampère reviendra sur ce tableau : « Le patriarche dans toute la verdeur de sa vigoureuse vieillesse, plein de chaleur, de grâce, de bonté... ». Image aimable, pareille à celle que les émigrés de Hambourg avaient rapportée du vénérable Klopstock, et qui va sans doute incliner dans un sens nouveau l'idée que les romantiques se font du poète de Weimar.

En 1827, quelques mois après la visite d'Ampère à Weimar, voici un autre « jeune » qui médite d'aller faire le même pèlerinage. Edgar Quinet, sur le conseil de V. Cousin, a envoyé à Goethe sa traduction de la *Philosophie de l'histoire de l'humanité* de Herder; Goethe lui a fait dire « qu'il lisait avec jouissance en français un livre qu'il a vu naître, il y a quarante ans, en allemand ». Quinet, occupé à l'impression de son *Essai sur Herder*, songe à une démarche plus directe encore. « Je vous confierai, écrit-il à sa mère le 18 octobre 1827, qu'aussitôt la dernière page imprimée, je me propose d'aller le porter moi-même à Goethe. Son âge avancé, les froids qui vont arriver, me décident à ne pas différer. Goethe a soixante-dix-huit ans. Qui sait s'il vivra? » Ce voyage ne put avoir lieu; Quinet, dit-on, l'a regretté toute sa vie.

Le grand vieillard qui avait reçu Ampère avait perdu de sa vivacité et de son entrain lorsque Saint-Marc Girardin lui fit visite à son tour. « J'ai vu Goethe à Weimar, dit-il en 1830 dans son étude *De la littérature allemande et de Goethe*. Quand je visitais Goethe, quand je voyais ce front encore majestueux, mais qui semblait fatigué de penser, ces yeux qui commençaient à pâlir, cette bouche qui n'avait plus ni sa vivacité ni son expression première, et quand, sortant de l'entretien de l'auguste vieillard, je parcourais cette ville de Weimar, si brillante autrefois et si animée, triste aujourd'hui,... je ne pouvais me défendre de croire qu'il y avait entre Goethe et Weimar je ne sais quel rapport mystérieux.... » Et l'orateur — car c'est là un extrait d'un discours prononcé à la Faculté des Lettres de Paris — prévoyait que « la littérature allemande, telle que Goethe l'a faite, quand Goethe s'éteindra, descendra avec lui au tombeau.... »

Avant cette mort qui devait, à deux ans de là, éteindre à jamais le regard de ces yeux « qui commençaient à pâlir », l'art français rendit à son tour hommage au poète de Weimar. « Vous connaissez mon culte pour les grands hommes, écrit David d'Angers, le 27 juillet 1829, à son ami Louis Pavie; il en est un dont je veux étudier et contempler les traits : c'est Goethe. Dans peu de jours, j'espère être auprès de lui. » Muni de lettres d'Ampère et de Cousin, accompagné de Victor Pavie, David se mit en route pour Weimar, où il arriva le 18 août. Le souvenir de l'accueil hautain que lui avait fait Walter Scott l'année précédente, quelque hésitation de la part de « Son Excellence » découragèrent d'abord le sculpteur. Son compagnon a retracé les souvenirs de ce voyage, la nervosité de l'artiste désespérant d'être reçu, puis la présentation, et les quinze jours de travail dans la sereine atmosphère qui émanait de Goethe. « Le noble vieillard, écrivent les *Débats*, le 2 janvier 1830, d'après les impressions de David, habite une maison de simple apparence au dehors, toute remplie au dedans de livres et de chefs-d'œuvre.... Chez Goethe, tout est sujet à poésie, tableaux, statues, histoire, plantes, musique; auprès de Goethe la poésie est une seconde nature qu'il faut à toute force revêtir. »

Le grand poète apparaissait à David comme un habitant d'une région supérieure, et l'effigie qu'il s'apprêtait à modeler, pour être à la hauteur de son héros, devait avoir le caractère d'une apothéose. On sait que l'artiste, poussant à l'extrême l'interprétation des caractères individuels, exagérait dans un sens déterminé le trait physionomique qui lui semblait le plus représentatif : il donna à son buste, trois fois grand comme nature, un front démesuré. « J'aurais eu à ma disposition, a déclaré David, toute l'argile d'une montagne, du mont Olympe ou du mont Athos, que j'aurais trouvé moyen de l'employer, rien qu'en reproduisant cette souveraine image.... » Le vrai Goethe, le Goethe attentif et « intuitif », tenait presque tout entier dans ses yeux, ses grands yeux bruns pleins de lumière, et dans la pénétrante interrogation de son beau regard; mais il est curieux de voir le sculpteur de 1830 interpréter son modèle dans le sens de l'intelligence absolue, de la compréhension si large et si vaste qu'elle développe le cerveau et le crâne jusqu'à l'encéphalite. « Je vous envoie cette faible image de vos traits, écrivit David en adressant à Goethe son buste, non comme un présent digne de vous, mais comme le témoignage d'un cœur qui sait mieux éprouver des sentiments que les exprimer.... Vous êtes la grande figure poétique de notre époque, une statue vous est due : j'ai essayé d'en faire un fragment; un génie digne de vous l'achèvera.... »

Le voyage de David contribua à resserrer les liens de sympathie qui unissaient au poète notre jeune littérature. Dans le Feuilleton des *Affiches d'Angers*, Pavie consacra, le 18 octobre, un article et une ode à ce pèlerinage. Sainte-Beuve a raconté qu'il avait songé à accompagner, lui aussi, David à Weimar. « Mais, ajoute-t-il, j'étais amoureux alors, et cela m'a retenu à Paris. Maintenant l'amour a passé, et je n'ai pas vu Goethe.... » David avait offert à Goethe des médaillons de Victor Hugo, de Cousin, de Delacroix. Déjà, en janvier 1827, le peintre Gérard lui faisait hommage d'une gravure accompagnée d'une flatteuse dédicace. De

Chateaugiron, traduisant l'*Histoire du soulèvement des Pays-Bas* de Schiller, dédiait sa traduction « au meilleur ami de Schiller, à Goethe ». Alexandre de Humboldt, de séjour à Paris, était chargé de messages de déférence : Mme de Duras, malade à la mort, envoyait à l'auteur de *Werther* un exemplaire de luxe de son fameux roman d'*Ourika*. « Quelques lignes de votre main, écrivait Humboldt le 26 mars 1827, feraient à la malade une bien grande joie. » Chênedollé envoyait de Vire, en 1827, une « ode sur le cinquantième anniversaire de *Werther* » au « Voltaire de la Germanie ». Un Jouy, un d'Arlincourt se proclamaient ses déférents disciples en France. La *Guzla* de Mérimée, le *Faust* de Gérard de Nerval, envoyés par leurs auteurs, retrouvaient dans la bibliothèque de Weimar la traduction Stapfer ou des recueils de communications scientifiques et d'éloges académiques adressés à Goethe par Cuvier. Des épigraphes empruntées à Goethe ornaient des poésies.

La musique, enfin, n'était pas en reste. Le 10 avril 1829, Hector Berlioz expédiait à l'auteur de *Faust* deux exemplaires de la partition inspirée par cet « étonnant ouvrage ». « Quelque indigne qu'elle soit de vous être présentée, je prends aujourd'hui la liberté de vous en faire hommage.... Dans l'atmosphère de gloire où vous vivez, si des suffrages obscurs ne peuvent vous toucher, du moins j'espère que vous pardonnerez à un jeune compositeur qui, le cœur gonflé et l'imagination enflammée par votre génie, n'a pu retenir un cri d'admiration. » Ainsi concluait la lettre qui annonçait cet envoi. Emile Deschamps, dans la *Préface* de ses *Études françaises et étrangères*, bien qu'il invoque surtout Shakspeare et Schiller pour les besoins de la polémique, trouve dans le prestige de Goethe une sanction très noble de ses revendications. « Qu'on ne dise pas que dans un siècle comme le nôtre, où les sciences politiques et les études philosophiques sont portées à un si haut degré de perfection, les poètes ne peuvent plus acquérir la prépondérance qu'ils avaient dans les âges moins éclairés; les hautes renommées de Goethe au milieu de la philosophique Allemagne, et de Byron dans le pays natal de la politique, sont là pour démentir ce préjugé trop répandu. »

En 1830, grâce à David, c'est comme une manifestation collective qui réjouit le vieillard attentif et charmé. Une caisse est arrivée de Paris; et, comme tout se fait ici avec méthode, on la déballe progressivement. « Au dessert, écrit Eckermann le 7 mars, Goethe ouvrit un des paquets. C'étaient les poésies d'Émile Deschamps, accompagnées d'une lettre que Goethe me fit lire. J'y pus voir quelle influence on attribue à Goethe sur la renaissance de la littérature française, et à quel point les jeunes poètes le respectent et l'aiment comme un supérieur intellectuel. » Et, le 14 mars : « Goethe m'a fait voir tous les trésors, classés à présent, que contenait la caisse de David dont le déballage l'occupait il y a quelques jours. Les médaillons de plâtre, représentant les profils des jeunes poètes les plus distingués de France, étaient rangés en bon ordre sur les tables.... Il me montra aussi un grand nombre d'ouvrages récents qui, par l'entremise de David, lui étaient offerts comme dons d'auteur par les talents les plus éminents de l'école romantique. Je vis des œuvres de Sainte-Beuve, Ballanche, Victor Hugo, Balzac, Alfred de Vigny, Jules Janin et d'autres. « David, me dit Goethe, m'a procuré par « son envoi de quoi passer de bien agréables journées. Voilà « toute une semaine que ces jeunes poètes m'occupent et « que les vives impressions que je reçois d'eux me valent « comme un regain de vie. Je vais faire un catalogue spé- « cial de ces portraits et de ces livres qui me sont si chers, « et les uns et les autres auront dans mes collections et « sur mes rayons une place particulière. » On voyait à l'attitude de Goethe, conclut Eckermann, que cet hommage des jeunes poètes français le ravissait au fond de l'âme.... »

A peu près dans le même temps, et comme une fanfare saluant, après la victoire, un allié puissant qui avait suivi la bataille, un poème intitulé *Goethe* paraissait dans les *Annales romantiques* de 1830. L'auteur de ces vers était Paul Foucher, le beau-frère de V. Hugo.

GOETHE.

« Ce nom loué de tous, sans combat, sans envie,
De quel temps était-il celui qui l'a porté?
Sans doute dès longtemps il est mort, que sa vie
Ne voile plus de deuil son immortalité.

« Peut-être il échangeait aux sonnets de Pétrarque
Des sonnets immortels d'un amour fugitif.
Milton lui montrait-il le ciel et son monarque?
Dante lui montrait-il l'enfer et son captif...? »

Eh bien! non, ce grand homme, aîné de tous les âges,
Adopté tout vivant par sa postérité,
Dans l'infini des temps dominant les nuages,
Et de son front mortel perçant l'éternité,

Il vit, c'est à Weimar. — Le voyageur qui passe
En pressant sa main d'homme écoute un divin air :
Faust, chant magicien, qui jette dans l'espace
L'échelle de Jacob du ciel jusqu'à l'enfer.

Berlichingen, ouvrant sa scène de cent lieues
Au drame séculaire, à son héros géant;
Werther sous son front blond, sous ses prunelles bleues,
Au secours de son vide appelant le néant.

Dans cette antique Égypte, à présent abattue,
Qui sur le haut d'un temple asseyait des cités,
Et dont l'homme fut tel, qu'aujourd'hui sa statue
Sauve d'un ciel de feu cent hommes abrités;

Mœris, son roi, jetant au sein d'un lac immense
Sur une pyramide une statue aussi,
Dit : « Je veux, si la vie humaine recommence,
Où je me suis laissé, me retrouver ici. »

Aussi grand dans tes vœux, plus sûr dans tes ouvrages,
Face à face tu peux, ô Goethe! en liberté
Te voir au grand miroir qui, durant tous les âges,
Va garder ton image à la postérité.

O Shakspeare vivant! ô Moïse visible!
Homère de nos jours qui tombes sous les sens!
Rayon, aux yeux gardé, d'un astre inaccessible,
Son, dans le cœur fixé, d'insaisissables chants!

Nos gloires à tes pieds naissent, luttent, s'écroulent;
Pour leurs flots expirants ton roc est un écueil.
Ces vagues d'un instant, qui sur sa base roulent,
Le rendent plus splendide et plus luisant à l'œil.

Il y a plus d'enthousiasme que d'éloquence dans ce dithyrambe. Mais il vient à sa date, et il est à sa place dans les *Annales romantiques* de 1830. Le « grand Goethe » symbolise à ce moment, aux yeux de la jeune littérature, la figure presque surhumaine de l'écrivain. Byron garde son prestige de dandy satanique. Chateaubriand porte un peu la peine de son attachement légitimiste. Mais, plus que Schiller ou que W. Scott, Goethe vivant et vénéré, sculptural et noble, répond à la conception que tant de rêves ambitieux se font du poète triomphant. Il contribue à élaborer cet idéal du « cyclope littéraire » dont Sainte-Beuve dénoncera bientôt la fâcheuse hantise. Blaze de Bury commence à « ne jurer que par Goethe »; Th. Gautier écrit dans la première strophe de la pièce intitulée *Dédain*, en 1833 :

Une pitié me prend quand à part moi je songe
A cette ambition terrible qui nous ronge
De faire parmi tous reluire notre nom,
De ne voir s'élever par-dessus nous personne,
D'avoir vivant encor le nimbe et la couronne,
D'être salué grand comme Goethe et Byron.

Et cette jeunesse frémissante envie ceux qui ont pu contempler l'Olympien face à face. Elle ne trouverait pas si absurde la curiosité de Metella, l'héroïne de George Sand, dans la nouvelle qui a ce nom pour titre. « Elle est si avide d'entendre parler du vieux Faust qu'elle voulait m'envoyer à Weimar tout exprès pour lui rapporter les dimensions exactes de son front. Heureusement pour moi, le grand homme est mort au moment où j'allais me mettre en route.... »

Car cette existence prolongée au delà des bornes moyennes d'une destinée humaine trouve enfin son terme. Goethe meurt en 1832; et Auguste Barbier, errant parmi les ruines de Rome quand lui parvient la nouvelle de cette mort, associe le souvenir du poète illustre à celui de la Cité Reine, et tresse à ces deux grandeurs disparues une commune couronne funéraire dans son poème le *Campo Vaccino* :

O Goethe! ô grand vieillard! prince de Germanie!
Penché sur Rome antique et son mâle génie,
Je ne puis m'empêcher, dans mon chant éploré,
A ce grand nom croulé d'unir ton nom sacré,
Tant ils ont tous les deux haut sonné dans l'espace,
Tant ils ont au soleil tous deux tenu de place,
Et dans les cœurs amis de la forme et des dieux
Imprimé pour toujours un sillon glorieux.
Hélas! longtemps, du fond de ton sol froid et sombre,
Sur l'univers entier se pencha ta grande ombre;
Longtemps, sublime temple à tous les dieux ouvert,
On entendit tes murs chanter plus d'un concert,
Et l'on vit promener sur tes superbes dalles
Mille jeunes beautés aux formes idéales.
Longtemps tu fus le roi d'une noble cité
Que l'harmonie un jour bâtit à ton côté,
Et longtemps, quand le sort eut brisé ses portiques,
Qui rappelaient Athène et les grâces antiques,
Toi seul restant debout, ô splendide vieillard!
Comme Atlas, tu portas le vaste ciel de l'art.
Enfin toujours paré d'un glorieux hommage,
Il semblait ici-bas que tu n'avais pas d'âge,
Jusqu'au jour où la Mort, te frappant à son tour,
Fit crouler ton grand front comme une simple tour...

O vieille Rome! ô Goethe! ô puissances du monde!
Ainsi donc votre empire a passé comme l'onde,
Comme un sable léger qui coule dans les doigts,
Comme un souffle dans l'air, comme un écho des bois.
Adieu, vastes débris! dans votre belle tombe
Dormez, dormez en paix....

Paris, atteint par le choléra, était en pleine rumeur d'inquiétude quand Goethe mourut. Diverses revues donnèrent, non sans quelque retard, des articles nécrologiques, soit originaux, soit traduits de l'allemand. Mais J. Janin pouvait écrire, dans son feuilleton des *Débats* du 9 avril : « Quand il est mort, le grand poète, entouré de la vénération de l'Europe, roi par le génie comme l'était Voltaire, roi d'une révolution poétique comme savent en faire quelques hommes à part tous les deux siècles,... il a fallu toutes les préoccupations de ces quinze derniers jours pour que cette nouvelle ne retentît pas plus haut en Europe : « *Goethe est mort!* »

Mais on comprit — même en province, dans cette province où Berlioz, vers ce temps, s'irritait d'entendre parler de ses dieux comme s'il s'agissait « de quelque tailleur ou bottier dont le talent s'écarte un peu de la ligne ordinaire », — on comprit qu'il y avait là un deuil qui ne devait pas toucher que l'Allemagne. « Le plus grand événement littéraire de l'Europe, depuis l'illustre trépas de lord Byron, écrivait la *Revue provinciale* de Lyon, vient d'être consommé. Goethe a terminé à Weimar sa glorieuse et paisible vie.... » A Paris, le *Méphistophélès* de Lesguillon allait être représenté quand on apprit, durant la dernière répétition, la mort de l'auteur de *Faust*. La première représentation fut donc précédée d'un « hommage aux mânes de Goethe » :

Lorsque nous méditions au théâtre, en silence,
L'œuvre qu'à votre arrêt nous offrons aujourd'hui,
    Un cri de mort vers nous s'élance :
    Goethe n'est plus! Goethe! celui
Qui, depuis soixante ans, de victoire en victoire,
    Promenant son front radieux,
Toujours jeune et nouveau, se berçait dans la gloire
    Comme le soleil dans les cieux.
Il est mort! et les arts, en longs habits de deuil,
Ont dit l'hymne pieux autour de son cercueil....

. . . .

Quel que soit le destin de ce drame nouveau,
A l'espoir du succès si l'auteur s'abandonne,
    Il vous demande une couronne
    Pour la poser sur un tombeau.

Du moins Goethe n'est-il pas du nombre des morts qu'on oublie : et la débandade du romantisme avait commencé déjà que ce deuil paraissait encore tout récent à quelques-uns : c'est en octobre 1836 que Musset énumérait, dans une chronologie un peu incertaine, les noms des plus glorieux disparus du siècle commencé, avant de pleurer la mort de la Malibran :

> Ne suffit-il donc pas à l'ange de ténèbres
> Qu'à peine de ce temps il nous reste un grand nom?
> Que Géricault, Cuvier, Schiller, Goethe et Byron
> Soient endormis d'hier sous les dalles funèbres,
> Et que nous ayons vu tant d'autres morts célèbres
> Dans l'abîme entr'ouvert suivre Napoléon?

De même Amédée Pommier dans une *Oraison funèbre* de Cuvier :

> Fermant sa puissante paupière,
> Cuvier a rejoint dans la bière
> Sa grande génération,
> Goethe, Schiller, Byron, Corinne,
> David, le peintre qui dessine,
> Talma, Courier, plume divine,
> Canova, Scott, Napoléon!

« Depuis la mort du grand Goethe, disait V. Hugo dans son discours de réception à l'Académie française, le 3 juin 1841, la pensée allemande est rentrée dans l'ombre; depuis la mort de Byron et de Walter Scott, la poésie anglaise s'est éteinte.... » Et de Salvandy répliquait, faisant allusion à l' « empire » que la France a reçu de sa langue et de sa littérature : « Si elle le possède, ce n'est pas parce que des grands hommes qu'elle honore et qu'elle regrette, Lord Byron, Walter Scott, Goethe, sont morts... »

Cette épithète de « grand » que V. Hugo attribuait, ce jour-là, à Goethe, on sait que, parmi les gloires germaniques, c'est plutôt à Beethoven qu'il se piquera de la réserver; et, un quart de siècle plus tard, à Guernesey, il n'énumérera point Goethe, jugé trop froid et trop égoïste, parmi « les souverains maîtres de l'action et de la pensée ». Lamartine, de son côté, dans le « Préambule » des *Nouvelles Confidences*, ne cite pas l'auteur de *Vérité et Fiction* parmi ceux « qui ont confié au monde les palpitations vraies de leur propre cœur ». Il avait cependant, suivant Blaze de Bury, l'intuition de la vraie grandeur du poète allemand; « il sentait là une puissance et rôdait autour, non sans une sorte d'hésitation sacrée, comme à l'abord d'un temple...; d'instinct, il nommait Goethe » comme le plus magnifique représentant de l'Allemagne.

Quant à l'un des involontaires ancêtres du romantisme, Chateaubriand, bien qu'il tolérât, au sujet de Goethe, des éloges qu'il n'aurait pas admis s'il se fût agi de Byron, il s'en tenait un peu trop à *Werther* pour le juger équitablement. Il évoque son souvenir et son nom, dans les *Mémoires d'Outre-Tombe*, à Rome, à Weimar, à Carlsbad, mais il déclare ne pas aimer « le poète de la matière »; « puissant génie » cependant, et qui « laisse un vide dans la procession des personnages célèbres qui ont défilé sous mes yeux ». Enfin, à l'autre bout du romantisme, Balzac, justifiant, dans une lettre à Mme Hanska du 15 novembre 1838, le XIXe siècle du reproche de n'avoir produit qu'*un* homme, Napoléon, énumère les grandeurs les plus diverses, françaises et étrangères, cite l'inévitable duo de Byron et W. Scott, y ajoute même Cooper, représente peut-être Goethe, avec d'autres, par l'*etc.* qui suit, mais s'abstient de le nommer.

Aussi n'est-il point paradoxal de dire que, dans l'hommage rendu à Goethe par le romantisme français, la voix des chefs a été la moins discernable. L'élan d'admiration et de reconnaissance de l'École n'en est que plus certain, venant des lieutenants et des soldats. L'acclamation des capitaines peut être, en pareil cas, le cri isolé de ceux qui, marchant hors des rangs, voient mieux et plus loin que la troupe; mais c'est la rumeur de ceux qui cheminent à leur place dans les files qui révèle l'âme de l'armée. Mieux qu'un compliment de Victor Hugo, l'enthousiasme d'un Gautier ou d'un Deschamps, celle aussi des romantiques non écrivains, d'un Berlioz ou d'un Delacroix, est significatif des opinions du romantisme.

Mais au fond, nous l'avons vu, la France de 1820 à 1835 s'est méprise; ni les classiques, persuadés que l'auteur de *Faust* était l'antagoniste de Racine, ni les romantiques invoquant *Goetz* et *Egmont* à l'appui de leurs thèses, ne comprenaient la réelle signification artistique de celui qu'ils accablaient de leurs anathèmes ou appelaient au secours de leurs audaces. Ce qui était en cause, c'était le principe de la liberté de l'art : ce principe, les romantiques l'entendaient comme l'indépendance absolue du génie, le bon plaisir de l'artiste disposant à son gré de son sujet et de sa forme; les classiques le repoussaient en se réclamant de règles sanctionnées à la fois par la tradition et par le goût. Or, l'inspiration de Goethe est aussi éloignée du dogmatisme que de la liberté : elle admet une nécessité artistique, mais liée à la nature même du sujet traité, la forme et l'expression se trouvant déterminées, non par des *règles* immuables, antérieures et extérieures à l'œuvre, mais par des *lois* qui tiennent à son essence même. Le romantisme n'a guère compris cela; ou, s'il l'a compris çà et là, l'élan des fougues individuelles a vite dépassé et franchi ce qui restait limite malgré tout. V. Hugo se méprenait gravement en affirmant dans la *Préface de Cromwell*, qu'il avait l'habitude « de changer de moule autant de fois que de composition ». L'exubérance d'une individualité débordante chez lui, l'ivresse de l'émancipation chez la plupart, ont soumis la matière littéraire à une nouvelle tyrannie, à celle du *moi* de l'écrivain. Et, par là, le romantisme se trouvait admirer à faux l'auteur de *Goetz* et d'*Iphigénie*, dont l'éclectisme littéraire s'accordait mal, à le bien prendre, avec l'intransigeance et l'arbitraire des novateurs.

Leur imitation a été presque toute de surface; ou plutôt ils ont distingué, dans l'œuvre du poète allemand, les aspects les plus analogues à leurs propres ambitions, et, faisant abstraction du reste, ils ont revendiqué l'auteur comme un allié. Un de ceux qui, d'instinct et de tempérament, a le mieux aperçu ce que l'outrance des novateurs avait de tyrannique malgré tout, Alfred de Musset, dont l'œuvre théâtrale, avec moins de grandeur et d'éclat, possède plus de souplesse et de variété que celle de ses émules romantiques, écrivait le 1er septembre 1833 : « Tous les centres possibles donnés à la pensée universelle, toutes les associations de l'esprit humain n'ont servi et ne serviront de tout temps qu'au troupeau servile des imitateurs. Lorsque les règles manquent, lorsque la foi s'éteint, lorsque la langue d'un pays s'altère et se corrompt, c'est alors qu'un homme comme Goethe peut montrer ce qu'il vaut, et créer tout à la fois le moule, la matière et le modèle. Mais si la carrière est mesurée, le but marqué, l'ornière faite, les plus lourds chevaux de carrosse viennent s'y traîner à la suite des plus nobles coursiers. » Le romantisme n'a pas assez compris qu'en créant à la fois « le moule, la matière et le modèle », et surtout en se servant, pour chaque matière, du modèle exigé par celle-ci, Goethe procédait d'une formule qui n'était point celle de la « liberté dans l'art ».

Cette espèce de « panthéisme littéraire » de Goethe ne sera vraiment reconnu par cette génération qu'une fois terminée l'époque des combats esthétiques. J.-J. Ampère, assurément, l'avait discerné clairement ; mais le romantisme avait à accomplir une œuvre trop pressante et trop indispensable pour s'accommoder des nuances et des distinctions. Ce n'est qu'au sortir de l'âge héroïque qu'on trouve, plus nombreuses et plus nettes, des déclarations comme celle-ci : « Aujourd'hui le drame est naturalisé français; nous comprenons Goethe et Shakspeare aussi bien que Mme de Staël.... Or, par cette raison même que le drame est adopté, il me semble que la tragédie... doit reprendre son ancienne allure avec plus de fierté que jamais. » (A. de Musset, *De la Tragédie*, 1er nov. 1838.) Quelques jours après, Méry disait, dans un Discours d'ouverture pour le théâtre de la Renaissance :

L'art a pris tous les noms...
... les merveilles sont sœurs.
C'est une dynastie, une immortelle race
Qui peint avec Apelle, et chante avec Horace;
Jette avec Michel-Ange une église dans l'air,
Pleure avec les tableaux de Goethe et de Schiller,
De ce vieux monde instruit la jeunesse écolière
Aux leçons de Térence, aux leçons de Molière.

Et Gérard de Nerval, dans l'*Artiste*, un peu plus tard : « Goethe et Schiller ont écrit tantôt des drames, tantôt des tragédies, selon les sujets qu'ils avaient à rendre. *Goetz* et *Don Carlos* voulaient la forme du drame : *Iphigénie en Tauride* et *la Fiancée de Messine* s'accommodaient mieux de la forme tragique. Ce ne sont pas seulement les sujets antiques qui se prêtent le mieux à une forme régulière : *le Tasse* est pour Goethe un sujet de tragédie, comme *Jules César* a été pour Shakspeare un sujet de drame. Il n'y a pas de tragédie sans logique d'idée, pas de style tragique sans unité de style. » C'est au lendemain de la bataille, non au plus fort de la mêlée, que d'aussi sages paroles pouvaient être prononcées : il n'est pas indifférent de noter qu'elles l'ont été, et qu'ainsi la vraie signification esthétique de Goethe a trouvé, elle aussi, des témoins attentifs chez nous parmi d'anciens combattants de la libération littéraire.

TROISIÈME PARTIE

SCIENCE ET FICTION

CHAPITRE I

LE LENDEMAIN DU ROMANTISME

> « C'est sincèrement que je dis que probablement je n'y comprends rien... Chaque nation a ses cordes sensibles parfaitement étrangères aux étrangers.... »
>
> (X. DOUDAN, à propos des *Affinités Électives*, lettre du 23 juin 1851.)

Ni le commencement du XIXe siècle, qui vit paraître les premières traductions de *Wilhelm Meister*, ni le romantisme de 1830, qui, de confiance, tenta de s'annexer cette œuvre après tant d'autres productions exotiques, ne tirèrent, de ces essais d'initiation, intelligence réelle ou vrai profit. Dès 1796, de Pernay, émigré à Weimar, avait traduit le 6e livre des *Années d'apprentissage* et cherché en vain à intéresser à la publication l'imprimeur Unger. Le 22 avril 1797, Mme de Staël écrivait à H. Meister : « Goethe m'a envoyé, avec la plus superbe reliure possible, un roman de lui, nommé « Willams Meister ». Comme il était en allemand, je n'ai pu qu'admirer la reliure (et Benjamin assure entre nous que je suis mieux partagée que lui qui l'a lu). Mais il faut que dans votre bonté vous fassiez parvenir de ma part à Goethe un remerciement superbe qui jette un voile sur mon ignorance et parle beaucoup de ma reconnaissance et de mon admiration pour l'auteur de *Werther.* » L'auteur de *Werther* invoqué à propos de Goethe apaisé et assagi, opposé même à celui-ci; le roman de jeunesse barrant presque le passage aux œuvres de la maturité : voilà, nous le savons, un phénomène assez ordinaire. Pour Mme de Staël en particulier, même quand sa connaissance de l'allemand et de la littérature allemande se sera précisée, et que Schlegel l'aura guidée à travers les arcanes intellectuels d'outre-Rhin, elle se contentera de vanter les « discussions ingénieuses et spirituelles » de *Wilhelm Meister*, et ne partagera nullement l'admiration de son guide, et du romantisme allemand tout entier, pour une œuvre trop calme à son gré et « une intrigue de roman dont l'intérêt ne vaut pas ce qu'elle fait perdre ».

« Ouvrage très admiré en Allemagne, mais ailleurs peu connu », pouvait écrire Mme de Staël en 1810. Des traductions françaises, mais maladroites, et des comptes rendus, mais dédaigneux, avaient pourtant, avant cette date, essayé de faire accéder aux *Années d'apprentissage* le public qui naguère avait accueilli *Werther* avec enthousiasme. L'une des traductions, publiée à Coblence en 1801, ne fut pas terminée et resta à peu près inconnue. Une autre, parue en 1802 à Paris, était due à un traducteur même de *Werther*, C.-L. de Sevelinges : trois petits volumes qu'accompagnaient « des figures et des romances gravées ». Et quelles romances! les chansons insérées dans *Wilhelm Meister* étaient gauchement rendues, avec une fausse naïveté lamentable :

Bon troubadour, sans nul souci
Peut se mettre en voyage;
Partout il trouve un doux abri,
Partout joyeux visage...

ou encore :

> Je puis encor songer à vivre,
> Alfred revoit le jour;
> Un Dieu, lorsque j'allais le suivre,
> Le rend à mon amour!
> Fanfan dans sa faiblesse
> Ne put te secourir,
> Fanfan dans sa tristesse
> N'avait plus qu'à mourir....

Fanfan, c'est Mignon; Alfred, c'est Wilhelm; et cette modification de prénoms, disait le traducteur dans sa préface, était « le moindre des changements qu'il s'est cru autorisé à faire ». En effet, « nombre de chapitres et de passages ne peuvent avoir de sens ou d'agrément que pour les personnes familiarisées avec les mœurs allemandes; nous les avons élagués, autant qu'il a été en notre pouvoir ». En dépit de ces suppressions, et malgré l'avertissement du traducteur, prévenant « les amateurs qui ne cherchent, dans toutes les nouveautés, qu'un roman pur et simple, qu'ils ne trouveront pas précisément ici ce qui compose leur lecture habituelle », *Alfred* fut aussi peu goûté que possible. Le jugement de M.-J. Chénier, dans son *Tableau*, est représentatif des objections et des répugnances du temps : « Ce livre est trop long, quoique abrégé par son traducteur.... Du reste, une intrigue bizarre et mal ourdie; une action tantôt traînante et tantôt précipitée; des incidents que rien n'amène; des mystères que rien n'explique; un personnage principal pour qui l'on veut inspirer de l'intérêt, et qui n'est qu'un ridicule aventurier; d'autres personnages que le romancier jette au hasard dans sa fable, et dont il se débarrasse par des maladies aiguës, ou par un suicide, pour faire arriver bon gré mal gré un dénouement vulgaire et froid : tel est le roman d'Alfred, incohérent ouvrage, où le talent qui inspira *Werther* ne se laisse pas même entrevoir. »

M.-J. Chénier ne faisait seulement pas grâce, parmi les

personnages secondaires « jetés au hasard dans la fable », à celui que Mme de Staël avait distingué, et duquel s'éprend l'imagination romantique : Mignon, « créature extraordinaire », « mystérieuse comme un rêve ». Sous le nom de Fénella, la traduction de *Péveril du Pic* de W. Scott, en 1823, nous apporte une seconde épreuve de l'héroïne de Goethe, dont la descendance va jusqu'à la Esmeralda de *Notre-Dame de Paris*, et au delà. « Fénella, Mignon, remarque Janin dans les *Débats* du 2 janvier 1830, ce sont deux créatures identiques, toutes deux appartiennent à Goethe, W. Scott la lui a prise tout entière. Mais la femme-enfant de Goethe est infiniment supérieure à l'imitation de W. Scott. »

Même en ligne directe, la singulière jeune personne du roman allemand est vite adoptée. Une *Petite Bohémienne* de Caigniez, qui attire, en novembre 1816, la foule à l'Ambigu, semble inspirée par elle. Sa fameuse chanson, dès *Corinne*, dès l'*Épître sur Naples* de Mme de Staël, symbolise dans toute son ardente mélancolie l'attirance du ciel italien sur les âmes du Nord :

> Connais-tu cette terre où les myrtes fleurissent,
> Où les rayons des cieux tombent avec amour...?

C'est ainsi que l'entend l'*Albertus* de Gautier :

> Ce pays enchanté dont la *Mignon* de Goethe,
> Frileuse, se souvient....

D'innombrables traductions, de X. Marmier à Amiel, de Toussenel à Ratisbonne et Ed. Grenier, tenteront de nous donner l'équivalent français de son *lied* nostalgique; et il faut être, dès 1832, le dernier des notaires de campagne pour susciter un quiproquo tel que celui que relate le *Gerfaut* de Ch. de Bernard : « Je commence — dit un peintre — notre propos artistique : Connais-tu le pays où les « citronniers fleurissent »? — Il y fait plus chaud que dans le

« nôtre », répondit le notaire, peu familier avec la romance de Mignon ».

L'année suivante, Quinet fait à ce frêle personnage l'honneur de le placer, dans son *Ahasverus*, parmi le chœur des grandes amoureuses idéales, entre Clarisse Harlowe et Julie de Wolmar. Ary Scheffer fixe la fugitive et délicate fiction, en 1839, dans deux toiles célèbres : *Mignon regrettant sa patrie* et *Mignon aspirant au ciel*, non sans lui donner une langueur et une morbidesse fort éloignées du type vivace dessiné par Goethe. « Cependant la *Mignon* d'Ary Scheffer, écrit Th. Gautier en 1858, est tellement acceptée, qu'elle s'est substituée peu à peu à la création du poète. » C'est « une blonde et souffrante créature, qu'il faudrait envelopper d'ombres mélodieuses », s'écrie Meyerbeer, fort tenté de faire un opéra sur ce sujet. Elle est vouée d'ailleurs à la musique : après un drame de Gaston de Monteau (Variétés, novembre 1851) et un roman de J.-T. de Saint-Germain en 1857, la banalité mélodique d'Ambroise Thomas confère sa forme la plus connue à cet épisode de *W. Meister*. Le livret primitif de Carré et Barbier, conformément à la donnée du roman, faisait mourir Mignon : la pièce était alors destinée au Théâtre-Lyrique, qui n'en était pas à la mort de sa première héroïne; transporté sur la scène de l'Opéra-Comique, « où tant de mariages se sont célébrés déjà, Mignon ne pouvait donner le spectacle de son agonie à un public ennemi des dénouements tragiques. Voilà pourquoi, écrit Reyer dans les *Débats* du 2 décembre 1866, malgré Goethe, malgré M. Ambroise Thomas, malgré MM. Carré et Barbier eux-mêmes, Mignon épouse au tableau final Wilhelm Meister. » Revanche sur toute la ligne, musique et livret, du goût bourgeois sur une création qui était à l'origine la fantaisie et la bohème mêmes!

L'accueil fait à Mignon, de très bonne heure, par la littérature française n'a guère profité au reste du roman d'où l'on détacha cette figurine. En 1823, de Saur et de Saint-Geniès, qui viennent de publier leur traduction des *Hommes célèbres* de Goethe, songent à s'attaquer à *Wilhelm Meister* : ils renoncent à ce projet, auquel font allusion une lettre de Reinhard à Goethe le 11 avril, une lettre des deux traducteurs le 26 mars. C'est encore Reinhard, un peu plus tard, qui entretient Goethe d'un autre projet de traduction : il s'agit, dans ses lettres du 10 et du 16 décembre 1829, de la vicomtesse de Ségur, enthousiaste de l'écrivain allemand, et qui, sans savoir un mot de sa langue, ambitionne de condenser ses *Années d'apprentissage* en une sorte de résumé accompagné d'extraits : les 260 pages du premier volume sont, en effet, réduites à 64. « J'ai cherché à réunir, écrit-elle à Goethe, vos pensées sublimes dans le cadre le plus resserré, j'ai aussi — pardonnez-le moi — élagué tout ce qui aurait pu blesser les oreilles des jeunes personnes.... »

Une traduction complète avait paru cette même année 1829 : Toussenel avait donné, dans les quatre volumes de sa version — fidèle, à l'ordinaire, et assez élégante, — un *Wilhelm Meister* bien supérieur aux anciennes tentatives. L'original, cependant, était une œuvre trop complexe à la fois et trop décousue pour que le public français pût s'y plaire. L'idée morale qui constitue sa seule unité — l'éducation d'un enthousiaste à qui la vie révèle ses véritables aptitudes — parut peu distincte, la traduction ayant dissimulé ce titre d'*Années d'apprentissage*, et s'en étant tenue au seul nom du héros. On reprocha fort justement à Toussenel cette maladresse. « Peut-être, écrit la *Revue encyclopédique* en mai 1830, le traducteur de ce roman célèbre a-t-il eu tort de ne point lui conserver son titre : *Les Années d'apprentissage de Wilhelm Meister*, qui, bien qu'un peu vague et un peu obscur, exprime cependant l'idée la plus générale à laquelle puisse se rapporter la composition confuse et incohérente de Goethe. »

Il va sans dire que tous ceux qui cherchaient dans *Wilhelm Meister* un roman d'aventures n'y trouvèrent point leur compte. « Ce *chef-d'œuvre*, écrivait Janin dans les *Débats* du 2 janvier 1830, ce *chef-d'œuvre*, au dire des Allemands, est pour nous un confus assemblage d'aventures triviales, de personnages ignobles, de mysticisme sans intelligence et sans frein, voilà pour la forme : quant au fond du livre, c'est le même sujet que le *Roman comique* de Scarron. » Personne d'ailleurs ne se faisait prier pour admirer la poésie de certaines créations, l'ingéniosité d'un épisode, le charme des digressions les plus contraires à la marche de l'action....

Il ne s'agissait, dans la traduction de Toussenel, que du premier *Wilhelm Meister*. En 1833, le conte de la *Nouvelle Mélusine* paraissait dans la revue *le Siècle*, et les *Années de voyage* prenaient ainsi contact avec un fragment du public français. Ce fut en 1843 seulement que la totalité du roman enrichit notre « bibliothèque des chefs-d'œuvre étrangers ». Mme de Carlowitz publia une médiocre traduction de ce singulier ouvrage, et l'accueil de la presse et des lecteurs fut, comme par le passé, défiant et inquiet. « Nous avons relu ici le *Wilhelm Meister* de Goethe, écrit X. Doudan à A.-W. Schlegel. Je me suis promis de vous demander votre avis sur le fond et sur la forme; de la forme, je n'en suis juge en aucune manière, mais, pour le fond, ai-je tort de trouver cela excessivement décousu et chimérique?... On n'a guère avec Goethe le sentiment d'avoir pied sur la vérité. C'est comme un voyage en l'air où on ne sait si ce sont les objets ou la tête qui tourne. »

Pour un Doudan qu'une autorité aussi spécialement compétente que Schlegel pouvait renseigner et éclairer, combien de lecteurs ont dû rester incertains et désorientés devant cette rapsodie où l'incohérence le dispute à la richesse, où la poésie et la sagesse se voilent d'allégories et de sous-entendus! « Étrange livre où les plus belles choses du monde alternent avec les enfantillages les plus ridicules », écrit Mérimée à son *inconnue*. Et Musset, dans l'*Avant-Propos* des *Comédies et Proverbes*, met plaisamment Goethe en contradiction avec lui-même : « Goethe dit quelque part, dans son roman de *Wilhelm Meister*, « qu'un « ouvrage d'imagination doit être parfait, ou ne pas « exister ». Si cette maxime sévère était suivie, combien peu d'ouvrages existeraient, à commencer par *Wilhelm Meister* ui-même! »

Ce qu'il y a de mouvant, d'indéterminé et d'encombré dans le roman de Goethe ne cessera guère de frapper et d'indisposer lecteurs et critiques. Quant à la moralité et à la philosophie de l'œuvre, Marmier, dans ses *Études sur Goethe*, tenta l'un des premiers de les signaler, et d'expliquer ce titre d'*Années d'apprentissage* — années d'enseignement, écrit Marmier, — qui manifeste l'intention gnomique de l'auteur. Mais le véritable exégète de *Meister* en France, c'est Émile Montégut : le héros de Goethe lui semble un « type moderne » au même degré que Werther. Ce n'est pas seulement dans son article de la *Revue des Deux Mondes* du 1er novembre 1863, qu'il lui a témoigné cette prédilection, mais chaque fois qu'il s'est préoccupé de Goethe, ou qu'il a eu à parler des natures chimériques qui poursuivaient un idéal trop lointain. A-t-il lui-même, comme Carlyle en Angleterre, contracté une dette de reconnaissance intime envers ce livre, évangile de l'action utile et de la résignation efficace? a-t-il, comme l'apocalyptique Écossais de *Sartor resartus*, appris à l'école de Goethe le courage et la vaillance, et cette idée qu'il fallait, même si la destinée ne répondait point à l'illusion première de l'homme, « fermer son Byron » et ne pas désespérer de la vie lors même qu'elle semblait s'opposer à la course audacieuse où chacun se croit appelé par son génie? Montégut recommandait en 1859 la lecture de *Wilhelm Meister* au Père Enfantin; il signalait en 1863, dans le héros de Goethe, le *bourgeois idéal*, réconciliant par l'activité toutes les contradictions où le placent son enthousiasme, ses facultés, son milieu et son temps. Et, bien qu'il constatât, dans la conclusion où aboutissait la sagesse de Goethe, un certain manque de chaleur et l'absence d'une « chimère », il insistait sur la beauté pratique de cette résolution de tant de dissonances. A peu près dans le même temps, dans la *Revue germanique et française* du 1er novembre 1863, L. de Ronchaud traduisait ainsi, fort judicieusement, la « conclusion de morale pratique qu'adoptait Goethe : « Celui qui s'est cru appelé par un génie particulier à une destinée exceptionnelle, si l'épreuve qu'il fait de ses forces ne lui réussit pas, ne doit pas se décourager et désespérer de la vie, mais il doit chercher la manière dont il peut se rendre utile à ses semblables, suivant ses facultés. Être utile est le vrai but de la vie; la poursuite de l'art, à laquelle nous entraîne une vocation souvent trompeuse, ne vient qu'après.... »

De même que la signification de *Wilhelm Meister* ne pouvait guère être reconnue et proclamée par la critique qu'après la clôture de l'époque romantique, il ne faut point s'attendre à trouver, en pleine effervescence de lyrisme et de subjectivité, de fantastique ou de mélancolie, une influence exercée par l'idée centrale et dominante de ce roman. Mignon, nous l'avons vu, a vite séduit les imaginations; l'équipée du jeune bourgeois courant les aventures avec une troupe d'histrions, l'aspect *Roman comique* des *Années d'apprentissage*, n'a pas manqué, d'autre part, d'amuser en 1830. Ce n'est que plus tard, la réaction contre le romantisme aidant, qu'on peut découvrir çà et là d'autres points de contact et de sympathie. Le *Nouveau Candide* de Louis Lavater (pseudonyme de Louis Spach), qui est de 1835, met en scène un tout jeune homme, Samuel Bender, qu'un désenchantement graduel, une chute progressive de toutes ses illusions éclairent et instruisent au lieu de l'abattre : il se résigne à supporter le monde comme il est, plutôt que de lui opposer, comme le Candide de Voltaire, une insouciance ironique, ou de céder à une lassitude amère, comme les héros de l'époque déclinante du romantisme. Faut-il rappeler aussi que Gérard de Nerval commençait, dans l'*Artiste* du 10 mars 1844, son *Illustre Brisacier*? Récit qui ne fut jamais poursuivi, et qui devait, à la manière de « ce chef-d'œuvre de la Muse romantique du Nord », conter une capricieuse odyssée artistique.

Consuelo de G. Sand, qui est de 1842-1843, a souvent été rapprochée de *Wilhelm Meister*. Les contemporains déjà s'avisèrent de l'analogie. « Consuelo, écrivait G. de Molènes dans les *Débats* du 19 avril 1844, rappelle un instant le Wilhelm Meister de Goethe. On sait comme Wilhelm courait les grands chemins, cherchant à trouver de quelle voix Hamlet doit parler à Horatio, et se couchant avec délices sur la mousse verte des forêts ; mêlant sans cesse dans son âme la préoccupation de l'art à la passion de la nature. Consuelo s'en va comme Wilhelm, souriant au ciel, aimant les arbres, caressant l'herbe du regard et repassant dans sa mémoire la musique du maître Porpora.... » Bien des critiques français et étrangers, d'Émerson à Faguet, ont fait allusion à d'autres ressemblances encore, épuration du caractère central de l'un et l'autre roman, accumulation d'éléments semblablement divers, théories esthétiques, « sciences occultes, divagations religieuses, verbiage énorme ». Le mieux informé des biographes de George Sand, Wladimir Karénine, ne croit pas à une influence, consciente ou non, subie par l'écrivain français; tous les éléments de *Consuelo* se trouvent, à l'en croire, dans le désir de G. Sand de peindre Pauline Viardot sous les traits de l'héroïne, dans sa curiosité pour les sociétés secrètes, sa prédilection pour les sectes sociales et chrétiennes du moyen âge, l'ambiance enfin des idées saint-simoniennes et du milieu artistique et musical où G. Sand vivait, aux côtés de Chopin, au moment de la création de *Consuelo*. A l'encontre de cette opinion qui élimine toute influence de *Wilhelm Meister* de la genèse de *Consuelo*, il est possible d'objecter l'intimité de G. Sand avec la comtesse d'Agoult (bien que toute correspondance ait cessé entre elles dès 1839 et que cette aristocrate amie ne fût pas encore Daniel Stern, c'était une *goetholâtre* trop enthousiaste pour que son culte n'ait point eu quelque répercussion sur G. Sand); l'auteur de *Consuelo* et de la *Comtesse de Rudolstadt* invoquant, au sujet du merveilleux et de sa légitimité dans le roman, le second volume de *Wilhelm Meister*, « qui semble ne plus se passer dans le monde de la réalité, très intéressant à étudier, comme révélation du monde d'aperçus nouveaux que Goethe, personnifiant alors l'Allemagne pensante et rêveuse, portait en lui-même [1] »; enfin les analogies que présentent les deux ouvrages, — et qu'il serait intéressant de relever alors même que l'on résoudrait par la négative la question de l'influence. C'est d'abord l'absence de plan, confessée par l'auteur elle-même, « courant à travers champs après la voyageuse Consuelo », le hasard des rencontres et l'incroyable facilité avec laquelle on se rejoint et se retrouve dans cette Allemagne du XVIIIe siècle; l'art musical sous ses divers aspects, théorie et pratique, jouant ici le même rôle que dans *Wilhelm Meister* l'art du comédien. Consuelo se trouve, entre Anzoleto et

1. *Histoire de ma vie*, t. IV, p. 264. Le comte de *Teverino* (1845) est visiblement influencé par *Wilhelm Meister*.

Albert, appelée à choisir entre la vie de théâtre et l'existence courante — ou tout au moins le mariage et la famille — comme Wilhelm lui-même; son rêve d'art se transforme, ainsi que chez celui-ci, en une noble ambition de servir les fins sociales les plus généreuses; et une « épuration » analogue, quoique plus sublime chez Consuelo, est déterminée par les traverses et les déceptions [1]. Dans la *Comtesse de Rudolstadt*, les sociétés secrètes constituent — comme faisait la musique dans *Consuelo* — l'atmosphère où se meut l'héroïne : pareille transformation, des *Années d'apprentissage* aux *Années de voyage*, remplaçait l'art du comédien par la rencontre de groupements occultes voués à l'œuvre humanitaire. Et il se trouve, dans l'une et dans l'autre *suites*, une association de grands seigneurs inconnus, travaillant à avancer le progrès social, et agissant dans le mystère, qui tiennent à leur insu les personnages dans leur dépendance.

La difficile fusion entre des éléments d'esthétique, de romanesque passionné, d'allégorie et de philosophie que tentèrent *Wilhelm Meister* et *Consuelo*, d'autres encore l'ont essayée, et l'on peut citer ici le *Chevalier Sarti*, de P. Scudo, où le critique musical de la *Revue des Deux Mondes* renouvelait en 1857 la tentative d'un mélange de la vie réelle et de l'esthétique, « la métaphysique de l'art, écrivait Ph. Chasles, introduite dans le mouvement dramatique et dans le tableau des passions ». C'était, comme dans *Consuelo*, la musique, non l'art de l'acteur, déjà plus vivant et plus véritablement « réel » par lui-même, que l'auteur associait aux aventures de son héros.

Vers le même temps, Th. Gautier commençait un roman

1. Peut-être convient-il de rattacher à une expression bien connue, qui sert de titre à un des hors-d'œuvre de *W. Meister*, un détail de vocabulaire comme celui-ci : « C'est une âme brisée, mais c'est encore une belle âme ». (*Consuelo*, t. III, p. 166.)

qu'il avait projeté longtemps auparavant, dès 1830, en pleine ardeur romantique. Le *Capitaine Fracasse*, pastiche éclatant du *Roman comique*, emprunte à *Wilhelm Meister* quelques-uns de ses éléments : non pas, on s'en doute, le développement du caractère du héros, ou des rêves d'association humanitaire, mais la décision par laquelle Sigognac lie partie avec les « histrions», la singulière figure de Chiquita la petite Basque, Mignon renforcée en même temps que Carmen enfant, — et, çà et là, des traits d'observation ou de mise en scène. Et n'est-ce pas une pensée tout à fait conforme aux idées de Goethe que l'explication donnée par la soubrette Zerbine de l'attrait exercé par les comédiennes sur les gens du monde? « C'est une passion d'esprit plutôt que de corps. Ils croient atteindre l'idéal en étreignant le réel, mais l'image qu'ils poursuivent leur échappe; une actrice est comme un tableau qu'il faut contempler à distance et sous un jour propice [1]. » On s'en souvient, c'est l'ingénue, guère cabotine et à demi noble, qui traîne à la suite de la troupe le Sigognac de Gautier; non point la coquette, comme dans *Wilhelm Meister* : le poète d'*Albertus* ne pensait guère de bien, en 1831, de cette dernière, qui entrait pour un tiers dans une triste combinaison,

> Tour à tour Camargo, Manon Lescaut, Philine,
> Une ravissante catin!

Séduit à première vue, et fidèle, parmi tant d'aventures diverses, à la beauté grave de l'ingénue, le héros de Gautier ne traversait pas d'autre « apprentissage » que des leçons de maintien, de diction dramatique et de vaillance chevaleresque qui le révélaient à lui-même : dans le plan

1. L'arrivée des comédiens dans le castel délabré de Sigognac rappelle une semblable aventure dans *W. Meister* (III, 3). Il faut noter aussi, comme le témoignage d'une sorte de prédilection *de famille*, que Th. Gautier fils donna en 1861 une nouvelle traduction de ce roman.

primitif, il devait même rentrer au château de la Misère tout comme il en était parti. On est tenté, d'un autre côté, de songer à une influence lointaine de *Wilhelm Meister* à propos de l'*Éducation sentimentale* où Flaubert a mis, à son tour, une âme enthousiaste de jeune homme aux prises avec la vocation et avec l'amour : mais c'est ici moins un « apprentissage » qu'une déformation, et comme une dissolution de toute énergie et de toute ambition, qui laisse Frédéric Moreau, après ses expériences de Paris, désabusé, veule et las.

« J'ai proposé de lire *Wilhelm Meister*, écrit Mérimée, le 6 octobre 1866, de Biarritz où il fait séjour avec la cour impériale, mais, après le premier chapitre, on l'a déclaré la plus ennuyeuse chose du monde. » Ce jugement rapide de l'entourage de Napoléon III n'est point assurément l'écho de l'opinion moyenne de la France; il correspond bien, cependant, à l'impression que les lecteurs français gardent, au fond, d'un roman trop éloigné des conditions accoutumées de ce genre littéraire. Même les plus respectueux et les mieux informés, tout en reconnaissant qu'un monde d'observations et d'aperçus se groupe autour du développement du héros, ne goûteront jamais qu'à demi la façon dont cette complexité d'éléments tente de s'organiser : Paul Bourget, dans son essai sur Amiel, opposera à *la Princesse de Clèves*, à *Manon* ou *Adolphe*, comme un type de roman tout germanique, *Wilhelm Meister* et « le détail des expériences variées » de son héros. Du moins la langue française s'est-elle définitivement enrichie de l'expression par où Goethe désignait cette série d'expériences elle-même; et la locution *les années d'apprentissage* a accru le vocabulaire de nos psychologues et de nos critiques, au même titre que cette autre expression d'origine goethéenne, elle aussi, mais de sens plus flottant et d'application moins définie : *l'éternel féminin*. Avec le personnage de Mignon que la

France a tout à fait adopté — (Barbey d'Aurevilly verra en elle la seule « créature » féminine de Goethe), — avec quelques aperçus d'esthétique ou de psychologie qui tiennent plutôt à la philosophie de Goethe qu'à sa littérature, cette notion de l'*apprentissage* et le mot qui l'exprime constituent le vrai grain retiré, par la pensée française, de cette espèce de biographie psychologique et sociale.

Plus encore que cette œuvre, l'autre grand roman de Goethe, les *Affinités électives*, était resté lettre morte pour l'époque contemporaine de sa publication, puis objet de stupéfaction pour le romantisme. Si l'intelligence de *Wilhelm Meister*, et une certaine influence, se découvrent, chez nous, dans un âge plus soucieux de psychologie que le fort du romantisme, assez voisin de lui cependant pour apprécier l'aventureux et l'extraordinaire, il faut s'éloigner davantage encore de 1830 pour rencontrer les conditions propices à un accueil un peu favorable. A. Stapfer rappelait en 1825, dans sa *Notice sur Goethe*, quelle défaveur avait frappé à l'origine « cette étrange composition », à laquelle lui-même ne s'arrêtait guère ; « sur-le-champ traduite en français, et dépouillée de la magie de style qui là, comme dans tous les autres ouvrages de Goethe, fait trouver un certain charme à la peinture des objets les moins attrayants, elle a rebuté tout le monde. » Deux traductions avaient, en 1810, donné une approximative version du roman nouveau : les *Affinités électives*, trois volumes, par Raymond et quatre collaborateurs, *Ottilie, ou le Pouvoir de la sympathie*, deux volumes par Breton. Le plus curieux indice de la répulsion provoquée par le phénomène qui donne son titre et son intérêt douloureux à cette histoire, c'est la note que le premier traducteur mettait, page 92, lorsque le mot d'*affinité* intervenait dans le dialogue de Charlotte et de son mari : « Cet insipide jeu de mots qui se prolonge et se répète si souvent dans le cours de cet ouvrage est un peu plus supportable en allemand. Le mot de *Verwandtschaft*, qu'on est forcé de traduire par *affinité*, s'applique aussi bien à toute espèce de parenté dans le sens propre du mot, qu'au phénomène chimique dont il est question ici. »

Ce fut là, en effet, le principal objet de scandale : cette « dissertation moitié chimique, moitié galante » (*Débats*, 16 mai 1810), l'idée de « cette sorte de magnétisme érotique, dont l'influence est inévitable » (*Journal de Paris*, 25 juin 1810) parut, aux mieux disposés, « la méprise d'un homme de talent », aux plus hostiles « un amas de bizarreries révoltantes ». Le *Journal de Paris* écrivait : « Il paraît que le nouveau système de Goethe est de faire entrer la science dans le roman, comme nous avons vu depuis quelque temps, en France, des dames de beaucoup de talent vouloir à toute force y faire entrer l'histoire. Les romans scientifiques ne réussiront pas mieux que les romans historiques, et l'application de la chimie à l'amour, dans les *Affinités électives*, n'aura clairement montré que l'*affinité* qui se trouve entre la prétention et le ridicule ».

Mme de Staël assurait que les *Affinités de choix*, comme elle dit, n'eurent pas de succès en France « parce que l'ensemble de cette fiction n'a rien de caractérisé » ; elle-même faisait un autre grief au roman de Goethe de sa « philosophie dédaigneuse », de l'absence « d'un sentiment religieux ferme et positif ». Il semble plus exact de voir dans la thèse chimique du livre la vraie raison de son insuccès. « L'abus de l'analogie, notait B. Constant dans son Journal intime, à la date du 6 pluviôse an XII, se rencontre beaucoup chez Goethe et surtout dans ses prétentions en chimie et dans les sciences exactes. » Sismondi, par deux fois, confessait sa déception à Mme d'Albany. « A propos de réputations démenties, écrivait-il le 22 janvier 1810, avez-vous lu le dernier roman de Goethe, die *Wahlverwandt-*

schaften? Comment devinerait-on l'auteur de *Werther* dans un livre si ennuyeux? » Et, le 12 mars : « Quant aux romans nouveaux, excepté celui de Goethe, qui me paraît misérable, je n'en ai lu aucun ». Mme de Duras lui fait écho.

Le personnage d'Ottilie, « parfaitement tracé », fut seul à trouver grâce devant quelques critiques et quelques lecteurs. « Quel chef-d'œuvre même en français que les tablettes d'Ottilie! s'écrie l'un de ceux-ci; et que de profondeur, d'attachant et d'imprévu dans cet ouvrage, où il y a la plus grande supériorité sur ceux des autres nations. » Le prince de Ligne, qui isole ainsi un des épisodes du livre, n'est pas moins enthousiaste de l'ensemble de l'œuvre, « immortelle pour la profondeur, le piquant, l'inattendu, et le développement du cœur humain », et il s'indigne « des prétendus moraux qui sont à l'affût des prétendues immoralités ». Cependant la thèse scientifique du livre semble négligée par ce lecteur enthousiaste.

Un seul Français du commencement du siècle, Stendhal, semble avoir compris cette idée et s'en être souvenu à l'occasion : et l'on sait de reste combien, rattaché par ses sympathies philosophiques au matérialisme du XVIIIe siècle, il jugeait son œuvre discordante avec son époque, destinée au contraire à trouver des lecteurs d'élection vers 1880. L'écrivain qui a fait un sort à l'image (physique, elle aussi) de la cristallisation, cite les *Affinités*, dans sa *Vie de Haydn*, dès le 31 mai 1809; il note la lecture qu'il en fait, dans son *Journal*, le 18 février 1810. Or, quoi de plus conforme à l'hypothèse de ce livre que des principes de « bélisme » comme celui-ci, qu'il formule le 2 octobre 1812, dans une lettre de Moscou? « Je lisais les *Confessions* de Rousseau il y a huit jours. C'est uniquement faute de deux ou trois principes de *bélisme* qu'il a été si malheureux.... Il se lie avec un homme pendant trois semaines : crac, les *devoirs* de l'amitié, etc. Cet homme ne songe plus à lui après deux ans; il cherche à cela une explication noire. Le *bélisme* lui eût dit : « Deux corps se rapprochent, il naît de la chaleur « et une fermentation; mais tout état de cette nature est « passager... » Et il est significatif que l'auteur de *Rouge et Noir* ait donné le titre d'*Affinités électives* à son chapitre VII, où l'amour, entre Julien Sorel et Mme de Rênal, naît avec une sorte de fatalité des circonstances les plus indifférentes de leur côte-à-côte.

Notons que l'époque romantique n'a point vu reparaître de traduction des *Affinités* : Mme de Carlowitz le traduira en 1844, Camille Selden en 1872, mais il faut savoir l'allemand, vers 1830, ou recourir aux anciennes versions, si médiocres, pour se faire de ce livre une idée qui ne soit pas trop indirecte. Voici pourtant, en 1834, deux échos de son influence. En novembre, Gérard de Nerval, en train de lire *Jacques* de G. Sand, écrit à l'éditeur Renduel : « ... Je n'aime pas beaucoup qu'un roman soit un syllogisme. Cela paraît combiné presque comme le roman de Goethe, les *Affinités électives*, dont lui-même donnait l'analyse soit en termes d'algèbre, soit en termes de chimie. Les quatre personnages de *Jacques* sont bien posés, comme ceux des *Affinités*; on peut de même les représenter par *a*, *b*, *c*, etc. ; seulement, je crois que, dans Goethe, le quatrième est *x*, l'inconnu.... » La même année, dans son « roman alsacien » d'*Henri Farel*, Louis Lavater (Louis Spach) introduisait nettement le souvenir des *Affinités* dans la donnée de l'action.

« Paix donc, reprit Wangenheim, nous raisonnons en philosophes, par abstraction; mettez un A à la place de Minna [sa femme]; qu'un B représente votre femme; vous êtes C; moi la quantité inconnue X. N'est-il pas évident, vous dis-je, qu'A, de la sorte, s'empare de C et relance B dans le vide, peut-être sur X; qu'en pensez-vous?

— Je crois, dit Henri, fort embarrassé de sa contenance, que ce sont de mauvaises plaisanteries algébriques, qu'il vaudrait mieux laisser où vous les avez prises, dans les *Affinités électives*, je pense [1] ». La suite de l'action rappelle, d'ailleurs, *Werther* autant que les *Affinités*, et la rigueur de l'équation posée par le mari ne se confirme qu'à demi.

Un lointain effet des *Affinités*, c'est la « parabole » du Cygne, poème à faire que Vigny note dans son *Journal*, selon Blaze de Bury [2], après avoir lu une préface dédaigneuse pour le livre de Goethe, et après avoir écrit d'abord : « Les *Affinités électives* que le *préfacier* de Goethe critique amèrement. C'est un grand malheur que de porter avec soi dans l'avenir son maladroit critique comme un ballon sa nacelle. » Cette pensée, qui s'illustre ensuite du symbole d'un serpent accroché à un cygne, le mordant et buvant son sang tandis que l'oiseau plane dans les airs, se précise douloureusement sous la plume du poète. Il appréciait, dans le roman des *Affinités*, la subtile discrétion de l'art et l'ingéniosité de la thèse : un passage du *Journal* en témoigne, et aussi la dernière lettre de Vigny à Mme de Balzac.

Mais il faut pénétrer dans un âge plus familier avec les études scientifiques, plus enclin aussi à rattacher aux mouvements de la matière les phénomènes psychiques, pour rencontrer en France les traces plus discernables d'une influence, ou au moins d'une sérieuse adhésion, à l'égard des *Affinités électives*. Des répugnances littéraires subsistent; « étrange livre, écrit Mérimée à son *inconnue*, où les plus belles choses du monde alternent avec les enfantillages les plus ridicules.... C'est, je crois, ce que Goethe a fait de plus bizarre et de plus antifrançais. » Et Doudan à la marquise d'Harcourt, le 23 juin 1851 : « Je n'oserais vous en parler si le nom de Goethe ne couvrait tout. Il faut qu'il ait dans sa langue un grand mérite de style, car, hors de

1. Louis Lavater, *Henri Farel*, I, p. 190.
2. *Idées sur le romantisme* (*Revue d. D. M.*, 2 juillet 1881, p. 19).
3. *Journal d'un Poète*, p. 72 et 260.

là, cela est plus que singulier, en morale d'abord, et puis, même les idées qui ne tiennent pas directement à la morale sont ou lourdes, ou fausses, ou puériles. C'est sincèrement que je dis que probablement je n'y comprends rien.... »

J.-J. Weiss, dans sa thèse sur *Hermann et Dorothée*, remarque en 1856 que « si nous voulons bien prendre l'hypothèse de Goethe telle qu'il lui a plu de l'imaginer », il en a tiré, en somme, « la victoire de la vertu réfléchie sur les emportements de la sensibilité ». Au contraire, Camille Selden, dans la préface qu'elle met en tête de sa traduction des *Affinités*, en 1872, songe surtout à « l'éternelle inconséquence du cœur humain » et à « l'impossibilité de se soustraire aux décrets du sort ».

Dumas fils semble avoir — avant de se brouiller avec Goethe — pratiqué sérieusement ce livre. C'est un chassé-croisé fort analogue à celui des *Affinités*, et peut-être inspiré par lui, qui, dans le *Régent Mustel* de cet écrivain, dissocie les couples de Des Grieux et Manon, de Paul et Virginie, pour amener de nouvelles combinaisons. L'affinité, ici, est surtout une loi d'opposition, et l'auteur — détail significatif — en attribue l'énoncé à Goethe lui-même. « Vous avez ajouté, lui écrit le Régent Mustel, que, le cœur ne vivant que de contrastes, et les quatre types que nous connaissons se rencontrant, Des Grieux aimerait Virginie, Manon aimerait Paul, et que ce serait bien heureux encore si Virginie n'aimait pas Des Grieux, et si Paul n'aimait pas Manon. »

Ailleurs aussi, Dumas fils se souvient des *Affinités* : dans sa *Nouvelle lettre de Junius*, *Entr'acte* daté du 20 décembre 1870, où il fait allusion au phénomène qui peut faire de « l'enfant engendré par le mari... l'image vivante, au moral et au physique, de l'amant qui n'a jamais su à quel point il était aimé » ; dans l'*Étrangère* surtout, où cette tirade de Rémonin (acte II, scène I) est toute pénétrée de l'hypothèse goethéenne :

« L'amour fait partie de l'évolution de l'être; il se produit à un certain âge, indépendamment de toute volonté et sans objet déterminé. On éprouve le besoin d'aimer avant d'aimer quelqu'un. C'est par là que l'amour appartient à la physique, qui traite des propriétés existant à l'intérieur des êtres; tandis que le mariage est une combinaison sociale qui rentre dans la chimie, puisque celle-ci traite de l'action des corps les uns sur les autres et des phénomènes qui en résultent.... Si vous êtes assez ignorant ou assez maladroit pour vouloir combiner deux éléments réfractaires, au lieu d'obtenir des fusions, vous ne constatez que des inerties, et les deux éléments restent éternellement en face l'un de l'autre, sans pouvoir s'unir jamais. »

A mesure que s'étend et se précise la connaissance que la critique française prend des travaux scientifiques de Goethe et des détails de sa vie, les *Affinités* s'éclaireront de jours plus francs et plus pénétrants. A. Mézières y verra surtout la confession d'un amour d'arrière-saison; Mme Arvède Barine les rangera nettement parmi les écrits scientifiques de Goethe, mettant en action, « tel qu'il le concevait, l'un des problèmes philosophiques fondamentaux que soulève la chimie »; Rod insistera sur la hardiesse morale du thème proposé, et sur « le sentiment profond de la destinée, maîtresse irrésistible de nos sentiments, de nos douleurs, de notre vie ». A. François-Poncet consacrera tout un livre ingénieux à l'examen du roman qui conclut « dans le sens de l'éminente dignité humaine ». Il arrivera même qu'un poète ait la coquetterie de rappeler avec sympathie la lecture qu'il fit de ce livre :

Les parfums dans l'air mol s'exaltent : il a plu :
L'air est plein de vapeurs qu'un crépuscule bleute.
La *lutte aérienne indécise* est de Goethe
Dont les Affinités électives m'ont plu [1].

1. Robert de Montesquiou, *les Perles Rouges*, 1899, sonnet IX.

Mais il a fallu que ce roman attendît, plus que d'autres œuvres, une conjonction de circonstances favorables. Un commentaire fondé sur la biographie de son auteur et, surtout, la révélation du sérieux insoupçonné et de l'infatigable persévérance des études scientifiques de Goethe, ne laissaient pas d'être indispensables. Il ne pouvait guère, d'autre part, être cité avec quelque estime avant l'époque où le roman psychologique se mettrait en quête d'ancêtres (P. Bourget citera souvent les *Affinités* dans ses *Préfaces* et dans ses *Études*) et où des titres de romans comme l'*Empreinte*, le *Ferment*, etc., témoigneraient à eux seuls — symbolisme ou allégorie à part — qu'il existe des analogies profondes entre les phénomènes moraux et les phénomènes physiques. Et il se trouve ainsi que ce livre, avec sa thèse douloureuse et hardie de la force redoutable et aveugle de l'amour, est resté lettre morte pour l'époque littéraire qui a le plus célébré la fatalité de la passion, et que cette psychologie assimilée à un dynamisme n'a été comprise qu'au moment où le romantisme était chose périmée. C'est que, ni par son titre énigmatique, ni par la matérialité de son hypothèse, les *Affinités* ne pouvaient plaire à des générations littéraires soucieuses d'idéaliser à toute force la passion, et pour qui l'amour, s'il était fatal, était aussi divin....

Il est très légitime de rattacher aux fictions romanesques de Goethe un épisode de sa propre vie qui, révélé en 1835, ne passa point inaperçu en France, et dont la donnée, à ce moment, frappa moins peut-être comme document biographique que par son caractère de nouvelle sentimentale. Signalée en 1842 par un article de Ph. Chasles dans les *Débats*, la correspondance de Goethe et de Bettina fut traduite l'année suivante par S. Albin, et commentée par de nombreux comptes rendus. On y put lire comment une jeune fille de Francfort, lutin mobile qui joignait l'imagination italienne à la rêverie allemande, s'éprit pour les cinquante-huit ans de Goethe d'un amour singulier et charmant, et la façon dont le poète vieillissant se caressa le cœur à cette exaltation tout en la tenant à distance. Situation curieuse, à laquelle Sainte-Beuve consacrait encore un feuilleton en 1850, et qui inspirera peut-être, plus tard, la nouvelle que P. Bourget intitule l'*Age de l'Amour*. Pour l'instant, c'est l'attraction exercée de loin par une renommée littéraire sur une jeune lectrice enthousiaste qui inspire une œuvre française : Balzac écrit en 1844 *Modeste Mignon*. Son héroïne s'éprend pour le poète Canalis d'un amour que celui-ci compare lui-même au « cas » de Bettina. « Une jeune fille de l'Allemagne, écrit Canalis à Modeste Mignon, a, dans l'ivresse de ses vingt ans, adoré Goethe : elle en a fait son ami, sa religion, son dieu ! tout en le sachant marié. Mme Goethe, en bonne Allemande, en femme de poète, s'est prêtée à ce culte par une complaisance très narquoise, et qui n'a pas guéri Bettina !... N'étant ni lord Byron, ni Goethe, deux colosses de poésie et d'égoïsme, mais tout simplement l'auteur de quelques poésies estimées, je ne saurais réclamer les honneurs d'un tel culte.... »

Le charme romanesque dont s'auréolait Bettina (devenue Mme d'Arnim) aussi tard qu'en 1847, attirait auprès d'elle Édouard Grenier, chargé d'une mission diplomatique à Berlin : et le mystère de la fameuse correspondance, nous racontent ses *Souvenirs littéraires*, intriguait encore le jeune Français, grand admirateur de Goethe, qui interrogea Mme d'Arnim et obtint un jour cette réponse : « Eh bien, oui, c'est ce que j'aurais voulu et aimé lui écrire ! »

En somme, les romans de Goethe — *Werther* excepté — ont surtout servi à faire saillir des divergences d'esthétique entre la forme, si allemande, du roman d'éducation à la

Wilhelm Meister, et les préférences françaises pour le récit d'une crise psychologique déterminée, d'une aventure bien définie, d'une action nettement agencée. Nous préférons, semble-t-il, les héros qui, munis dès l'origine d'un caractère et d'une psychologie donnés, agissent conformément à ces tendances, alors que les Allemands trouvent plaisir à voir évoluer devant eux un personnage en quête de sa vraie individualité, et qui se met en route, à travers la vie, à la recherche de son *moi* définitif et de sa vocation véritable.

Encore l'âge immédiatement postérieur au romantisme pouvait-il trouver un charme mi-fantaisiste, mi-réaliste, à l'aventureuse équipée de Wilhelm; et des œuvres comme *Consuelo* et le *Capitaine Fracasse* possèdent, à des degrés différents, quelques-uns des caractères qui font la singularité artistique de *W. Meister*. Mais il était difficile que la même génération s'intéressât à l'hypothèse foncière des *Affinités* : ce roman tient en effet d'aussi près que possible à l'activité scientifique de Goethe, et ce n'est que vers 1858 que la France — en dehors de son Académie des Sciences — put se rendre compte de l'importance qu'avait, pour la juste évaluation de ce multiple génie, tout ce côté de l'œuvre de Goethe.

CHAPITRE II

PHYSICIENS ET NATURALISTES

> « ... Tous ceux qui se vouent à l'étude de la nature doivent compter avec orgueil dans leurs rangs la plus vaste intelligence des temps modernes. Pour Goethe, en effet, l'étude de l'histoire naturelle.. fut une œuvre sérieuse et dans laquelle il a marqué l'empreinte de son génie.... »
>
> (*Dictionnaire des Sciences naturelles*, t. LVI, article Goethe, 1845.)

Il ne saurait être ici question de suivre la trace des idées mêmes de Goethe dans la science française, et de rechercher quel profit la méthode et la philosophie scientifiques ont pu tirer chez nous de la *Métamorphose des Plantes*, de l'*Introduction à l'anatomie comparée* ou de l'*Expérience considérée comme médiatrice entre le sujet et l'objet*. C'est, d'une façon moins technique, de la découverte de Goethe comme savant qu'il doit s'agir dans ce chapitre, plutôt que des vicissitudes qu'ont pu rencontrer en France l'idée de l'unité de composition organique ou la méthode de l'empirisme intellectuel. L'élargissement de la notoriété de Goethe dans une direction où l'on ne s'attendait pas à trouver un poète, le retentissement nouveau d'un nom auquel semblait suffire sa gloire littéraire, la publication et l'appréciation de ses écrits scientifiques en France; ces nouveaux travaux d'approche préparant eux-mêmes l'étude de sa philosophie, l'explication plus approfondie de *Faust*, une conception plus complète de la personnalité de l'écrivain : tel doit être l'objet d'une enquête où l'histoire littéraire restera plus intéressée que la philosophie des sciences proprement dite.

On sait avec quel amour-propre passionné Goethe a toujours défendu sa valeur de physicien et de naturaliste. Elle lui fut longtemps contestée en France comme en Allemagne. Il avait pourtant, de bonne heure, laissé voir à des Français le sérieux de ses préoccupations et de ses recherches; et maint émigré, à Weimar, avait pu s'étonner de trouver l'auteur de *Werther* penché sur des observations et des expériences inattendues. En 1796, il prêtait à Mounier des ouvrages de botanique; en 1798, il se liait avec le comte et la comtesse Fouquet pour des travaux d'histoire naturelle à entreprendre en commun : « D'excellentes gens, polis et serviables, écrivait-il à Schiller le 28 février, et qui sont d'accord et en parfaite entente avec moi; mais on a toujours l'impression qu'il en va d'eux comme de Voss, qui reste persuadé en fin de compte que, pour faire des hexamètres, il n'y a et ne saurait y avoir que lui.... »

La partie la plus illusoire de son activité dans ces domaines, la théorie des couleurs qui devait, dans sa pensée, détrôner la doctrine newtonienne, le préoccupe surtout : il serait heureux de lui trouver des adhérents parmi les savants français. Lorsqu'en 1807 il va faire paraître en corps de doctrine sa théorie optique, son ami Reinhard demande en son nom à Villers de traduire en français le manuscrit de Goethe : « idée tout à fait digne du saint Apostolat auquel vous vous êtes dévoué », écrit Reinhard le 30 juin. Puis, après avoir exposé avec enthousiasme les conséquences de cet *Anti-Newton*, Reinhard insiste sur la nécessité d'une traduction : « Les idées de M. de Goethe trouveront, n'en doutez point, un champ préparé dans la nation allemande,... mais comment les transmettre aux Français qui, dans aucun sens, ne consentent à se laisser conquérir...? A trois ou quatre paragraphes près, le livre de M. de Goethe est français; mais ce sont précisément ces paragraphes-là qu'il faudrait savoir traduire.... » Villers promit de s'occuper de cette traduction dans la mesure de son loisir, de tâter surtout l'opinion par un article inséré dans le *Conservateur*. D'autres soucis l'écartèrent de cette entreprise; et lorsqu'en 1810 Goethe revint à la charge, Villers fit la sourde oreille, manifestant d'ailleurs des théories peu conciliables avec l'hétérodoxie de Goethe.

Trois ans auparavant, en 1807, grâce encore aux démarches du fidèle Reinhard, le *Traité des Couleurs* se trouvait en épreuves entre les mains de Cuvier. Delambre, pressenti à plusieurs reprises, verbalement, par Reinhard, répliquait : « Des observations! des expériences! et surtout ne commençons pas par attaquer Newton. » Malgré l'activité du dévoué diplomate et ses vives sollicitations, l'Académie des Sciences refusa de faire un rapport sur le mémoire de Goethe, un tel travail, avait déclaré Cuvier, n'étant pas propre à occuper une académie....

En 1811, cependant, un an après la publication du *Traité des Couleurs*, les *Annales de Chimie* consacrent plusieurs pages à l'analyse de cet ouvrage. L'insistance avec laquelle Goethe revient sur des phénomènes déjà connus, son dédain pour les mathématiques, qui lui fait « abandonner aux géomètres » la solution des difficultés, sont sèchement tancés par Hassenfratz, l'auteur anonyme du compte rendu; mais c'est surtout la discussion anti-newtonienne de la seconde partie qui est aigrement repoussée. La critique de l'*Optique* de Newton « présente un contraste frappant entre la manière précise et simple avec laquelle Newton expose ses expériences et ses conclusions, et le ton emphatique, vague et ironique, avec lequel M. Goethe nie les faits les plus connus, et les conséquences les plus évidentes ». Nulle valeur positive dans les hypothèses que hasarde ce mémoire. « Il est à remarquer que, dans le *Traité des Couleurs*, aucune expérience n'est mesurée ni analysée; l'auteur se retranche toujours dans un vague d'idées, au milieu duquel il élude les conséquences positives qu'il serait forcé de déduire de la mesure des phénomènes ». En revanche, des ironies et des injures à l'adresse des newtoniens : « On est surpris de voir M. Goethe employer de semblables arguments dans un ouvrage de physique, et l'on s'aperçoit trop souvent qu'il n'est pas dans la disposition d'esprit qui convient à ceux qui cherchent franchement la vérité.... »

Du moins le rédacteur des *Annales de Chimie* épargne-t-il à l'auteur du *Traité des Couleurs* le reproche qui lui était particulièrement sensible — celui de dilettantisme scientifique — et ne le renvoie-t-il pas expressément à la littérature. Mme de Staël n'eût guère manqué de le faire, et il n'est pas bien sûr que « l'esprit universel » qu'elle signale chez Goethe comprenne son activité scientifique : mais l'*Allemagne* est muette là-dessus. La voyageuse avait pourtant, durant son passage à Weimar, été mise au courant des théories optiques de l'auteur de *Werther*; et à Knebel qui tâchait de lui faire comprendre les idées de son ami sur les couleurs, elle avait répondu avec sa désinvolture d'improvisatrice : « Ah! mon âge est le rayon affaibli de ma jeunesse! » — comme si, remarque Knebel, la jeunesse était jaune et la vieillesse bleue....

Ce titre de savant que ses travaux sur l'optique n'ont point valu à Goethe, l'histoire naturelle devait le lui conférer peu à peu, non sans qu'un préjugé assez commun, et sa gloire littéraire elle-même, vinssent s'opposer à cet enrôlement d'un poète sous une bannière nouvelle. La théorie de l'unité de composition organique dans les végétaux — la plante tout entière ramenée à une feuille transformée — exposée en 1790 dans l'Essai sur la *Métamorphose des Plantes*, n'avait pas été prise au sérieux d'abord. On y revint lorsqu'en 1813 Decandolle, dans ses *Principes de la symétrie et de la métamorphose des Plantes*, exposa sous une autre forme, et avec un appareil scientifique plus rigoureux, une théorie identique au fond. L'*Organographie végétale* du même savant, en 1827, citait, dans sa préface, « l'illustre poète Goethe » parmi les ancêtres de cette doctrine botanique. Cependant c'était bien encore, dans la pensée de Decandolle, un accident de génie plutôt qu'un résultat de méthode, qui avait amené Goethe à sa découverte : il y parut bien lorsque, la *Métamorphose* ayant été traduite en 1829 par Gingins-Lassaraz, le botaniste genevois en rendit compte dans la *Bibliothèque universelle* : un grand poète, disait-il, s'écarte un instant de la voie accoutumée, jette un regard sur le monde végétal et, « devenu momentanément botaniste », fait une découverte importante « en passant ». Soret, l'ami genevois de Goethe, se proposait de protester, au nom de la carrière scientifique de l'auteur de la *Métamorphose*; mais celui-ci semble l'avoir détourné de toute polémique avec Decandolle.

Or, tandis que l'idée de la métamorphose continue à faire son chemin dans les travaux des savants, et, reprise par de Jussieu, de Mirbel, Turpin, devient classique pour les spécialistes compétents, des témoignages autorisés signalent de plus en plus le mérite scientifique de Goethe à un public plus étendu. « M. le baron Goethe, président de la Société grand-ducale de minéralogie », devient membre correspondant de groupements scientifiques français. Cuvier lui envoie la collection de ses discours académiques, transmet les remerciements que l'Académie des Sciences, en 1831, lui adresse pour une nouvelle traduction de sa *Métamorphose*, celle de Soret. Geoffroy Saint-Hilaire prend texte de cette publication pour lire à l'Académie, le 5 juillet 1831, une note que les journaux reproduisent, et pour publier dans les *Annales des Sciences naturelles* un article intitulé : *Sur des Écrits de Goethe lui donnant des droits au titre de savant naturaliste*. Il explique les raisons d'une longue ignorance de l'opinion à cet égard : « ... Comment tenir compte à ce poète, à ce profond moraliste, d'une haute capacité dans un autre genre, quand c'est tout à coup et seulement vers le milieu de sa carrière, qu'il en produit des preuves? On ne vit en cela qu'un poète s'essayant de chanter sous une autre forme les grandeurs de l'univers; une vieille habitude d'admiration pour le poète n'y fit pas découvrir en outre un savant investigateur des phénomènes de la nature, une autre aptitude du génie, s'appliquant à reculer les limites de la science dans les plus importants sujets de la philosophie naturelle. Revenons de ces jugements.... » Suivait un exposé de la théorie de Goethe, que Geoffroy Saint-Hilaire terminait par ces lignes : « Des observations qui précèdent, je crois pouvoir conclure que, si Goethe n'avait déjà réuni assez de titres pour être proclamé le plus beau génie de son siècle, il devrait encore ajouter à sa couronne de grand poète et de profond moraliste le renom de savant naturaliste, qui lui est dû pour l'élévation de ses vues et sa force philosophique au sujet des analogies végétales ».

Geoffroy Saint-Hilaire, ici, bornait son examen des titres scientifiques de Goethe à ses travaux botaniques; on peut d'autant plus s'étonner qu'il ne l'étendît point à sa philosophie zoologique, que lui-même se trouvait d'accord, au fond, avec l'auteur de l'*Introduction à l'anatomie comparée*, et qu'il avait contribué à donner droit de cité, à l'Académie, à sa théorie de l'unité de composition. On connaît l'amusante méprise qui, le 2 août 1830, causa entre Goethe et Eckermann un quiproquo imprévu : de « grandes nouvelles » étaient arrivées de Paris, mais, pour Goethe, la vraie Révolution de juillet, c'était la séance du 19 de ce mois, où Geoffroy Saint-Hilaire avait pris en main, contre Cuvier, la défense des idées qui lui étaient le plus chères : l'identité primordiale des types animaux. « La méthode synthétique ne reculera plus maintenant, voilà ce qui vaut mieux que tout. La question est devenue publique, on ne l'étouffera plus.... Cet événement est pour moi d'une importance extraordinaire, et c'est avec raison que je me réjouis d'avoir assez vécu pour voir le triomphe général d'une théorie à laquelle j'ai consacré ma vie, et qui est spécialement la mienne. » Aussi ses dernières pages furent-elles pour expliquer à l'Allemagne le sujet de cette controverse : la *Revue médicale*, les *Annales des Sciences naturelles*, la *Revue encyclopédique* de Carnot et P. Leroux s'empressèrent de donner une traduction de ce testament scientifique du grand vieillard. Le *Livre des Cent et Un* lui-même publia, sous le titre *les Naturalistes français*, ce commentaire d'un succès qui, parmi tant d'épisodes d'une vie heureuse, est peut-être allé le plus au cœur de Goethe.

Cependant ces traductions ne donnaient que l'épilogue de la carrière scientifique du poète : les pièces mêmes du débat, en dehors de la *Métamorphose*, n'étaient accessibles que dans le texte original. Mais, le *Temps* du 31 mai 1836 ayant publié un article enthousiaste sur « les deux plus grandes idées du siècle en philosophie naturelle », la théorie de l'unité organique et celle des rapports naturels — la première étant attribuée à Goethe avec un enthousiasme un peu exclusif, — Geoffroy Saint-Hilaire en prit texte pour lire à l'Académie des Sciences, dans les séances des 6 et 13 juin 1836, un mémoire fort développé, sous ce titre : *Analyse des travaux de Goethe en histoire naturelle, et Considérations sur le caractère de leur portée scientifique*. Le *consensus omnium* lui paraissait acquis à l'hypothèse de l'unité organique, et il en rapportait à Goethe plus d'honneur qu'à personne. Il engageait vivement l'auteur de l'article du *Temps* à « accepter la mission que sa position personnelle et le genre de son esprit lui imposaient », et à publier une traduction des œuvres scientifiques de Goethe : « c'est par ce travail qu'enfin nous connaîtrons en France ce qu'a fait en histoire naturelle, pour en remanier les études, le vénérable patriarche de la littérature germanique », celui qui institua « de nouvelles règles pour un plus riche avenir de philosophie ».

Cette traduction, par C.-F. Martins, accompagnée d'un atlas par Turpin, parut en 1837. L'Académie des Sciences délégua en 1838, à l'effet de lui en rendre compte, deux commissaires, Auguste de Saint-Hilaire pour la partie botanique, Isidore Geoffroy Saint-Hilaire pour la partie zoologique et anatomique. « Depuis dix ans, écrivait le premier, il n'a peut-être pas été publié un seul livre d'organographie ou de botanique descriptive qui ne porte l'empreinte des idées de cet écrivain illustre. » Le second notait l'analogie, toute de parallélisme et de rencontre, qui se trouvait entre les idées de son père et celles de cet esprit « ami de la simplicité et de l'unité », qui s'était avisé, à sa manière, de ce que Geoffroy Saint-Hilaire appelait la loi de balancement des organes, qui avait entrevu le fait de la composition vertébrale de la tête et découvert la présence de l'os intermaxillaire chez l'homme ; qui, par sa méthode personnelle et son hostilité à la philosophie des causes finales, s'était frayé une voie si écartée des doctrines de son temps.

De plus en plus s'affirmait, en effet, parmi les savants compétents, l'opinion que ce n'était pas au pur hasard ou à quelque « excursion » géniale d'un poète dans un domaine étranger, que Goethe avait dû de marquer dans la philosophie naturelle. Littré, rendant compte, dans la *Revue des Deux Mondes*, de la traduction Martins, écrivait à son tour : « A Goethe revient l'honneur d'avoir été un des premiers frappé de la ressemblance des êtres, et d'avoir conçu que ces ressemblances prouvaient l'existence d'une loi commune d'organisation. Il doit être regardé comme un des auteurs qui ont contribué à fonder la moderne et brillante science de l'anatomie philosophique.... Ce n'est pas à titre de poète, c'est à titre de naturaliste exercé, que Goethe a conçu les grandes idées de zoologie qu'il a, un des premiers, essayé de faire prévaloir parmi les savants. »

C'est sans doute un écho de ces révélations que la pensée notée par Vigny, en 1836, dans son *Journal*, « après avoir passé deux heures à examiner un cerveau » : « Il m'a semblé plus que jamais *qu'une seule formation* préside à toute chose et que la tête humaine est une boule semblable à la terre. Nos os sont les rochers; nos chairs, le sol gras et humide; nos veines, les fleuves et les mers; nos cheveux, les forêts.... » Fantaisie de poète, qu'on ne saurait comparer que pour en sourire à la méditation intuitive de Goethe ramassant un crâne de mouton au Lido! Il y a plus de solidité dans l'avant-propos où Balzac justifiait, en juillet 1842, la disposition qu'il donnait aux actes et aux scènes de sa *Comédie humaine*, en rattachant la différenciation de ses personnages à l'unité de composition, « qui occupait déjà sous d'autres termes les plus grands esprits des deux siècles précédents.... La proclamation et le soutien de ce système, en harmonie d'ailleurs avec les idées que nous nous faisons de la puissance divine, sera l'éternel honneur de Geoffroy Saint-Hilaire, le vainqueur de Cuvier sur ce point de la haute science, et dont le triomphe a été salué par le dernier article qu'écrivit le grand Goethe.... »

Les savants admettent, de leur côté, le sérieux et la valeur

« méthodique » de l'activité de Goethe dans les sciences. Cl. Bernard le cite dans ses *Leçons sur les phénomènes de la vie* et dans son *Introduction à l'étude de la médecine expérimentale*; il reprend l'expression selon laquelle « l'expérience devient la seule médiatrice entre l'objectif et le subjectif, c'est-à-dire entre le savant et les phénomènes qui l'environnent ». Flourens, dans l'Éloge de Decandolle, qu'il lit à l'Académie des Sciences dans la séance publique du 19 décembre 1842, rend honneur au précurseur de l'illustre botaniste. « Cet homme, dont le génie fut universel et les études presque sans limites, est le premier qui ait vu, dans la transformation d'une partie en une autre, tout le mécanisme secret du développement de la plante. » Le *Dictionnaire des Sciences naturelles*, dans le volume consacré à la *Biographie des plus célèbres naturalistes*, ne manque pas de faire la place convenable, en 1845, à l'écrivain pour qui « l'étude de l'histoire naturelle ne fut pas un simple caprice ou une distraction à ses innombrables travaux ; ce fut une œuvre sérieuse et dans laquelle il a marqué l'empreinte de son génie... ». Les journalistes sont plus difficiles à convaincre, et Aimé-Martin n'a que railleries, dans les *Débats* du 3 avril 1839, pour la variété d'aptitudes de ce poète et romancier, qui s'annonce à présent comme anatomiste, botaniste et géologue, et qui fut bien d'autres choses encore.

Aussi un nouvel exégète de l'activité scientifique de Goethe, E. Faivre, pouvait-il déplorer, en 1858, que la réputation de ce grand homme dans le public eût si peu profité de l'adhésion que ses idées scientifiques avaient enfin trouvée dans le monde savant. « Beaucoup de personnes, écrivait-il dans la *Revue contemporaine* du 31 août, partagent encore, à l'égard de Goethe, un préjugé bien ancien et toujours répandu. Goethe est poète, dès lors on n'accorde aucune attention à ses travaux sur l'histoire naturelle, et sa réputation littéraire fait méconnaître les services qu'il a rendus comme savant. Il y a près de trente ans que l'auteur de *Werther* est mort; on publie tous les jours des commentaires sur chacune de ses œuvres, on garde le silence sur ses grandes conceptions, sur ses belles découvertes en anatomie et en botanique. Sans doute, les savants les connaissent et les apprécient; mais le public éclairé les ignore.... Écrire sur ce sujet, ce n'est pas seulement réparer une injustice, c'est combattre un préjugé dont Goethe a cruellement souffert. »

Les articles de Faivre dans la *Revue contemporaine*, complétés et développés, parurent en volume en 1862, et s'ajoutèrent à la traduction de Goethe que Porchat publiait depuis 1858. Cet examen analytique et critique des *Œuvres scientifiques* ne se contentait pas d'exposer la vie du savant et ses travaux, de déterminer la valeur de son effort, dont les écueils avaient été « l'ardeur de l'imagination et l'amour immodéré de soi-même », et de commenter une fois de plus ses doctrines, idée de métamorphose et principe d'unité de composition; Faivre consacrait toute sa troisième partie à la *Science dans les Écrits littéraires et esthétiques de Goethe*. Comme il prenait le soin de rechercher en quoi Goethe poète et romancier avait été tributaire de Goethe naturaliste, il faisait enfin le pont, si l'on peut dire, entre deux ordres d'activité dont on connaissait la concomitance et le parallélisme, mais dont on ne faisait guère que soupçonner la profonde et inséparable connexion.

Cette fois, le charme est rompu. Des articles de journaux, même s'ils font leurs réserves, saluent l'admirable perception de la force évolutive et de la nature créatrice qui se manifesta dans l'activité de ce chercheur infatigable. Daniel Stern va consacrer un fragment de dialogue de son *Dante et Goethe* à « ce grand principe qui va désormais présider à tous les progrès ». Mieux que Blaze de Bury, notant simplement, jadis, que « la contemplation immédiate des innombrables mystères de la nature éveille en lui les pressentiments d'un ordre fondamental, harmonieux », mieux que Musset, pour qui « le grand Goethe quittait sa plume pour examiner un caillou et le regarder des heures entières, sachant qu'en toute chose réside un peu du secret des dieux », nos écrivains, de 1862 à 1870, saluent cette rare union de deux grandeurs dans le même homme. « Le génie de Goethe, écrit Edouard L'Hôte dans l'*Artiste* du 1er avril 1862, véritable microcosme intellectuel, reflétait dans son prisme tout ce que l'esprit humain pouvait concevoir de plus grand et de plus beau. Il résumait dans son entendement toutes les harmonies naturelles ou de convention. » Lamartine, dans son *Cours familier de littérature*, voit en lui « le Voltaire et le Cuvier allemand dans un même homme ». Laprade célèbre chez ce moderne « l'antique union de la poésie et de la science dans une sorte de sens universel de la création ». Sainte-Beuve reconnaît que « le profit que Goethe tira de l'étude de la nature devait être moins direct qu'indirect, moins public qu'individuel, et servir moins à sa gloire qu'à son perfectionnement ». Caro, en dépit des critiques qu'il adressera au panthéisme de Goethe, convient que « l'art et la science, il les a réconciliés dans l'harmonie de son libre et puissant esprit... ». Et le botaniste alsacien Kirschleger, étudiant encore une fois, en 1865, la *Métamorphose des Plantes*, ne peut retenir un cri d'extase : « Plus nous étudions notre poète-naturaliste, plus nous sommes obligés de nous écrier avec Knebel : *O du Unerschöpflicher!* »

Qu'on admette désormais, avec Helmholtz, que Goethe a eu « le mérite de deviner toutes les idées fondamentales qui président aujourd'hui aux progrès des sciences naturelles », et, avec J. Soury, que « en dépit de leur méthode souvent défectueuse, Lamarck, Goethe et Geoffroy Saint-Hilaire se dressent comme des prophètes de la pensée au seuil du XIXe siècle »; que l'on fasse, au contraire, peu de cas, avec Rod, Renouvier, René Lote, des études scientifiques du poète allemand : il faut reconnaître que c'est bien en lui que s'est réalisée le plus parfaitement la coexistence de l'artiste et du savant, et que son œuvre et sa vie, comme le remarque E. Scherer, « nous montrent les deux puissances engagées dans une lutte d'un intérêt singulier. » Goethe reste cité dans les ouvrages français de philosophie biologique, — non sans qu'on assimile parfois à l'excès ses théories avec la doctrine de la descendance. Edmond Perrier lui consacre tout un chapitre de son livre sur la *Philosophie zoologique avant Darwin.*

Et les applications ou les conséquences. en dehors de ce domaine spécial? Nous verrons les principales à propos de la philosophie de Goethe ; elles sont le retentissement d'une métaphysique liée à des théories scientifiques plutôt que l'action immédiate de ces théories elles-mêmes. Si l'idée du *développement*, de la *transformation évolutive* a pris dans la pensée moderne une place qu'il semble impossible de restreindre, c'est, pour une bonne part, à ce grand précurseur que nous en sommes redevables. Voici, d'autre part, une influence assez directe. C'est dans un article du 21 juillet 1862, peu après les publications de Faivre, que Sainte-Beuve expose à propos de Chateaubriand sa théorie de la constitution possible de grandes familles d'esprits, toute une classification fondée sur une sorte de balancement et d'enchaînement des facultés; il y a longtemps que le critique des *Lundis* a ébauché cette idée; mais ici, il la justifie par une proposition scientifique de Goethe : « Il y a dans les caractères une certaine nécessité, certains rapports qui font que tel trait principal entraîne tels traits secondaires ». Plus audacieux, comme on sait, dans l'extension de la méthode des sciences naturelles à l'investigation des sciences morales, Taine expose longuement, dans son livre *de l'Idéal dans l'art*, « le principe de la plus féconde théorie des sciences naturelles », le principe de la subordination des caractères, et il poursuit hardiment : « La règle que nous avons empruntée aux sciences naturelles trouve ici tout son emploi et se vérifie dans toutes ses suites ».

Mais Taine s'autorisait, dans son application des sciences de la matière aux choses de l'esprit, de savants plus modernes et plus spéciaux que l'auteur de la *Métamorphose* ; et c'est surtout, comme il est logique, par sa philosophie que Goethe naturaliste devait agir sur une génération préparée à le comprendre. Car cette philosophie tient par des liens étroits à son activité scientifique : celle-ci l'a confirmé dans son spinozisme et dans son aversion pour les causes finales, « vierges consacrées au service de Dieu, disait déjà Bacon, et religieusement stériles ». S'il est vrai que la géométrie laisse l'esprit au stade où elle le trouve, quoi de plus normal, au contraire, que de voir une philosophie sortir d'une sérieuse étude des sciences naturelles chez un homme qui les considérait — c'est Humboldt qui lui donne ce témoignage — comme « la vie intérieure de la Nature ». Cette philosophie ne sera point, dès lors, une simple construction de l'esprit, mais plutôt la divination de puissances génératrices, découvertes ou pressenties dans le règne du concret, et sollicitées de s'organiser en un système cohérent. « Qui dira que l'histoire naturelle, l'anatomie et la physiologie comparées, l'astronomie, l'histoire et surtout l'histoire de l'esprit humain, ne donnent pas au penseur des résultats aussi philosophiques que l'analyse de la mémoire, de l'imagination, de l'association des idées? Qui osera prétendre que Geoffroy Saint-Hilaire, Cuvier, les Humboldt, Goethe, Herder, n'avaient pas droit au titre de philosophes au moins autant que Dugald-Stewart ou Condillac? Le philosophe, c'est l'esprit saintement curieux de toute chose; c'est le *gnostique* dans le sens primitif et élevé de ce mot; le philosophe, c'est le penseur, quel que soit l'objet sur lequel s'exerce sa pensée.... » Ainsi s'exprimait Renan dans *l'Avenir de la science* : « pensées de 1848 » qui devançaient d'une quinzaine d'années le moment où la spéculation métaphysique de Goethe intéressera vraiment l'intelligence française. Le poète allemand fournira le complément et comme l'illustration de doctrines auxquelles on va demander une façon nouvelle de comprendre et l'histoire du passé humain et la vie éternelle de l'univers.

CHAPITRE III

LA RÉNOVATION PHILOSOPHIQUE

« Jamais *les idées d'outre-Rhin* n'auraient, sans le secours de Goethe, obtenu, dans notre pays, une influence aussi marquée. »
(Vallery-Radot, article de la *Presse*, 1866.)

La Renaissance, la fin du XVIIIe siècle allemand, le milieu du XIXe siècle français sont les trois époques où la pensée moderne s'est le plus vaillamment efforcée d'« élargir Dieu », de ramener la notion du divin — du monde théologique où elle planait en dehors des choses — dans l'univers concret, dans le jeu permanent des forces et le déroulement continu de l'humanité. Si différents que nous apparaissent certains aspects de ces grandes époques, elles ont en commun divers traits : l'espèce de transposition qui, enlevant aux croyances traditionnelles le sentiment religieux, le fait passer aux vues d'ensemble sur la nature et sur le genre humain ; le profit que les sciences de la matière et le souci de l'histoire tirent de cet anoblissement des choses et des événements; des littératures plus réalistes accompagnant bientôt la « divinisation » du monde, et une grande nostalgie du paganisme antique s'emparant de la poésie; enfin, à mesure que se dénaturent et se perdent l'émotion et la ferveur qui inspiraient ces rénovations, le strict sensualisme et le matérialisme impie envahissant le sanctuaire et entraînant les âmes à tout demander aux phénomènes et aux révélations des sens : la réaction théologique, alors, ne tarde guère.

Sans doute ne serait-il pas impossible de rattacher, par d'indirectes influences, la crise philosophique de l'Allemagne de Hamann et de Herder aux grandes vues générales de la Renaissance, si peu systématisées qu'elles fussent : quant au lien qui unit celle-là au mouvement intellectuel de la France de 1860, il est incontestable. Par elle-même et par ses aboutissements métaphysiques, les doctrines de Schelling et de Hegel, cette Germanie dépositaire du mysticisme philosophique de Spinoza a profondément agi sur la pensée française; elle a sollicité notre positivisme de rechercher ailleurs, et dans les choses mêmes, cette ontologie et cette théogonie qu'elle s'interdisait de poursuivre dans le ciel. Or Goethe, dont la philosophie, moins chargée de terminologie et d'appareil dialectique, s'accordait sur tant de points avec la ferveur naturaliste des métaphysiciens panthéistes, a été souvent, auprès de quelques libres esprits, l'interprète poétique et le porte-paroles de ces doctrines qui, sorties de la spiritualité, rentraient à leur façon dans l'idéalité la plus authentique. *Nam et hic dii sunt.*

On sait combien fut timide la tentative par laquelle Victor Cousin avait essayé de concilier le sensualisme du XVIIIe siècle français avec les constructions idéalistes de la pensée allemande : bien vite, malgré son contact initial avec Schelling et Hegel, son « éclectisme » était redevenu une philosophie de l'esprit humain; d'allemande, sa philosophie s'était refaite écossaise; elle s'était promptement lassée, en somme, de frayer avec les grandes hardiesses de l'esprit métaphysique. Il ne manqua pas en France, et de très bonne heure, de voix plus ou moins autorisées pour préconiser encore une fois, entre les deux pays, une « alliance philosophique ». C'était le titre même qu'en 1836 le baron Barchou de Penhoën donnait à la préface d'une *Histoire de la philosophie allemande* qui opposait le caractère incrédule, analytique, expérimental de la pensée de notre XVIIIe siècle au caractère religieux, synthétique, poétique de la philosophie allemande. Et l'auteur, constatant qu'à la suite des de Maistre, des Bonald et des Lamennais une rénovation idéaliste semblait prochaine, concluait « par l'espérance de voir la France essayer enfin de se formuler, de se créer de ses propres mains, de tant d'éléments divers, un système nouveau qui lui appartienne en propre. Or, la philosophie allemande doit entrer comme un élément essentiel, sinon dominant, dans ce nouveau système philosophique. » De même, dans un article paru en 1834 dans la *Revue du Midi*, un Lyonnais, E. Falconnet, signalait dans le système de Schelling, « le Platon des temps modernes », « une théorie grandiose... qui enserre, dans son cercle de pure imagination, les recherches mythologiques et naturelles dont elle donne la solution, les théories de l'art et de l'esthétique, dont elle participe immédiatement », et souhaitait de voir un contact plus intime s'établir entre ces vues si amples et si hautes et le catholicisme français, pour un commun écrasement « du vain fantôme du rationalisme ».

Mais c'était, au contraire, avec le rationalisme lui-même que se devait faire cette alliance souhaitée par des spiritualistes déterminés. Quelques-uns de ceux-ci — Laprade, par exemple — concilieront à leur façon leur fidélité chrétienne avec une émotion naturaliste favorable à Goethe et à Schelling; mais la plupart rejetteront ces panthéistes dans le camp opposé, où vont se trouver, en effet, leurs alliés véritables. Vallery-Radot écrira en 1866 : « Jamais *les idées d'Outre-Rhin* n'auraient, sans le concours de Goethe, obtenu, dans notre pays, une influence aussi marquée. Nos écrivains les plus vantés la subissent et la propagent. Par eux, un panthéisme vague envahit peu à peu la partie lettrée du public. Vague, il n'en a que plus d'attrait et n'en est pas moins prompt à dissoudre, à détruire, dans les esprits dont il s'empare, non seulement les restes du christianisme de Bossuet, mais même le déisme de J.-J. Rousseau, et jusqu'au Dieu des bonnes gens devant lequel s'inclinait Béranger. »

En effet, tandis que les tentatives faites par Lamennais, P. Leroux, J. Reynaud, d'autres encore, pour mettre la tradition chrétienne d'accord avec la science et la raison de notre temps, n'avaient guère fourni de solution satisfaisante, un retour de faveur était allé aux doctrines qui éliminaient délibérément le surnaturel et s'interdisaient la recherche des causes premières et des causes finales. Le positivisme d'A. Comte, d'ailleurs, en s'inquiétant d'une sorte de « finalité interne », en établissant le principe des « conditions d'existence », en hiérarchisant les groupes mêmes des phénomènes, allait à sa façon au-devant de la métaphysique allemande, au moment où celle-ci se préparait, comme on l'a dit, à « descendre dans la science ». Et quelques-uns des plus éminents penseurs enlevés par le positivisme aux doctrines spiritualistes ont accueilli dans leurs systèmes des vues empruntées à cette philosophie allemande de l'Unité, qui identifiait la Vérité et la Réalité, Dieu et le Monde, et ne voyait dans les prétendus êtres individuels que les manifestations sans cesse changeantes d'un Être permanent et véritable. Cette croyance, c'est celle que Goethe, transcrivant à sa façon le spinozisme, et coordonnant les résultats de ses enquêtes scientifiques, a tant de fois chantée. « Que serait un Dieu qui donnerait seulement l'impulsion du dehors, qui ferait tourner l'univers autour de son doigt? Il lui sied de mouvoir le monde intérieurement, de porter la nature en lui, de résider lui-même en elle, si bien que tout ce qui vit et s'agite et opère en lui ne soit jamais privé de sa force et de son esprit.... »

Il s'en faut qu'on se soit avisé de bonne heure en France que Goethe pût être de quelque importance en philosophie. V. Cousin, qui l'appelle « le Voltaire de l'Allemagne », témoigne par cette périphrase même et ce contresens qu'il ne l'a point compris. Le baron d'Eckstein, en 1823, dans les *Annales de la littérature et des arts*, affirme de son côté que Goethe, bien que « malheureusement devenu spinoziste et idolâtre jusqu'à un certain degré », n'a pour le catholicisme que respect et louanges. Benjamin Constant, dans son ouvrage *De la religion*, ne mentionne point Goethe, mais se trouve d'accord avec sa pensée lorsqu'il signale « le point de vue nouveau, dans lequel l'Allemagne savante considère la religion », et qui fait de celle-ci « la langue universelle de la nature, exprimée par différents signes, différents dogmes, symboles et rites.... ».

Il n'est point encore, ici, question d'une *philosophie* de Goethe : de fait, d'anciens ouvrages français sur les doctrines métaphysiques allemandes, celui de Barchou de Penhoën en 1836, celui de Saintes en 1841, le rapport de Rémusat en 1845, ne se préoccupent pas d'accorder une place à la pensée du grand poète. Ce n'est guère qu'en 1849 que le quatrième tome de la judicieuse et un peu lourde *Histoire de la philosophie allemande* de Willm renseigne des lecteurs français sur l'importance des idées de Goethe : tout un chapitre leur est consacré, avec une remarque préliminaire sur l'avantage qu'ont souvent, sur des philosophes de carrière, les penseurs libres que n'assujettit nul dogmatisme. « L'objet, la chose est pour lui l'essentiel ; il a de la peine à s'en détacher, mais il n'en est pas dominé : il le soumet incessamment à la pensée et le conçoit par l'esprit. Il va sans cesse de l'objet à l'idée et de l'idée à l'objet.... » Puis l'essentiel de la pensée de Goethe se trouvait exposé, mais sans cohésion suffisante, sans mise à profit des données fournies par l'œuvre scientifique de l'écrivain. Nulle insistance, non plus, sur le panthéisme foncier de ses idées : les déclarations de Goethe sur la survivance possible de quelques monades supérieures masquaient presque sa doctrine sur l'identité de Dieu et de la nature.

Celle-ci se trouvait signalée, dès 1840, dans l'ouvrage d'un prêtre, H. Maret. Son *Essai sur le Panthéisme dans les Sociétés modernes* s'indignait vigoureusement. « La France, oubliant son génie et sa mission, va emprunter à l'Allemagne sa sagesse anti-chrétienne, anti-moderne. Au milieu de ces vicissitudes diverses, le panthéisme se montre toujours identique à lui-même; son point de vue principal ne change pas ; ses doctrines restent les mêmes. Toujours il apparaît comme le terme où viennent aboutir toutes les erreurs particulières, l'erreur qui résume et absorbe toutes les autres. » Aussi la préface accusait-elle Goethe et Byron d'avoir « les premiers introduit le panthéisme dans la poésie. Toutes les richesses de la plus brillante imagination, toutes les ressources d'une puissante invention et les beautés du style dissimulent mal le désordre qui règne dans la pensée, et l'indigence d'un fond où le cœur ne trouve que l'orgueil et la haine, le doute et le désespoir. » Une accusation semblable était dirigée contre Goethe dans la notice que lui consacrait de Loménie dans sa *Galerie des contemporains illustres*, en 1847 : « L'effet naturel de cette doctrine qui détruit la personnalité humaine est de conduire l'esprit qui en est imbu à méconnaître ce qui fait la véritable grandeur de l'homme; de là une certaine ressemblance entre la plupart des créations de Goethe, qui nous apparaissent bien moins comme des caractères humains que comme des personnifications plus ou moins animées des différentes faces d'une théorie philosophique, bien moins comme des êtres volontaires et libres, en lutte avec leurs propres passions ou celles d'autrui, que comme des parties intégrantes du grand tout, qui n'ont gardé de l'humanité que ses faiblesses.... »

C'est qu'en effet la lutte était déjà engagée contre la nouvelle curiosité qui faisait encore une fois — comme jadis, aux débuts du romantisme — prêter l'oreille aux voix d'outre-Rhin. Mais alors, quand il s'était agi de faire écho à la sentimentalité et à l'enthousiasme rêveur des poètes germaniques, ou de mettre en honneur comme eux le moyen âge et le passé national, le spiritualisme traditionnel et les religions établies ne s'étaient pas jugés menacés; il avait même souvent semblé que la cause religieuse ne pût que gagner à l'initiation de la France à la pensée allemande. Il n'en était plus ainsi vers le milieu du siècle : outre que l'Allemagne actuelle avait cessé d'être en sympathie avec sa voisine, et que le Rhin apparaissait moins comme un trait d'union que comme un fossé, il semblait bien que les nouvelles métaphysiques qu'on prétendait importer chez nous eussent un arrière-goût d'hérésie. « Le clergé français, écrit E. Saisset dans un article de mai 1844 sur la *Philosophie du clergé*, s'inquiète beaucoup de l'invasion récente des spéculations allemandes dans notre pays. Derrière le panthéisme de Schelling et de Hegel, il voit l'exégèse de Strauss, et en présence de tels adversaires on ne peut, il est vrai, lui conseiller de rester désarmé.... »

Tandis que la *Revue des Deux Mondes* demeurait à peu près impartiale dans le débat et que la *Revue germanique*, la *Revue de l'Instruction publique*, la *Revue moderne*, le *Temps*, l'*Opinion nationale* faisaient campagne pour des idées qui pouvaient être fécondes, les orthodoxies constituées se défendaient dans leurs organes contre ces nouveautés périlleuses. Le spinozisme modifié de Goethe n'a point cessé d'être engagé dans cette lutte, et il est rare qu'on le trouve excusé ou admiré par ceux qui sont fidèles à l'ancienne foi : Laprade, qui voit en lui « la plus haute expression poétique des tendances de notre siècle vers le monde extérieur et la philosophie de la nature », et qui semble ne condamner qu'à regret un fléchissement de cette « haute sagesse »; Tonnellé, qui trouve dans les doctrines hégéliennes et spinozistes un amour et une conception de l'univers trop conciliables avec le christianisme pour se trouver lui-même ébranlé dans un fervent culte goethéen. Presque toujours, Goethe est assez durement traité, comme l'auxiliaire fâcheux de dogmes détestables : doublement coupable, peut-être, parce que poète, pour l'appui que prête son talent à une philosophie inquiétante.

On hésite encore à l'occasion, tout en proclamant l'opportunité de l'offensive, à ranger Goethe parmi les philosophes. Dans son livre sur *Spinoza et le naturalisme contemporain*, Nourrisson, en 1866, admet que « ce serait abuser des mots... que de prêter à Goethe une philosophie. Néanmoins, adversaire déclaré des causes finales, disciple à la fois de Shakspeare, de Linné et de Spinoza, n'est il pas certain que c'est l'intime harmonie du monde physique et de l'âme que cherche partout à décrire le poète de Weimar? » Et Caro, qui publie la même année en volume, augmentés des extraits et des compléments nécessaires, ses articles de la *Revue des Deux Mondes* sur la *Philosophie de Goethe*, juge indispensable de justifier ce titre même : si l'écrivain allemand n'a point de système organisé, « nous estimons qu'il y a dans l'œuvre de Goethe une manifestation de pensée assez haute, assez puissante, pour mériter d'être étudiée à part et de prendre sa place à côté des grands systèmes que l'Allemagne a produits depuis soixante ans ».

L'ouvrage de Caro a été loué par Villemain — dans son

rapport de 1867 sur les prix de l'Académie — de « repousser l'erreur systématique sans méconnaître le talent original » : or, cet exposé agréable et lucide d'un système qui ne s'était jamais exprimé dogmatiquement porte la peine d'une irréductible hostilité à toute doctrine anti-spiritualiste, atténuée tant bien que mal par une certaine déférence pour le poète de *Faust*. Mieux vaudrait peut-être l'anathème absolu d'un Barbey d'Aurevilly que cette attaque d'une philosophie détestée, sous couleur de sympathie et de respect pour « un génie qui a tenté, par l'art comme par la science, de s'égaler à l'universalité des choses, et qui, s'il a échoué, a laissé du moins dans les ruines mêmes de son effort et sur chaque fragment de sa pensée la marque de sa grandeur. »

Caro faisait d'ailleurs suffisamment ses preuves d'orthodoxie pour qu'on lui pardonnât, au camp spiritualiste, de ne pas manier la férule sur le dos de Goethe lui-même. Saint-René Taillandier, dans la *Revue des Deux Mondes* du 1er avril 1867, le louait fort de son intention et de sa conclusion : « Si l'on ne juge dans Goethe que le philosophe, il faut conclure comme M. Caro : « Goethe, dit-il, représente assez bien les aspirations mêlées et l'éclectisme « confus d'un temps comme le nôtre, où l'on prétend concilier une morale active, la doctrine même du progrès, « avec un panthéisme qui la rend impossible en droit sinon « en fait, et qui logiquement la détruit. » Associée à l'admiration la plus intelligente pour le génie du savant et du poète, cette conclusion ne pouvait que rencontrer des sympathies en Allemagne, au moment où le pays de Hegel se débarrasse peu à peu de ce panthéisme dont les derniers adeptes semblent réfugiés chez nous. » Vallery-Radot, dans la *Presse* du 1er août 1866, prenait texte du livre de Caro pour déplorer l'influence de Goethe panthéiste, et pour dénier à sa personne, comme à sa doctrine, toute moralité. « Le panthéisme, qui supprime la personnalité divine et la parole créatrice, est bien la religion que devait professer un homme tel que Goethe. Un Dieu personnel l'eût gêné et un Dieu créateur lui eût porté ombrage. »

Délerot, dans la *Revue de l'Instruction publique*, le 15 novembre 1866, signalait au contraire chez Goethe, si discret pourtant avec l'infini et qui « reconnaissait comme une nécessité inévitable de notre nature l'ignorance absolue des premiers principes », bien des témoignages de croyances spiritualistes. « J'aurais voulu que M. Caro... montrât la philosophie de Goethe comme un partage raisonnable, un traité de paix plein de sagesse et de bon sens entre les légitimes aspirations panthéistiques de notre âge et les meilleures traditions du spiritualisme, marquant à chaque doctrine son domaine spécial.... Il y aurait avantage, pour notre spiritualisme même, à se laisser transfuser un peu de sang nouveau. » Les philosophes de carrière, renseignés par Caro, reconnaissaient qu'il n'y avait nul sophisme à parler d'une *philosophie de Goethe*. « Ce qui la rend intéressante et importante, c'est que sous une forme populaire, éloquente, poétique, elle résume, en quelque sorte, toute la philosophie allemande de son temps.... C'est sous cette forme surtout que la philosophie allemande a pu se répandre chez les autres peuples, chez ceux-là même dont l'esprit est le plus antipathique à l'idéologie germanique ; c'est cette sorte de philosophie, c'est ce naturalisme, moitié poétique, moitié scientifique, qui, parmi nous, à l'heure qu'il est, séduit et subjugue notre jeune génération : c'est par là surtout que Goethe est redoutable et qu'il méritait d'être étudié. » Franck, dans les *Débats*, était même plus affirmatif que Caro, et trouvait qu'il y avait bien, chez Goethe, « un système parfaitement arrêté, une doctrine clairement définie dans sa conscience et dans ses écrits » : un spinozisme légèrement modifié, dans l'expression, par Leibniz. Un philosophe dont l'œuvre posthume a été publiée par Ch. Lévêque, Fernand Papillon, insistait surtout, dans son *Histoire de la Philosophie moderne*, sur le caractère leibnizien de l'*intuition* qui est la méthode de Goethe.

La réprobation dont Caro frappait le panthéisme de Goethe tout en reconnaissant le génie du poète, cette condamnation dont Camille Rousset le félicitait encore si chaleureusement en le recevant à l'Académie, le 11 mars 1875, n'était-elle point estimée suffisante? En 1869, un professeur de séminaire, l'abbé Boulay, jugeait Caro beaucoup trop tiède et déférent pour Goethe, trop mou dans la lutte contre l'anti-spiritualisme actuel; et, dans un ouvrage sur *Goethe et la science de la nature*, il lançait plus vigoureusement l'anathème contre le poète allemand et les hérésies qui s'autorisaient de son grand exemple. « Nos lecteurs n'oublieront pas que cette étude... n'est pas dirigée contre un mort, mais qu'elle s'adresse aux vivants; c'est moins une protestation rétroactive contre la gloire usurpée dont Goethe a joui pendant sa vie, que l'expression de notre surprise à la vue des honneurs de fraîche date qui lui sont décernés. » Après avoir exposé la « mystification » des travaux scientifiques de Goethe et l' « aberration » de ses doctrines philosophiques, accusé aussi la franc-maçonnerie d'être la principale ouvrière de sa gloire, l'auteur insistait, assez inintelligemment, sur les rapports qui unissaient le positivisme et le système de Goethe. « Les positivistes l'ont senti d'instinct : de là cette faveur autrement inexplicable qui vient de faire exhumer les œuvres scientifiques du poète. Goethe et Auguste Comte diffèrent pour la forme, mais ils sont d'accord sur le fond. Ils combattent, avec une égale frénésie, ce qu'ils appellent *la théorie des causes finales*.... La thèse soutenue par ces deux ennemis de la vérité était la même, les moyens seuls différaient.... »

En face d'attaques de parti pris, qui méconnaissaient ainsi, et l'idéalisme persistant de Goethe, et la haute vertu du spinozisme, les voix ne manquaient point qui proclamaient l'un et l'autre. La pensée du philosophe d'Amsterdam, la poésie de l'écrivain allemand étaient souvent citées de compagnie. « Oui, il faut lire Spinoza, écrit G. Flaubert, le 4 novembre 1857, à Mlle Leroyer de Chantepie. Les gens qui l'accusent d'athéisme sont des ânes. Goethe disait : « Quand je me sens troublé, je relis l'*Éthique* ». Il vous arrivera peut-être, comme à Goethe, d'être calmée par cette grande lecture.... » Une série d'articles d'E. Montégut, dans le *Moniteur universel* de juillet 1866, développait la même idée : le salutaire effet et l'impression toute édifiante que produisait la philosophie de Goethe sur les esprits capables de la comprendre : « Goethe n'est religieux que pour les hommes d'une culture morale accomplie; mais l'impression qui résulte de la lecture de ses œuvres sur les hommes de cet ordre est une des plus sincèrement et des plus fortement religieuses qu'il soit donné de recevoir. Pour notre part, nous ne connaissons pas de lecture qui porte davantage au recueillement, dont on sorte l'âme plus édifiée et plus remplie de cette paix sacrée que donne la religion, le cœur plus disposé à la sagesse et plus touché de l'amour de Dieu.... Si la véritable attitude de l'homme est de tenir la tête droite et de regarder vers le ciel, je ne connais pas de poète qui impose cette attitude à ses lecteurs plus naturellement que Goethe.... Vous souriez peut-être de ce caractère religieux que j'attribue à Goethe, à ce Goethe qui, par suite d'un de ces faux jugements qui calomnient pendant des siècles la pensée des grands hommes, a été au contraire compté jusqu'à présent parmi les négateurs par excellence de la religion.... Combien

Goethe est religieux, cela ne sera profondément senti que dans deux ou trois générations; mais alors on s'étonnera de la longue erreur qui a transformé en un dilettante transcendant et en un négateur vulgaire et immoral l'homme le plus sage qui fut jamais. »

Ce beau témoignage d'un de nos plus libres esprits peut nous renseigner sur la signification qu'a prise, pour quelques-unes des âmes les plus hautes de ce temps, la philosophie de Goethe, — entendue dans son sens le plus large, et comme l'attitude d'un homme moderne en face des problèmes éternels, en face de la nature infinie et de la vie sans cesse renaissante, sans cesse dissoute. Le livre qui fournissait à Montégut l'occasion de ses articles du *Moniteur*, c'était le *Dante et Goethe* de Daniel Stern, sorte de confrontation audacieuse, sous une forme dialoguée, du poète de la *Divine Comédie* et du poète de *Faust*. Une analogie intime permettait, selon l'auteur, d'associer dans une même étude et dans une commune admiration les croyances positives de Dante et le culte rendu par Goethe aux « puissances supérieures »; une sorte d'interprétation mystique faisait saillir, des pénombres du *Second Faust*, des idées latentes qu'il n'y avait nul paradoxe à confronter avec les dogmes précis de la *Divine Comédie*. Trop peu d'attention, en revanche, était donnée à des différences fondamentales, telles que la cosmogonie des deux poètes ou leur conception de la faute et de l'expiation. Mais le livre de la comtesse d'Agoult, la Diotime même du dialogue, et qu'avait bénie jadis, à Francfort, Goethe presque septuagénaire, était plutôt une sorte d'édification devant les aspects profonds de Goethe qu'un exposé de sa philosophie dont les *disjecta membra* étaient rassemblés, dans le même temps, par Caro.

Ce furent la *Revue germanique et française*, plus tard la *Revue moderne*, qui publièrent, avant l'édition en volume, le livre de Daniel Stern. Elles continuaient la *Revue germanique*, qui fut le principal truchement, dans les années *soixante*, de la « philosophie du devenir » et des systèmes d'outre-Rhin qui pouvaient le mieux aider un renouvellement des sciences historiques, linguistiques et religieuses. Dès le premier numéro de cette série nouvelle d'un périodique qui a eu une existence fort intermittente, les directeurs, Ch. Dollfus et Nefftzer, signalaient la correspondance qu'il convenait de remarquer entre les philosophies de l'identité et l'œuvre de Goethe. « Ce complet génie, le type le plus élevé de la poésie allemande, est panthéiste dans l'âme. Toutes ses œuvres en témoignent, et aussi le culte qu'il professa pour l'initiateur du panthéisme moderne, Spinoza. Il faut du reste noter ce culte comme un des signes généraux et caractéristiques de l'esprit germanique.... » Et un article de Dollfus, en avril 1860, revenait encore sur le « panthéisme fondamental » de Goethe.

Auxiliaire précieux de doctrines qu'une minorité d'esprits supérieurs accueillaient, et dont d'anciens romantiques comme Sainte-Beuve et George Sand étaient touchés aussi bien qu'un Littré, Goethe a donc été mêlé de très près à un mouvement d'idées dont la France pensante a subi profondément l'influence et dont l'expression allait du spiritualisme d'un Vacherot à l'athéisme d'un Viardot. Deux noms surtout émergent de ces conflits d'idées, qui se livraient à l'écart d'une littérature et d'une vie politique et sociale assez médiocres : Renan et Taine.

C'est au séminaire d'Issy et durant ses fécondes vacances de Tréguier qu'Ernest Renan s'enflamme pour cette philosophie allemande à laquelle il lui semblera devoir « ce qu'il y a de meilleur » en lui. Sa sœur Henriette, du fond de la Pologne, l'introduit dans ce monde auguste comme un sanctuaire, lui envoie de l'argent pour monter sa bibliothèque, interprète à sa façon la hauteur d'inspiration de ces maîtres auxquels elle l'adresse. « L'Allemand, lui écrit-elle le 30 octobre 1842, conservant partout sa bonhomie, même dans les questions les plus élevées, se laisse aller à sentir, à penser, à tout poétiser. Si tu continues tes études dans la langue de Kant, de Hegel, de Goethe et de Schiller, tu trouveras bien de douces distractions dans cette littérature si riche et si variée.... » Et son frère, qui s'était mis résolument à l'étude de l'allemand, pouvait lui confier, de Saint-Sulpice, le 13 février 1845, qu'il avait « toujours été surpris de voir ses pensées en parfaite harmonie avec les points de vue des philosophes et des écrivains » de l'Allemagne. Plus de détails suivaient, dans une lettre du 22 septembre de cette année décisive : « Je consacre spécialement mes études de vacances à étendre mes connaissances sur la littérature allemande. Les difficultés de l'interprétation littérale commencent à s'évanouir pour moi, je suis maintenant capable d'en apprécier l'esprit, et cette initiation marquera une époque dans ma vie. J'ai cru entrer dans un temple, quand j'ai pu contempler cette littérature si pure, si élevée, si morale, si religieuse, en prenant ce mot dans son sens le plus relevé. Quelle haute conception de l'homme et de la vie!... Ce qui me charme encore en eux, c'est l'heureuse combinaison qu'ils ont su opérer de la poésie, de l'érudition et de la philosophie, combinaison qui constitue selon moi le véritable penseur. Herder et Goethe sont ceux où je trouve la plus haute réalisation de ce mélange; aussi attirent-ils surtout mes sympathies. Le second pourtant n'est pas assez moral.... » Restriction qui s'effacera peu à peu (non sans que de secrètes affinités lui fassent toujours aimer d'une plus véritable affection les idylles bibliques de Herder) : *l'Avenir de la Science*, dès 1848, ne manque pas de défendre la large compréhension morale de Goethe, sceptique « aux yeux des scolastiques : mais celui qui se passionne pour toutes les fleurs qu'il trouve sur son chemin et les prend pour vraies et bonnes à leur manière, ne saurait être confondu avec celui qui passe dédaigneux sans se pencher vers elles. Goethe embrasse l'univers dans la vaste affirmation de l'amour : le sceptique n'a pour toute chose que l'étroite négation. » Ou trente ans plus tard, dans un article de la *Revue des Deux Mondes*, le 15 juin 1877 : « Goethe et ses contemporains, tout en rendant hommage à notre brillante initiative, montrèrent que Voltaire, malgré sa gloire méritée, n'était pas tout, que le cœur est un maître aussi nécessaire à écouter que l'esprit. La religion ne fut plus le servile attachement aux superstitions du passé, ni aux formes étroites d'une orthodoxie théologique; ce fut l'infini vivement compris, embrassé, réalisé dans toute la vie. La philosophie ne fut plus quelque chose de sec et de négatif; ce fut la poursuite de la vérité dans tous les ordres, avec la certitude que la vérité à découvrir sera mille fois plus belle que l'erreur qu'elle remplacera. Une telle sagesse rend celui qui la possède ardent et fort. »

Il y a là tout un programme : cette adoration d'un Dieu qui est en éternelle formation par l'effort intelligent de l'homme vers le parfait, par le *nisus* même de l'univers, ce fut le refuge de cette âme si profondément religieuse. Pareil culte du divin lui permit d'exercer la plus hardie critique dans l'histoire des religions sans perdre la sérénité et l'ardent idéalisme; surtout, cette ferveur obstinée s'insérant dans la contemplation de l'histoire et du phénoménisme naturel après s'être détachée de la foi doctrinale, ce fut l'encouragement dont Renan avait besoin, tout au fond de lui-même, pour porter sur ses anciennes croyances une main qui, dès lors, n'était plus sacrilège. Et, de cela, l'auteur de la *Vie de Jésus* est resté plus reconnaissant à l'Allemagne que d'avoir été la patrie de l'exégèse biblique; même la grande déception de 1870 ne le fit point varier sur ce point. « Nous n'avons rien à dédire, répondait-il à l'Académie, le 25 mai 1882, à Victor Cherbuliez, de ce que nous avons dit; nos éloges sont sans repentance. Ce que nous avions aimé était vraiment aimable; ce que nous avions admiré était admirable. Nous n'avons pas changé nos jugements sur Goethe, sur Herder. »

C'est là, en effet, la dette initiale contractée par Renan auprès de l'idéalisme allemand. A côté de cette *transposition du divin*, certaines analogies de détail qu'on a pu relever entre la pensée de Goethe et celle de Renan comptent peu. On a reproché à celui-ci d'avoir dit : « Je ne vois pas pourquoi un Papou serait immortel », de même que celui-là n'admettait de survivance après la mort que pour des « entéléchies supérieures ». On a comparé l'indulgence universelle de celui-ci, dans les dernières années, à la vaste et accueillante compréhension de celui-là, l'interlocuteur d'Eckermann. Mais, outre qu'il faudrait faire quelques distinctions entre l'indolence finale de Renan et la persistante curiosité de Goethe, ce parallèle est trop commode à établir entre tous ceux qui, vieillards, vivent *avec la pensée de Sirius*. C'est, au contraire, au début de sa carrière que Renan a pris de Goethe un vivifiant contact.

Son inquiétude a sans doute goûté par-dessus toutes choses, dans la philosophie allemande, la persistance d'une sorte de sentiment religieux, l'assimilation des hautes spéculations au culte du divin, la survivance du nom même de Dieu pour désigner la vie supérieure de l'idéalité progressive de l'humanité; quelques années plus tard, la forte et stricte intelligence de Taine recevait surtout, des mêmes doctrines, l'intuition de l'Unité vivante et la révélation de la divinité des choses. L'un était attiré plus spécialement par la religiosité mobile de Herder, l'autre a pénétré avec joie dans la cohérente roideur du système hégélien : pour tous deux, Goethe a été comme une projection séduisante de la métaphysique sur le ciel plus coloré de la poésie et de l'imagination, la floraison de la doctrine dans une atmosphère plus chaude et plus parfumée.

Au mois de mars 1852, durant sa suppléance de Nevers, Taine écrivait ces lignes souvent citées : « J'essaie de me consoler du présent en lisant les Allemands. Ils sont, par rapport à nous, ce qu'était l'Angleterre par rapport à la France au temps de Voltaire. J'y trouve des idées à défrayer un siècle. » C'était là, au moins en partie, une seconde lecture. Avant cette date déjà, à l'École Normale, Taine avait appris l'allemand pour lire dans le texte Hegel et Goethe. Mais son ardeur intellectuelle se satisfaisait alors d'un spinozisme rigide plutôt que vivant, géométrique plutôt que concret, où l'enchaînement mécanique tenait lieu de rythme persistant et de vie profonde. Comme M. Paul dans ses *Philosophes français*, en qui il représentait son maître Vacherot, il admettait encore que l'indissolubilité de l'univers résultât d'un enchaînement rigoureux de nécessités rationnelles et causales. « Nous découvrons l'unité de l'univers et nous comprenons ce qui la produit. Elle ne vient pas d'une chose extérieure, étrangère au monde, ni d'une chose mystérieuse, cachée dans le monde. Elle vient d'un fait général semblable aux autres, loi génératrice d'où les autres se déduisent.... Par cette hiérarchie de nécessités, le monde forme un être unique, indivisible, dont tous les êtres sont les membres. Au suprême sommet des choses, au plus haut de l'éther lumineux et inaccessible, se prononce l'axiome éternel ; et le retentissement prolongé de cette formule créatrice compose, par ses ondulations inépuisables, l'immensité de l'univers.... »

Peu à peu, à mesure qu'une initiation plus intime à la philosophie du devenir, l'étude de Geoffroy Saint-Hilaire et des biologistes préoccupent ce fervent de « la science absolue, enchaînée et géométrique », son spinozisme aride se vivifie et s'anime. La substance douée d'étendue, l'unité abstraite devient unité de composition. Une communion passionnée avec la nature, une singulière sympathie pour « la majesté des choses naturelles » rendent plus forte encore cette pulsation de vie qui se met à battre dans le système de ses croyances de 1854. Il est alors de plain-pied avec la *Weltanschauung* de Goethe, avec sa foi dans la vie divine et dans la puissance créatrice de l'univers. C'est elle qui domine son activité d'écrivain durant cette période, qui transparaît dans le *Voyage aux Pyrénées*, qui donne à tant de pages de la *Littérature anglaise* leur intensité d'expression, qui fait paraître si mesquines et si étriquées ces doctrines des *Philosophes français* qu'il attaque, qui s'exalte dans l'essai sur *Sainte-Odile*. Écoutons de quel ton il l'expose dans son *Carlyle* : « Cette idée fondamentale, dépouillée de ses enveloppes, n'affirme que la dépendance mutuelle qui joint les éléments d'un ensemble, et les rattache tous à quelque propriété abstraite incluse dans leur intérieur. Si on l'applique à la Nature, on arrive à considérer le monde comme une échelle de formes et comme une suite d'états, ayant en eux-mêmes la raison de leur succession et de leur être, enfermant dans leur nature la nécessité de leur caducité et de leur limitation, composant par leur ensemble un tout indivisible, qui, se suffisant à lui-même, épuisant tous les possibles et reliant toutes choses, depuis le temps et l'espace jusqu'à la vie et la pensée, ressemble, par son harmonie et sa magnificence, à quelque Dieu tout-puissant et immortel. Si on l'applique à l'homme, on arrive à considérer les sentiments et les pensées comme des produits naturels et nécessaires, enchaînés entre eux comme les transformations d'un animal ou d'une plante; ce qui conduit à concevoir les religions, les philosophies, les littératures, toutes les conceptions et toutes les émotions humaines comme les suites obligées d'un état d'esprit, qui les emporte en s'en allant, qui, s'il revient, les ramène, et qui, si nous pouvons le reproduire, nous donne par contre-coup le moyen de les reproduire à volonté. Voilà les deux doctrines qui circulent à travers les écrits des deux premiers penseurs du siècle, Hegel et Goethe. Ils s'en sont servis partout comme d'une méthode, Hegel, pour saisir la formule de toute chose, Goethe, pour se donner la vision de toute chose.... On peut les considérer comme les deux legs philosophiques que l'Allemagne moderne a faits au genre humain.... »

Taine proposait ensuite de corriger, par la patiente et progressive méthode du positivisme moderne, les dangers que pouvait entraîner la vertigineuse ampleur de ces explications du monde : et c'est véritablement dans cette alliance que réside la valeur de son système et de sa méthode. Méthode et système que déparent, malgré tout, l'a-priorisme et l'imprudence de la généralisation, mais qui valent par la permanente idée; manifestée abondamment, de la cohésion, de l'unité et de l'évolution des forces naturelles, de l'enchaînement et du retentissement des phénomènes physiques et moraux. Encore est-il fâcheux que Taine ait assimilé avec trop de rigueur les sciences de l'esprit aux sciences de la matière, et qu'il n'ait pas fait toujours la place convenable à cette force qui s'accroît souvent de sa propre énergie, qui se développe et s'exalte au point d'échapper à la simple explication des déterminations concrètes, et que Goethe n'avait point méconnue à ce point : l'individualité humaine.

Nous avons laissé la pensée française, à l'issue du Romantisme, hésitant au seuil du *Second Faust* et ne s'y aventurant qu'avec effroi ou sarcasme. Et l'incertitude est grande, non seulement à propos de cette deuxième partie, mais au sujet de l'œuvre entière qu'elle vient compléter. Les traductions parues en 1840 — celle de Gérard augmentée de fragments du *Second Faust*, celle des deux parties par Blaze de Bury, celle d'A. de Lespin — semblent marquer le dernier effort de la période romantique pour franchir les barrières derrière lesquelles est retranchée la pensée de Goethe. De l'aventure de Marguerite, du pacte infernal avec ses conséquences, l'intérêt est un peu usé; en attendant que l'opéra de Gounod, en 1859, confère sa forme décisive à l'épisode sentimental, on ne rencontre que des entreprises avortées ou médiocres. Alexandre Mauzin, administrateur de l'Odéon en 1848, demande à Dumas un *Faust*, que l'auteur d'*Antony* offre de faire faire par son fils. Le Gymnase donne en août 1850 un *Faust et Marguerite*, de M. Carré, avec Rose Chéri dans le rôle de l'héroïne. La Porte-Saint-Martin monte en octobre 1858 un drame en cinq actes et seize tableaux de Dennery, avec force ballets et séductions de décor et de mise en scène. Il n'y a point là, comme on pense, de tentative pour approcher de plus près ce que Blaze appelait

> Ce livre aux sept cachets, cette riche cassette
> Où l'auguste vieillard, sublime enfouisseur,
> A, durant soixante ans, en la paix de son cœur,
> Caché soigneusement les trésors de sa tête....

Les purs littérateurs ne témoignent pas d'une initiation plus profonde que les auteurs dramatiques à la pensée centrale de l'œuvre. Victor Fleury réunit en 1858, sous le titre de *Faust et Marguerite*, plusieurs scènes de l'aventure d'amour. Le prince de Polignac risque en 1859 une traduction en vers, d'abord réduite et destinée au théâtre, puis augmentée, mais à laquelle manquent encore la *Scène du Broken* et le *Prologue sur le théâtre*. C'est aussi une « adaptation à la scène française » que donne P. Ristelhuber en 1861. Poupart de Wilde, en 1863, publie une traduction en vers, plus fidèle que celle du prince de Polignac, mais moins jeune et moins ardente. Th. Gautier fils écrivait à ce sujet dans le *Moniteur* du 27 janvier 1864 : « Il ne manque qu'une chose au *Faust* de M. de Wilde, c'est la seconde partie, cette œuvre de l'âge mûr de Goethe, qu'en France, par tradition, on déclare inintelligible, et qui ne demande qu'un interprète de bonne foi pour se naturaliser dans notre littérature ».

« Naturaliser », c'est beaucoup dire. Que le premier *Faust*, avec la diffusion que pouvaient lui donner tant de traducteurs et d'adaptateurs, avec la vulgarisation qui résulte évidemment des treize tirages à 10 000 exemplaires, à partir de 1868, que l'édition populaire de la *Bibliothèque nationale* lui a valus; que le premier *Faust*, sujet d'opéra et de gravure, soit de notoriété courante, rien de plus naturel. Mais il n'en va pas de même de la seconde partie : et l'on sait de reste quelle admirable matière à conjecture et à exégèse elle est restée dans la patrie même de l'auteur. En France comme ailleurs, ce n'est que par des approches successives, et dans les hautes régions de la pensée, qu'on y a pénétré.

L'époque où nous sommes arrêtés est assurément bien faite pour tenter une nouvelle exploration du mystérieux poème : il complète trop les éléments de la philosophie de Goethe pour n'être pas impliqué dans le mouvement intellectuel que nous avons signalé. La traduction Blaze, plusieurs fois rééditée, et la lourde et probe version de Porchat sont d'ailleurs, pour les Français à qui l'original reste inaccessible, les seuls éléments d'investigation : car une *Hélène*, dans les *Premiers Chants* de L. de Ronchaud, une scène publiée par Poupart de Wilde dans la *Revue moderne* de 1865 ne sont que des fragments infimes du *Second Faust*. Renan lisait le poème dans le texte pendant ses anxieuses vacances de 1845 : en attendant qu'il y voie un type moderne d'épopée, il fut d'abord plus sensible, à ce qu'il semble, aux scènes initiales du drame qu'au déroulement symbolique qui le continue.

Celui-ci trouve, comme il convient, son explication chez les philosophes plutôt que chez les littérateurs. Lerminier, en 1835, y avait signalé « comme le chœur lyrique de l'ontologie allemande »; Willm, en 1849, avait invoqué *Faust* parmi les tout premiers témoignages de ce qu'il appelait la philosophie de Goethe. En 1850, des *Études historiques, littéraires et philosophiques sur Marlowe et Goethe*, par Bazy, étudient l'espèce de rédemption que le poète, dans son second drame, accordait à son héros «... L'activité humaine se relève...; purgée de ses illusions, elle sort de cet abîme de misère où le fatalisme et le désespoir ont plongé le Faust de Marlowe.... Guidé par une autre Béatrice, par la poésie qui commence sa purification, le héros de Goethe retrouve la plénitude de la vie dans la foi religieuse. Avec la science, qui met toujours les plus nobles facultés du cœur et de l'intelligence en présence de la divinité, la poésie a donné à Faust cette faculté de se *transhumaner* que Dante fait venir de la grâce. »

C'est surtout entre 1860 et 1870 que la pensée française s'est efforcée d'arracher son secret au livre énigmatique dont les arcanes semblaient impénétrables à la génération antérieure. Sans doute l'écho des exégèses d'outre-Rhin fut-il de quelque secours ici; sans doute des éléments d'information venus du dehors contribuèrent-ils à cette sorte de révélation, comme la traduction des *Représentants de l'humanité* d'Emerson en 1863 ou les conférences qu'une Allemande, Mme Ida Brüning, fit en 1864-65, à la salle Beethoven à Paris, sur divers sujets et *Faust* en particulier. Mais il est certain que le stade actuel de la pensée française était de lui-même propice à ce regard jeté sur une des œuvres les plus abstruses de l'imagination étrangère : on était à l'un des tournants de la route les plus favorables à la découverte d'un horizon à peine entrevu jusque-là.

Albert Castelnau, en 1861, consacrait à Goethe le chapitre IX de sa *Question religieuse*. *Faust*, édifice encyclopédique, philosophie mondiale enfermée dans une forme digne de l'antiquité, y était représenté « comme un hymne à la Nature fatale et progressive à la fois. Réconciliant toute tradition dans une synthèse suprême, — nef gothique et temple grec, — double sanctuaire ouvert aux Déités du passé, aux saints espoirs de l'avenir, — le *Faust* symbolise bien la pensée de notre âge. » La publication du tome III de la traduction Porchat coïncidait à peu près avec un *compendium* utile, le *Faust de Goethe expliqué d'après les principaux commentateurs allemands*, publié par F. Blanchet en 1860; l'auteur insistait sur le lien organique des deux parties : le roseau pensant — remarquait de Suckau dans la *Revue de l'instruction publique* du 2 août — toujours debout, soutenu par la sève intérieure, à travers tant d'orages et les tourmentes successives de toutes les expériences. « Pour qui sait comprendre, écrivait Legrelle, le 11 décembre 1862, dans la même revue, *Faust*, ce n'est point une âme, fût-elle celle de Goethe, ce n'est point un siècle, tel que le XVIIIe siècle, par exemple, c'est l'homme ou l'humanité, comme on voudra. Ce qui fait le drame véritable dans ce poème dramatique, c'est notre destinée morale à tous. L'inquiétude incessante de la pensée humaine, le besoin et le tourment des aspirations idéales, toujours en germe dans nos cœurs, la torture sans trêve d'une activité dévorante, voilà ce qui en fait la vie, l'intérêt, le pathétique.... »

Ein guter Mensch, in seinem dunklen Drange. Cette intention suprême du drame de Goethe, une élite française l'a discernée, a compris qu'il fallait faire bon marché du revêtement dramatique dont le poète l'avait munie, et voir plus loin aussi que l'épisode sentimental ou la machinerie diabolique. Sans doute beaucoup s'en tiennent-ils, parmi ceux qui lisent et qui pensent, aux préventions ou aux jugements de l'âge antérieur. Pierre Leroux, en 1863, dans sa *Grève de Samarez*, en est encore à la simple comparaison de *Faust* avec *Manfred*; en une conversation à laquelle Victor Hugo assiste, on rappelle un article de Fortoul dans l'*Encyclopédie nouvelle* : or Faust n'y est que le type du génie sans but, de l'impuissance intellectuelle. Ailleurs, Jules Janin décoche ses ironies accoutumées contre ce fatras qui se donne pour une pièce. Edm. Scherer s'irrite du désaccord de la forme avec le fond, dans ce « drame fragmentaire, mais vivant ». Amiel s'émeut de retrouver, dans ce « type d'angoisse..., immortel, malfaisant et maudit », le fantôme de son propre tourment. Et il va sans dire que Flaubert aurait pu narrer de beaucoup de ses contemporains, et des plus cultivés, ce qu'il rapporte avec tant de colère, dans une lettre du 2 octobre 1860, du « père » Anicet Bourgeois. « Oui, il ne trouve « rien de remarquable dans *Faust*, ce « n'est ni une pièce, ni un poème, ni rien du tout ». Oh!... Je répète le oh!! »

En dépit de ces répugnances, la France intellectuelle fut à ce moment, plus proche du *Second Faust* qu'elle ne l'a jamais été. Aux plus fiévreux instants du romantisme, elle avait sympathisé avec l'angoisse du héros de Goethe, avide de franchir les bornes des limitations humaines; elle comprend à cette date-ci, au moins par ses têtes les plus lucides, l'espèce d'embrassement universel de toutes les croyances, la sympathie pour les incarnations diverses des forces permanentes de l'humanité, — et aussi la leçon de morale pratique par laquelle Goethe conduisait son héros, à travers mille expériences, à l'action altruiste. De même cependant que le romantisme avait incliné son interprétation de *Faust* au biais de ses préférences, cet âge-ci est tenté de grossir la signification panthéiste ou ontologique du poème complet au détriment de sa portée sociale et morale; il s'intéresse au remuement formidable des idées, au *pandaemonium* entr'ouvert, à l'évocation d'un univers merveilleusement cohérent plutôt qu'au message de paix et de pardon par lequel s'achève la douloureuse destinée du héros de l'action infatigable :

Wer immer strebend sich bemüht,
Den können wir erlösen.

« Enfin, les voilà, nos dieux, s'écrie Taine dans sa *Littérature anglaise*; nous ne les travestissons plus, comme faisaient nos ancêtres, en idoles ou en personnes; nous les apercevons tels qu'ils sont en eux-mêmes, et nous n'avons pas besoin pour cela de renoncer à la poésie, ni de rompre avec le passé. Nous restons à genoux devant les sanctuaires où pendant trois mille ans a prié l'humanité.... Comprendre la légende et aussi comprendre la vie, voilà l'objet de cette œuvre et de toute l'œuvre de Goethe. Chaque chose, brute ou pesante, vile ou sublime, fantastique ou tangible, est un *groupe de puissances* dont notre esprit, par l'étude et la sympathie, peut reproduire en lui-même les éléments et l'arrangement. Reproduisons-la et donnons-lui dans notre pensée un nouvel être. » Plus tard, en 1867, Taine complétait cette interprétation toute hégélienne. « Le poème de Goethe, écrit-il dans l'*Idéal dans l'art*, est la peinture de l'homme qui, promené à travers la science et la vie, s'y meurtrit, s'en dégoûte, erre et tâtonne, s'établit enfin avec résignation dans l'action pratique, sans que jamais, parmi tant d'expériences douloureuses et de curiosités inassouvies, il cesse d'entrevoir sous son voile légendaire ce royaume supérieur des formes idéales et des forces incorporelles au seuil duquel la pensée s'arrête et que les divinations du cœur peuvent seules pénétrer. »

Entre ces deux jugements, fort conciliables assurément, mais orientés malgré tout vers deux points de vue différents, s'était placée la publication du *Dante et Goethe* de D. Stern : et c'était *Faust* qui s'y trouvait surtout commenté, parallèlement à la *Divine Comédie*. Avec quelque grandiloquence dans le ton et un mysticisme apostolique parfois déconcertant, Mme d'Agoult faisait de son mieux pour l'explication du poème goethéen et pour la transmission à la France de bien des conjectures allemandes : et jusqu'à la signification des Mères, « Parques du panthéisme, qui assignent à l'identité de la substance infinie son existence, sa forme, sa beauté, finies et phénoménales », bien des énigmes y étaient sollicitées de révéler leur secret. De même, les quatre chapitres où Caro rattachait à la *Philosophie de Goethe* le *Second Faust*, « œuvre de volonté et de science plutôt que d'émotion et de poésie », éclairaient de jours précis, sinon toujours favorables, « le drame de la volonté humaine, divinisée par la grandeur du but qu'elle poursuit et de la force qu'elle déploie ». « Le poète aura réalisé dans la vie de son héros l'idéal de sa morale, qui se tourne tout entière à l'action, si l'on prend ce mot dans son sens le plus haut et le plus large; — l'action opposée à l'égoïsme de la passion et à celui de la pensée solitaire, opposée à la spéculation, qui se dissipe dans l'abstraction vide, ou à l'agitation non moins stérile des vains désirs qui étreignent le nuage; l'action enfin, soit qu'elle s'exerce dans les devoirs positifs de la vie pratique, soit dans la culture esthétique et scientifique de l'esprit. »

Victor de Laprade, un peu plus tard, mettait ailleurs l'accent principal de l'œuvre de Goethe : fidèle à ce naturalisme qu'il conciliait à sa façon avec un catholicisme très orthodoxe, il écrivait dans son *Sentiment de la nature chez les modernes* : « Ce n'est pas l'âme du docteur Faust, ce n'est pas l'humanité toute seule qui a posé devant le poète, c'est l'universalité des choses. L'homme occupe sans doute le poste central dans le drame comme il l'occupe dans la partie de cet univers qui est à notre portée; mais, en dehors de cette place nécessaire de l'âme humaine, tout est donné au monde extérieur. Le développement de l'esprit dans l'histoire et le développement de l'histoire dans la vie universelle, voilà le formidable sujet auquel Goethe s'est attaqué. »

Quelle que soit l'intention secrète que ses commentateurs y discernent, le *Faust* total reste bien, au moment où nous sommes, à la cime de l'œuvre de Goethe pour les Français qu'a touchés l'espèce de ferveur hégélienne ou schellingienne à laquelle le poète n'a pas été sans contribuer. Qu'on rapproche la morale du drame de celle de *W. Meister*, comme Caro, qu'on en fasse une *Symbolique* à la Creuzer ou un *De natura rerum*, comme le veulent Taine ou Laprade, il n'importe : on reconnaît amplement la signification symbolique et synthétique de cette puissante construction, « avec le poète au centre du drame, comme le Dieu des panthéistes dans le monde qu'il crée incessamment ».

Il va sans dire que cette importance de *Faust* n'est nullement admise par tous ceux à qui il arrive de s'occuper de cette œuvre. Étienne Arago, en 1869, termine une étude sur elle par ces réflexions : « Je l'avoue, au risque de paraître blasphémer, je donnerais de bon cœur tout le *Second Faust* pour quelques scènes du *Premier Faust*, et celui-ci tout entier pour une bonne pièce de Molière ou même pour *Candide*. Si c'est un marché d'ignorant, je le ferais néanmoins. Chacun prend son plaisir où il le trouve, et j'avoue que le mien est, décidément, avec nos grands auteurs » : préférences qui trouvent, dans la presse du jour, bien des approbations. Le premier *Faust* lui-même, n'est-ce pas le moment où la parodie s'attaque à lui, et où le boulevard est appelé à s'égayer — comme jadis d'une Charlotte aubergiste ou épicière — d'un Faust transformé en magister de village, d'une Marguerite blanchisseuse, de la ballade du roi de Thulé chantée sur l'air de Fualdès? Le *Petit Faust*, l'opéra-bouffe de Crémieux et Jaime, avec musique d'Hervé, que les Folies Dramatiques donnèrent le 24 avril 1869, était évidemment suscité surtout par le grand succès du *Faust* de Gounod, repris à l'Opéra; mais c'était, malgré tout, la revanche du boulevard, et de l'esprit léger du second Empire, sur des personnages et des idées auxquels était attachée un peu de la gloire de Goethe. Peut-être pouvait-on, au gré du « modeste Hervé », remplacer le nom de Gounod par celui du poète allemand lui-même dans ce quatrain d'un fantaisiste du *Figaro* :

Gounod n'est qu'un plagiaire impie...
Et de l'oubli s'il est sauvé,
C'est par son *Faust*, pâle copie
Du *Faust* de l'immortel Hervé!

Par son ampleur même, le *Faust* total échappe presque à l'imitation. Seul, un raté prétentieux, comme d'Argenton dans le *Jack* de Daudet, pouvait ambitionner de se mesurer, en une *Fille de Faust*, avec Gœthe. Il y avait bien, dans une « comédie politique » donnée au Gymnase en juin 1850, *la Nuit de Walpurgis*, une parodie du « sabbat » de 1848 et une évocation de toutes les opinions qui se heurtaient alors. L'*Imagier de Harlem*, de G. de Nerval, en 1851, se souvenait au second acte — la cour de l'archiduc d'Allemagne — de la visite de Faust à l'Empereur.... Les œuvres de jeunesse de Flaubert, son *Rêve d'enfer*, son *Smarh*, sont inspirées de *Faust*, mais d'un *Faust* encore byronien et grimaçant. Et l'on sait quelle profonde impression avait faite, sur le jeune écolier, la lecture qu'il en faisait un soir d'avril. « Sa tête tournait, et il rentra chez lui comme éperdu, ne sentant plus la terre. » Prestige qui agira encore sur bien d'autres hommes de sa génération ! D'ailleurs, des œuvres inspirées par ce poème, comme la *Tentation de saint Antoine* de Flaubert, le *Futura* d'Auguste Va querie, seront d'un symbolisme assez clair ; complexe et splendide grouillement des théogonies de l'antiquité, ou ascension de l'humanité éclairée vers des buts toujours plus nobles et plus élevés, nulle inquiétante énigme, nulle décevante lueur n'y sollicitera les yeux, et l'on en pourrait dire ce que Sainte-Beuve écrivait à E. Allard : « Votre *Dernier Faust* a pour moi l'avantage que je le comprends, et que la perspective qu'il ouvre n'est pas trop nébuleuse ».

Quant à l'inspiration panthéiste qui a animé une partie de la pensée française de cet âge, il s'en faut que la forme qu'elle a prise dans la poésie rappelle le souvenir et révèle l'influence de Goethe. Souvent nos poètes se sont interdit cette émotion subjective dont ne se défendait pas, devant les choses, l'auteur de la *Métamorphose des Plantes*. Son *Prométhée* ou son *Satyre* palpitaient d'une fièvre qu'ignorent à l'ordinaire Mme Ackermann ou Leconte de Lisle ; c'est l'évocation du grand Tout, générateur et progressif, — plutôt que la contemplation du Néant, dévorateur des existences passagères, ou de la Maïa inexorable, — qui inspirait ses hymnes à la divinité de l'Univers. André Lefèvre, dans sa *Flûte de Pan*, avait un optimisme joyeux plus voisin de la sérénité où aboutit le panthéisme de Goethe, et il y a un peu de son éclectisme religieux dans la pièce que Louis Ménard intitulait *Panthéon* :

Le temple idéal où vont mes prières
Renferme tous les Dieux que le monde *a* connus.
Évoqués à la fois dans tous les sanctuaires,
Anciens et nouveaux, tous ils sont venus....

Ce « païen mystique » appelait néanmoins en première ligne, et comme à la tête d'une hiérarchie :

... les Dieux de l'ordre et de l'harmonie,
Qui, dans les profondeurs du multiple univers,
Font ruisseler les flots bouillonnants de la vie,
Et des sphères d'or règlent les concerts....

Leconte de Lisle encore, dans une belle pièce de *la Phalange* (1846), *la Recherche de Dieu*, confrontait la pensée moderne à l'hellénisme,

Et songeait, contemplant dans son calme élevé
Cette terre de Goethe où Schiller a rêvé....

N'était-ce pas réserver là une place d'élection aux dieux de l'Hellade? De fait, la pensée grecque, si heureuse d'exprimer les choses par les dieux, et si attentive à désigner, par des êtres qui les signifient tout entières, ces forces multiples et diverses qu'adorent les esprits religieusement « naturalistes », jouissait d'un redoublement de faveur auprès d'une partie de notre littérature du second Empire : sorte de néo-hellénisme d'origine mi-philosophique, mi-esthétique, qui a valu au classicisme de Goethe d'avoir ici, à son tour, sa zone d'influence et d'action. Plusieurs ont tenté, à son exemple, d'évoquer du fond de l'antiquité la belle Hélène et de lui faire habiter le manoir gothique de Faust.

CHAPITRE IV

AUX ALENTOURS DU « PARNASSE »

> « J'aperçois chez Goethe le temple de la Grèce jusque sur le rivage de la Tauride. »
> (SAINTE-BEUVE, *De la tradition en littérature*, 1858.)

L'exemple de Goethe, faisant des vers antiques sur des pensers nouveaux et drapant de nobles plis sur des sujets humblement modernes, les précédents offerts par ses poèmes de forme grecque ou latine, par *Iphigénie*, par *Hermann et Dorothée*, confirmèrent nos poètes, autour de 1860, dans la prédilection qui les inclinait vers le monde païen. Pour beaucoup, ce ne fut qu'un retour à un médiocre pseudo-classicisme, la reprise d'une tradition abandonnée, et comme la suite, dans la poésie, de la réaction commencée par la *Lucrèce* de Ponsard au théâtre. D'autres, au contraire, abordèrent avec une intelligence élargie ou affinée ce monde antique d'où Goethe avait évoqué la belle Hellénienne pour l'accueillir dans la demeure du docteur Faust. L'interprétation très libre et très sympathique des plus vieux symboles de la mythologie, l'amour dominant de la forme plastique, un égal dédain pour l'effusion romantique et pour l'absence de style du réalisme, telles étaient les conditions où se produisait ce nouveau retour à l'antique, mieux informé et moins superficiel que celui qui avait marqué la fin du XVIIIe siècle : ajoutez que les âmes délicates n'étaient que trop disposées à chercher dans le culte de la beauté hellénique un refuge contre la médiocrité et la laideur des temps.

La critique ne fut point la dernière à signaler tout ce qui, chez Goethe, pouvait encourager cette tendance. Sainte-Beuve, dans sa leçon d'ouverture à l'École Normale, commente la phrase goethéenne selon laquelle « le classique est le sain », et s'étend sur l'importance qu'eut toujours la Grèce pour l'auteur d'*Iphigénie*. « Critique, qu'il me soit permis d'invoquer l'exemple du plus grand des critiques, Goethe, de celui de qui l'on peut dire qu'il n'est pas seulement la tradition, mais qu'il est toutes les traditions réunies : laquelle donc en lui, littérairement, domine? l'élément classique. J'aperçois chez lui le temple de la Grèce jusque sur le rivage de la Tauride. Il a écrit *Werther*, mais c'est *Werther* écrit par quelqu'un qui emporte aux champs son *Homère*, et qui le retrouvera, même quand son héros l'aura perdu. » Un peu plus tard, dans l'*Artiste* du 15 août 1858, le fils de Théophile Gautier — interprète évident des idées de son père — consacrait un article à Goethe critique d'art, et insistait sur l'harmonie et le souci d'ennoblissement esthétique qui était le code même du poète allemand. Plus philosophiquement, A. Tonnellé, dans un de ses *Fragments sur l'art et la philosophie*, écrivait : « L'originalité, le grand mérite de Goethe, surtout dans ses poésies, c'est l'alliance de la forme antique avec l'esprit moderne; c'est l'application de la forme pure, sobre, nette de l'antiquité à l'expression d'idées d'une conclusion complètement différente; ainsi les terreurs et les séductions mystérieuses de la nature, les besoins infinis de l'âme, le désir, la rêverie.... En exprimant des choses vagues, Goethe les a revêtues de la forme admirablement bien proportionnée des Grecs.... L'art est parfait, et cependant la vie de la nature n'est ni éteinte ni affaiblie. Une chose non précise peut en effet être exprimée avec précision quand la forme rend avec mesure et perfection le fond même, l'idéal, l'essentiel. La chose reste nuageuse, mais l'expression est dégagée des nuages. Les contours de la forme sont arrêtés, sans que ceux de l'objet perdent quelque chose de leur caractère flottant. »

Les poètes aussi rendaient hommage à l'Olympien de Weimar. Une des comparaisons préférées de Gautier fait allusion à cette « blanche Tyndaride » queGoethe donna en mariage à son docteur Faust, et dont celui-ci eut un fils, le séduisant et éphémère Euphorion. André Lefèvre, dans la préface de sa *Flûte de Pan*, s'autorise d'une pensée de Goethe pour proclamer le lien qui rattache, par un perpétuel échange, l'homme et l'artiste au monde extérieur; les dieux grecs ne sont nullement déplacés dans notre siècle, puisqu'ils sont « des figures amies, prophétiques, qui nous devancent dans l'air et sur les ondes, comme pour y préparer nos conquêtes ». Un large éclectisme, chez le Banville des *Cariatides*, nomme Goethe non loin de quelques maîtres :

Dire Gluck, penché sur l'Eden,
Mozart, Goethe, Byron, Phydias et Shakspere....

Ce n'est pas, cependant, que tous les Parnassiens ou les néo-hellènes de ce temps s'apparentent absolument à la conception d'art qui fut celle de Goethe durant une partie de sa carrière. La mythologie reste pour plusieurs une sorte de figuration aimable ou splendide, et non la désignation même et la personnification des puissances essentielles du monde et des notions les plus profondes qui font la trame des destinées et des pensées humaines. Les Dieux de Banville ont quelque chose de florentin et de vénitien, alors qu'il pèse sur ceux de Leconte de Lisle comme une lourde rêverie hindoue. L'équilibre entre le monde intérieur et la réalité sensible est souvent détruit, chez Gautier, au profit de celle-ci; l'équilibre entre l'homme et la nature, de même, chez A. Lefèvre, au détriment de celui-là. Il n'en reste pas moins que le souvenir de Goethe s'impose assez souvent, à propos des poètes qui tentent de réédifier, en pleine pensée moderne, les colonnades et les frontons qu'avait enveloppés jadis le fin et grêle paysage de l'Attique. Barbey d'Aurevilly appelle Gautier un « fils », ou un « disciple », de « Goethe, l'archaïque » : et le poète des *Emaux et Camées* ne manque pas, de son côté, d'invoquer constamment, à l'appui de son souci de la beauté, « le Jupiter de Weimar, le poète marmoréen, le grand plastique ». Ou bien, à propos de Leconte de Lisle, il écrit : « Goethe, l'Olympien de Weimar, n'eut pas, même à la fin de sa vie, une plus neigeuse et plus sereine froideur que n'en montra ce jeune poète à ses débuts ». Conception erronée de l'attitude même de Goethe en face de la vie et des hommes, exagération de son impassibilité, au nom de doctrines qui s'en tenaient à l'art pour l'art, et qui croyaient pouvoir s'autoriser d'un illustre précédent. Bien souvent, c'étaient des temples vides que les néo-classiques de 1860 érigeaient, et leurs ciselures ne faisaient que parer la tour d'ivoire où s'isolait leur rêve : Goethe au contraire a tenté de reconstruire quelques calmes sanctuaires d'où les divinités propices à l'homme n'étaient point absentes.

Parmi les œuvres de Goethe à forme antique, deux surtout, *Hermann et Dorothée* et *Iphigénie en Tauride*, attirent l'attention. Ce sont celles où il s'est le plus efforcé de revêtir de l'eurythmie hellénique, soit un mince sujet moderne, soit une idée morale qui eût sans doute étonné un ancien. Il faut ajouter, à ces deux chefs-d'œuvre de sa maturité, la *Fiancée de Corinthe*, ballade à sujet antique, pour avoir l'essentiel de ce que notre littérature de 1860 a retenu de son inspiration « païenne » : c'est là, avec l'attitude même de « l'olympien » de Weimar, ce qui a surtout intéressé cette génération poétique. Sans doute, d'autres souvenirs se laissent discerner. Le *Prométhée* de Mme Ackermann rappelle les invectives du demi-dieu que Goethe, dans sa période de *Sturm und Drang*, lançait à l'assaut de Jupiter usurpateur :

Montre toi, Jupiter, éclate alors, fulmine
Contre ce fugitif à ton joug échappé!
Refusant dans ses maux de voir ta main divine
Par un pouvoir fatal il se dira frappé....

Il restera muet! Ce silence suprême
Sera ton châtiment.

Et le truculent *Satyre* de V. Hugo, le méprisant *Kaïn* de Leconte de Lisle renchérissent encore sur ce défi lancé au Dieu, olympien ou biblique. Ailleurs, ce sont les *Élégies romaines* qui font une impression profonde : Clair Tisseur — qui traduisit aussi l'*Amyntas* de Goethe — rend hommage à la « stylisation » de la volupté même qui transparaît dans les nobles distiques romains :

Goethe, je relisais, pensif, cette élégie
Où, par le jeu divin d'enchantements secrets,
Tu fais saillir aux yeux éblouis l'effigie
De la noble beauté romaine. J'admirais
Comme à la vie antique associant ta vie,
Tu réglas l'ardeur même aux lois de l'eurythmie,
Au point que dans ton vers, fait de frémissement,
Nul ne sait qui l'emporte, ou l'artiste ou l'amant.

Il faut noter aussi que l'*Achilléide* de Goethe avait, avant Leconte de Lisle qui exagéra cette innovation, restitué les noms grecs aux dieux helléniques par delà les vagues équivalences latines. Mais, en dépit de ces contacts de détail avec quelques œuvres moins notoires de Goethe, c'est dans les trois poèmes que nous avons réservés — une ballade, une épopée familière, une tragédie — que s'est résumé pour la pensée française le paganisme poétique du maître.

Paganisme purement poétique? L'éclectisme de celui qui, selon le mot de Sainte-Beuve, était « toutes les traditions réunies », ne méconnaissait point l'importance du christianisme dans l'histoire de la civilisation et dans la vie morale de l'humanité; mais son souci de l'harmonie, sa haine de l'ascétisme, son mépris pour la philosophie des causes finales lui rendaient particulièrement cher le monde antique. Et nos Parnassiens, qui avaient si souvent déploré l'« exil des dieux » ou la « mort de Pan », trouvèrent dans la *Fiancée de Corinthe* l'émouvant tableau du paganisme finissant. Ils y ajoutèrent, en s'en inspirant à l'occasion, une nuance, qui n'était pas si accentuée dans l'original, d'hostilité au Nazaréen dont les sectateurs amenaient l'enlaidissement et l'assombrissement de la vie. Jadis, Mme de Staël avait refusé de défendre « le but de cette fiction »; le baron d'Eckstein, en 1824, s'était gardé d'accorder à « l'immoralité de cette production » le bénéfice des licences poétiques : « le poète y peint le paganisme à son déclin, sous les couleurs les plus intéressantes, et fait de la naissance du christianisme le tableau le plus rembruni »; le *Mercure de France au XIX*[e] *siècle* avait été choqué des « idéalités mythologiques » qui s'y mouvaient; et les romantiques qui aimaient cette pièce, comme E. Deschamps, y goûtaient surtout le vampirisme macabre du sujet. A présent, l'accent principal ne peut manquer d'être placé sur le conflit même des deux religions, car ce sujet préoccupe plus d'un poète. Leconte de Lisle développe dans *Hypatie et Cyrille* l'antagonisme des croyances rivales, et ce qui n'était, dans la bouche de la vierge corinthienne, qu'une promesse désespérée,

Nous retournerons vers nos anciens dieux

devient ici une déclaration de foi prolongée :

Tels sont mes Dieux! Qu'un siècle ingrat s'écarte d'eux,
Je ne les puis trahir puisqu'ils sont malheureux.

Un poème d'André Lefèvre, *Julie et Trébor*, reprenait le même conflit tragique et décisif. La *Fiancée de Corinthe* inspirait un tableau de Jobbé-Duval, exposé au Salon de 1852 : la jeune fille, vouée par la décision maternelle à l'ascétisme de la religion nouvelle, maudissait sa mère et son zèle néfaste. Mais ce sont les *Noces corinthiennes* d'Anatole France qui, à la suite du poème « si touchant, si mystérieux et si profond » de Goethe, « dont le génie portait la lumière sur tout ce qu'il explorait », reprenaient et développaient cette antique donnée avec le plus de beauté et de piété. « Car je n'ai rien trouvé, disait l'auteur, qui peignît mieux le déclin des Dieux antiques et l'aube chrétienne dans un coin de la Grèce. » Ici, une tendresse indulgente était répartie entre les deux conceptions hostiles qui se disputaient la suprématie morale du monde; mais n'est-ce pas à ceux qui vont mourir que le plus d'émotion doit aller?

Moi, j'ai mis sur ton sein de pâles violettes,
Et je t'ai peinte, Hellas, alors qu'un Dieu jaloux,
Arrachant de ton front les saintes bandelettes,
Sur le parvis rompu brisa tes blancs genoux.

Dans le monde assombri s'effaça ton sourire;
La grâce et la beauté périrent avec toi;
Nul au rocher désert ne recueillit ta lyre,
Et la terre roula dans un obscur effroi.

La dernière scène de la troisième partie, non sans laisser le dernier mot au païen Hippias, le fiancé de l'infortunée, mettait dans la bouche de sa mère, Kallista, une noble profession de foi chrétienne; mais c'était bien un souvenir de la conclusion même de la ballade de Goethe qui inspirait la suprême déclaration du paganisme expirant :

Puisque au Dieu de la mort la terre est asservie,
Je vais chercher ailleurs la lumière et la vie.
J'abattrai les grands pins et les chênes des bois,
Afin qu'un seul bûcher nous consume à la fois;
Et confiés tous deux à la flamme brillante
Dans un même réseau de fidèle amiante,
Nous nous envolerons, loin d'un monde odieux,
Sur l'étincelle auguste, au sein profond des Dieux.

Tandis que l'auteur des *Poèmes dorés* se défendait d'être hostile à l'illusion, nécessaire à l'homme, qui s'était réincarnée dans le christianisme, tandis que des œuvres d'une donnée analogue, chez Leconte de Lisle ou André Lefèvre, prenaient visiblement le parti des croyances agonisantes contre l'ascétisme et la réprobation de la nature, le livret d'une autre *Fiancée de Corinthe*, représentée en octobre 1867, écartait volontairement l'idée religieuse, la lutte entre le christianisme et le paganisme. Cet opéra de Duprato, sur des paroles de Camille Du Locle, n'est pas la seule tentative qu'ait faite en France la musique pour frapper de son empreinte cette saisissante donnée, peu propre cependant, semble-t-il, aux exigences théâtrales. Emmanuel Chabrier est mort avant d'avoir écrit plus d'un acte d'une *Briséis*, sur un poème d'Ephraïm Mikhaël et de Catulle Mendès : une jeune Corinthienne y ressuscite le jour où revient son fiancé, parce qu'elle a juré qu'elle l'aimerait par-delà le tombeau....

C'est ici le lieu de rappeler deux traductions encore qui se rapportent à la tendance plastique ou païenne chez Goethe. Th. Gautier a imité en 1851 une des épigrammes vénitiennes :

Deux grands lions, rapportés de l'Attique,
Font sentinelle aux murs de l'Arsenal,
Paisiblement; — et près du couple antique
Tout est petit : porte, tour et canal.

Blaze de Bury, en 1853, traduisait des vers de Goethe inscrits sur un rocher dans le parc de Weimar :

O vous, qui de ces rocs et de cette forêt
Peuplez les profondeurs, nymphes libératrices,
Ce dont chacun de nous sent le besoin secret,
Nymphes, donnez-le lui de vos mains protectrices !

Menue monnaie, pourra-t-on dire, d'une influence qui agissait ailleurs avec plus d'intensité et de grandeur : mais il n'est pas indifférent de noter ces symptômes de la signification que prenait, à présent, un poète dont le spiritualisme artistique avait pu se servir et s'autoriser, à sa date.

Le poème où Goethe a haussé jusqu'au paradoxe le principe d'art qui lui faisait chercher dans l'antiquité la forme par excellence, *Hermann et Dorothée*, a trouvé moins tenaces, à l'époque où nous sommes, les répugnances que les prédilections et les habitudes françaises ont toujours éprouvées secrètement à son endroit. Cette œuvre où le poète allemand a réussi à faire franchir les portiques de l'idéal à la plus bourgeoise réalité, a trouvé, aux alentours de 1860 plus qu'à d'autres époques, des critiques sympathiques et des sectateurs convaincus.

Des revues telles que le *Spectateur du Nord* et le *Magasin encyclopédique* avaient signalé dès 1797, année de sa publication, le « petit poème » d'*Hermann et Dorothée*, et appelé l'attention sur cette « épopée de la vie domestique ». Pareille alliance de mots était bien faite pour déconcerter le public de cette époque, accoutumé à n'imaginer d'épopées que légendaires ou héroïques, et n'admettant la vie « ordinaire » que si l'effusion des sentiments et le romanesque des situations y trouvaient leur place. Même le fameux commentaire de Guillaume de Humboldt, dont le *Magasin encyclopédique* donna un extrait, ne pouvait convaincre beaucoup de lecteurs, et il fallait avoir une sensibilité à demi germanique, comme la future Mme Degérando, pour conseiller la lecture de ce poème (lettre du 8 juin 1798). Aussi Bitaubé, publiant en 1800 sa traduction en prose d'*Hermann et Dorothée*, ne pouvait-il manquer de recourir à mille précautions pour faire accepter au public français une œuvre si différente de son habituelle esthétique : doit-on se choquer, disait-il, de ne pas retrouver dans une œuvre étrangère ses idées ou ses habitudes nationales? et Goethe n'est-il pas l'auteur de *Werther*, « ouvrage universellement admiré »?

Le poète allemand avait accompagné de ses vœux la tentative de son traducteur; il attribuait au succès d'*Hermann* en France, en 1800, un avantage particulier : « Dans tous les États, mais en particulier dans une République, il est très important que la classe moyenne soit honorée et s'honore elle-même ». Il n'est pas sûr que les plus bienveillants, parmi les critiques ou les lecteurs français, se soient avisés de la signification républicaine attribuée par Goethe à son art. Pourtant la traduction de Bitaubé, quoi qu'on en ait dit, eut une assez bonne presse et aussi, au témoignage de Humboldt, « un certain public »; on vanta la nouvelle œuvre de Goethe, à faux le plus souvent, mais avec un luxe de louanges très suffisant; on garantit au lecteur le plaisir qu'il prendrait à sa traduction; « Goethe, imitateur de l'Odyssée, méritait d'avoir pour traducteur celui d'Homère, et tout autre y eût trouvé des difficultés insurmontables ». Cependant le caractère homérique fut moins distinctement signalé par les critiques que la fraîcheur idyllique d'un poème que l'on compara aux œuvres de Gessner ou à l'*Homme des champs* de Delille. « C'est, disait Colin d'Harleville dans une *Notice des travaux de la classe de littérature et beaux arts de l'Institut*, une peinture naïve et fidèle de la vie domestique, des épanchements d'une famille, de la confiance d'un voisinage; enfin des événements les plus simples et non moins touchants, surtout d'un premier amour, où l'on croit voir les mœurs de l'âge d'or, les longues amours de Jacob et de Rachel, enfin la nature même.... » Il n'y eut guère qu'un article de Degérando dans la *Décade* pour signaler « l'ennoblissement » de la réalité, « l'art de rehausser à nos yeux, sans affectation comme sans effort, les souvenirs les plus familiers », qui « suffiraient pour assigner à l'ouvrage dont nous parlons sa place au rang des chefs-d'œuvre... ». Fauriel lui-même, traduisant en 1810 la *Parthénéide* de Baggesen, passait rapidement, dans ses *Réflexions préliminaires*, sur cette mémorable « conformité avec les chefs-d'œuvre de l'antique ».

Le grand public français ne semble pas avoir suivi bien loin ni bien longtemps l'opinion favorable ou enthousiaste de quelques-uns; en tout cas, il ne résulta, de cette première initiation, ni familiarité intime ni profit visible, pas même un souvenir bien durable. Le tome IX des *Œuvres complètes* de Bitaubé reproduisit en 1804 sa traduction d'*Hermann*, traînante et sans grâce ; mais les comptes rendus firent assez bon marché de cette œuvre : « M. Bitaubé, écrivait le *Publiciste* du 19 fructidor an XII, a honoré le talent connu de M. Goethe, en lui donnant quelques instants pour faire passer ce petit poème dans notre langue ». Bitaubé mort, ses amis de l'Institut deviennent de plus en plus indifférents ou hostiles. Ducis ne cite pas la traduction d'*Hermann* dans son *Épître à Bitaubé*. Dacier, secrétaire perpétuel de l'Académie des Inscriptions, lit dans la séance publique du 7 juillet 1809 une notice où il s'élève contre la dénomination d'*épopée* qu'a donnée à cette œuvre Bitaubé lui-même. « Il paraîtra peut-être étonnant qu'un homme si rempli des beautés de ces poèmes [l'*Iliade* et l'*Odyssée*] n'ait pas voulu apercevoir que la simplicité de mœurs et les détails en quelque sorte domestiques, dont ils présentent ces tableaux si vrais et si intéressants, n'auraient vraisemblablement jamais enchanté les Grecs, si Homère n'avait mis en scène que des personnages vulgaires; que ces peintures naïves qu'on aime dans la Pastorale, ne peuvent plaire dans l'Épopée que par le contraste de la grandeur et de la simplicité, et en raison de l'élévation des personnages que le poète fait agir.... Peut-on, sans confondre les genres et sans blesser les premiers principes du goût, vouloir élever à la dignité de l'Épopée, et mettre en parallèle avec l'*Iliade* ou l'*Énéide*, un ouvrage dont les éléments et l'ensemble sont si roturiers? »

Voilà donc Hermann, fils d'aubergiste, sa famille et ses amis exclus du genre épique au nom des privilèges poétiques : Mme de Staël, en dépit de Humboldt et de Schlegel, n'est pas éloignée de prononcer le même ostracisme dans son *Allemagne* : « Il faut en convenir, les personnages et les événements sont de trop peu d'importance », et ce défaut n'est point racheté par « l'émotion douce, mais continuelle » et par la « dignité naturelle » dont la traduction ne rend nullement le charme. Quant à la simplicité toute homérique du vocabulaire qui ne recule point devant le mot propre, il y avait là un élément de réalisme auquel personne ne prit garde, et que la traduction déguisait d'ailleurs : et n'était-on pas à une époque où Castel, dans son poème des *Plantes*, n'osait dire qu'on met du fumier sur les champs?

> Là, sous un peu de terre, on concentre les feux
> Que la paille a reçus des coursiers généreux.

Les esprits détachés de l'orthodoxie classique, en revanche, étaient trop avides, à cette date, d'impressions rêveuses et d'enthousiasme mélancolique pour goûter l'apaisement et la résignation satisfaite qui respirent dans le poème de Goethe. Rien de plus caractéristique à cet égard que le *VIII*^e^ *Fragment* de Ballanche, où le mystique Lyonnais, en octobre 1809, évoque la scène où Hermann aperçoit dans le miroir du ruisseau la « figure charmante » de Dorothée. « Mais la scène enchantée que je viens d'esquisser si faiblement n'était qu'une vaine illusion, car ces aimables présages ne se sont point réalisés; et une rencontre qui paraissait devoir être la source de tant de félicité n'a produit que des larmes. Ces figures sans réalité, ces images fantastiques du ruisseau peignent d'une manière malheureusement trop exacte ce que les espérances des mortels ont de vague et de fugitif.... »

Ne nous étonnons donc point si cette première révélation d'*Hermann et Dorothée* à la pensée française n'a point laissé de traces dans notre littérature, trop aristocratique encore, ou trop sentimentale à cette heure, pour tirer quelque parti de cette forme d'art. La traduction de la *Louise* de Voss et de la *Parthénéide* de Baggesen, à la suite et sous le couvert d'*Hermann*, tels sont, peut-être, les seuls résultats discernables de cette initiation de 1800.

1830 ne fut guère plus favorable : parmi tant de lyrisme déchaîné, de curiosités moyenâgeuses ou exotiques et d'aspirations surhumaines, la poésie domestique n'avait que faire. Hermann fournit un prénom à des héros de roman : « Il se nommait Hermann, écrit Balzac dans l'*Auberge rouge*, comme presque tous les Allemands mis en scène par les auteurs ». En 1836, cependant, Sainte-Beuve, que ses préférences portaient vers la poésie des « intérieurs » et des « intimités », salue longuement Lamartine « comme l'Homère d'un genre domestique, d'une épopée de classe moyenne et de famille, de cette épopée dont le bon Voss a donné l'idée aux Allemands par *Louise*, que le grand Goethe s'est appropriée avec perfection dans *Hermann et Dorothée* ». C'est de *Jocelyn* qu'il s'agit, et le rapprochement s'impose, bien qu'on ne puisse, en dépit de certaines analogies de facture — l'habitude homérique d'une fréquente reprise des mêmes détails, des mêmes images, et presque des mêmes vers, — parler d'une influence exercée par le poème de Goethe. Celui de Lamartine est d'origine lyrique et chrétienne, celui de Goethe procède d'une intention artistique et morale toute différente. C'est plus tard, à la fin de sa vie, que Lamartine songeait à « faire un poème ou plutôt un roman dans le genre d'*Hermann et Dorothée* », et il entretenait de ce projet, en octobre 1867[1], un visiteur de Saint-Point.

Pas plus que *Jocelyn*, la *Marie* et les *Bretons* de Brizeux ou les poèmes domestiques de Sainte-Beuve lui-même ne sauraient être rapprochés d'*Hermann et Dorothée* que pour mémoire. Ce n'est qu'à mesure que la réaction se dessine contre l'école du sentiment et de la fantaisie, à mesure aussi que croît, chez ceux que n'attire point le réalisme, le désir de parer de beauté et de poésie la vie quotidienne, que le poème de Goethe prend toute sa valeur. Xavier Marmier — si attentif à tout ce qui est poésie domestique, rayonnement calme et sûr du foyer — publie en 1837 une nouvelle traduction, en prose, souvent rééditée avec le *Werther* de P. Leroux, et signale la vérité et la simple grandeur de cette idylle qui se détache sur un arrière-plan d'histoire et d'épopée. Henri Scheffer lui consacre une de ses toiles.

Si l'on a pu comparer à *Hermann et Dorothée*, pour leur morale analogue et leur pareille glorification de la vie domestique, des œuvres comme la *Gabrielle* d'Augier et telles nouvelles de Töpffer, il faut chercher ailleurs les traces les plus visibles d'une véritable influence. Même l'*André* de G. Sand, récit poétisé d'une aventure assez courante, et apologie permanente de la beauté de certaines existences reléguées « au fond des plus sombres masures,

1. Ed. Grenier, *Souvenirs littéraires*, Paris, 1894, p. 30.

au sein des plus médiocres conditions », même ses Nouvelles rustiques, que Taine égalait presque à *Hermann et Dorothée*, « sauf la distance de la prose à la poésie », diffèrent précisément de la variété d'art tentée par Goethe parce qu'ils sont en prose. « Les vers de Goethe, écrivait encore Taine, semblent imités d'Homère et le récit de George Sand semble inspiré de Xénophon. » Mais il y a là justement toute la différence qui peut séparer romans, récits et contes où la réalité se pare d'un rayon de beauté, mais sans abandonner la prose, d'œuvres où la poésie tenterait d'enfermer l'Hélène antique dans quelque humble demeure moderne. Citerons-nous le poème d'*Aline*, publié par Valéry Vernier dans *la Revue des Deux Mondes* en 1856, ou les *Récits poétiques* d'Eugène Mordret, ou le *Presbytère* de N. Martin, ou la *Servante* de Louise Colet (dans le *Poème de la Femme*), histoire d'une villageoise alsacienne qui va se faire domestique à Paris, et où l'*ennoblissement* des situations ne rappelle *Hermann* que de loin? Marie quitte son fiancé Julien :

> « Vous ne reviendrez pas, reprit-il tristement.
> Pas une de là-bas jamais n'est revenue!
> Ah! je sens bien pour moi que vous êtes perdue.
> Adieu donc, Marie. » Et machinalement
> A faire ses paquets il l'aidait en silence,
> Puis il les lui porta jusqu'à la diligence.

Cuvillier-Fleury reprochait à l'auteur (*Débats*, 24 décembre 1854) « une de ces surexcitations d'esprit qui nous font voir les objets plus grands qu'ils ne sont ou qui en effacent toutes les nuances... », et c'était là l'éternel reproche adressé à ces magnifications d'une humble donnée par la poésie, à la promotion esthétique, si je puis dire, des personnages vulgaires. « Il nous est bien permis, écrivait au contraire J.-J. Weiss deux ans plus tard, d'exiger à notre tour des héros bourgeois. » L'*Essai sur Hermann et Dorothée* que Weiss présentait à la Sorbonne comme thèse de doctorat — la soutenance eut lieu le 23 janvier 1856 — n'était pas seulement, en effet, le premier travail qui étudiât chez nous avec quelque détail le poème de Goethe, et qui insistât sur sa portée morale et sur sa valeur littéraire ; Weiss signalait l'à-propos durable de cette œuvre qui faisait paraître, « en face du pasteur, du juge et d'Hermann, Werther et Faust non seulement malheureux, mais petits », et le futur adversaire de la *Littérature brutale* exhortait les poètes à chercher dans l'héroïsme du travail, dans la grandeur des vertus de famille, les éléments de beauté qu'ils demandaient à tort à « la restauration du gothique » et à « un faux idéalisme ». « Ne craignez point de chercher trop bas vos personnages ; faites-nous des laboureurs grands comme des rois, et, s'il se peut, des Français du XIXe siècle austères comme des Romains de Corneille : ce ne sera pas dégrader l'art, ce sera réhabiliter la vie ! »

La littérature du second Empire n'était guère préparée à répondre à cet appel avec les soucis de régénération morale invoqués surtout par Weiss. Ses romanciers inclinaient vers le réalisme, tandis que ses poètes s'absorbaient en des rêves précieux ou s'appliquaient à des ciselures impassibles ou à des évocations chimériques plutôt qu'ils ne se penchaient sur la vie contemporaine. *Hermann et Dorothée* jouit cependant, vers 1860, de sa plus grande réputation, et sa trivialité « stylisée » n'a jamais été aussi vivement goûtée en France. Saint-René Taillandier en traduit divers fragments en vers; Philarète Chasles y signale « la véritable épopée allemande »; Victor de Laprade, dans son *Sentiment de la nature chez les modernes*, met bien au-dessus de *Werther* « ce merveilleux poème d'*Hermann et Dorothée*, dont tous les personnages, toutes les situations sont si complètement en dehors de la vie et de la sphère habituelle du poète... On se demandait s'il était possible de donner à des sujets modernes, et surtout à des scènes prises dans la vie familière, la noble simplicité, l'élégance, la pureté de contour, l'élévation de style propres à l'art grec. Goethe a résolu cette question dans *Hermann et Dorothée*. Mais l'exemple est encore unique jusqu'à ce jour. »

L'exemple est-il moins unique après le poème de *Pernette*, la tentative dont s'honorait Laprade vers le même temps? Saint-Marc Girardin et Pontmartin préféraient, « pour l'invention et pour l'action », *Pernette* à *Hermann*, où Goethe, selon celui-là, avait laissé prévaloir l'universel sur le particulier au point d'effacer l'individu et de faire « le tableau abstrait de la condition privée ». La plupart des critiques, au contraire, estiment que le style trop littéraire, l'élégance trop soutenue, des frémissements de lyre où l'on n'attendait que les pipeaux rustiques, déparent le récit des amours de Pierre et de Pernette, l'héroïsme du franc-tireur, le long veuvage de Pernette. La filiation, en tout cas, n'est pas douteuse. Laprade s'est défendu d'avoir fait une imitation « en s'inspirant de cet art incomparable, en visant aux mêmes qualités, en admettant une méthode à peu près semblable à celle du grand artiste » : réserve légitime qui ne nie point l'influence et la dépendance, qui limite la dette à l'étude des procédés et à l'application des principes artistiques de l'œuvre antérieure. C'est bien, dans *Pernette* comme dans *Hermann*, une idylle à fond d'épopée, les plus amples événements politiques venant toucher, d'une répercussion lointaine, de calmes, d'obscures destinées. Bien que l'épithète homérique soit à peine employée par Laprade, certaines tournures à peu près constantes qualifient régulièrement « le pasteur bien-aimé » ou « le docteur à la franche figure », et dans l'anonymat laissé à ces actifs comparses de l'action (et reproché à l'auteur par certains), il y a un souci de généralité visiblement inspiré par Goethe. Un souvenir direct d'*Hermann*, c'est sans doute aussi le motif de la fontaine :

> Les conviés souvent s'y penchaient pour s'y voir :
> Le ciel s'y reflétait tout bleu, pur de nuages,
> Et de son vif azur bordait ces deux visages.
> Des lèvres et des yeux mille signaux charmants
> Couraient sur ce cristal entre les deux amants....

Par un biais significatif, la *Pernette* de Laprade redevient assez vite une sorte d'églogue et de poème purement *rustique*, alors qu'une des plus admirables singularités d'*Hermann* était de conserver son caractère bourgeois, son décor et sa figuration de petite ville, en tout cas : mais qui ne voit que la réhabilitation poétique de la petite ville est, en France, une entreprise plus malaisée encore que l'utilisation « en beauté » de la vie quotidienne et des destinées coutumières? La même remarque s'applique aux poèmes où Autran a célébré ses *Laboureurs* et ses *Soldats* : c'est bien *la Flûte et le Tambour*, non point le piano ou le cornet à piston ordinaires, qui accompagnent le récit de leurs rurales aventures.

Bien que surtout présente à la pensée française à une époque où la réaction réaliste s'accompagnait chez quelques-uns d'un souci d'hellénisme, la signification d'*Hermann et Dorothée* ne sera point oubliée des âges qui suivront. Il est fort vraisemblable, étant données l'amitié de J.-J. Weiss et d'Edmond About et l'importance attribuée par la thèse de doctorat du premier à la glorification des vertus domestiques, que le *Roman d'un brave homme* est un lointain effet du poème de Goethe. On cite volontiers celui-ci, à propos de transpositions de l'antique au moderne, comme les romans de Mme Juliette Lamber. D'assez nombreuses traductions, celles de Fournier, de Colnet, de Léon Boré, de L. Belney, s'ajoutent à des rééditions, comme celle de Bitaubé dans la *Bibliothèque natio-*

nale ; P. Stapfer commente en 1881 *Goethe et ses deux chefs-d'œuvre classiques*, associant ainsi *Iphigénie* et *Hermann*. Et ces deux œuvres sont aussi, peut-être, celles que les programmes de notre enseignement secondaire et de notre baccalauréat classique ont le plus souvent fait marcher côte à côte. Mais on ne voit pas que cette forme d'art ait influé, dans les trente dernières années, sur notre production poétique ; rappeler telles œuvres de Coppée ou de Manuel, c'est évoquer assurément des poèmes parfois émouvants, souvent assez plats, où les « humbles » ont été sollicités de révéler ce que leur vie peut contenir de drames et d'héroïsmes; mais c'est aussi appeler l'attention sur la différence qui sépare un art qui s'autorise simplement à tout dire, d'une poésie qui voudrait donner à toutes choses un reflet de l'antique beauté et pour qui la Muse, en devenant « pédestre », ne perdrait pas ses ailes.

« Cette pompe de langage homérique appliquée aux relations les plus simples, dans les conditions les plus humbles, a son ridicule assurément, mais pourquoi cette poésie sérieuse ne serait-elle pas dans l'âme d'un aubergiste, d'un apothicaire, et d'une servante comme dans l'âme de Mme de Clèves? Quand les sentiments sont simples et primitifs, quand c'est le respect pour son père, l'affection pour sa fiancée, la tendresse pour son fils, le dévouement pour ses amis, je ne vois pas pourquoi les choses ne se passeraient pas, sauf le raffinement des nuances, avec la même émotion sérieuse, et poétique par conséquent, chez un apothicaire que chez un grand prince? C'est dans la région moyenne, dans les nuances de la société, qu'est la différence, et alors, si un aubergiste parle comme le prince de Ligne, on fait tort à la vérité; mais pour aller combattre l'ennemi à la frontière, pour secourir ses amis dans la détresse, l'élan est le même, et le langage peut s'élever très bien sans contraste avec la condition.... Relisez *Her-*

mann et Dorothée sous ce point de vue démocratique, et vous verrez. » Ainsi parlait Doudan ; mais outre que « ce point de vue démocratique » — qu'invoquait déjà Goethe en 1800 — a beaucoup de mal à se faire adopter par notre littérature, il est possible que le genre de sujets qu'a surtout traités la poésie des « humbles » et des « intimités » ait été plutôt du ressort du fait-divers, ou de la morale en action, que de ce domaine simplement humain où la noblesse de style ne serait point dépaysée.

Il n'est pas indifférent de noter qu'*Hermann et Dorothée* ayant paru à la pensée française la peinture par excellence de la bourgeoisie allemande, ses héros ont contribué à fixer pour nous le type du jeune homme et de la jeune fille d'outre-Rhin. Image dont on a exagéré à plaisir la bonhomie et la naïveté, et à laquelle on s'en est pris, dans une certaine mesure, de la terrible désillusion de 1870. E. Renan, dans l'*Avenir de la Science*, avait évoqué Hermann naïf et vrai avec ses amis et dans sa famille, bête en société, « l'homme vrai et sincère, prenant au sérieux sa nature et adorant les inspirations de Dieu dans celles de son cœur ». Quant à Dorothée, sa douce silhouette de ménagère attentive et sentimentale avait remplacé ou complété les figures trop romantiques ou trop éplorées de Marguerite ou de Charlotte. Un roman de Valéry Vernier, *Grëta*, avait représenté en 1861 deux Français cherchant aux eaux de Bade, sur la foi du poème de Goethe, une jeune fille blonde qui eût sa sincérité et sa simple droiture. Après la guerre, la colère si légitime de nos écrivains s'en prend, çà et là, à ces personnages poétiques trop chéris naguère et trop strictement interprétés comme l'Allemand et l'Allemande typiques. La *Revue des Deux Mondes* publie en 1872, sous ce titre : *les Lettres de Hermann et Dorothée*, la correspondance imaginaire d'un lourd soldat de l'armée d'invasion avec sa fiancée : le pseudonyme de l'auteur, P. Albane, cache en réalité Mme Caro, qui donne l'année suivante son œuvre vengeresse sous le titre des *Nouvelles Amours d'Hermann et Dorothée*. Paul de Saint-Victor, dans ses *Barbares et Bandits*, s'en prend à ce couple idyllique qui « nous cachait le peuple de proie ». Et Laprade, dans un de ses *Poèmes civiques*, intitulé *Bons Allemands*, fait à Dorothée les honneurs de la rime :

Bons Allemands, je n'ose pas redire,
Même en latin, tous vos autres exploits;
L'histoire un jour les devra tous écrire,
Mais un poète y salirait sa voix.
Puis vos Gretchens, vos chastes Dorothées
N'y croiraient pas, connaissant votre ardeur;
Thécla, Mignon en seraient attristées....

Le second « chef-d'œuvre classique » de Goethe, *Iphigénie*, est de tous ses ouvrages celui qui a le moins directement agi sur notre littérature. Conformément à son essence même, ce drame de vie intérieure, sans grande action visible, mais tout pénétré d'une eurythmie infinie, a enchanté ou ému des âmes plutôt qu'agi sur des manifestations littéraires, et le déroulement de ses longs plis lents n'a guère occupé les polémiques. Dès 1799, Villers rendait compte de cette pièce dans le *Spectateur du Nord* : tout en signalant les imperfections théâtrales de l'œuvre, il en louait la « noble et sévère ordonnance »; et, Français déraciné, il s'attendrissait jusqu'à donner une imitation du monologue de l'exilée :

Ah! malheur à celui dont les jours solitaires
Se traînent dans l'exil, loin de parents, de frères....

Après lui, Mme de Staël, qui tient à « l'intérêt plus vif, et l'attendrissement plus intime que les sujets modernes peuvent faire éprouver », contestait l'efficacité pathétique d'*Iphigénie*, sans refuser d'en admirer la haute poésie, la noblesse et la pureté. Elle non plus, qui regretta si longtemps le ruisseau de la rue du Bac, ne manquait pas de sympathiser avec les plaintes de l'héroïne transportée loin de la patrie. « En effet, l'exil, et l'exil loin de la Grèce, pouvait-il permettre aucune autre jouissance que celles qu'on trouve en soi-même?... » Et, nouvelle Tauride, Coppet avait vu, en 1808, la pièce de Goethe jouée sur son théâtre d'amateurs, avec W. Schlegel, Werner et Oehlenschläger dans les rôles principaux.

Mme de Staël insistait, comme W. Schlegel dans son *Cours de littérature dramatique*, sur la dignité un peu froide et sur la calme simplicité de cette œuvre, à laquelle était décerné un périlleux certificat d'hellénisme : c'était lui préparer des sympathies trop respectueuses pour n'être pas bien réservées. Aussi le Romantisme passa-t-il à côté de cette tragédie : de Guizard, son premier traducteur, la jugeait sévèrement; pour déterminer l'appréciation plus équitable d'Albert Stapfer, il ne fallait guère moins, peut-être, que l'intelligence plus avisée de son ami J.-J. Ampère, qui sut parler dignement, dans le *Globe*, d'une pièce qui n'était, au dire de Stapfer, qu'un « coup de massue » pour « les admirateurs du père de la tragédie romantique ».

Quant au classicisme agonisant, qui pourtant invoquait à l'occasion, contre les préférences de ses adversaires, l'exemple de poètes « tragiques » tels que Grillparzer, il semble avoir ignoré *Iphigénie*. Sa réputation d'ennui lui fit tort bien longtemps, et aussi la fausse interprétation qui n'y voyait qu'un effort plus ou moins heureux pour pasticher l'antique. J. Janin alla jusqu'à prétendre que l'héroïne sortait, en réalité, d'une Université d'outre-Rhin où elle avait appris l'argutie métaphysique, et Saint-Marc Girardin n'eut aucune peine à démontrer, dans son *Cours*, que les personnages de la pièce sont tous « des penseurs, et non plus des héros », entre lesquels se livre « un dialogue philosophique plutôt qu'un drame », et qu'à la vie active qui convient au théâtre, Goethe a substitué la vie contemplative.

Mais n'étaient-ce point ces défauts eux-mêmes, destructeurs de toute émotion dramatique, qui conféraient — au goût de quelques-uns — sa vraie splendeur à l'œuvre où la vierge admirable manifeste la vertu souveraine de la douceur féminine? « Je reviens, écrivait Doudan le 17 août 1838, à une opinion de mon extrême jeunesse, quand je ne trouvais rien de plus beau au monde que l'*Iphigénie en Tauride* de Goethe, précisément parce qu'il n'y a là ni vérité locale, ni observation minutieuse des passions, et que ce sont presque des abstractions poétiques qui ont juste assez de formes pour ne pas échapper à la vue et rien de plus. Relisez cette *Iphigénie en Tauride*. Si vous ne vous ennuyez mortellement, vous serez ravi, mais il faut un tact particulier pour y prendre plaisir.... » Et Amiel s'écrie, dans une lettre de Berlin, le 4 août 1847 : « Mon Dieu, que cette *Iphigénie* est une belle chose! Ce calme antique, cette forme parfaite, cette perfection achevée m'ont pénétré jusqu'à la moelle des os.... »

Assez fréquemment, à l'issue du romantisme, on invoque le précédent d'*Iphigénie* pour légitimer la forme tragique et l'inspiration que les poètes dramatiques redemandent à Sophocle ou à Euripide. En dépit de ces mentions dues à des critiques un peu érudits, la pièce continue à n'avoir en France que peu de sympathies visibles. Une traduction en vers, par E. Borel, paraît en 1855 : elle est éditée à Stuttgart. En 1864, l'original fait l'objet, en Sorbonne, d'une des thèses d'A. Legrelle — mais c'est la thèse latine : *De celeberrima apud Germanos fabula quae inscribitur Iphigenia Taurica*. Taine, cependant, s'éprend d'une vive admiration pour « l'accent incomparable et la sublimité sereine » de cette œuvre; il en parle avec émotion dans la *Philosophie de l'art*, dans *l'Idéal dans l'art*. Surtout, dans les *Essais de critique et d'histoire*, il lui consacre une longue méditation, parue d'abord dans les *Débats*, le 3 mars 1868, sous ce titre : *Iphigénie à Sainte-Odile*. Car il avait visité, en 1865, la forêt vosgienne et l'antique sanctuaire voué à la vierge d'Alsace; et il associe, en une sorte d'attendrissement orphique, « le plus pur chef-d'œuvre de l'art moderne » à l'émotion religieuse qu'il éprouve à se trouver en pleins bois, « dans un des grands temples naturels ». « De tels poèmes sont les abrégés de ce qu'il y a de meilleur et de plus élevé dans le monde »; et l'Iphigénie de Goethe, une sainte qui n'a pas connu le cloître et les désharmonies mystiques, est la prêtresse du culte le plus élevé qui se puisse offrir à des âmes humaines. « Si l'on veut savoir en quoi consiste le vrai sentiment religieux, c'est ici qu'il faut venir; il n'est pas une extase, mais une clairvoyance; ce qui le fonde, c'est le don de voir les choses en grand et en bien; c'est la divination délicate qui, à travers le tumulte des événements et les formes palpables des objets, saisit les puissances génératrices et les lois invisibles; c'est la faculté de comprendre les dieux intérieurs qui vivent dans les choses, et dont les choses ne sont que les dehors. Un pareil sentiment n'oppose point les dieux à la nature, il les laisse en elle, unis à elle, comme l'âme au corps. » Et Goethe était loué, non de l'équivoque mérite d'avoir fait une *Iphigénie* antique, mais de l'harmonie qu'il avait su rétablir entre deux tendances que séparait un divorce de quinze siècles. « L'homme a opposé le surnaturel et la nature, et l'épuration de la conscience humaine au développement de l'animal humain. Il a cessé de considérer la vertu comme un fruit de l'instinct libre, et d'allier les délicatesses de l'âme à la santé du corps. Le divorce subsiste, et jamais peut-être l'accord ne reviendra; après les grands artistes de la Renaissance, un seul poète, Goethe, l'a rétabli dans les temps modernes, et il n'a pu le restaurer qu'une fois. »

Tandis qu'une fervente contemplation panthéiste pénétrait ces belles pages de Taine, un autre admirateur d'*Iphigénie* était surtout séduit, dans le même temps, par la signification psychologique du poème. La vertu d'apaisement qui émane de la douceur féminine se trouvait symbolisée par « cette Allemande noble et compatissante, drapée à l'antique, il est vrai, mais qui n'a jamais cherché à se faire passer pour une fille légitime de la Grèce » : ainsi écrivait Legrelle, qui ne s'est pas contenté de consacrer à *Iphigénie* la thèse latine dont il a été question, mais qui en a publié, en 1870, une traduction en vers précédée d'une longue étude. Une dédicace à C. Martha souhaitait la réhabilitation d'une pièce « spirituellement ou involontairement calomniée chez nous ». L'introduction en commentait le sens profond et en racontait la genèse. La traduction rendait les nobles vers de l'original en alexandrins corrects et graves, qu'interrompaient, pour les monologues lyriques, d'autres mètres :

> Je vous salue, aïeux, de vos enfants maudits
> Moi le dernier, le malheureux Oreste.
> Du sol par vous planté j'ai recueilli les fruits,
> Je suis tombé sous le courroux céleste.

Bien qu'elle ait eu en 1874 une seconde édition, la traduction de Legrelle ne semble pas avoir reculé pour *Iphigénie* les bornes d'une notoriété restreinte à cette élite qui pouvait seule en tirer édification et plaisir. P. de Saint-Victor, dans ses *Femmes de Goethe*, fait à la noble prêtresse une place d'élection parmi les filles du poète : « elle les domine du front, comme Diane au milieu des nymphes. » La pièce a été traduite en 1882 par L. Marie d'Hyer, et en 1901 par Eugène d'Eichthal, qui a fait passer en vers, à son tour, le charme ingénieux de l'original. Mais aucune scène française n'a permis à l'action surtout psychologique et morale d'*Iphigénie* de se dérouler devant des spectateurs, et l'opéra de Gluck en a seul fourni, peut-on dire, une sorte d'équivalent musical. En revanche, le théâtre du Parc, à Bruxelles, a consacré une douzaine de soirées, en janvier et février 1902, à la représentation d'une traduction en prose rythmée et en vers due à Georges Dwelshauwers.

Il ne saurait donc être question, pour la grave tragédie de Goethe, que d'une notoriété en quelque sorte ésotérique, et comme excentrique à la littérature française. Même dans ces limites, *Iphigénie* a du moins le mérite d'avoir fourni à quelques délicats l'occasion et le thème d'une rêverie digne de son harmonie intérieure. Et il n'est point surprenant de trouver le témoignage particulièrement distinct de ce bienfaisant contact dans les dernières années antérieures à la guerre franco-allemande, — à une époque où l'individualité même de Goethe paraissait, à quelques Français, synonyme de rassérénement et de médiation consolatrice entre la vie universelle et les inquiétudes de l'homme moderne.

QUATRIÈME PARTIE

LA PERSONNALITÉ DE GOETHE

CHAPITRE I

« IMPASSIBLES » ET « COMPRÉHENSIFS »

> « Goethe, le maître de tous les esprits modernes. »
> (Taine, *De l'idéalisme anglais : Carlyle*, 1864.)

La personnalité de Goethe, telle qu'on la vit se dégager successivement de ses mémoires, de sa correspondance, de ses entretiens, des témoignages de ses familiers, n'a pas manqué de s'imposer peu à peu à l'attention de la France. Il y avait là, en effet, un homme, qu'on ne devinait qu'à demi à travers l'écrivain, et qu'il fallait connaître par d'autres documents que son œuvre proprement dite. On peut même soutenir qu'à mesure que celle-ci apparaissait plus vaste et plus complexe, et que diminuait l'efficacité immédiate de *Werther* ou de *Faust*, la personnalité de l'écrivain prenait une valeur indépendante, presque distincte de ses ouvrages. Il est rare que la postérité, en accueillant décidément un homme notable, que ce soit Achille ou Thersite, au nombre de ceux dont elle daigne conserver le souvenir, ne simplifie point jusqu'à une formule rudimentaire le sens qu'elle attribue à son individualité, à son rôle dans le conflit permanent des forces, à sa conception de la vie. Dans son instinct de n'admettre et de ne retenir que les « représentatifs », elle resserre parfois à l'excès la signification des héros du passé, et se satisfait aisément d'une image approximative, pourvu qu'elle soit nette. La pensée française a dû plusieurs fois retoucher et rectifier le portrait qu'elle s'est fait de la personnalité de Goethe. Des documents inédits, de nouvelles préférences nationales, les besoins de la polémique ou de la justification ont fait varier, comme il est naturel, l'image de cet étranger dont le nom persistait à franchir les frontières. C'est surtout entre 1860 et 1870 que le public français s'est arrêté à deux conceptions assez voisines de la figure morale de Goethe : Goethe « compréhensif » et Goethe « impassible ». Toutes deux avaient été ébauchées aux âges antérieurs ; toutes deux se retrouveront aussi, avec le grossissement de quelques traits, au delà de cette époque. Les mieux renseignés, parmi les interprètes français du poète, ont tâché de compléter ou de rectifier les linéaments essentiels de ces deux portraits typiques que cette décade, particulièrement, était en train de fixer : ils y réussissaient d'autant moins que l'attitude de Goethe — indépendamment de telle ou telle œuvre — se trouvait agir, dans ce temps, sur quelques-uns de nos plus notables esprits.

L'intérêt de curiosité, et presque de scandale, qui s'attache à tous les hommes célèbres, fut le premier motif des renseignements que des revues ou des récits de voyage donnèrent sur l'auteur de *Werther* : anecdotes traduites du *Monthly Magazine*, en 1801, par la *Décade philosophique*, aperçu biographique de Catteau, en 1810, dans son *Voyage en Allemagne et en Suède*, impressions de Mme de Staël dans son *Allemagne*, lettres de Spoerlin, en 1820, dans le

Lycée français, article de la *Biographie nouvelle des Contemporains*, en 1822. Comme il s'agissait de ce Goethe de Weimar que nos interviewers français, de leur côté, vont trouver si imperturbable dans sa sérénité, la première ébauche du personnage olympien et marmoréen s'indique déjà et s'estompe.

Chose bizarre, l'autobiographie de Goethe ne rencontre guère de critiques attentifs. Plusieurs journaux signalent chez nous la publication du premier volume, en 1812 : mais ni le *Moniteur* du 27 juin, ni le *Mercure* du même mois, ni la *Gazette de France* du 19 mars, ne s'avisent de l'intérêt qu'offre cet ouvrage. Mme de Staël et Camille Jordan le jugent également médiocre. Stendhal, en 1817, après l'apparition du quatrième volume, écrit sarcastiquement : « On lira la vie de Goethe, à cause de l'excès de ridicule d'un homme qui se croit assez important pour nous apprendre, en quatre volumes in-8°, de quelle manière il se faisait arranger les cheveux à vingt ans, et qu'il avait une tante qui s'appelait Anichen. Mais cela prouve qu'on n'a pas en Allemagne le *sentiment du ridicule*.... »

La traduction de la première partie des *Mémoires* par Aubert de Vitry, en 1823, fut mieux accueillie — mais pour des raisons assez secondaires, semble-t-il; on ne s'aperçut point que cette explication d'un grand écrivain par lui-même, cet essai d'auto-interprétation d'une destinée illustre, avaient leur intérêt propre, indépendamment des renseignements fournis par Goethe sur les événements contemporains. « Le récit de la vie et des voyages de Goethe est au vrai l'histoire de la fondation et des progrès de l'école romantique », déclare le *Moniteur* du 24 novembre 1823 ; les *Débats*, le 30 juin 1836, trouvent que Goethe n'y parle pas assez de lui. Maurice de Guérin, le 6 février 1833, note dans son journal : « Ce livre m'a laissé des impressions diverses. Mon imagination est tout émue de

Marguerite, de Lucinde, de Frédérica. Klopstock, Herder, Wieland, Gellert, Gleim, Bürger, cet élan de la poésie allemande qui se lève si belle, si nationale, vers le milieu du XVIIIe siècle, toute cette fermentation de la pensée des têtes germaniques intéresse profondément, surtout en face de l'époque actuelle, si féconde et si glorieuse pour l'Allemagne. »

Surtout, on est ravi de se renseigner, auprès de l'auteur même de *Werther* et de *Faust*, de l'origine de quelques personnages favoris : on contente une curiosité mal satisfaite jadis par l'indiscrétion de quelques traducteurs. La *Revue encyclopédique* recommande à ses lecteurs « des révélations sur les circonstances et le caractère des héros et de l'héroïne de *Werther*, cette composition si fameuse dans le genre romantique, la narration passionnée des amours réels de l'auteur ». Dans la même revue, en 1824, Patin s'écrie : « Avec quel intérêt n'avons-nous pas appris, dans les *Mémoires* de Goethe, où il avait trouvé son Werther, sa Charlotte, sa Claire, sa Marguerite, et tant d'autres personnages auxquels son art a communiqué cette seconde vie, cette vie immortelle que l'art donne aux personnages réels ! » Si bien que les figures qui animent les œuvres fictives de Goethe font tort à l'écrivain, le véritable héros de celle-ci — lorsqu'on ne va pas jusqu'à écrire, comme le *Mercure du XIXe siècle*, que c'est « l'histoire un peu longue de la vie d'un écrivain dont les ouvrages sont plus dignes que les actions des regards de la postérité, quoique celles-ci n'aient rien que d'honorable ».

Goethe n'était pas mort, et l'on ne songeait pas encore à découvrir la formule intérieure de sa longue existence, que plusieurs voix avaient préludé à des reproches qui se feront bien souvent entendre. « Son génie, écrivait la *Revue encyclopédique* en 1820, n'a jamais été employé à revendiquer pour ses compatriotes l'exercice des droits sociaux, et sous ce rapport il n'a rendu aucun service à sa patrie. » Dans le *Globe*, en 1827, de Rémusat affirme que « Goethe n'a été aux prises ni avec les événements, ni avec les passions ». Nous retrouverons ces objections, grossies et amplifiées : elles n'ont encore, pour l'instant, qu'une signification documentaire. Il arrive aussi, et fréquemment, qu'on identifie le poète de *Faust* au plus inquiétant de ses personnages, au négateur sarcastique, à Méphistophélès: des chroniqueurs superficiels s'en tiennent volontiers à cette interprétation, et J. Janin ne se fait pas faute de la développer brillamment. Même à la mort du « patriarche de la littérature allemande », peu de jugements d'ensemble se préoccupent de dégager la vraie signification de cette vie supérieure, le principe directeur de cette persistante et multiple personnalité. J.-J. Ampère seul, ou à peu près, agacé des reproches qui commencent à s'élever contre son grand poète, fait ressortir la beauté de son effort pour « maintenir l'équilibre entre ses facultés : il voulait tout recevoir, mais tout dominer.... Égoïsme, dira-t-on; comme si l'emportement de la passion était bien désintéressé. A cela je réponds : Goethe a sympathisé avec ce qu'il y a eu de meilleur dans son temps et dans tous les temps, et il était adoré de ceux qui l'approchaient. »

Un de ceux précisément qui avaient approché le maître de Weimar, le Genevois Soret, publie en 1832, dans la *Bibliothèque universelle*, des *Notices* sur Goethe : elles ont peu de retentissement en France; mais elles y pénétreront plus tard en partie, à la suite et comme complément des *Entretiens* avec Eckermann. Pour l'instant, et la campagne romantique n'étant plus dans le vif de l'offensive, les reproches adressés au « calme » de Goethe s'accentuent et se pressent. Henri Heine rappelle dans l'*Europe littéraire* du 13 mars 1833 les attaques de la Jeune Allemagne contre le demi-dieu de Weimar, et son *École romantique* y reviendra encore; Sainte-Beuve, en février 1834, regrette qu'une nouvelle conception de la grandeur, due à Napoléon, Byron et Goethe, s'insinue dans les esprits : ce dernier y a contribué « par son calme également railleur et plus égoïste peut-être » que l'ironie de Byron; Edgar Quinet, dans ses *Études* sur l'Allemagne, en 1836, estime « que le manque de charité et d'entrailles fut le caractère constant de Goethe. Son système de neutralité permanente dégénérait avec l'âge en manie. Je ne sache pas qu'aucun homme, non pas même Alexandre, fils d'Ammon, soit descendu au tombeau avec une satisfaction plus intime et plus incurable de sa propre divinité.... *Faciamus experimentum in corpore vili*, ce fut toujours sa devise. Amour, désespoir, patrie, terre et cieux, tout cela eut justement pour lui la valeur d'un sonnet régulier. »

Semblables reproches seront désormais l'explication la plus fréquente du caractère même de Goethe. Pour avoir réussi à intellectualiser ses plus vives sensations, pour s'être refusé à abandonner la gouverne de sa vie, et n'avoir pas voulu que le cœur, chez lui, affaiblît la tête, l'accusation d'insensibilité égoïste sera souvent, on le sait, formulée contre ce lucide génie. Les poètes, d'autre part, rêvent justement d'action sociale, d'apostolat, de vaticination politique : comment n'en voudrait-on pas à ce contempteur de la littérature à tendances, refusant de descendre dans l'arène, de mettre sa lyre au service des revendications constitutionnelles ou de l'indépendance nationale? *Politisch Lied, ein garstig Lied.* Aussi y a-t-il déjà quelque originalité à dire, comme George Sand, en 1839, dans son *Essai sur le drame fantastique* : « Goethe n'était pas seulement un grand écrivain, c'était un beau caractère, une noble nature, un cœur droit, désintéressé.... C'est une grande figure sereine au milieu des ténèbres de la nuit. »

Il est inutile d'énumérer tous les jugements que cette

sérénité et cette haute compréhension de Goethe, que sa façon de se « délivrer » par la poésie de ses souffrances morales, ont suscités chez nous comme en Allemagne. Jusqu'au moment où de nouveaux documents informent le débat, on vit assez communément sur une double idée : l'admiration pour l'écrivain, l'éloignement pour l'homme. « Talleyrand de l'art », écrit Sainte-Beuve en 1835; « une âme sèche », prononce Lamennais en 1841 ; « le grand Méphistophélès », décide Michelet en 1842; « un homme que j'admire, mais que je n'aime pas du tout », confesse Chateaubriand en 1844.

Beaucoup, chez nous, vont rester sur cette impression défavorable; sans cesser de reconnaître la portée intellectuelle de l'œuvre de Goethe, ils se refuseront à attribuer à l'homme lui-même une valeur analogue. Victor Hugo, en particulier, reste irréductible; lui que tant de choses séparent de ce grand émule, il persiste à ne voir dans son équilibre qu'indifférence, dans sa réserve que lâcheté : et le grand Allemand à son gré, ce n'est pas Goethe, c'est Beethoven.

Pour des esprits plus attentifs, de nouvelles sources permettront peu à peu une meilleure et plus équitable information : mais l'ancienne légende est si tenace que le commun des lecteurs français, même s'ils admirent l'universalité de son esprit ou la beauté de ses créations, hésitent à lui demander le réconfort et l'édification que l'humanité aime à chercher auprès de ses grands hommes. Il est le vaste cerveau que David d'Angers a sculpté en un marbre colossal, l'intelligence universelle dont chaque jour fait découvrir à la France un nouveau domaine — histoire naturelle, critique d'art, philosophie; mais il n'a plus rien d'humain, et nulle commune mesure ne semble exister entre sa grandeur et la moyenne de l'humanité. Banville s'extasie en 1841 :

Goethe, dont la pensée était un univers!

et en 1842, avec une distinction significative :

Shakspere, ce penseur! ombre! océan! éclair!
Abîme comme Goethe! âme comme Schiller!

Le Poittevin, l'ami de Flaubert, célèbre la sérénité où se serait figé, après l'épisode de Frédérique, ce vainqueur de la passion :

Tu parvins, cependant, à dompter la matière;
Cette épreuve, pour toi, demeura la dernière,
Et ton cœur, par l'amour si longtemps tourmenté,
Dans un calme profond depuis s'est abrité.

La correspondance avec Bettina, signalée par Ph. Chasles dans les *Débats* du 31 juillet 1842, traduite l'année suivante par Seb. Albin (Mme Cornu), ne modifie nullement ce point de vue, au contraire. Cette aventure singulière, où, vieillissant et glorieux, le poète se caressait le cœur à la ferveur d'une toute jeune adoratrice, est· commentée par divers articles de revues; elle inspire en 1844 la *Modeste Mignon* de Balzac, et Sainte-Beuve, aussi tard que 1850, lui consacre un de ses lundis. Presque partout, l'impression est la même : pour se laisser adorer avec cette tranquillité, il faut être, non de chair et de sang, mais du métal dont sont faits les dieux. C'est à peine une atténuation que d'excuser, au nom d'une vocation impérieuse, le héros souriant de l'histoire, et d'écrire comme Modeste Mignon à Canalis, « son » grand homme : « Ne m'avez-vous pas dit de Byron et de Goethe qu'ils étaient deux colosses d'égoïsme et de poésie? Eh! mon ami, vous avez partagé là l'erreur dans laquelle tombent les gens superficiels.... Ni lord Byron, ni Goethe, ni Walter Scott, ni Cuvier, ni l'inventeur, ne s'appartiennent, ils sont les esclaves de leur idée; et cette puissance mystérieuse est plus jalouse qu'une femme, elle les absorbe, elle les fait vivre et les tue à son profit. » Le prologue de la *Charlotte* de Souvestre et Bourgeois en 1846, le *Régent Mustel* de Dumas fils en 1852, présentaient en pied un Goethe tout entier attaché à sa mission d'interprète de la vie, oubliant de vivre pour ne songer qu'à sa tâche implacable. De même, en 1853, dans une pièce jouée quelques soirs, le *Schiller* de J.-N. Fontaine, un jeune émigré français expliquait ainsi le caractère de Goethe (qui apparaissait d'ailleurs accessible à quelque émotion) : « Sa grandeur et son calme ne sont point de l'orgueil, c'est sa vie même, c'est son génie ».

Sainte-Beuve, cependant, découvrait à présent un Goethe plus humain, moins figé dans une imperturbable attitude de demi-dieu. « En lisant ces lettres de Bettina, on fait comme elle, on se surprend à étudier Goethe dans sa mère, et on l'y retrouve plus grand, plus simple du moins et plus naturel, avant l'étiquette, et dans la haute sincérité de sa race.... » C'était là, chez le grand critique, une intuition qui ne devait se confirmer et se développer que plus tard ; et il était à peu près seul à signaler cette *humanité malgré tout* de l'Olympien. La légende est si tenace que la première tentative de Richelot, en 1844, pour faire connaître un autre Goethe à la lumière de divers témoignages personnels, et pour rendre plus vivante l'image que s'en traçait la France, est assez fraîchement reçue. C'est au sujet de cette publication que Chateaubriand fait la déclaration citée plus haut ; John Lemoinne, dans les *Débats* du 10 août 1845, prononce une fin de non-recevoir analogue : « Plus nous considérons l'ensemble de la vie et des ouvrages de Goethe, plus nous sommes confirmés dans cette pensée, qu'à ce grand poète, à ce grand penseur, à ce grand écrivain, il manqua toujours quelque chose : la bonté, ce don inné qui ne s'acquiert pas plus que la beauté, et qui, comme la Grâce, ne peut venir que de Dieu. »

Tenace résistance ! Elle s'obstine à mettre Goethe hors l'humanité, à contester que ce cœur ait jamais battu, que ce cerveau se soit abstrait un seul instant de la poursuite inexorable de fins purement intellectuelles. Les plus bienveillants accordent qu'il y a eu sans doute, dans sa vie, des phases très différentes, et que le personnage majestueux et paisible de la vieillesse n'est pas semblable au Goethe des années jeunes; X. Doudan, le 1er avril 1840, reconnaît qu'il n'a jamais « pu bien accorder Werther et Goetz de Berlichingen avec Goethe lui-même ». Mais il faut disposer de témoignages que le public français et la critique ne possèdent pas, pour différer ici de la moyenne de l'opinion, comme Daniel Stern, qui s'écrie en 1849 : « Et l'on accuse un tel génie de n'avoir point aimé! Reproche ingrat autant qu'absurde! »

Dès 1855, le procès est repris. La publication des lettres se rapportant à l'aventure de Wetzlar, le livre d'A. Baschet sur les *Origines de Werther*, la traduction des *Mémoires* par la baronne de Carlowitz — arbitrairement remaniés et allégés, d'ailleurs, — sont les pièces de cette enquête nouvelle : on ne peut dire qu'elle soit favorable au poète. « Si Goethe, déclare Ed. Thierry dans le *Moniteur* du 8 janvier 1856, avait réellement aimé une fois dans sa vie, l'émotion lui en serait restée jusqu'à sa dernière heure. Il aurait désappris pour toujours l'orgueil et l'adoration de soi-même. Il n'aurait pas fini par être un Dieu de marbre et par se retrancher dans cette sérénité olympienne que rien n'altéra plus depuis que Schiller fut retranché du monde.... » Et Taxile Delord, dans le *Magasin de librairie* : « Il y a dans la vie de tous les écrivains une minute, un cri, un mot, où la passion se fait jour; n'attendez rien de tout cela de Goethe; c'est un automate qui a un cerveau... ». Bien rares sont ceux qui comprennent — comme Sainte-Beuve dans un article sur *Musset*, le 11 mai 1857 — que le principe même de la vie sentimentale de Goethe était, non dans l'impassibilité, mais dans cette faculté de « se détacher à temps de ses créations, même les plus intimes à l'origine », et de pratiquer l'art de la délivrance par la poésie. Plus rares encore ceux qui écrivent, comme J.-J. Weiss dans la *Revue de l'Instruction publique* en octobre 1855 : « Sous cette froideur, que de douleurs vraies! Sous ce masque d'impassibilité, quelle raison ardente autant que sereine! Quelle sympathie pour l'humanité! On s'y est trompé cependant; et cette faculté de tout convertir en poésie, qu'on admire si vivement dans l'écrivain, on n'a cessé d'en faire un crime à l'homme comme d'une marque d'égoïsme et d'indifférence. »

Si encore, à défaut de ce frisson du sentiment qu'on persiste à contester à Goethe, on savait voir quelle haute leçon de culture et d'énergie peut donner une telle vie! Mais il semble que son universalité et sa persistance dans l'intelligence et la curiosité ne soient que l'indice d'un cerveau merveilleusement organisé, et que nul principe supérieur à une vague faculté encyclopédique n'ait gouverné cette existence tout entière penchée sur la vie et sur le monde. Çà et là seulement, et sous des plumes isolées, une pensée empruntée à la sagesse et au renoncement goethéens : Amiel écrit le 26 avril 1862 : « *In der Beschränkung zeigt sich erst der Meister*, dit Goethe. Mâle résignation, c'est aussi la devise des maîtres de la vie. Énergie résignée, c'est la sagesse des fils de la terre. » Au début d'un article sur Longfellow, A. Dudley cite dans la *Revue des Deux Mondes*, le 15 novembre 1854, cette maxime si noble qui domine l'activité de Goethe : « Celui-là seul mérite la liberté et la vie qui chaque jour travaille à se les conquérir ».

Mais voici venir — au moins dans quelques régions de la pensée française — l'heure des réparations et des réhabilitations. Des articles de Blaze de Bury sur la *Jeunesse de Goethe*, en 1857, ont signalé toute l'exubérance et l'ardeur de celui qu'on n'imaginait qu'immobile dans son insensibilité de demi-dieu; Marie de Solms, en 1858, a publié des *Lettres inédites* de Goethe qui augmentent les documents directement confidentiels; dans la *Revue germanique*, la même année, une chaleureuse introduction de Ch. Dollfus a précédé des extraits de la Correspondance de Goethe et de Schiller; en 1860, dans ce périodique, une belle étude du même auteur trace les lignes dominantes de cette personnalité encore bien rapprochée pour une vue d'ensemble, et insiste sur la part que l'éducation personnelle a eue dans le développement de Goethe : « une force qui s'accroît »; et sur la franchise et la modération de ce grand esprit, qui était en même temps une grande moralité. Mais c'est surtout entre 1862 et 1866 que se placent les publications réparatrices, les articles vengeurs, et les aveux de cette vérité incontestable : que la France doit s'efforcer de retoucher et de refaire l'image qu'elle avait, jusque-là, du *moi* de Goethe.

Plusieurs ouvrages, dont quelques-uns ont été déjà cités ailleurs, contribuèrent à éclairer, sur la signification et la valeur du poète de *Faust*, les esprits les plus attentifs et les plus sincères de cette génération. La correspondance avec Schiller, traduite en 1863 par la baronne de Carlowitz, n'y fut que pour une faible part : cependant Saint-René Taillandier, dans sa préface, y répétait, ce qu'il avait déjà proclamé souvent, que Goethe, dans ses lettres, nous donne bien des preuves touchantes d'une chaleur de cœur, d'une ardeur primesautière dans l'affection, qu'il est stupide de vouloir contester.

Plus efficace et plus décisive fut la publication — un peu trop lente, malheureusement, et espacée sur un trop long espace de temps — dans laquelle H. Richelot, de 1863 à 1864, reprenait et complétait sa tentative de 1844. La préface le disait nettement : « Heureux si j'ai pu tracer un portrait fidèle, et si, détruisant des préventions, filles de l'ignorance, qui subsistent encore parmi nous, je réussis à faire connaître Goethe, aussi digne d'affection par la générosité et la bonté du cœur, aussi digne d'estime par la noblesse et la dignité du caractère, que d'admiration par la grandeur sublime de l'intelligence! » Et ces quatre volumes sur *Goethe, ses mémoires et sa vie*, aboutissaient à une appréciation d'ensemble qu'animait un semblable désir de réhabilitation. « L'empire sur lui-même était le contrepoids nécessaire de sa sensibilité extrême... Abandonnée sans frein à elle-même, cette sensibilité eût causé les plus grands malheurs. L'équilibre des deux éléments composa une organisation morale des plus parfaites. Ce ne fut pas, du reste, sans de grands efforts que Goethe acquit la rare vertu du calme. Mais s'il se retire parfois dans la solitude, si son visage est réservé, n'en faites pas, pour cela, un misanthrope, un égoïste. »

A. Hédouin, dans le même temps, achève de publier dans la *Revue germanique* son adaptation de la biographie de Goethe par Lewes : il la donnera en volume, en 1866, avec cette épigraphe significative empruntée à Jung-Stilling : « Le cœur de Goethe, que peu d'hommes ont connu, était aussi grand que son intelligence était admirée de tous! » Un article d'Ed. Humbert dans la *Bibliothèque universelle* s'élève de son côté contre le reproche d'égoïsme qu'un livre récent, les *Souvenirs de Mme Récamier*, adresse à l'hôte de Mme de Staël à Weimar : « Goethe égoïste, quand il n'y avait un incendie dans la ville et aux environs qu'il n'y courût! Égoïste, quand il organisait la milice, occupation qui ne faisait guère avancer ses ouvrages! Égoïste, lorsque, remplissant avec scrupule tous les devoirs de sa charge de conseiller, il rédigeait des rapports, voyait tout, surveillait tout, et régulièrement assistait aux séances du Conseil privé. Égoïste, non! »

Beaucoup plus que les *Mémoires*, que les correspondances ou les biographies, la traduction des *Conversations* avec

Eckermann, en présentant au public un tout autre Goethe que l'Olympien légendaire, a contribué à éclairer le jugement des esprits impartiaux. Ces libres entretiens de l'écrivain allemand avec un admirateur qui note ses pensées *de omni re scibili* faisaient connaître dans une bonhomie insoupçonnée, en même temps que dans une droiture et une indépendance singulières de jugement, le conseiller d'État de Weimar. Curieux de toutes les formes de la pensée, respectueux de toutes les sincérités, répondant sans morgue et sans pose à l'investigation parfois inintelligente de son partenaire, apparaissant enfin dans l'exiguïté toute bourgeoise de son train de vie, Goethe n'était plus, ici, le hautain Jupiter qu'on s'imaginait, humant d'une narine dédaigneuse l'encens des hommages et des adulations. C'était un investigateur sincère et modeste du vrai, un vaillant esprit libéré de toutes les petitesses et de tous les dédains, une de ces belles âmes, comme dit Montaigne, qui sont « universelles, ouvertes, et prêtes à tout; sinon instruites, au moins instruisables » de toutes choses.

Ce fut une réelle émotion, pour quelques-uns, que l'arrivée de ce Goethe nouveau, venant en pleine publication des œuvres complètes dans la traduction Porchat, au milieu de l'enchantement que sa pensée métaphysique offrait à la nouvelle philosophie française. En 1862, l'éditeur Hetzel publia, traduits par Charles, des *Entretiens* qui « désossaient » l'original, en quelque sorte, et prétendaient n'en donner que la substance. Ce ne fut que l'année suivante que parut, chez Charpentier, une traduction plus complète, celle d'Émile Délerot [1]. Dans l'intervalle, divers articles, et particulièrement trois *Causeries* de Sainte-Beuve, avaient signalé tout l'intérêt de cette publication, et reconnu quel élément nouveau d'appréciation elle apportait

1. Sur l'histoire de ces deux traductions, cf. J. Troubat, *Souvenirs du dernier secrétaire de Sainte-Beuve*, Paris, 1890, p. 300 et suiv.

à l'étude du *moi* de Goethe : « l'âme du grand homme y respire ».

« Nous avons tous, confessait Sainte-Beuve, plus ou moins, sur la foi des premiers témoins et visiteurs qui nous en ont parlé, cru Goethe plus insensible qu'il ne l'était.... » Pareil aveu se glisse dans plusieurs des comptes rendus qui furent consacrés, soit aux *Entretiens* de la traduction Charles, soit aux *Conversations* de la traduction Délerot. Quelle joie de trouver « un homme véritable au lieu de la créature surhumaine » qu'on avait imaginée ! Et, pour ceux qui depuis longtemps révéraient cette haute intelligence, quel délice d'expliquer désormais autrement que par un cœur insuffisant la sérénité des dernières années ! Daniel Stern le remarque avec raison dans un des dialogues de son *Dante et Goethe*, il y avait eu une « erreur française » qui « attribuait à la jeunesse de Goethe la force de son âge mûr et le calme de sa vieillesse ». Erreur tenace assurément, et que les découvertes répétées que font les critiques de bonne foi n'ébranlent pas complètement. Il est si commode d'avoir une formule simple qui prétende caractériser l'individualité de chacun, même lorsqu'il s'agit d'une existence de quatre vingt-trois ans !

Si Goethe a conservé aux yeux de beaucoup de Français la figure impassible du vieux sage de Weimar, et si sa sérénité leur a paru la sécheresse d'un cœur éteint, ce n'est pas faute d'avoir été avertis de leur erreur. Le livre de Daniel Stern, un peu apocalyptique par instants, ajoutait l'hommage d'une admiration dévotieuse à tous les documents qu'offraient les récentes publications. Parmi les comptes rendus élogieux que suscita son livre, un des plus pénétrants fut celui qu'Émile Montégut lui consacra dans le *Moniteur universel*. « Le *Cœur de Goethe!* quel bel essai il y aurait à faire sous ce titre, écrivait-il le 30 juillet 1866 ; après tout ce qu'on a écrit sur le poète, le sujet est encore presque neuf.... Goethe eût été parfait s'il avait su davantage aimer : voilà sous sa forme la plus douce le reproche que tous lui adressent, même ses plus fervents admirateurs : voyons un peu ce qui en est. Loin de ne pas savoir aimer, il n'était que trop accessible aux dangereuses émotions de l'amour.... Il était né avec un cœur riche, chaud, facile à séduire, mais aussi avec une intelligence ferme, sage et grave. C'est dans cette intelligence qu'il trouva son salut.... Son intelligence laissa toujours son cœur libre de courir les aventures : seulement elle refusa toujours de se laisser duper par les sophismes et les excuses dont il aurait pu couvrir ses erreurs et ses fautes. L'art de la vie tel que le comprenait Goethe, et personne ne l'a compris aussi bien que lui, consistait dans l'application constante de cette maxime : faire servir notre expérience à notre perfectionnement individuel, et accepter toute épreuve non comme une humiliation ou un châtiment, mais comme un nouveau moyen d'éducation et comme une initiation à un degré supérieur de vérité.... » Admirable jugement, qui met toute la signification morale de Goethe, non dans l'enrichissement d'esprit auquel son exemple pourrait inciter, mais dans le perfectionnement intérieur et dans l'harmonie et la fermeté de son développement! Jugement assez isolé, d'ailleurs, à sa date; car si, dans ces dernières années de l'Empire, le précédent de Goethe a agi sur quelques membres de notre élite intellectuelle, ce fut plutôt par la haute compréhension dont quelques fragments critiques, çà et là, avaient donné l'avant-goût et dont les *Mémoires* et les *Entretiens* apportaient un nouveau témoignage, — ou par l' « olympianisme » même derrière lequel sa vieillesse avait dissimulé les derniers tressauts de son cœur.

Sainte-Beuve a subi, à un degré que ses biographes ont insuffisamment marqué, le prestige du Goethe découvert par la France des années *soixante*, de ce vieillard s'intéressant aux formes diverses de la pensée et s'efforçant de les relier, cherchant, pour juger les choses de l'esprit, à se dégager de toute habitude et de toute tradition, et à découvrir la « loi intérieure » au nom de laquelle prononcer l'éloge ou le blâme. Le dernier secrétaire de Sainte-Beuve, Jules Troubat, nous a signalé quelle révélation ç'avait été, pour son « patron » et le groupe de ses intimes, que la publication de ce livre des *Entretiens*. Puis le maître, le 14 juin 1866, remerciait Daniel Stern d'avoir, par son œuvre, complété l'initiation. « Bien que, dans ces dernières années, j'aie tâché de mieux connaître Goethe et de me pénétrer de lui, je ne suis, en l'étude de cette grande nature, qu'un novice et un aspirant. » Du moins y avait-il eu, « ces dernières années », dans l'esprit de Sainte-Beuve, une incontestable modification en ce qui touche l'exercice même de la critique. En 1835, dans un article sur Bayle, Sainte-Beuve pouvait écrire de Voltaire : « un grand esprit critique, le plus grand, à coup sûr, depuis Bayle ». A présent, ce n'est plus le scepticisme et l'agilité ironique, lumineuse sans doute, mais sans sympathie, d'un Voltaire, qui lui semble la forme supérieure de l'esprit critique, mais plutôt la façon dont un Goethe s'installe, pour juger d'une œuvre, au cœur des choses, et presque à la place de l'auteur lui-même. La flexibilité multiple de l'interlocuteur d'Eckermann est préférable aussi à l'absence complète de facultés créatrices de Bayle, qu'il louait jadis, à cette espèce d'atonie et d'amorphisme de tempérament qui devait rendre si facile à l'auteur du *Dictionnaire* son universel criticisme. « Le grand Goethe, le maître de la critique, écrit-il le 20 février 1860 au directeur du *Moniteur*, a établi ce principe souverain qu'il faut surtout s'attacher à l'exécution dans les œuvres de l'artiste, et voir s'il a fait, et comment il a fait, ce qu'il a voulu.... » Dans son article sur les *Entretiens*, il n'hésite pas à écrire : « Goethe, le plus grand des critiques modernes et de tous les temps... », et il vante cette ductilité d'esprit et ce besoin de perpétuel agrandissement intellectuel, grâce auxquels le maître de Weimar retrouvait, vis-à-vis de n'importe quelle production de l'esprit, une sorte d'immédiateté que n'obscurcissait aucune prévention. « Perfectionnons-nous sans cesse et marchons : c'est sa devise; c'est la meilleure réfutation aussi de la critique envieuse et mesquine. » Malheureusement, il n'est pas donné à tous ceux qui sont appelés à prononcer des arrêts intellectuels d'atteindre à l'activité, à la faculté de renouvellement et comme de sympathie successive qui fait la grandeur de Goethe critique. Sainte-Beuve lui-même n'a pas su, comme ce maître qu'il plaçait si haut, mettre toujours de côté ses préventions et ses répugnances personnelles. Il le sentait bien tout le premier et il faisait ses réserves lorsqu'on le comparait à Goethe. La chose était assez fréquente dans les dernières années de sa vie. Ce n'est pas tout à fait un compliment sous la plume d'E. Scherer, qui, dans le *Temps* du 6 mai 1862, après avoir vanté la pénétration et la flexibilité de Sainte-Beuve, ajoute : « Il ne lui manque qu'une faculté, celle qui manquait à Goethe, la faculté de l'émotion.... Il excuse tout, parce qu'il comprend tout. Il a quelque chose de l'indifférence, j'allais dire de l'immoralité de la nature elle-même. » Auguste Vitu, pur compliment cette fois, faisait un rapprochement identique. Et c'est évidemment à un rappel analogue que répond le maître, écrivant le 5 mai 1865 à É. Délerot : « Vous parlez du grand Goethe : il avait le calme, il habitait naturellement les sommets. J'étais l'homme des vallées.... »

La multiforme compréhension de Goethe, la sérénité avec laquelle il accepte et s'ingénie à goûter toutes les formes de la pensée sincère, dignes de la raison et de l'âme humaines, voilà ce qui enchante, dans le grand calme de l'Empire, quelques esprits distingués qui, sans désespérer du progrès, avaient plus ou moins fait leur deuil des rêves humanitaires. Il fallait assurément la retraite mélancolique où vivaient, sous ce régime médiocre, de nobles intelligences, pour attirer à Goethe une clientèle fervente. « Les *Entretiens* ne forment malheureusement que deux volumes, note Champfleury. J'en lirais volontiers dix, tant il y entre de substance. » Lamartine s'y attarde en son *Cours familier*. Flaubert s'écrie, les ayant relus, le 2 juillet 1870 : « Voilà un homme, ce Goethe! Mais il avait tout, celui-là, tout pour lui! » Paul de Saint-Victor le considère comme le type de l'intelligence absolue et suprême. Et il faut voir avec quelle gratitude tels articles de Laboulaye ou de Challemel-Lacour, des livres comme l'*Année d'un Ermite* de J. Levallois, savent parler du sage auteur de *Faust*.

Mais il est certain que l'illustre exemple du patriarche de Weimar, refusant de descendre dans l'arène des luttes politiques et mettant le progrès collectif dans les perfectionnements individuels, a été interprété et suivi, par ces hommes de 1865, dans un sens conforme à leur propre désenchantement et à leur mélancolique attitude en face du présent plutôt qu'à la réalité de ce précédent illustre. Par les services qu'il rendit à l'État, dans ce grand-duché de Weimar où lui furent confiés de multiples offices, Goethe a donné à la chose publique beaucoup plus de lui-même que n'étaient tentés de le faire les intellectuels de l'Empire. Sans doute, en disant, comme Taine : « Taisons-nous, obéissons; vivons dans la science », on rendait hommage à l'héroïsme de la pensée infatigable et libre, on restait d'accord aussi avec l'espoir goethéen d'un progrès opéré d'abord par les sommets de l'organisme social; mais on méconnaissait une bonne partie de l'efficacité morale que recèle la personnalité du grand écrivain.

Car la vraie grandeur du *moi* de Goethe est dans l'idée de « culture », et non simplement d'intellectualité épicurienne. Une marche progressive vers une plus noble existence, voilà, plutôt que la sérénité de l'universelle compréhension ou que l'assiduité d'une constante recherche, la leçon morale qu'on peut tirer de la vie de Goethe. Et c'est plutôt, ce semble, une leçon intellectuelle qu'on s'est plu à en retenir. Sans doute, Taine, dans les *Débats* du 26 janvier 1865, à propos d'un livre de Camille Selden, parle de « s'élever jusqu'à ce développement complet de soi-même que le grand Goethe présentait comme but unique et suprême à tout homme digne de ce nom »; mais cet ami persévérant de la recherche et de l'explication des phénomènes semble réduire, par ailleurs, ce « développement » à une connaissance scientifique de l'homme et des choses. De belles pages de la *Littérature anglaise*, après avoir conduit Byron jusqu'au terme de son aventureuse carrière, opposent aux confuses aspirations du romantisme la pacifiante doctrine indiquée par Goethe. « Tâche de te comprendre et de comprendre les choses », c'est-à-dire, selon Taine, considère-toi comme une résultante parmi d'autres, nécessitée par des causes comme le reste du monde; et sache, par la science, expliquer ton être aussi bien que l'univers : la révolte, dès lors, et le « mal du siècle » seront enrayés. Or Goethe travaille au déploiement de son individualité autant qu'à la compréhension de l'univers, et la science ne lui masque point la vie.

C'est surtout par une des plus notables manifestations du *goethisme* tel que l'a compris essentiellement cette époque, qu'on s'aperçoit par où la révélation du moi de Goethe fléchissait vers une signification incomplète. Th. Gautier, dans l'attitude de ses dernières années, donnait à ses intimes l'idée d'un Goethe français. Lui-même s'en expliquait à Émile Bergerat. « Oui, je veux vieillir superbement. Comme Goethe à Weimar, je veux donner à ce pays l'exemple d'une de ces vieillesses de poète, sereines et fécondes, qui reflètent déjà la vie supérieure et semblent anticiper l'immortalité. » Et des entretiens, comme ceux qu'a rédigés Eckermann, devaient fournir à ce Goethe français (auquel n'avait manqué, disait-il plaisamment, qu'un duc de Weimar) l'occasion de formuler sa pensée et de manifester ses encyclopédiques connaissances. E. Feydeau estime que, par son panthéisme, par son génie plastique, par son admiration de l'antiquité, il avait « mille points de contact » avec le poète allemand : c'est faire assez petit état de celui-ci, et confondre surtout, au profit du bon Gautier, un des aspects de Goethe avec sa plus profonde signification, celle par laquelle un esprit moderne peut s'édifier à son contact. C'est enfin brouiller un peu les rangs légitimes que de s'écrier, comme Léon Dierx dans un *Salut funèbre* adressé au poète d'*Albertus* :

Salut à toi, du fond de la vie éphémère,
Salut à toi qui vis dans l'immortalité
Où près de Goethe assis tu contemples Homère!

En réalité, si l'on fait abstraction d'un petit nombre de traits qui touchent à la nature seule de quelques préférences et de quelques procédés, à la « plasticité » d'une partie de l'œuvre de Goethe, il n'y a d'autre analogie, entre les deux écrivains, que l'apparent détachement du Weimarien et l'impassibilité voulue, « le sublime indifférentisme » du Parisien. C'est ce qu'indique, mieux que tout commentaire, la préface même des *Émaux et Camées* :

Pendant les guerres de l'empire,
Goethe, au bruit du canon brutal,
Fit le *Divan occidental*,
Fraîche oasis où l'art respire.

Pour Nisami quittant Shakspeare,
Il se parfuma de çantal,
Et sur un mètre oriental
Nota le chant qu'Hudhud soupire.

Comme Goethe sur son divan
A Weimar s'isolait des choses
Et d'Hafiz effeuillait les roses,

Sans prendre garde à l'ouragan
Qui fouettait mes vitres fermées,
Moi, j'ai fait *Émaux et Camées.*

Il ne faudra guère moins que les événements de 1870 pour qu'on s'avise chez nous d'atténuer cette conception d'un Goethe « s'isolant des choses ». Déjà, dans l'*Avenir de la Science*, Renan avait remarqué que Goethe était, à sa façon, un des créateurs de la patrie allemande. En plein siège de Paris, le 8 décembre 1870, dans une conférence sur *la Chanson de Roland et la nationalité française*, Gaston Paris développait la même idée : « Goethe luimême, tout cosmopolite qu'il était, a puissamment contribué à fonder la nation allemande ». Mézières, dans deux articles de la *Revue des Deux Mondes*, le 1er et le 15 janvier 1871, étudie l'attitude, en face des préoccupations de ses compatriotes, du « plus libre esprit de l'Allemagne, le plus indépendant de tout préjugé national, le plus humain et le plus civilisé », mais ne le juge point si indifférent à la cause de son pays, qu'il a servie à sa façon, par des voies plus lointaines, mais plus sûres et plus nobles que les « patriotes » de profession.

Mais avant que ces atténuations soient apportées au prétendu indifférentisme national de Goethe, son refus de se livrer à toute prédication et de descendre dans l'arène a été gourmandé de la belle manière par Victor Hugo. Fidèle à sa conception de la mission sociale du poète, l'exilé de Guernesey écrit en 1864, dans son *William Shakespeare* : « Quand c'est un poète qui parle, un poète en pleine liberté, riche, heureux, prospère jusqu'à être inviolable, on s'attend à un enseignement net, franc, salubre; on ne peut croire qu'il puisse venir d'un tel homme quoi que ce soit qui ressemble à une désertion de la conscience.... » Et, après avoir cité quelques apophtegmes où Goethe a raillé l'intempérance des réformateurs qui ne songent pas à commencer par eux-mêmes l'œuvre de rénovation : « Ces choses, diminuantes pour celui qui les a écrites, sont signées *Goethe*. Goethe, quand il les écrivait, avait soixante ans. L'indifférence au bien et au mal porte à la tête, on peut en être ivre, et voilà où l'on arrive. La leçon est triste. Sombre spectacle. Ici l'ilote est un esprit.

« Une citation peut être un pilori. Nous clouons sur la voie publique ces lugubres phrases, c'est notre devoir. Goethe a écrit cela. Qu'on s'en souvienne, et que personne, parmi les poètes, ne retombe plus dans cette faute.... Il y a eu, dans ces dernières années, un instant où l'impassibilité était recommandée aux poètes comme condition de divinité. Être indifférent, cela s'appelait être olympien.... »

A l'antipode religieux et politique de Victor Hugo, Barbey d'Aurevilly se préparait aussi à « charger avec la cravache de Murat » contre « cette immense personnalité de Goethe, qui remplit jusqu'aux bords le XIXe siècle et bouche tous les horizons de la pensée moderne de son insupportable ubiquité ». Bien qu'il ne doive paraître qu'en 1880, le *Goethe et Diderot* du matamore (comme l'appelait Mme Ackermann) a ses racines dans cette époque. Il y paraît assez dans l'introduction mise par Barbey en tête des études réunies sous ce titre assez bizarre; il y stigmatisait l'influence exercée par Goethe sur divers écrivains. « Tout ce qui a de bonnes raisons pour vouloir que l'art soit sans âme est *goethiste* de fondation. Théophile Gautier l'a été. Baudelaire, aussi. Sainte-Beuve vieillissant le devint, car, jeune, il écrivait *Joseph Delorme*, et il était vivant (malsain, sentant le carabin et l'hôpital, mais vivant!). Présentement sont *goethistes*, — qu'ils le sachent ou qu'ils l'ignorent — M. le Conte de l'Isle et M. Flaubert et tous ces petits soldats en plomb de la littérature qui se sont appelés eux-mêmes orgueilleusement *les Impassibles.* »

On nous assure, il est vrai, que Barbey en voulait, plus encore qu'à Goethe, aux coteries d'admiration mutuelle qui nichaient à son ombre; mais c'est bien à la mesquinerie, à l'égoïsme, au bourgeoisisme de ce « charlatan froid » que le connétable des lettres françaises s'en prenait : de nouveau s'élève contre lui l'antienne de l'absence d'enthousiasme et de spontanéité. Nous avons vu qu'elle trouvait, en dépit de tant de voix plus équitables, une singulière résonance dans ce temps où Barbey commençait à l'entonner dans *le Pays*, en 1862, pour la reprendre plus tard en tout loisir. En 1866, le livre de Desbarolles, *Le caractère allemand expliqué par la physiologie*, reproche à Goethe, malgré son auréole poétique, d'avoir entendu « évidemment l'art de gouverner *positivement* la vie », et estime que ce Phidias, « immuable comme un buste d'Apollon », est un vrai poète *allemand.*

Dans quelle mesure Alexandre Dumas fils — qui a beaucoup appris de Desbarolles en matière de chiromancie — reproduisait-il les leçons du même maître lorsqu'en 1873 il écrivait, pour la sage traduction de *Faust* par Bacharach, la plus indiscrète des préfaces? Jadis, dans son *Régent Mustel*, il avait mis dans la bouche de Goethe une profession de foi qui n'avait pas encore l'âpreté de maintenant, et la thèse de l'insensibilité de l'auteur de *Werther* n'y dépassait point une très admissible moyenne. Dans cette préface-ci, les douloureux souvenirs de la défaite, l'outrecuidance de Bismarck aveuglent le jugement de Dumas : « C'est au nom de cette race latine à laquelle j'appartiens que je prends à parti celui qui, en littérature, représente le mieux l'autre race, dans son génie froid, déducteur, fragmentaire, obscur, né du labeur tenace, des empiétements lents et mystérieux, génie sans inspiration propre, sans idéal, sans probité ». Une biographie de Goethe, « raffiné solennel », « Minotaure sentimental à qui il fallait des vierges », et de qui la volonté « n'était en somme qu'un égoïsme supérieur et doctoral », démontrait combien un tel homme était insuffisant à traiter dignement l'antique légende de *Faust*. « Aussi, Goethe, grand écrivain, grand poète, grand artiste..., — grand homme, non. »

La *Revue des Deux Mondes*, le *Temps*, la *Revue des Cours littéraires* jugèrent excessif ce passage aux verges. Flaubert s'indigna. « C'est bien le cas de s'écrier comme M. de Voltaire : « Il n'y aura jamais assez de camouflets, de « bonnets d'âne, pour de pareils faquins! » De fait, la virulente attaque du compromettant préfacier passait le but. Les œuvres de Goethe, en 1873, n'avaient guère d'actualité. Il fallait l'espèce de demi-romantisme persistant de Blaze de Bury pour réunir en volume, cette année-là, ses études sur les *Maîtresses de Goethe*. L'histoire littéraire, toute rétrospective, s'occupait de l'œuvre du grand écrivain allemand, mais sans qu'il y eût là d'application immédiate à faire. Les nouvelles traductions de *Faust* (outre celle de Bacharach, exacte et lourde, Mazière en 1872 et Laya en 1873 tentent de rendre en vers, fragmentairement, le grand drame métaphysique), une version des *Affinités électives* par Camille Selden, étaient plutôt le produit de prédilections isolées ou le résultat du mouvement antérieur qu'un effort de renaissante initiation. Des débutants, çà et là, pouvaient encore traduire en vers les ballades de Goethe sans qu'il y eût guère ici que des exercices métriques. Restait la personnalité même de Goethe, qui gardait encore son prestige, celui d'une sorte de classique qu'on ne lit guère, mais qu'on est fier de compter dans son patrimoine intellectuel. La guerre de 1870 ayant rompu le charme qui attachait encore à l'Allemagne, sinon le grand public et la presse, du moins quelques maîtres de la pensée et quelques publicistes éminents, on se piquait de juger objectivement l'œuvre et l'homme — l'homme surtout, discerné à travers son œuvre elle-même et d'innombrables documents. Or, cette personnalité qui avait fourni, entre 1860 et 1870, une manière d'encouragement à l'attitude de quelques Français, et qu'on avait aimée pour sa sérénité, sa compréhension, sa maîtrise de soi, déchoît, pour la plupart, de sa haute signification. On peut encore, comme Flaubert, lui envier sa tranquillité, mais c'est pour s'en juger incapable. En général, on ne lui accorde plus guère cette valeur d'édification que de libres esprits lui attribuaient quelques années auparavant. Revirement décisif, dont témoignent des jugements moins préoccupés d'actualité et de polémique que la préface de Dumas, écrite sous le coup des insolences bismarckiennes, ou que tels essais de Barbey, repris entre deux gardes du siège de Paris. Edmond Scherer publie dans le *Temps*, en mai 1872, une série d'articles modérés de ton, sévères d'appréciation, qui laissent de Goethe une image appauvrie et comme *médiocrisée* : l'iconoclastie d'un Dumas ou d'un Barbey est ici remplacée par un impitoyable déshabillage. Tout est judicieux dans le détail, équitable même, et pourtant l'ensemble est injuste, faute d'une ingéniosité égale dans l'éloge et dans le blâme, faute de cette secrète sympathie sans laquelle, au témoignage de Goethe lui-même, « ce que nous disons ne vaut pas la peine d'être rapporté ». « Lorsqu'on essaie, à la fin d'une étude de ce genre, de prononcer un dernier jugement, on se trouve assez embarrassé. On a devant soi une masse considérable d'écrits très divers, ce qui est sans doute une preuve de puissance, mais ces écrits sont presque tous, soit des tentatives malheureuses, soit des imitations ingénieuses et réussies : il ne reste qu'une œuvre véritablement hors ligne et unique (*Faust*), et encore cette œuvre est-elle un fragment. Goethe a eu une immense activité, mais non pas une forte initiative;...

il n'a pas de naïveté, pas de feu, pas d'invention ; il manque de la fibre dramatique et n'est point créateur : la réflexion, chez lui, a fait tort à l'émotion, le savant à la poésie, la philosophie de l'art à l'artiste. »

L'injustice consistait précisément à taire que la « forte initiative » de Goethe résidait pour une bonne part dans son « immense activité », et à porter l'investigation critique sur les détails de l'édifice sans vouloir prendre assez de recul pour juger l'ensemble du plan. Le grand essayiste anglais Matthew Arnold le remarquait à quelque temps de là, quand les *Études critiques de littérature* de Scherer recueillirent ses articles sur Goethe, — la grandeur de l'écrivain allemand lui vient, non d'avoir été le plus parfait des poètes, mais d'avoir joint à un talent poétique considérable une philosophie de la vie singulièrement large, profonde et riche. « C'est en quoi il a pour nous sa valeur et son importance par-dessus des hommes qui ont un plus haut rang comme poètes. Et même, sa valeur et son importance comme clair et profond esprit, comme maître critique de la vie, communiquent nécessairement de leur prix à sa poésie et augmentent même son apparence de mérite et de perfection propres.... »

La personnalité de Goethe, négligée ou humiliée par les articles de Scherer, semble en échec sur toute la ligne. Le *Temps*, où le critique genevois revint plusieurs fois à la charge sur ce terrain, pouvait faire autorité pour la bourgeoisie éclairée de cette époque. La *Revue des Deux Mondes*, où un article de L. Étienne, le 15 septembre 1873, aboutissait à de semblables conclusions, complétait la déroute. Une lettre de Louis Ménard, publiée par la *Renaissance littéraire et artistique* du 27 juillet 1872, « empoignait » le dieu des Allemands, « le grand Goethe, le plus répulsif de tous leurs faux grands hommes, le plus vide et le plus gonflé de tous leurs mannequins ». Le 17 décembre 1874,

Camille Rousset, répondant à Mézières à l'Académie française, le prenait de plus haut encore avec l'individualité de Goethe, si vantée dix ans auparavant par la critique. « Ce terrible égoïste avait le commerce dangereux. Ce qu'il a brisé de cœurs et rompu d'attachements nous étonne; mais ce qui nous étonne encore plus et nous attriste, c'est que, dans la construction de ses plus grandes œuvres, il a fait entrer, parmi des matériaux vulgaires, les débris de ses amitiés et de ses amours.... »

Ce reproche « attristé » faisait allusion au procédé coutumier du poète, prenant les éléments de ses ouvrages dans la réalité, dans sa propre expérience et dans les choses les plus proches de son regard. « L'œuvre expliquée par la vie », tel était précisément le sous-titre des livres de Mézières qui contribuaient à le faire entrer dans la docte compagnie. Comme si, dans la rupture des anciennes alliances intellectuelles, la recherche objective et scientifique pouvait seule s'intéresser encore à l'écrivain allemand, il se trouve en effet que la préoccupation goethéenne en France consiste principalement, de 1872 à 1880, dans une étude historique des conditions où s'étaient manifestées ces facultés de Goethe, dont il ne semblait plus qu'on pût tirer des exemples et des préceptes d'action.

CHAPITRE II

L'ŒUVRE EXPLIQUÉE PAR LA VIE

« Mes œuvres ne sont que les fragments d'une grande confession. » Ces paroles, trop peu remarquées, nous apprennent qu'il faut chercher dans la biographie du poète, et jusque dans les détails intimes de sa vie, le meilleur commentaire de ce qu'il écrit. »

(MÉZIÈRES, Avant-propos de *Goethe*, 1872).

Pour expliquer à la pensée française la diversité des ouvrages de Goethe, et pour rendre apparent le lien étroit qui unissait ses avatars poétiques aux époques de sa vie et à leur tonalité dominante, il ne fallait guère moins qu'un plus libre accès des sources et des témoignages biographiques, et que la croissante faveur du genre de critique où Sainte-Beuve excella. Les Français qui, dans le premier quart du XIXe siècle, s'étaient placés en face de cette œuvre encore incomplète, mais déjà paradoxalement bigarrée, avaient été déroutés de n'y point découvrir la formule persistante où se résume l'activité d'un Corneille ou d'un Rousseau. Et si Mme de Staël pouvait s'étonner de ne plus rencontrer chez son hôte de Weimar l'ardeur entraînante naguère épanchée dans *Werther*, classiques et romantiques trouvaient aussi peu leur compte à l'espèce de versatilité qui faisait, de l'auteur désordonné de *Goetz*, le calme poète d'*Iphigénie*. Ce ne fut qu'après la lutte qu'on s'aperçut que cet éclectisme était le pacte même de l'art des temps nouveaux, et que la carrière de cet écrivain avait donné l'exemple d'une hospitalité et d'une tolérance que la littérature tout entière devait tôt ou tard imiter.

Restait à expliquer cette diversité d'inspiration par l'évolution de Goethe dans sa vie et sa sensibilité. A. Stapfer, en sa *Notice* de 1825, avait dit que l'étude des œuvres ne pouvait être séparée de l'exposé de la biographie, et tiré des *Mémoires* de longues citations. Plus explicitement encore, et avec une méthode qui fit la joie du vieillard de Weimar, J.-J. Ampère, rendant compte, dans le *Globe* des 29 avril et 20 mai 1826, de la traduction Stapfer des *Œuvres dramatiques*, avait rattaché l'éclectisme polymorphe de Goethe aux vicissitudes de son existence. Cette facilité et cette indifférence avec lesquelles il avait pris successivement toutes les formes, sans s'arrêter à aucune, ne pouvaient s'expliquer que par la vie même du poète. « Goethe est toujours si différent des autres et de lui-même, on sait si peu où le prendre, on devine souvent si peu où il va,... que l'on a besoin, pour le goûter tout entier, de n'avoir pas plus que lui de préjugés littéraires » : et c'est dans une confrontation et un rapport établis entre les époques de sa vie et leurs productions, non dans l'application des ordinaires normes esthétiques, que l'on pouvait trouver le moyen de se rendre compte de cette diversité. Goethe, ravi de ce *criterium* que lui appliquait le jeune Français, avait déclaré à plusieurs reprises que c'était là le plus « pratique » et le plus « humain » des points de vue. « Ampère, disait-il le 3 mai 1827 à Eckermann, connaît joliment bien son affaire en montrant l'étroite parenté de l'œuvre avec l'ouvrier et en jugeant les diverses productions poétiques comme les fruits divers de diverses périodes de la vie du poète. Il a étudié profondément l'allure changeante de ma carrière terrestre et de mes états d'âme, et il a même été capable de discerner ce que je n'avais point manifesté, ce qui ne pouvait pour ainsi dire être lu qu'entre les lignes.... »

Pénétration précieuse et rare! Elle avait fait défaut à plusieurs de ceux qui s'occupèrent de juger l'ensemble de l'œuvre de Goethe, et cette confrontation, qui nous semble aujourd'hui la méthode obligatoire de toute biographie goethéenne, n'avait guère été pratiquée après ce brillant essai d'Ampère. « Le poète est partout dans les œuvres de Goethe, s'exclame Saint-Marc Girardin dans un discours prononcé à la Faculté des Lettres de Paris en 1830; mais l'homme, où est-il? que veut Goethe, encore une fois?... on dirait, à observer la suite de ses ouvrages, qu'il cherche à dérouter sans cesse ses propres admirateurs.... » Les *Études sur Goethe* de Marmier, en 1835, ne se préoccupent nullement d'éclairer les œuvres par la vie, et se contentent d'un préambule biographique renfermé dans la seule Préface. L'auteur s'en explique lui-même : « J'ai pris ses œuvres l'une après l'autre; j'ai tâché d'en saisir l'esprit, d'en comprendre la portée, et alors j'en ai rendu compte avec bonne foi,... uniquement d'après l'impression que j'en ressentais. Ce que je voulais surtout, c'était de remonter à l'idée première d'où Goethe était parti pour composer un drame, une comédie; c'était de voir comment il s'était emparé de cette idée, comment il avait su la faire ployer au gré de son génie, l'élever, l'étendre, l'ennoblir, la travailler avec art dans ses détails et la poser avec majesté dans son ensemble. » Aussi les cinq divisions de l'ouvrage adoptent-elles sans scrupule l'ordre méthodique; les travaux scientifiques sont mentionnés en note seulement; le chapitre du théâtre, au rebours de ce qui nous paraît la logique même, commence par *Faust* et finit par *Clavigo* et *Stella*. Tant il est vrai que le procédé de critique qui nous semble aujourd'hui inéluctable en cette matière avait besoin, pour s'affirmer, d'éléments de connaissance qui manquaient encore.

Les notices consacrées à Goethe par les grands dictionnaires, celle de Louis Spach dans l'*Encyclopédie des Gens du Monde*, celle de Parisot dans la *Biographie universelle* de Michaud, celle de Loménie dans sa *Galerie des contemporains illustres*, en dépit d'un raccourci qui pouvait être favorable à l'explication des œuvres par la vie, n'y satisfont pas. Dans une *Variété* des *Débats*, le 26 septembre 1837, Philarète Chasles lui-même se contentait, pour expliquer les volte-face de Goethe, d'une remarque un peu singulière, une sorte d'amour de la contradiction chez l'écrivain. « Aux Allemands, que la philosophie de Wieland, de Voltaire et de Frédéric II avait francisés, il jette les *Souffrances de Werther*, l'apothéose du mysticisme et de la passion déréglée; aux admirateurs de Grimm et du théâtre français, *Goetz de Berlichingen*, drame modelé sur Shakespeare. Sa nation le suit et s'élance sur ses traces; Goethe s'en aperçoit et rompt avec son école. Il éclate en admiration pour Voltaire; il écrit *Iphigénie*, ses odes romaines et ses poèmes helléniques. *Werther* a produit une impression immense; le werthérisme devient une religion, une superstition, un ridicule. Goethe se met à écrire un roman bourgeois, parfaitement terre à terre, plein de naïvetés domestiques, l'*Apprentissage de Wilhelm Meister*, comme s'il s'ennuyait d'avoir un public si docile, et que son bonheur fût de le repousser et de le tourmenter par tous les moyens. »

Avec le temps, la pensée française est mise en meilleure posture pour embrasser d'un même coup d'œil la vie et l'activité de Goethe, et pour situer en quelque sorte à leur topographie les œuvres qui jalonnent cette longue carrière. C'est pour *Werther* qu'on est d'abord renseigné. Un article de G. Depping signale dans l'*Illustration*, le 28 mai 1853, la part de vérité contenue dans le roman de jeunesse : soupçonnée jadis et à demi connue, elle est en train de recevoir sa confirmation la plus assurée. Une chronique de la *Revue des Deux Mondes*, en 1854, rend compte de la publication de Kestner qui jette le jour le plus décisif sur les origines de *Werther*. Dès l'année suivante, L. Poley donne la traduction de ces documents : *Goethe et Werther. Lettres inédites de Goethe, la plupart de l'époque de sa jeunesse, accompagnées de documents justificatifs.* Plus de doute : Werther, c'est à peu près Goethe en 1772, un Goethe qui, lui, dénoue dans la fiction une douloureuse aventure commencée dans la réalité, et qui se délivre par un roman d'une obsession qui pèse sur son cœur. A. Baschet publie en 1855 ses *Origines de Werther*, qui commentent les pièces du procès. La traduction de L. Énault, plus simple et plus familière que les précédentes, est munie d'une préface qui examine la portée et la moralité du roman au point de vue nouveau qu'imposent ces révélations. « Que Goethe ait eu l'idée préconçue, et par cela même condamnable, de faire l'apologie d'un crime qui offense tout à la fois et l'ordre divin du monde moral et l'ordre des relations sociales, c'est ce que l'on ne pourrait plus admettre maintenant.... Ce n'est pas Goethe, c'est Jérusalem et Kestner qui ont introduit le suicide dans *Werther*. *Werther* n'est plus la fantaisie d'un poète, mais bien le procès-verbal éloquent d'une réalité triste.... » Divers articles s'occupent, dans nos périodiques, de l'épisode de Wetzlar et de son expression littéraire. « Le génie de Goethe, écrit F. Goldschmidt dans le *Moniteur* du 4 février 1856, était comme un miroir magique qui réfléchissait les orages et les souffrances de son cœur.... » Le plus net et le plus équitable de ces jugements est celui que Sainte-Beuve porta, dans la *Revue contemporaine* de juin 1855, sur ce nouveau *Werther* qui était révélé dans toute sa signification confidentielle et subjective. Il fait remarquer combien l'ivresse et la joie, l'aspiration ardente et conquérante, pénètrent des parties entières de ce prétendu bréviaire de la désespérance, et signale, — la réalité servant à éclairer la fiction, — « le vrai vice de *Werther*. La vraie conclusion de *Werther* pour les artistes (car Werther est un artiste ou veut l'être), ce serait la conclusion qu'a choisie Goethe lui-même, s'occuper, produire, se guérir en s'appliquant ne fût-ce qu'à se peindre.... Cette fin de *Werther* nuit aux parties principales,... quand on considère le caractère si opposé de l'auteur, et ses destinées en un sens si inverse.... »

Après Goethe à Wetzlar, c'est Goethe en Italie, ou Goethe dans ses rapports avec Schiller, qui sortent peu à peu des brumes d'une biographie mal connue, et qui aident à faire comprendre telle volte-face inexplicable du poète. Eugène Gandar, rendant compte à son beau-frère, le 20 juin 1856, du cours qu'il professe à Caen sur Goethe, relate qu'il a consacré toute une leçon au voyage d'Italie. « J'ai suivi Goethe en Italie, écrit-il, et montré la transformation qui se fit en lui sous l'influence du soleil du Midi et de l'art classique. » La *Revue germanique*, en 1858, publie des extraits de la correspondance de Goethe avec Schiller, et une introduction de Ch. Dollfus en fait valoir tout l'intérêt documentaire; la baronne de Carlowitz, en 1863, en donne une traduction en deux volumes, annotée par Saint-René Taillandier. Le même souci de confrontation de la vie et de l'œuvre inspire l'importante série d'articles, datés de Weimar, que consacre Legrelle, dans la *Revue de l'Instruction publique* de décembre 1862, à l'honnête et un peu lourde traduction des *Œuvres complètes* par Porchat.

Voici venir enfin, utilisant plus ou moins directement les travaux allemands qui complètent les témoignages de Goethe lui-même, plusieurs ouvrages français, de mérite divers et d'initiative inégale, qui installent décidément en pleine étude biographique et psychologique l'exégèse du grand poète. Il faut pour cela d'autres documents que les seuls *Mémoires*, souvent inexacts de ton, imprécis ou incomplets : les données fournies par les Correspondances, les Souvenirs et les Périodiques de l'époque contemporaine de Goethe ont déjà rendu possibles quelques biographies allemandes et la *Vie de Goethe* de l'Anglais Lewes, quand la critique française entreprend une tâche analogue.

C'est précisément ce dernier ouvrage, paru en Angleterre en 1855, traduit en allemand dès 1856, qui suscite chez nous la première étude d'ensemble. Alfred Hédouin publie dans la *Revue germanique*, du 15 octobre 1861 au 1er juin 1862, une série d'articles sur *Goethe, sa vie et ses œuvres*, qui est une « substantielle analyse » du biographe anglais, et qui devient, en 1866, le livre intitulé : *Goethe, sa vie et ses œuvres, son époque et ses contemporains*. Le titre est ambitieux, mais l'effort estimable, d'autant plus que le cœur de Goethe, nous l'avons vu, y était loué à l'égal de son intelligence. Et cette adaptation française de Lewes reprenait le plan tout biographique de l'auteur anglais.

Se trouvant contemporain de la traduction Porchat et des ouvrages de Daniel Stern et de Caro, le *Goethe* d'Hédouin pouvait avoir son utilité : il ne devait être cependant qu'un essai provisoire de commentaire et de biographie. H. Richelot, qui avait publié en 1844 une traduction de *Vérité et Poésie*, réunit, de 1863 à 1864, tous les témoignages dus à la plume même du poète allemand : quatre substantiels volumes intitulés *Goethe, ses mémoires et sa vie*, où les diverses œuvres autobiographiques sont accompagnées d'annotations et de compléments qui mettent à profit les récentes publications de Riemer, d'Eckermann, de Schoell, de Düntzer. Ici, dès le seuil de la préface, le lecteur est averti de l'importance que prennent, pour l'intelligence de la poésie de Goethe, ces données biographiques. « Les mémoires où nous apprenons le secret des influences et des émotions qui ont fait éclore les chefs-d'œuvre des meilleurs écrivains ajoutent une part curieuse à l'histoire de l'art et à celle de l'esprit humain ; et ces chefs-d'œuvre, considérés non plus seulement en eux-mêmes, mais dans leurs rapports avec la vie de l'auteur et avec son époque, sont mieux compris de nous et nous deviennent plus précieux. Cette relation intime entre la vie d'un auteur et ses ouvrages se manifeste chez Goethe plus que chez tout autre.... La connaissance de sa vie est indispensable pour l'intelligence de ses ouvrages. »

Cette connexion étroite doit surtout justifier, chez Richelot, l'ampleur de ce commentaire chronologique de l'activité de Goethe, ces quatre volumes consacrés à une existence chargée de fort peu d'événements singuliers, plus nue en apparence que celle d'un Byron ou d'un Chateaubriand : les œuvres restent en quelque sorte à la cantonade, et le devant de la scène est occupé par le déroulement de la vie de Goethe. Ce sont, au contraire, ses œuvres qui sont au premier plan, et ce sont les circonstances qui leur servent de coulisses, de décors et de cadres, dans plusieurs ouvrages parus entre 1870 et 1880, à une époque où Goethe, portant assez injustement la peine de sa nationalité, était plus facilement matière à investigation scientifique qu'à admiration et à édification actuelles.

Et pourtant, « admirer Goethe, ce n'est point admirer l'Allemagne, encore moins la Prusse » : ainsi s'exprimait A. Mézières, en 1872, dans l'avertissement placé en tête d'un ouvrage écrit avant la guerre, mais publié au lendemain de cette défaite dont beaucoup jugeaient légitime de rendre également responsables tous les grands hommes du passé germanique. Le titre du livre, *W. Goethe; les œuvres expliquées par la vie*, disait assez son intention, l'avant-propos y insistait encore : « Mes œuvres ne sont

« que les fragments d'une grande confession ». Ces paroles, trop peu remarquées, nous apprennent qu'il faut chercher dans la biographie du poète, et jusque dans les détails intimes de sa vie, le meilleur commentaire de ce qu'il écrit. D'après son propre témoignage, il y a un rapport caché entre les événements de son existence, entre les sentiments qu'il éprouve et les ouvrages qu'il donne au monde....

« ... On ne comprendra le véritable sens de ses œuvres que si on en rattache l'étude à l'étude de sa vie, ou plutôt de ses sentiments.... Il y a des écrivains qui disparaissent derrière leurs écrits; celui-ci les marque, au contraire, d'une empreinte si personnelle, que chacun de ses travaux ajoute un trait à son caractère, en même temps que chaque impression de sa vie morale se traduit par une œuvre.... »

Les deux volumes de cet ouvrage, fidèles à ce programme, éclairaient par des jours ingénieux l'aspect multiforme de la production de Goethe : travail qui se trouve aujourd'hui dépassé, mais qui n'en vint pas moins heureusement à sa date, et dont l'agrément un peu léger a eu son avantage incontestable. « Ce livre de M. Mézières sur Goethe est excellent, écrivait à propos du premier volume X. Doudan à Mlle Donné le 12 août 1872. On dirait qu'il a passé sa vie dans l'intimité de Goethe, et il n'y a nul charlatanisme, mais au contraire beaucoup de scrupule, et toutes les vertus d'un historien sévère à lui-même. » Ad. Franck, dans les *Débats* du 21 juillet 1872, y voyait « l'œuvre d'un critique et d'un moraliste qui, en demandant l'explication des œuvres de Goethe à l'analyse de ses sentiments et de ses passions, ne s'est point proposé d'autre but que la solution de ce problème : jusqu'à quel point le génie d'un grand homme se trouve-t-il dans la dépendance de son caractère? »

Plusieurs comptes rendus eurent l'occasion d'associer l'ouvrage de Mézières à celui que publiait, également en

1872, Ad. Bossert sur *Goethe, ses précurseurs et ses contemporains* : c'était la première partie d'une sagace étude que devait compléter l'année suivante un *Goethe et Schiller*. « Goethe disait que toutes ses poésies étaient des poésies de circonstance, que chacun de ses ouvrages était un fragment d'une grande confession.... Quel charme nouveau la poésie de Goethe emprunte à l'étude des témoignages que lui-même nous a laissés sur sa vie! » Ainsi s'exprimait l'auteur dans la préface de son premier volume; et, au cours du second : « Nous avons souvent insisté sur la relation intime qui existe entre la vie de Goethe et ses ouvrages. Chez lui, l'homme et le poète s'expliquent, se commentent, se pénètrent réciproquement. A chaque œuvre importante correspond, pour la mettre dans son vrai jour, un fragment de biographie. » Ou encore, en guise de conclusion : « L'œuvre la mieux ordonnée de Goethe, c'est sa propre vie; nul n'a été autant que lui l'artisan de sa destinée. Il subordonnait tout à la poésie; mais la poésie elle-même ne servait qu'au développement de son esprit et devait servir par contre-coup à l'éducation de son public. Chacun de ses poèmes, de ses drames, de ses romans, si on les considère à part, offre quelque lacune; mais, si on les met à leur place dans sa biographie, ils se complètent l'un l'autre et se disposent avec une harmonie souveraine. Le poète en Goethe a son époque de formation, de maturité et de décadence; mais l'homme grandit toujours. Il devient d'année en année, selon son expression, une créature plus parfaite.... »

« Poésie, c'est délivrance! » Si cet aphorisme goethéen, si fécond et si vaillant, s'applique en général à l'œuvre de ce puissant génie, à plus forte raison les genres subjectifs et confidentiels par excellence, le *lied*, l'élégie, l'ode, doivent-ils en fournir une perpétuelle et vibrante sanction. Faute de les considérer sous cet angle, plusieurs critiques les avaient jugés sévèrement, ou du moins sans vraie sympathie. Placés en regard des péripéties de la vie de Goethe, ils reprenaient toute leur valeur. Laprade, dans son *Sentiment de la nature*, les comparait, pour leur simplicité, à la poésie grecque. Ed. Schuré, dans son *Histoire du Lied*, vantait en 1868 l'ingénuité de l'œuvre lyrique de Goethe. « Il est sincère et vrai dans ses chants comme le peuple dans les siens. Il eut le courage d'être une nature véridique, c'est là ce qui fait sa grandeur et son héroïsme. Ses faiblesses et ses erreurs, comme sa magnanimité et sa vaste sympathie, il n'a rien caché, rien embelli. Tout paraît au grand jour dans ses paroles et dans ses actions. Regardez-le en face et vous verrez jusqu'au fond de son âme.... » Et de jolis exemples, les alertes enfants de cette Muse sincère qui fut la meilleure consolatrice du poète, illustraient cet apparent paradoxe : le grand Olympien mis en bonne place dans une étude consacrée à la naïve chanson populaire allemande.

Ce n'étaient plus les *lieder* seulement, mais tous les groupes divers de ses productions les plus personnelles qui fournissaient la matière de l'*Étude sur les poésies lyriques de Goethe* publiée en 1877 par E. Lichtenberger. L'auteur de ce pénétrant commentaire « à la fois biographique et littéraire » annonçait une double intention : « expliquer les poésies de Goethe par sa vie, et sa vie par ses poésies; considérer en même temps ces poésies en elles-mêmes et leur demander le secret de leur beauté ». D'où un plan qui combinait l'ordre chronologique et la division méthodique, mais qui obligeait surtout, en somme, — le genre du *lied* mis à part, — la seconde à se plier au premier. Bien que l'Académie française couronne cette brillante étude, son secrétaire perpétuel laisse assez paraître, dans son rapport, l'inquiétude que lui cause l'application de la méthode biographique à l'appréciation esthétique. « M. E. Lichtenberger s'attache — j'ai failli dire s'acharne — à expliquer les œuvres poétiques de Goethe par les divers incidents de sa vie, par les émotions diverses de son âme.... En les écrivant jour par jour, sous la dictée de son cœur dont M. Lichtenberger a trouvé la clef, Goethe nous aurait livré d'avance le secret de sa vie et de ses sentiments, de ses plaisirs et de ses regrets, de ses sourires et de ses larmes! Dangereuse théorie, paradoxe aimable dont il ne faudrait pas trop abuser! » Mais, en général, ce procédé parut légitime et recevable pour l'étude de cette région de l'œuvre goethéenne, aussi bien que pour les recherches que pouvait susciter, par exemple, *Werther*.

A plus forte raison pareille méthode s'imposait-elle à propos d'une construction aussi composite que *Faust* : de fait, Dumas fils insère une biographie de Goethe dans son injuste préface pour la traduction Bacharach; Blaze de Bury, dans un article de la *Revue des Deux Mondes*, le 1er novembre 1879, suit à travers les vicissitudes de la vie de l'auteur les variations et le développement du complexe poème. C'est là, avec un souci croissant des travaux allemands, ce qui domine les études goethéennes en France durant ces années où la science seule et la critique rétrospective ont le goût de s'occuper de la littérature des vainqueurs. Les excellentes éditions et les impeccables préfaces qu'Arthur Chuquet, en 1885 et 1886, publie de *Goetz* et d'*Hermann*, quelques consciencieux articles dus à des universitaires au courant des recherches allemandes, agrémentent de netteté française le souci d'érudition et d'exactitude que nous a réappris la science d'outre-Rhin. Toutes ces contributions à l'histoire du grand écrivain ne manquent pas d'employer le procédé, si utile et si commode, de la confrontation biographique. Il est devenu insensiblement la règle même des études consacrées à Goethe, et il paraît malaisé de faire bon marché de cette détermination que les *Mémoires* du poète lui-même semblaient inviter à rechercher et à poursuivre. Le *Goethe* de Délerot dans la *Bibliothèque des Écoles et des Familles* en 1882, celui de J. Firmery dans la *Collection des Classiques populaires* en 1890, ne manquent pas d'éclairer une analyse et une critique substantielles des poèmes par l'exposé des conditions biographiques qui les suscitèrent.

Assurément l'espèce de versatilité artistique de Goethe reçoit ainsi son meilleur commentaire. Peut-on dire cependant que les œuvres soient vraiment « expliquées » par la vie, et qu'on trouve, grâce à cette méthode, le secret de poèmes de premier ordre dans une existence qui fut, en somme, assez terne et médiocre, à ne considérer que le détail des événements qui la marquèrent? Ses aventures sentimentales, en dépit de leur diversité, n'ont rien de singulier, et combien d'hommes de lettres, au XVIIIe siècle, furent accueillis à des cours plus vivantes que la petite résidence de Weimar, ou consacrèrent à un voyage en Italie, à un séjour à Rome, de plus longs mois que Goethe! Ne court-on pas risque de diminuer la vraie grandeur de l'œuvre, de la ramener à la taille de la biographie elle-même, en rattachant trop étroitement — et par un lien qui se donne presque pour un rapport de causalité — l'étude littéraire à l'exposé des circonstances? Émile Faguet en fera justement la remarque, dans la *Revue bleue* du 17 septembre 1898, à propos de l'*Essai sur Goethe* d'Éd. Rod : l'œuvre est de large envergure et de haute envolée, et la vie est médiocre, presque plate, insignifiante à côté de celles de presque tous les grands hommes. « Pour ceux qui, d'une vie d'inspecteur d'académie, ont tiré *Werther*, le *Tasse*, les *Affinités électives* et les deux *Faust*, décidément la méthode biographique n'est pas très bonne. »

Elle risque, en tout cas, d'amoindrir quelque peu la signification du poète, de ramener trop souvent à des coteaux modérés un lecteur invité, d'autre part, à s'attarder sur les sommets. Elle peut laisser quelque déception dans l'esprit de ceux qui s'attendraient à trouver une équivalence absolue entre le réseau des déterminations biographiques et anecdotiques et le faisceau des œuvres littéraires. Mais comment une méthode aussi équitable qu'efficace par d'autres côtés n'aurait-elle point fait fortune? Gœthe lui-même l'avait recommandée; c'était celle que Sainte-Beuve, curieux de retrouver l'homme derrière l'écrivain, avait appliquée aux objets les plus divers. Elle devait particulièrement convenir à une époque dominée par des soucis positivistes, assez disposée, en somme, à ne pas admettre que l'esprit souffle où il veut : la faveur qu'a trouvée le « paradoxe baconien », qui dépossède Shakspeare indigne au profit du chancelier génial n'est-elle pas, à cet égard, le plus significatif des témoignages?

Il est nécessaire à tout le moins, pour ce qui est de Goethe, qu'on nous rende attentifs à la forte personnalité centrale qui hausse et magnifie sans cesse le détail des expériences et des observations, qui donne son rythme et son unité à ce qui semblerait n'être que morcellement et chaos, platitude et médiocrité : sinon l'on aurait l'impression, comme dit l'auteur d'un compte rendu publié dans les *Études des Pères de la Société de Jésus*, qu' « un seul mot résume les quatre-vingt-deux années de la vie de Goethe : c'est le mot allemand *Wirrwarr* » : lisez le désordre et la dissonance, la confusion et le charivari. Et c'est pourtant la persistante individualité, le *moi* dominateur d'un homme qui a su ramener à une admirable unité les expériences les plus diverses, c'est cette pensée directrice découverte dans la carrière de Goethe qui, aux alentours de 1880, passe au tout premier plan de ce que la pensée française pouvait retenir de l'écrivain allemand.

CHAPITRE III

LA CULTURE DU MOI.

> « L'effort divin qui est en tout se produit par les justes, les savants, les artistes. Chacun a sa part. Le devoir de Goethe fut d'être égoïste pour son œuvre. L'immoralité transcendante de l'artiste est à sa façon moralité suprême, si elle sert à l'accomplissement de la particulière mission divine dont chacun est chargé ici-bas. »
>
> (Théoctiste dans Renan, *Dialogues philosophiques : Rêves*, 1876.)

La signification de Goethe en France est en échec, nous l'avons vu, dans les premières années qui suivent la guerre de 1870, et ce sont les savants, les historiens de la littérature plutôt que les critiques d'actualité, qui se tournent encore vers le grand écrivain allemand. C'est l'heure où il semble à Edgar Quinet lui-même que les seuls messages intellectuels que l'Allemagne puisse désormais transmettre à sa voisine soient les systèmes décourageants de Schopenhauer et de Hartmann. Nous avons vu de quels anathèmes, en 1872 et 1873, un Dumas fils, un Scherer, un Louis Ménard, frappaient l'insensibilité légendaire et le prétendu égoïsme du poète « compatriote de Bismarck » : en dépit de quelques protestations isolées, qui jugeaient ces attaques excessives plutôt qu'imméritées, il est visible que le public français se trouve d'accord avec « l'esprit qui nie », et qu'il n'est guère sollicité de chercher dans la personnalité ou dans l'œuvre de Goethe le moindre principe d'édification ou d'émotion.

Sa personnalité? mais quel réconfort attendre de ce « polisson vénérable », comme dit l'auteur de la *Dame aux Camélias*? Et puisque aussi bien la réorganisation sociale et la régénération morale de la France sont la plus urgente des tâches, puisque la religion et le patriotisme sont les premiers des devoirs, il n'y a rien à demander à celui qui s'est fait, de la patrie et de la religion, des idées qui ne sont guère d'actualité. « Goethe, écrit Ernest Hello, faisait sa prière devant une statue de Jupiter; mais cette monstruosité-là s'est tournée contre elle-même, et le nom de Jupiter est devenu, grâce à elle, plus ridicule. Cette adoration était bien faite pour tuer du même coup l'homme et le Dieu. » Ailleurs, c'est un aveu de christianisme malgré tout qu'on arrache à Goethe. Mgr Bougaud, évêque de Laval, dit en 1874 dans son ouvrage sur *le Christianisme et les Temps présents* : « Goethe, le plus universel et le plus puissant, mais aussi le plus païen de tous les poètes modernes, nomme le Christ l'homme divin, le saint, le type et le modèle de tous les hommes. » Dans sa *Littérature allemande*, en 1876, A. Bougeault conteste que l'écrivain, sur les œuvres et sur la vie de qui planent « le doute, le *peut-être* », ait laissé « dans les âmes aucune lumière nouvelle ». « La lumière d'en haut, incréée, immortelle, divine, il alla la chercher dans l'autre vie, mais il avait refusé d'en trouver ici-bas les prémices dans la vérité religieuse, révélation anticipée, quoique incomplète, de celle qui n'a plus d'ombres. » Moins expressément, mais avec des réserves du même genre, le troisième volume de la *Littérature allemande* de Heinrich, en 1873, discutait la signification définitive du poète.

Et ses œuvres? La plupart ont été frappées de déchéance par les arrêts mêmes qui enlevaient toute grandeur à sa personnalité. « On ne trouverait pas dans toute l'œuvre de Goethe, disait L. Ménard, une seule donnée morale, et l'immoralité d'une œuvre d'art lui ôte toute valeur esthétique; ce qui est indécent, bas et immoral est toujours laid. » Cette réprobation atteignait surtout *Faust*, dont la rédemption paraissait inadmissible, et l'inspiration toute négative : Scherer et Dumas n'étaient pas seuls à en juger ainsi. Une enquête *De la corruption littéraire en France*, par Ch. Potvin, se préoccupant en 1872 de l'immoralité littéraire qui, parmi d'autres dangers sociaux, menaçait notre pays, voyait dans le drame philosophique de Goethe « l'épopée du scepticisme », dont le héros « meurt sous le dernier et le plus horrible sarcasme du démon du scepticisme... C'est la science vaine, c'est le néant des entreprises terrestres : c'est Faust. Le guide surnaturel de l'homme... c'est le sarcasme, la négation, le blasphème... » Ed. Drumont, dans le *Bien public* du 8 avril 1874, écrivait dans un article sur la *Tentation de saint Antoine* (et Flaubert lui-même s'effarait du compliment) : « *Faust* paraissant de nos jours exciterait plus d'étonnement que d'admiration. Nous sommes disposés à l'admirer par une inconsciente préparation, par une sorte d'initiation ou plutôt d'accoutumance qui, dès que nous sommes en âge de lire, nous le fait apercevoir classé parmi les chefs-d'œuvre immortels... Nous avouons que l'œuvre de Gustave Flaubert nous semble supérieure à celle de Goethe. L'idéal du Saint est autrement élevé que celui du Docteur. Celui qui résiste vaut mieux que celui qui succombe. Saint Antoine est un Faust, mais un Faust repoussant Méphistophélès. C'est Faust vainqueur au lieu de Faust vaincu. Le mot de Faust, c'est l'amour de soi-même et l'oubli de Dieu; le mot de saint Antoine, c'est l'amour de Dieu et l'oubli de soi-même...

Dans le *Faust*, tout est décousu, inégal, composé d'éléments divers, les évocations et les réalités s'y heurtent, l'auteur mêle à son personnage ses raisonnements particuliers, le souvenir de ses propres amours, la peinture des paysages qu'il affectionne. »

Werther n'est pas mieux traité. On exhume contre ce livre des accusations démodées. « Si Werther, écrit E. Hello en 1872, n'a pas eu plus d'imitateurs, il faut remercier Dieu qui protège l'homme contre la logique du mal. Car Werther est le type des livres qui mènent l'homme au tombeau. » En 1880, P. Charpentier, dans l'ouvrage intitulé : *Une maladie morale : le mal du siècle*, conteste le principe au nom duquel Goethe réclamait le droit à la confession intégrale. « Je ne connais aucune nécessité qui autorise à jeter dans le public des germes de désordre moral. Le génie, et c'est lui sans doute dont Goethe entendait revendiquer les droits, le génie, je le veux bien, a ses prérogatives, mais non pas celle de se jouer du repos et de la vie des hommes... »

En face de ces limitations qui restreignent, un peu partout, la grandeur et la valeur du poète allemand et de son œuvre, les témoignages de déférence et d'admiration consistent surtout dans les travaux que nous avons vus, et où Goethe est étudié *en classique*, sans application bien actuelle, en somme. Dans les lettres comme dans la vie nationale et sociale, l'effort n'est pas de ce côté. Des livres comme le *Drame musical* de Schuré, qui consacre en 1876 de fortes pages à Goethe, « le plus grand réformateur de la poésie moderne et, si l'on peut dire, l'organisateur d'un idéal nouveau », appartiennent à ces « sous-courants » qui préparent les fleuves de l'avenir, mais qui restent inaperçus des contemporains. Des poètes, çà et là, gardent encore le souvenir de Faust. Dans les *Comédies romanesques* de Louisa Siefert, en 1872, le Recteur Bartholdus, comme le docteur de Goethe, a perdu sa jeunesse à poursuivre la science et, sur le tard, souhaite de connaître l'amour. Méphistophélès joue un rôle — assez mince — dans *Jacqueline Bonhomme*, « tragédie moderne » d'Ed. Grenier. Bien des réminiscences ou des transpositions du premier *Faust* se retrouvent dans la troisième et la quatrième parties de l'*Axel* de Villiers de l'Isle-Adam. Dans sa *Vie inquiète*, en 1875, P. Bourget associe les noms de Goethe et de Berlioz, pour l'émotion que la *Damnation de Faust* produit sur un de ses héros, George Ancelys :

> Quand un artiste aux bras effrénés et puissants,
> Comme Goethe, a touché de ses mains une tête,
> Elle souffre, elle enchante, elle vit. Le poète
> Lui mit aux yeux tant d'âme et tant de sang au cœur,
> Que par un charme obscur, souverain et vainqueur,
> Ceux qui l'ont contemplée en prennent du génie....

Maurice Bouchor donne en 1878 son *Faust moderne*, « histoire humoristique en vers et en prose » :

> Faust, don Juan, sont toujours terribles : le Vainqueur
> Les a pétrifiés dans leurs plus fières poses....
> Les faire reparaître au monde, mais drapés
> Dans un manteau moderne, et cette fois paisibles,
> Ne se souciant plus des cieux inaccessibles,
> Et des mains de Satan brusquement échappés?
> C'est ce que j'ai tenté....

En dépit de ce prologue, c'est surtout un Faust blasphémateur, byronien et triste qui se présente à nous. Une des plus habiles traductions en vers de l'original allemand, celle de Marc-Monnier, est publiée vers le même temps, en 1875. Elle a pour but « de procurer aux lecteurs français qui ne savent pas l'allemand, le plus de plaisir et d'émotion possible » : l'emploi des vers — si périlleux à l'occasion pour le sens — est justifié par cette ambition elle-même autant que par l'adresse du poète genevois. Mais le petit nombre des comptes rendus témoigne assez du peu d'attention que devait trouver, auprès d'un public indifférent, cette nouvelle version du chef-d'œuvre. Trop de faveur allait au naturalisme pour que la formule d'art illustrée par Goethe eût chance de retenir vraiment l'intérêt. Et quant à sa philosophie, elle semblait porter la peine de son individualisme et de son médiocre souci des solutions collectives. Il fallait le détachement supérieur de Renan pour faire, en 1876, l'apologie de cette attitude, assimilée à l'égoïsme; et encore la met-il dans la bouche d'un interlocuteur de ses *Dialogues philosophiques* : « L'effort divin qui est en tout se produit par les justes, les savants, les artistes. Chacun a sa part. Le devoir de Goethe fut d'être égoïste pour son œuvre. L'immoralité transcendante de l'artiste est à sa façon moralité suprême, si elle sert à l'accomplissement de la particulière mission divine dont chacun est chargé ici-bas. »

D'influence volontairement subie, peu de traces, pour l'instant, dans la littérature active. Faut-il noter que le « mariage de la poésie et de la critique », la spontanéité de l'inventeur se parachevant d'une conscience de scrutateur et de connaisseur, — alliance où Goethe a excellé, — semblait à Amiel et à E. Montégut la caractéristique d'un des romanciers les plus en vogue de ce temps-là, Cherbuliez, grand admirateur de Goethe en effet, comme le Gilbert Savile de son *Comte Kostia,* et comme son Sosie anti-bismarckien G. Valbert? Faut-il rappeler qu'un poème dramatique, *le Dernier jour de Mignon*, est tiré de *W. Meister* par Piel de Trois-Monts, et donné aux matinées Ballande en avril 1874? Doit-on regretter que Maupassant ait manqué, pour pratiquer Goethe à fond, l'occasion que lui offrait une série d'études sur les grands écrivains étrangers, projetées pour le *Gaulois*. « Commencez, lui écrivait à ce sujet Tourguéneff le 15 novembre 1880, commencez, par exemple... pour l'Allemagne par Goethe, que Barbey d'Aurevilly vient de traîner, fort bêtement, dans la boue. »

Peut-être l'admirable objectivité du conteur français se fût-elle haussée, au contact du poète allemand, à la généralité d'inspiration qui anime les œuvres définitives.

La publication en volume, en 1880, des études de Barbey sur Goethe, à laquelle Tourguéneff faisait allusion, avait plus d'actualité qu'il ne pouvait sembler. Cette année paraît marquer une sorte de renaissance de la notoriété de Goethe en France. De nouvelles traductions de *Faust* — celles de Maussenet, de Riedmatten, de Daniel, de G. Gross, — des rééditions d'anciennes versions de *Werther* et d'*Hermann* ouvrent encore une fois l'accès des œuvres les plus réputées. Quant à la signification de la personnalité de Goethe, elle semble sortir de nouveau des limbes du passé historique où la confinaient commentaires et éditions classiques. « Ce qui, plus que tout le reste, nous charme et nous ravit dans Goethe, c'est cette ouverture d'intelligence, cette largeur de sympathie, cette curiosité universelle, ce don admirable de comprendre tout, d'aimer tout, de s'intéresser à tout, qui fait de lui non seulement un homme du XIXe siècle, mais le poète du siècle par excellence, l'incarnation la plus parfaite du génie cosmopolite de notre âge. » P. Stapfer définissait en ces termes, dans la *Revue politique et littéraire* du 31 janvier 1880, l'actualité persistante du grand Allemand : c'était revenir à l'ancienne admiration pour Goethe « compréhensif » qu'avait ressentie Taine en 1860. Et c'était retrouver chez le poète de *Faust*, comme on l'avait fait vers cette même date, l'équivalent des idées religieuses les plus positives, que d'interpréter ses messages explicites ou symboliques à la façon d'A. Serre, auteur de deux pamphlets bizarres parus en 1880 et 1881 : *le Sublime Goethe et V. Hugo* et *Religion de Goethe et de l'abbé Moigno*. Bien que l'auteur se donnât pour « un simple disciple », une *goetholâtrie* singulière, faite de ferveur chrétienne et d'hostilité au régime républicain, élevait ici au poète d'outre-Rhin le plus inattendu des autels. « Que l'on médite éternellement la *Bible*, la *Divine Comédie* et *Faust*; tout est là. Ces trois livres ne seront jamais égalés. »

Ce n'est point, cependant, dans l'éclectisme supérieur dont la poésie de Goethe nous offre l'exemple, ni dans la concordance possible de ses idées avec les plus anciens dogmes humains, ni dans cette prétendue « froideur » que Barbey jugeait urgent de dénoncer, qu'il faut chercher le principe agissant de Goethe pour la pensée française de cet âge. Bien que *Faust* garde assez nettement l'avantage, cette efficacité actuelle est moins que jamais dans telle ou telle œuvre. « Tôt ou tard, dit Vauvenargues, nous ne jouissons que des âmes », et il en est visiblement ainsi dans l'histoire littéraire comme dans la destinée des individus. Or le Goethe dont jouissent à cette heure quelques-uns des plus distingués de nos écrivains, c'est, non plus l'Olympien de Weimar ou l'interlocuteur d'Eckermann dans sa haute vieillesse enjouée et diserte, mais un Goethe vu à travers la théorie qui peu à peu se fait jour, et que désigne assez clairement ce terme de *culture du moi* qui lui a été donné.

On sait comment cette doctrine s'est formée sous l'influence de systèmes philosophiques négateurs de la réalité objective du monde extérieur, sous l'effet de conditions sociales défavorables à l'activité altruiste des délicats, sous l'action surtout d'une intellectualité trop raffinée que n'alimentaient plus de suffisantes sources de vie spontanée et instinctive. Le moi, opprimé par le réel, crée à son tour le monde; et comme il s'est persuadé que nous ne possédons des choses que nos idées, comme l'univers n'est que « notre âme déroulée à l'infini », il s'applique, par la « culture », à « être le plus possible », c'est-à-dire à recevoir, des objets de la réalité, le plus de sensations qu'il se pourra; il s'efforce de déguster tour à tour les idées et la vie, en se réservant pour de nouvelles expériences, et sans trop vérifier les prétextes où se satisfont les désirs successifs. Paysages et livres, hommes et choses, les actes de la vie publique aussi bien que les situations d'une existence privée deviennent de purs états d'âme; et c'est à ne point se contenter d'une façon de sentir ou de penser, à multiplier, s'il se peut, les occasions propices à ce perpétuel narcissisme, que doit tendre l'effort conscient des esprits élégants. Les drames philosophiques où Renan instituait des doubles — ou des multiples — à nombre de vérités, les autobiographies romanesques d'A. France, les « stations de psychothérapie » de Barrès comme les critiques impressionnistes de J. Lemaître et les investigations de P. Bourget dans des mondes assez variés, se rattachent à différents degrés à cette notion de la « culture du moi ». Il n'y aurait nul paradoxe à y ramener aussi les tentatives, si ésotériques, que faisait dans le même temps le symbolisme pour se créer un monde à l'écart de la grossière réalité. Théories dangereuses et qui risquent de s'égarer dans le pur dilettantisme ou dans l'égoïsme le plus médiocre, dès que l'expansion du moi, la satisfaction des désirs de culture et de développement n'est pas tenue en échec par la perception des limites mêmes de notre pouvoir, par la reconnaissance des droits qu'ont les autres à une semblable ambition. Un « développement », pour être un « perfectionnement », comporte une bonne part de renoncement; et il se pourrait que les « beaux arbres », auxquels on a comparé les individualités librement déployées, ne s'élancent pas autant « selon leur sève » que suivant une façon de compromis entre ce libre élan et les forces contrariantes de la pesanteur, des saisons hostiles et de l'ombre portée par leurs voisins de forêt.

Le Goethe des *Mémoires*, si attentif à son propre enrichissement, le Goethe soucieux de tirer parti, pour son aptitude à comprendre et à sentir, des expériences offertes par la vie, et appliqué, semblait-il, à maintenir l'intégrité de son être selon un plan artistique, paraissait assurément bien fait pour patronner dans une forte mesure le souci de la culture du moi. Ses ouvrages eux-mêmes ne faisaient plus que jalonner — la démonstration en était acquise — les stades successifs d'une carrière adroitement conduite, l'œuvre d'art par excellence du plus lucide des hommes. Le soin qu'il avait eu d'écarter de lui les circonstances propres à dévoyer son individualité, de développer au contraire dans les sens les plus divers ses multiples facultés, lui assignait un rang parmi les plus grands des « égotistes » du passé. Tel Nietzsche l'a vu, tel il semble être apparu à cette génération intellectuelle de 1880. « Ce qu'il voulait, c'était la *totalité*;... il se disciplina pour arriver à l'être intégral; il se *fit* lui-même.... » Mais ce que les ambitions de cet âge ont méconnu, c'est que l'individualisme de Goethe comportait, dans ses « disciplines », une singulière part de renoncement; il s'en faut aussi que le poète du *Divan* ait tenu son cœur en laisse et d'avance esquivé toute intrusion des « barbares »; ce n'est point enfin Mme de Stein seule qu'il s'est résigné à contempler « comme on regarde les étoiles, » et le mot d'*Entsagung* importe autant au vocabulaire de son éthique que celui d'*Entwickelung*. D'ailleurs il est certain que le sérieux des préoccupations scientifiques de Goethe, son éloignement pour les idées qui témoignaient à ses yeux d'une déchéance de la dignité humaine et d'une négation du progrès, l'éloignaient nettement de tout dilettantisme inconsistant et indifférent.

Quoi qu'il en soit de l'interprétation qui entraînait vers une sorte de séduisant alexandrinisme la signification de Goethe, il n'est pas douteux que c'est l' « égotiste » ainsi compris que célèbre la partie la plus distinguée de notre littérature de 1880 à 1895. « Goethe, écrit Renan dans la Préface des *Souvenirs d'enfance et de jeunesse*, choisit, pour titre de ses Mémoires, *Vérité et Poésie*, montrant par là qu'on ne saurait faire sa propre biographie de la même manière qu'on fait celle des autres. Ce qu'on dit de soi est toujours poésie.... On écrit de telles choses pour transmettre aux autres la théorie de l'univers qu'on porte en soi. » Les *Essais de psychologie contemporaine* de P. Bourget et ses *Études et Portraits* font de Goethe, à diverses reprises, le type parfait de l'homme supérieur, conscient et maître de son intelligence, — non sans s'inquiéter déjà de la difficulté de concilier la science ou l'analyse avec la spontanéité : problème que reprendra, entre autres pages, la Préface de la *Terre promise*. Anatole France, dans la *Revue bleue* du 3 août 1889, consacre de subtiles pages à *Faust*, que vient de traduire Cam. Benoît; et, bien qu'il arrive au terrain solide d'une interprétation objective, « la glorification de l'activité et du génie de l'homme, l'exhortation à l'action intelligente », il ne se prive pas d'appliquer au poème complexe deux de ses maximes favorites : « Le grand poète ne fait ses chefs-d'œuvre que pour que chacun de nous les refasse à son tour. Lire une œuvre, c'est la créer à nouveau... », et encore : « Quelle situation que celle de Faust, placé entre l'intelligence et le sentiment!... Il a reconnu que la joie de comprendre était triste.... »

Transporté dans l'action, le « culte du moi » s'autorise à l'occasion ou s'inspire de Goethe et de son attitude, de la même façon que, dans le monde purement intellectuel, il se réclame de sa multiple curiosité. Dorsenne, le héros du *Cosmopolis* de Bourget, « disait que son unique but était « d'intellectualiser des sensations vives ». En termes plus clairs, il rêvait d'éprouver de l'existence humaine le plus grand nombre des impressions qu'elle peut donner et de les penser après les avoir éprouvées. Il croyait, à tort ou à raison, démêler dans les deux écrivains qu'il appréciait le plus, Goethe et Stendhal, une application constante d'un principe pareil. » Or si, parmi « les quelques ouvrages où il retrempait sans cesse sa doctrine d'intransigeante intellectualité », les *Mémoires* de Goethe figuraient au premier rang, ne nous étonnons pas si Dorsenne se réserve, en face de l'amour d'Alba Steno, comme Goethe devant Frédérique Brion, la fille du pasteur de Sesenheim.

De Julien Dorsenne à Maurice Barrès, il n'y a guère plus, peut-être, que la distance qui sépare un personnage de roman de l'écrivain qui a tenté, avec le plus d'application, de soumettre la vie à la culture du moi. Bien souvent, il a placé ses théories sous le couvert de Goethe, non sans déformer parfois arbitrairement la pensée de celui-ci : car l'écrivain allemand a cherché à prendre, des choses, une idée aussi voisine que possible de ce que seraient les choses si l'homme n'existait pas pour les connaître, et n'y a point vu, uniquement, « des émotions à s'assimiler pour s'en augmenter ». Du moins la persistante personnalité centrale de l'auteur de *Faust* donnait-elle une sorte de sanction à l'effort de ce *moi* subtil pour se maintenir et s'affirmer *sous l'œil des Barbares*. Une note du *Jardin de Bérénice* disait : « Tout est vrai là dedans, rien n'y est exact. Voilà les imaginations que je me faisais, tandis que les circonstances me pliaient à ceci et à cela. Goethe, écrivant ses relations avec son époque, les intitule : *Réalité et Poésie*. » C'est ainsi qu'il convient de prendre les confidences psychologiques où s'est formulée cette théorie de la culture du moi, que les jeunes hommes de 1890 ont goûtée si vivement. Elle se complète, dans le *Jardin de Bérénice*, par la prise de conscience du « fonds », de la part originelle reçue de la race, et s'autorise, encore ici, de Goethe. « L'unité! voilà donc le rêve universel, l'aspiration des esprits réfléchis et des plus grossiers. Elle satisfait les besoins moraux et les désirs des contemplatifs, mais elle est aussi la santé et le bien-être de notre corps : en sorte que la religion goethienne, vivre en harmonie avec les lois de la nature, n'est que la formule la plus élevée de l'hygiène. » De même, dans *Toute Licence sauf contre l'amour*, « ces jeunes analystes repliés sur eux-mêmes et dédaigneux de participer aux luttes du siècle » étaient appelés, quelque part, les « jeunes gens d'éducation goethienne ». Leur indifférence en politique, sorte d' « acceptation » de toutes les formes de l'activité humaine, va, dans l'*Ennemi des Lois*, jusqu'à une espèce d'apologie d'un attentat anarchiste, qui vaut à André Maltère quelques mois de prison : car « son attitude purement intellectuelle et toute de compréhension goethienne devait répugner » aux hommes de lutte de la politique. Et, à la suite d'une discussion avec Bourget qui contestait la propriété de l'adjectif *goethien*, l'auteur écrivait : « André est d'accord avec Goethe en s'intéressant à des idées qui peuvent déplaire, mais dont on ne saurait nier qu'elles sont une végétation chaque année plus vigoureuse. Le « maître de Weimar » sentait vivement l'impossibilité de calculer les conséquences d'un acte et de connaître s'il entraînera plus de bonheur ou de malheur : il acceptait la vie et même, ce qui est le trait essentiel, sympathisait partout où il distinguait une force qui s'épanouira. »

Prenons *cum grano salis* cette référence à l'auteur de *Faust*, et notons encore la dédicace de la plaquette intitulée *Huit jours chez M. Renan* : « Un publiciste judicieux a écrit des *Conversations de Goethe avec Eckermann* que, si elles n'avaient pas été tenues réellement, il faudrait les inventer ». — Quant à la forme de ces ouvrages ingénieux et trop subtils, peu saturés de réalité, il est curieux qu'on ait pu écrire d'elle : « De Goethe, Barrès a pris l'amour d'une ordonnance sévère, la négligence des détails secondaires.... »

C'est sous la plume de Léon Daudet que se trouve ce témoignage, et il surprend d'autant plus que le fils d'Alphonse Daudet doit beaucoup à une admiration très déclarée pour le poète allemand. Son père (surtout en 1888, au témoignage du *Journal* des Goncourt) faisait son bréviaire des *Entretiens* d'Eckermann, se déclarait « avec Goethe contre Jean-Paul », vantait l'action du poète à Weimar, dans un milieu restreint, « en dehors des centres de population » : le fils est plus enthousiaste encore du grand homme. Outre une dette particulière contractée auprès de l'écrivain des *Affinités électives*, dont il a pris le mélange de sentimentalité et d'intellect, il a trouvé dans la haute figure de ce génie volontaire et compréhensif le plus complet exemple des organismes parfaits, des hérédités fondues. *Haerès*, en 1893, songe au temps où la science de l'homme, envahissant la poésie, ne fera que créer une harmonie artistique de plus, et s'exalte au souvenir de « Goethe, dans son temple de Weimar, confédérant toutes les intelligences, s'entourant d'une encyclopédie animée... ». Les interlocuteurs de *Germe et Poussière* cherchent volontiers dans la manifestation superbe de l'individualité de Goethe les arguments de leurs ripostes. Mathias Gilbert, dans *la Romance du temps présent*, reproduit le grand poète dans son allure, dans sa préoccupation des symboles qu'on extrait des choses, et jusque dans son apparence, « ce front dont il était fier, songeant à Goethe, à Chateaubriand et à ce que racontent les anthropologues... » Enfin, l'*Astre noir*, qui a pour épigraphe le mot de Napoléon : « Vous êtes un homme, Monsieur Goethe », nous présente en 1893 une principauté neutre de Séneste qui ressemble fort à Weimar. Parmi les divers grands hommes qui en sont l'ornement, le philosophe Malauve, doué d' « une personnalité indomptable jointe à la malléabilité universelle », est un Goethe « superhomme », pur intellectuel et volontaire, chez qui le sens esthétique domine le sens moral, qui a perdu toute spontanéité, évite les émotions, proclame — et exerce — les droits absolus du génie. « Peut-être, comme excuse, sans cet absolu égoïsme et ce détachement extraordinaire... il n'aurait pu mener son œuvre, attelage vigoureux, dans un droit sillon. La vie de tous côtés lance vers le penseur ses flèches cuisantes. Qu'elles rencontrent une surface sensible et tout le corps sera enflammé et l'esprit ne pensera qu'aux blessures. Mais une cuirasse sans défaut protège le travail intérieur. Elle est nécessaire au philosophe poète.... »

La figure de Goethe, « puissant organisateur de l'individualisme », — mais d'un individualisme auquel étaient exagérément refusés le sens de la solidarité et la limitation consentie de l'énergie et de la liberté, — l'image morale d'un artisan volontaire de sa propre destinée et d'un incessant ouvrier de son *moi*, telle est, vers 1890, la manifestation goethéenne qui l'emporte sur toutes les autres. Auprès d'elle, tels aspects de l'œuvre ou de la vie de Goethe, qui attiraient l'attention d'autres époques, sont effacés et pâlis; tels autres, qui restent vraiment à découvrir, ne sont encore qu'occultes et voilés. *Werther* n'a guère fourni autre chose qu'un livret d'opéra-comique à Massenet, qui est séduit, en 1885, par le scénario rédigé par trois collaborateurs, G. Hartmann, P. Milliet et Ed. Blau : des mélodies sinueuses enveloppent la « tragédie du cœur » sans rendre son héros beaucoup plus cher aux sensibilités de ce temps. A lire, par exemple, la *Confession d'un Enfant du siège* de Michel Corday, on ne voit pas que le petit roman de Goethe ait une vraie valeur d'actualité pour les jeunes gens qui approchent de leurs vingt ans vers 1890. Le héros de la *Course à la mort* d'Éd. Rod tient expressément à marquer une différence, malgré ce qu'il pourrait sembler, entre le pessimisme de sa génération et l'ancien, celui « des Renés, des Werthers, des Laras : égoïstes qui ne pensaient qu'à leurs pauvres passions personnelles ». Le *Bonheur* de Sully-Prudhomme, en 1888, penche sur l'humanité anxieuse, du haut d'une lointaine planète, un Faustus qui oppose le don de soi à la conquête de soi de Faust. Ch. Morice, dans sa *Littérature de tout à l'heure*, n'hésite pas à le déclarer, en 1889 : « L'amant transi et sentimental de Charlotte est aussi insupportable aux esprits de cette heure qu'ils prennent d'ardent intérêt et de grave plaisir à se rendre maîtres, selon l'expression de Goethe lui-même, de tout ce qu'il a mis de secrets dans le *Second Faust* ».

Grâce en effet à la réaction qui se dessine contre le réalisme, le grand poème de Goethe, et spécialement sa seconde partie, reprend une valeur active, (sinon pour le gros du public, qui s'imagine connaître assez *Faust* par l'opéra de Gounod), du moins pour quelques écrivains. La traduction Sabatier, terminée dès 1881, est publiée en 1893, — sans que cette tentative de transposition intégrale reçoive l'attention méritée, au moins, par son ingéniosité. Les tâtonnements des symbolistes vers un art plus haut, l'idéalisme renaissant et soucieux de délier les ailes à la Psyché immortelle, vont, en revanche, découvrir pareillement dans le mystérieux poème un réconfort ou un précédent. Le *Drame musical* d'Ed. Schuré, avec ses belles pages sur la religiosité de Goethe et cette « pensée constante de l'Éternel qui se cache sous la variété des événements particuliers », est réédité en 1886. Maeterlinck, dans une interview rapportée par le *Temps* du 28 mai 1903, reconnaîtra avoir beaucoup appris de l'Allemagne : « J'ai étudié ses classiques... ». Répondant en 1891 à l'*Enquête* de J. Huret, il cite le *Second Faust* et le *Mährchen* comme types du « symbole *de propos délibéré* ». La réponse de G. Kahn à la même investigation affirme que « les jeunes poètes connaissent

Goethe, Heine, Hoffmann, et autres Allemands... ». Le même auteur, dans une chronique de la *Revue indépendante*, en avril 1888, s'arrête au symbolisme de *Faust* et à la figure d'Hélène. Camille Mauclair, dans *Eleusis*, cite Goethe, avec Poe et Mallarmé, comme représentant d'un « idéoréalisme s'emparant de la perception des idées confiées à un médiateur plastique ». P. Adam, étudiant l'*Évolution dramatique* dans les *Entretiens politiques et littéraires* d'octobre 1891, démontre par l'exemple des *Faust* « comment l'œuvre peut passer du mode émotif particulier au mode émotif général ».

Tous ces points de vue nouveaux, qui orientent insensiblement la littérature hors du strict naturalisme, ne laissent pas d'être, pour l'heure, assez spéciaux. Du moins ne met-on pas trop de façons à considérer *Faust* comme un chef-d'œuvre « classé », et l'un des plus typiques. F. Brunetière ne fait pas difficulté de le remarquer dans ses leçons sur l'*Évolution des genres*, « Racine ou Molière n'ont pas toujours atteint cette profondeur de pensée que nous trouvons dans un Shakespeare ou dans un Goethe ».

En dépit de cette préférence accordée à l'une des œuvres du poète — il suffira de citer pour mémoire une adaptation d'*Egmont*, par Ad. Aderer, jouée à l'Odéon en 1890, ou un opéra de Goujon et Le Rey, tiré d'*Hermann* en 1894, — c'est bien Goethe « égotiste » qui se trouve en vedette au déclin du XIXe siècle; et c'est contre lui qu'est dirigée la série d'études publiées par Éd. Rod dans la *Revue des Deux Mondes* et réunies en 1898 sous ce titre : *Essai sur Goethe*.

Après avoir, nous dit l'auteur, subi avec force l'ascendant du poète et éprouvé pour lui une admiration sans réserve, « une visite à Weimar, de nouvelles lectures et de nouvelles réflexions nuancèrent peu à peu ou modifièrent mon impression ». Il semble que ce chemin de Damas ait surtout passé par Weimar : car il est sans doute légitime de rapporter à l'auteur de l'*Essai* les explications qu'il met dans la bouche de Jacques D**, dans le Prélude d'une nouvelle de 1894, *Jusqu'au bout de la faute.* « Comme je m'occupais alors de Goethe, je tenais à consulter certains documents que je n'aurais pas trouvés ailleurs, plus encore à vivre dans l'atmosphère où le grand homme a vécu.... Le résultat de cette expérience fut qu'en peu de temps je perdis beaucoup des illusions que j'avais sur son compte.... Les personnages de l'histoire goethienne, dont les portraits me poursuivaient partout, me devinrent antipathiques, comme le héros lui-même. »

Cette antipathie pénètre, quoi qu'en dise l'auteur de l'*Essai*, sa tentative de *revision*, si légitime et si actuelle d'ailleurs, de la signification de Goethe. « Il nous a semblé, écrit-il, que le moment était venu de relire les œuvres capitales de Goethe, de les relire en s'aidant des documents principaux qui les éclairent, de les relire *avec un esprit de critique* : c'est-à-dire en cherchant à se dégager autant que possible des jugements portés sur elles; à comprendre leur signification par rapport à leur auteur et par rapport à nous-mêmes; à mesurer leur importance dans le mouvement littéraire qui les a suivies.... » C'était là s'imposer un point de vue assez spécial, et se condamner à étudier surtout l'olympisme et l'égotisme de Goethe, puisque l'époque littéraire la plus récente avait été principalement séduite par cet aspect de sa personnalité : tout l'effort d'Édouard Rod porte en conséquence de ce côté, et c'est bien souvent telle tendance contemporaine, jugée négative ou funeste, qui se trouve mise en cause en même temps que la légende de Goethe. Il y paraît expressément à la page où la « conception du demi-dieu » est analysée : « On la retrouverait sans peine à l'origine de quelques-unes des doctrines les plus répandues dans les milieux littéraires de l'heure actuelle : ainsi, elle a des attaches évidentes avec « l'intellectualisme », tel que le conçut M. Paul Bourget pendant la première partie de sa vie littéraire, comme avec la théorie de la « culture du moi » que professe M. Maurice Barrès. On ne pourrait dire, sans excès, qu'elle est la base d'une religion ou la quintessence d'un dogme. Mais elle a servi à former un certain état d'esprit, auquel tendent certaines intelligences d'élite, et qu'on peut bien appeler le *goethéisme.* »

Aussi l'étude des œuvres et le récit de la biographie ne sont-ils développés, le plus souvent, que dans la mesure où, par-delà les actes, les créations littéraires, on peut atteindre ce principe, que le critique impatient ne peut se tenir d'excommunier dès la vingtième page. « Qu'est-ce donc que cet *olympisme* qui fait, depuis cent ans, s'extasier les panégyristes? Un « état d'âme » qui n'est point aussi exceptionnel ni aussi haut que quelques-uns le croient. Nous le trouvons, vulgaire et banal, chez la plupart des hommes : il s'appelle alors égoïsme, tout simplement. C'est une certaine indifférence à tout ce qui n'est pas son moi tel qu'on le désire, un parti pris d'ignorer les troubles qu'apportent avec eux les quotidiens hasards de l'existence, d'écarter de son esprit ce qui l'inquiète, de son cœur ce qui l'agite, une volonté de suivre la ligne qu'on s'est fixée sans se soucier de ce qu'il en coûte à personne.... Son olympisme ne fut que leur égoïsme devenu conscient et réfléchi, raffiné, élevé par l'intelligence à une puissance supérieure. »

Il y avait assurément quelque opportunité historique à reproduire ainsi, vers 1894, des objections qui sont plus vieilles encore que « l'extase des panégyristes ». Il était fâcheux, en revanche, que l'exactitude et l'information de l'auteur n'eussent pas toujours la sûreté qu'il annonçait, et aussi que Goethe portât dans une forte mesure la peine de quelques-unes des doctrines qui s'étaient réclamées de lui. Surtout, l'auteur de *Dernier Refuge*, qui, entre toutes les œuvres de Goethe, était le plus bienveillant pour les *Affinités*, et qui ne se refusait pas à louer la sérénité de Goethe à travers les catastrophes de 1792 et les dangers qu'il y courait, insistait véritablement trop peu sur l'amour de l'action qu'il lui fallait bien, malgré tout, discerner dans *Faust*, célébrer dans la vie même du poète. Action déployée autour de lui ou appliquée à se dominer et se vaincre, il y avait là un principe positif qui pouvait lui-même servir d'argument contre tous les dilettantismes, qui méritait en tout cas d'être mis en valeur. Au lieu que le témoignage que lui rend le critique semble un peu contraint et forcé. « Ayant aimé l'action, il a conformé toute sa vie et ramené toute sa pensée à ce goût dominant. C'est là qu'est sa grandeur, — peut-être tout entière. Ce qu'a été son incessante activité à travers ses multiples tâches, ses multiples amours, ses multiples œuvres, il serait dangereux pour sa gloire de le rechercher de trop près. Aussi bien, peut-on parler beaucoup de lui, le raconter, le discuter, s'égarer dans les obscurités de sa chronologie ou de sa pensée, sans être amené pour cela à prononcer une de ces sentences qui damnent ou béatifient.... »

En dépit du souci d'équité que semblait impliquer cette phrase, le livre de Rod méritait bien d'être intitulé plutôt *Essai contre Goethe* qu'*Essai sur Goethe* : et c'est de quoi le félicitèrent concurremment divers comptes rendus. Du *Journal de Genève* aux *Études des Pères de la Société de Jésus*, de *Cosmopolis* à la *Quinzaine*, on complimenta l'auteur d'avoir fait descendre le poète allemand du piédestal où ses admirateurs l'avaient juché. L'*Illustration* du 22 janvier 1898 estime que « c'est vraiment une bonne action que vient de faire M. Rod en ramenant à des proportions exactes le soi-disant *olympisme* de ce bourgeois de Francfort, vaniteux, grossier, indélicat, et épris de ses aises, sans scrupule aucun... ». Eug. Ledrain, dans la *Nouvelle Revue* du 15 février 1898, bien qu'il lui semble qu'il se soit produit, à l'égard du grand Allemand, « une certaine saturation », reconnaît que ce livre-ci a su ramener l'attention sur Goethe, et admet avec son auteur qu'il était urgent de démasquer « l'olympisme, lequel ne diffère guère de l'égoïsme, et se tient à la portée de tout le monde, du monde bourgeois et du plus subtil esprit ». Émile Faguet à peu près seul déclare, dans la *Revue bleue* du 17 septembre 1898, que l'*Essai sur Goethe*, bien qu'il ne soit ni confus ni déclamateur, force vraiment la note; les amours de Goethe en particulier ne prêtent pas à d'aussi irrémédiables anathèmes, et son mariage témoigne d'un sentiment du devoir, d'une douce pitié, d'un très bon cœur et d'un esprit d'humanité où il entre un peu d'esprit de sacrifice. « Un sage... mais un sage égoïste, non; dur, non.... »

Même des journaux qui avaient jadis — aux alentours de 1860 — consacré des pages ferventes au poète d'*Iphigénie*, s'en tinrent, avec peu ou point d'atténuations, au Goethe qu'il paraissait équitable de « déboulonner », tant son action sur la fâcheuse attitude des « égotistes » semblait évidente. « Rappelez-vous, écrivait Mme Arvède Barine dans les *Débats* du 6 avril 1898, son respect idolâtre pour son Moi, la culture de son Moi, la sérénité de son Moi, sa paix à tout prix dans l'intérêt de son développement.... Tel est, en effet, l'héritage légué par Goethe à sa postérité spirituelle. Celle-ci a mis un certain temps à entrer en possession de l'héritage, car l'homme, Dieu merci! n'est pas naturellement dilettante; mais elle a aujourd'hui dépassé son modèle.... Goethe n'est pas sans reproche; ne serait-ce que pour nous avoir donné le « goethéen », car c'est un bien vilain cadeau. » G. Deschamps, dans un article intitulé le *Pontife du dilettantisme allemand*, accrochait, dans le *Temps* du 24 avril, les oripeaux de l'amplification à une biographie ironique de l' « idole ». Le « beau physique » de Goethe, son « âme de chambellan », pour qui « un compliment de Napoléon avait suffi à dissiper tout le patriotisme dont il était capable », étaient fustigés de la belle manière : mais l' « olympianisme » surtout avait son couplet. « Son grand front sembla s'élargir en proportions sculpturales. Ses yeux imitèrent la placidité reposée qu'Homère admirait si fort dans le regard de Héra Βοῶπις. Le sourire plissa rarement sa lèvre rasée. Et, en de rares occasions, son sourcil se fronça.... »

Cependant, il n'avait pas été nécessaire d'attendre la condamnation de l' « égotisme intellectuel » à travers Goethe, pour qu'on trouvât cette doctrine — telle que 1890 l'avait mise en honneur — insuffisante à fonder une règle de vie, pour qu'on s'avisât aussi des erreurs d'interprétation qui en attribuaient à Goethe la plus forte part de paternité. La difficulté de concilier l'intelligence absolue avec l'activité préoccupa de bonne heure Bourget. « Peut-être, écrivait-il en 1884, à propos des *Derniers jours de Shelley*, le beau rêve de tout comprendre, qui fut celui de Goethe, aurait-il pour aboutissement une suprême impuissance à créer? » Dans ses articles de la *Revue jeune* et de *l'Art et la Vie*, Maurice Pujo démontra, sans se lasser, que « le dilettantisme, c'est l'éternel provisoire », et proposa aux jeunes écrivains un retour à l'action, un contact véritable, en tout cas, avec la réalité. Un sonnet d'A. Samain s'attrista du savoir stérile de Faust :

> Ta vie est un serpent maudit qui se dévore.
> Espère et prie et sois à tes frères pareil.
>
> Ton âme, ta science atroce l'a tuée.
> Ta raison, laisse-la, cette prostituée
> Qui s'est donnée à tous et qui n'a point conçu.

Jules Tellier, avec une clairvoyance singulière, prêtait ce propos à la bien-aimée qui consolait sa souffrance : « Le mal dont vous mourez, lui disait-elle, c'est de ne pas voir les choses » : et l'amie se rencontrait ici, comme on l'a remarqué, avec Goethe conseillant aux artistes « de travailler sur la nature extérieure, s'ils veulent garder la joie intime de leur cœur ». Souvent, enfin, on avait constaté que si le Moi, à sa culture extrême, aboutit à l'Humanité, si la solidarité n'a pas de plus sûr fondement que le véritable individualisme, le péril était grand, pour les âmes vulgaires, de rechercher des fins bassement égoïstes sous couleur de développement personnel, et, pour les esprits veules, de s'isoler dans une aridité impuissante par dédain des opinions communes.

Cette perception des dangers intérieurs qui menaçaient le « culte du moi » se discerne au souci que prennent les théoriciens mêmes de la doctrine, de lui assurer des titres et des garanties. Plus que les attaques des adversaires, le sentiment de l'insuffisance d'une culture trop exclusivement cérébrale ne pouvait manquer de lézarder ces agréables constructions. Dans la Préface de l'*Effort*, en 1893, H. Bérenger parle de « cet irrésistible agent de mort psychique qui est spécial à notre époque, et qu'il faut se résigner à nommer du nom barbare d'*intellectualisme*.... cette perversion de l'esprit qui nous réduit à ne chercher dans la vie que le spectacle de la vie, et dans les sentiments que les idées des sentiments.... Nous-mêmes, [illegible] fûmes-nous assez la proie, de ce mal nouveau? Nous avons bien des fois cherché quels avaient été ses germes en nous, et par quels souffles morbides ils s'étaient [illegible]dement propagés. Nous payons en ce moment la [illegible] de ce redoutable esprit critique où les Goethe, [illegible]nte-Beuve, les Renan, gardèrent encore assez d[illegible] pour créer et de grâce pour sourire.... » Ailleu[illegible], Goethe était admiré d'avoir « allié le sens analytique le plus fin à l'imagination la plus puissante », non sans qu'il parût, peut-être, impossible de réitérer le « prodige » par lequel « dans le même cerveau royal, la science et la poésie ont associé leurs merveilleux travaux, et Goethe a pu découvrir la théorie de la fleur et celle des couleurs dans le temps où il songeait à *Faust* et à *Iphigénie* ».

L' « effort », en tout cas, s'imposait : un principe d'énergie et d'activité devait être ajouté à la pure intellectualité dont s'étaient contentés les jeunes hommes de 1890. Mais quelques-uns, comme Raoul Rozel, le héros d'H. Béranger dans la *Proie*, vont à l'action politique sans posséder « la force de diamant qui résiste à tout : le *caractère* », et sont vite asservis à des ambitions vulgaires. Car, ainsi que le lui objectent d'anciens amis, il importe qu'une « forte moralité intérieure » vienne fournir une armature à « chaque représentant de l'élite intellectuelle »; car, ajoutent-ils, « sans réforme de l'individu, il n'y a pas de salut pour la société moderne ».

Le besoin qui poussait l'ancien « égotisme » à s'inquiéter d'un roc plus solide où asseoir les fondements d'une règle morale assurée et d'une nouvelle vie collective, fut encouragé et accéléré par les secousses politiques et sociales qui agitèrent la France à la fin du XIXe siècle. Si « juger sans participer » avait paru être la formule d'un Taine, si Renan avait incliné à s'abstenir d'agir et de juger, le goût et la recherche de l'énergie reparurent avec évidence dans l'action et dans le jugement. Soit qu'on fît effort pour retrouver le principe efficace et vital des anciens dogmes, soit pour raviver la fibre persistante des traditions de race, de nation et de province, soit qu'on prêtât l'oreille à l'impératif catégorique de la raison et de la conscience, on [illegible]e nouveau de la stricte préoccupation du « moi » [illegible]ethe est encore engagé en quelque mesure dans le départ qui se fit entre deux catégories nouvelles d'intelligences, les unes surtout soucieuses de ranimer la tradition religieuse ou nationale, les autres disposées à se préoccuper plutôt des exigences rationnelles et des suggestions de la conscience et de l'esprit critique.

CHAPITRE IV

TRADITIONALISTES ET INTELLECTUELS

« La belle formule gœthienne : « Ne rien gâter, ne rien détruire. »
(MAUR. BARRÈS, *Stanislas de Guaïta*, juin 1898.)

« Prenons parti pour Goethe contre Jean l'Évangéliste, pour l'action contre le verbe.... »
(EUG. FOURNIÈRE, *Essai sur l'individualisme*, 1901.)

Dans son *Histoire des relations littéraires entre la France et l'Allemagne*, V. Rossel affirme, en 1897, que l'influence de Goethe n'est pas près de disparaître de la France contemporaine. C'est aussi ce que semble constater, en le déplorant, l'abbé Delfour dans la quatrième série de ses essais sur la *Religion des Contemporains* : « Par le romantisme et les succédanés du romantisme, l'âme française était déjà saturée, inconsciemment, d'esthétique germanique et anglaise. Si elle se met à goethiser, elle rompt l'équilibre en faveur des idées et des sentiments étrangers aux dépens des idées et des sentiments français. »

Aussi peut-on regretter qu'une « enquête », comme en ont si souvent donné nos journaux et nos revues, n'ait point suscité, autour du nom de Goethe, l'échange d'opinions que de moindres objets ont provoqué abondamment. Le 150ᵉ anniversaire de la naissance du poète en eût fourni, en 1899, le plus commode des prétextes. Il est douteux que les préventions qui frappaient, après 1871, ce représentant illustre du peuple victorieux, eussent fait taxer de lèse-patriotisme cette investigation; il eût été intéressant, en tout état de cause, de connaître par ce coup de sonde le degré d'« actualité » de Goethe chez nous, à l'occasion d'un anniversaire qui, en dehors d'articles de M. Muret dans les *Débats* et de T. de Wyzewa dans la *Revue des Deux Mondes* et le *Temps*, n'a guère été que l'occasion d'indifférents reportages.

Que l'auteur de *Faust* demeure un des types qui fondent les grandes immortalités, un des glorieux témoins de la conscience allemande, une « valeur » dont peut s'enorgueillir l'humanité moderne, voilà ce que proclament nombre d'aveux. Henri de Régnier, dans *Figures et Caractères*, admet qu'entre nations, « seules les relations spirituelles restent pures et divines. Elles sont au-dessus des querelles nationales. Goethe ou Heine me font oublier Bismarck ou Moltke. » « Si vous connaissez quelqu'un, écrit E. Faguet dans la *Revue* du 1ᵉʳ août 1903, de plus original, dans le vrai et grand sens du mot, que Wolfgang Goethe, il faudrait pourtant me le dire. » A. Sorel, dans ses études sur *l'Europe et la Révolution française*, appelle souvent Goethe en témoignage, et ne lui ménage pas son admiration. Henri Albert, rendant compte, dans le *Mercure de France* de novembre 1901, de l'*Histoire de la littérature allemande* d'Ad. Bossert, regrette avec insistance que ce livre ne dégage et n'éclaire point la figure du grand poète autant que notre génération est en droit de le souhaiter. Pour un député qui s'occupe de la *Réforme de l'enseignement secondaire*, Ch.-M. Couyba, c'est bien Goethe qu'il faut citer pour désigner d'un seul mot le meilleur de la culture allemande. Et le nom de cet étranger a figuré un jour à la porte de toutes les mairies de France, après que le Sénat eut voté l'affichage d'un discours de Caillaux, ministre des finances du cabinet Waldeck-Rousseau; à la suite du débat du 8 mars 1901 sur les bons d'importation des blés, il s'excusait de faire une citation littéraire, et l'empruntait au « grand poète classique de l'Allemagne » : il s'agissait du second *Faust* et de la consultation des « Mères », les lois primordiales de toute activité.

Cette notoriété diffuse de Goethe, où convient-il d'en chercher les indices plus précis — et surtout les foyers véritables? *Faust* a, pour l'instant, une signification qui semble principalement documentaire. A. Fouillée accorde volontiers, dans son *Esquisse psychologique des peuples européens*, que « le docteur Faust est la plus admirable personnification du génie germanique.... Méphistophélès personnifie l'humour, Faust personnifie la pensée se guérissant par l'action des blessures qu'elle s'était faites. » Pour Cam. Bellaigue, de même, « Faust, plus encore que Marguerite et que Méphistophélès, est le type national de l'Allemagne. Il est son fils bien-aimé, l'enfant de ses entrailles. Il a la science austère et la profonde pensée de sa mère, les rêves et la mélancolie du Nord. » C'est du héros de la première partie qu'il s'agit surtout; il va de soi qu'elle conserve, aux yeux du gros des lecteurs, une supériorité évidente sur la seconde. La traduction de Mlle Paquelin en 1903 a le mérite de rendre vers par vers l'ordre des mots du texte; celle de R. R. Schropp s'efforce, à grand renfort de germanismes, de lui donner un équivalent. Le *Second Faust*, quand s'est ralenti l'effort symboliste, reprend-il son inquiétante et énigmatique étrangeté? « Cette finale mal venue, écrit V. Jeanroy-Félix dans la deuxième série de ses *Écrivains célèbres de l'Europe contemporaine*, est une œuvre morte, étouffée qu'elle est sous un indigeste amas de mythologie, de géographie, d'occultisme.... » Il semble que, même parmi les « jeunes », on aborde avec moins d'ardeur que vers 1890 l'exploration de ses arcanes, depuis que la littérature courante a fait une meilleure part à une certaine dose de ce symbolisme, naguère suspect et proscrit. Ce qui n'empêche point le drame de Goethe de chanter encore dans la mémoire des poètes :

> La Nature, d'un geste ennuyé de marâtre,
> Écarte notre soif de ses larges mamelles,

répète Ch. Guérin dans le *Cœur solitaire*, et G. Kahn, en ses *Images du Rhin*, crayonne d'un mol fusain une Marguerite au rouet :

> Elle dépose de ses doigts lents
> le missel où un bout de ciel
> luit en un candide bleuet....
>
> Puis elle s'assied près du rouet,
> du rouet, qui guère ne s'arrête
> qu'aux douces cloches du dimanche....

Werther a dû un bref retour d'actualité à la maladroite adaptation scénique qu'en a donnée P. Decourcelle; mais bien qu'on ait généralement admis que « le roman immortel » n'était pas responsable des maladresses de la pièce et de la faiblesse du rôle, on n'eut guère pour « ce jeune bourgeois éloquent et neurasthénique » qu'une sympathie rétrospective. « *Werther* ne nous émeut point », déclare Étienne Bricon, dans la *Grande Revue* du 1er avril 1903. É. Faguet, dans la *Revue* de la même date, l'examine à un point de vue tout esthétique, et lui reconnaît à cet égard une vraie beauté, malgré des maladresses. « C'est le chef-d'œuvre d'un étudiant, mais encore, c'est un chef-d'œuvre. » La plupart des critiques se contentent d'indiquer les incompatibilités du rôle principal avec les exigences théâtrales : et s'ils s'abstiennent de prononcer, contre « l'influence malsaine » de *Werther*, les anciens réquisitoires qui traînent encore dans l'*Art d'écrire un livre* d'Eug. Mouton, dans *le Crime et le Suicide passionnels* de L. Proal, ou dans les *Nouvelles Études* de J. Vaudon, c'est que son innocuité actuelle ne fait doute pour personne. Il se pourrait cependant — et l'évolution de la société expliquerait assez ce phénomène — que l'emprise du roman de Goethe sur ses lectrices gagnât dans la mesure où elle diminue sur ses lecteurs : dans les *Sévriennes*, dans l'*Inconstante* de Gérard d'Houville, dans *l'Autre Werther* de Mme Simon-Muller, le jeune sentimental désespéré tient une place que ne lui accorderait pas, à la même heure, la littérature masculine.

Les autres œuvres de Goethe ne sont guère plus « actuelles ». *Wilhelm Meister* est pour Maeterlinck « le livre décevant et inépuisable entre tous »: jugement dont la plupart des Français ne conserveraient volontiers que la première épithète. Ou bien ils se contenteraient de détacher, du roman complexe, tel hors-d'œuvre plus accessible, comme Larroumet rappelant, dans le *Temps* du 17 juillet 1899, « l'étude la plus pénétrante qui ait été faite d'*Hamlet* », ou A. Hermant, dans la *Confession d'un homme d'aujourd'hui*, associant le souvenir d'une scène tragique de *Wilhelm Meister* à la vision d'une belle campagne allemande. On traduit encore en vers des poésies de Goethe, et le *Roi des Aulnes*, en particulier, reste pour les jeunes poètes un exercice métrique excellent. A l'autre bout de l'activité du grand homme, ses travaux scientifiques ne sont pas oubliés. H. Amic, *En regardant passer la vie*, leur donne un long coup d'œil; même certaines remarques accessoires de l'*optique* semblent dignes de mémoire, « la psychologie expérimentale, dit le *Matin* du 28 juillet 1903, ayant confirmé l'exactitude de sa prévision ». E. Barthélemy, dans son *Thomas Carlyle*, fait le plus sympathique exposé de la métaphysique de Goethe et l'oppose aux doctrines surannées du positivisme. Son « spinozisme » est plus spécialement étudié dans les *Essais de critique et d'histoire de la philosophie* de S. Karppe.

Ce sont là des points de détail. D'une façon plus générale, l'attitude de Goethe en matière d'art et de pensée éveille des sympathies chez nombre d'esprits. H. Weil, dans le *Journal des Savants* de mars 1901, se réjouit de trouver en lui « un des rares génies qui sachent observer avec la netteté et la justesse objective des classiques anciens ». Dans son *Wagner poète et penseur*, H. Lichtenberger signale, comme ce que la poésie germanique a peut-être de plus original, « cette fusion de l'image vivante et de l'idée, de la réalité visible et tangible avec la loi idéale qui explique le cas particulier, fusion que l'on trouve si souvent réalisée par exemple dans la poésie de Goethe » : et n'est-ce point ici cet « idéoréalisme » espéré par les esthéticiens des jeunes écoles? H. Bérenger, passant en revue, en 1897, les *nouveaux romanciers français*, s'écriait : « Peut-être même l'un d'eux, conciliant le sensualisme et l'idéalisme dans une vision complète et supérieure de la vie, sera-t-il le Goethe de sa vigoureuse génération? » C'est surtout de son « hellénisme » que le louait un article de G. Dalmeyda sur *Elpénor*, inséré en 1898 dans les *Mélanges Henri Weil*, tandis qu'A. Hallays, *En Flânant*, le félicitait d'avoir été l'initiateur de la *Weltlitteratur*. Et il n'est que juste de faire ici une place à tous ceux qui continuaient, par l'enseignement, par des articles ou des éditions critiques, l'étude et le commentaire de la vie et de l'œuvre du grand poète allemand, biographes attentifs comme A. Chuquet, exégètes infatigables comme E. Lichtenberger, ingénieux chercheurs comme M. Bréal.

Quant à la signification de la personnalité de Goethe — ses œuvres, sa vie, sa *légende*, en quelque sorte, ne formant qu'une seule manifestation significative, — nous verrons tout à l'heure par où elle nous semble, beaucoup plus que tels aspects particuliers ou que tels ouvrages déterminés, agir sur une partie de la pensée française. De nombreuses limitations subsistent; d'anciennes préventions restent vivaces; Goethe porte la peine, pour beaucoup de ceux qui se souviennent de lui, de bien des traits de sa nature, de bien des insuffisances de son œuvre, sur lesquels, ailleurs, on est disposé à passer condamnation. Tandis que, dans son *Allemagne depuis Leibniz*, L. Lévy-Bruhl considérait comme « un contresens historique » le fait de reprocher à Goethe d'avoir manqué de patriotisme, G. Goyau, étudiant en 1902 l'*Idée de patrie et l'humanitarisme*, le reprend d'avoir mis « au service de son superbe égoïsme son don naturel de synthèse » en professant que, dans l'histoire des peuples, le patriotisme combatif n'est qu'un accident. Selon V. Ryté (*la Plume*, 15 octobre 1899), « le phraseur de *Werther*, livre faux et platement bourgeois, posa pour l'amoureux et ne connut d'autre passion que celle des titres »; « poète objectif, styliste froid, citoyen égoïste, écrit E. Lepelletier dans l'*Écho de Paris* du 12 août 1902, Goethe s'est retiré très volontairement dans la tour d'ivoire ». V. Giraud, dans son *Pascal*, cite avec indignation un jugement de l'auteur des *Confessions d'une belle âme*, et ajoute que « les Goethe ne sont pas plus faits que les Voltaire pour comprendre Pascal ». Il va sans dire que la conception de l'olympien, refusant de descendre du piédestal où lui-même s'est juché, persiste et s'entête : tout le monde n'a pas la bonne foi de faire amende honorable, comme Mme Arvède Barine dans les *Débats* du 2 août 1899, après lecture des lettres de Goethe à sa femme : « Ses portraits et ses biographies nous le montrent invariablement en Olympien, majestueux, gourmé, « Excellence » et homme de génie de la tête aux pieds.... Un homme nouveau se révèle à nous, simple, familier, naturel, bon et attentif pour les siens, singulièrement bourgeois, mais c'est cela qui est curieux.... C'est un plaisir de le voir descendre de ses échasses et consentir à être comme tout le monde. »

Même pour ceux qu'attire la personnalité de Goethe, ce sont souvent des « valeurs » connues — sans l'élément *volontaire* que nous allons voir constituer le meilleur de son action — qui donnent à ce grand homme son prestige édifiant. « Goethe accompagne notre âme sur les rivages de la mer de la Sérénité », écrit Maeterlinck dans le *Trésor des Humbles*. « Ouvrons les yeux et les oreilles, faisons appel à toutes nos facultés, c'est le seul moyen de pénétrer les mystères qui nous enveloppent, et si, dans notre élan furieux vers le bonheur et la science, nous nous blessons à des barrières infranchissables, la nature encore pansera nos blessures en nous enseignant la résignation et la confiance » : E. Denis résume en ces mots, dans son *Allemagne de 1789 à 1810*, la signification du grand homme. Pour A. Fouillée (*le Caractère et l'Intelligence*), « Goethe est un des rares exemples de la réunion d'une intelligence abstraite avec une puissante intelligence imaginative. Il avait beau être d'un tempérament trop placide et trop peu affectueux, le développement considérable de son imagination, joint à celui de sa pensée philosophique, en fit cependant un grand poète. » F. Baldenne évoque *En marge de la vie*

> ... le subtil équilibre de Goethe
> Et l'immobile airain de sa sérénité.

Mais, au contraire, si l'écrivain allemand conserve, pour cet instant de la pensée française, une certaine efficacité, c'est à l'opposé de la « placidité » ou de l' « immobilité » qu'il en faut chercher la source. Le sens de l'effort — et non le goût de l'idée et de la science, non la simple persévérance d'un moi « s'exaltant vers son type » — trouve un encouragement dans ce grand exemple. Soit qu'on s'efforce de vivifier et de « consentir » activement les legs traditionnels du passé et qu'on voie en Goethe une énergie conservatrice, soit qu'on exalte à son image les vertus individuelles et qu'il apparaisse comme le maître de la vraie émancipation, ce sont plutôt des forces volontaires qui reçoivent de lui, en cet instant, sanction et profit.

Du même coup, Goethe prend une valeur sociologique que le passé n'avait guère songé à lui attribuer. Si Aug. Comte faisait figurer son nom dans le *Calendrier positiviste*, ce n'était pas au titre sociologique. Et Proudhon s'était à bon droit montré surpris, quand un ami d'outre-Rhin lui montrait que Goethe (*Katechization*) estimait que la propriété peut remonter à un vol. Challemel-Lacour, étudiant en 1864 la *Philosophie individualiste*, faisait de G. de Humboldt, non de Goethe, l'objet de son étude, bien qu'il discernât, à propos d'*Hermann et Dorothée*, que « la conservation difficile de l'intégrité morale et de la force native au milieu des tempêtes sociales, l'harmonie du développement individuel, qui relève de la volonté, avec le cours impétueux des choses que la fatalité régit » était le problème foncier du poème. A plusieurs reprises, dans le *Temps* et ailleurs, Ch. Dollfus avait proclamé que Goethe, « individualiste », « a été l'un des apôtres de cette vérité, qui sera la formule de la liberté moderne : le perfectionnement social naît du perfectionnement des individus. Plutôt que de rêver la refonte sociale en des moules infaillibles, il fait appel à l'énergie personnelle, au caractère, à la volonté.... »

Restreignant son examen au seul poème de *Faust*, P. Laffitte consacrait quelques leçons de son cours de 1890-1891, au Collège de France, au dramatiste placé par Aug. Comte dans le mois de Shakspeare; repris dans une conférence, le 24 juin 1891, son commentaire aboutissait à un livre illustré sur *le Faust de Goethe*, paru en 1899. *Faust* y était présenté comme « une tentative remarquable, mais avortée, d'un poème sociologique, c'est-à-dire d'une construction esthétique destinée à représenter non seulement l'individu et un événement, mais surtout une partie de l'ensemble du passé humain, le tout terminé par une conception idéale de l'état normal ». Considéré sous cet angle, *Faust* semblait manquer d'une conception d'ensemble et d'une suffisante élaboration; « la conclusion est presque puérile et montre nettement l'insuffisance de l'œuvre, car Faust meurt purifié on ne sait trop comment ni pourquoi, la transformation n'étant nullement motivée ». *Faust* est « le poème sociologique de la métaphysique : confus, incohérent et instable ».

Il eût été prudent d'appeler, en témoignage de la « sociologie » de Goethe, d'autres éléments encore : car *Wilhelm Meister* en particulier — (que dire de *Reineke Fuchs*, si rarement, si insuffisamment traduit en français?) — aurait pu l'éclairer de quelques jours révélateurs. Surtout, il importait de ne pas trop distinguer telle ou telle œuvre, mais de saisir, par delà le détail des manifestations, le lien qui retient les baguettes du faisceau, et cette valeur que ne peut manquer d'offrir à la méditation l'exemple de tous ceux qui, ayant vécu, proposent à la postérité un type de vie, une adhésion plus ou moins visible aux grandes forces de conservation ou de modification qui gouvernent le monde moral aussi bien que l'univers matériel.

Or, ceux qui, dans les tout derniers temps, ont tâché d' « épouser » à nouveau, par une sorte d'effort conscient, certaines données traditionnelles, ont su parfois s'encourager de Goethe. Pour L. Daudet, une des tâches suprêmes de l'artiste est d'offrir, aux idées qui montent de la masse anonyme, « un cerveau organisé pour les recevoir et les amplifier » : obscure solidarité par laquelle l'homme supérieur, obéissant aux intuitions de son groupe, refusant de contredire l'instinct des majorités, se contente de donner une forme à l'imprécise pensée populaire. « Le majestueux pouvoir des lettres, dit-il dans *les Idées en marche*, se confond avec leur objet. Il s'appelle RÉVÉLATION.... *Poésie, c'est délivrance*, a dit Goethe. Moins pour le poète que pour qui le comprend et l'admire. » Et c'est bien ainsi que l'entend *la Romance du temps présent*. Passe encore lorsque c'est en poésie seulement que cette théorie tend à se vérifier!

Il semble que la thèse soutenue par Éd. Rod dans son roman *Au milieu du chemin* doive quelque chose au mariage de Goethe, d'une part, et à l'explication qu'on en peut donner, d'autre part à l'une des idées que paraît recéler l'énigmatique livre des *Affinités électives*. « A force d'observer leurs relations réciproques, les hommes ont découvert que certaines règles de conduite sont à la fois plus favorables à l'intérêt social et au bonheur individuel; et ils les ont acceptées; ou du moins ils s'efforcent de les accepter, ils les imposent. S'en écarter, c'est porter préjudice à la collectivité et se nuire à soi-même : c'est donc le mal. » La tradition du mariage est acceptée, en conséquence, par le héros du livre, non parce que « c'est l'usage », ou parce que le monde condamne l'union libre, mais parce que la nécessité de cette loi commune est adaptée, en quelque sorte, au cas particulier.

Goethe est enfin sollicité de sauvegarder les droits du passé en matière religieuse et politique. Souvent, des commentateurs de *Faust* avaient signalé, par une interprétation unilatérale et incomplète, les gages que la dernière scène du poème semblait donner au catholicisme en montrant Marguerite obtenant le salut éternel de Faust de la Vierge elle-même. « Je plains les intelligences qui ne saisiraient pas le caractère profondément catholique de ce double dénouement! » s'écriait encore L. Gautier dans ses *Portraits du XIXe siècle.* Goethe terrasse la Justice aux pieds de la Miséricorde, « et c'est pourquoi j'aime son œuvre et lui trouve le cachet auguste de notre foi.... Il faut espérer que Dieu lui tiendra compte de cet éloge de sa Bonté, et que le Dénouement du second *Faust* sera de quelque poids dans les balances éternelles. »

C'est sans doute par une interprétation analogue — elle oublie que Goethe, ne croyant point au péché et jugeant néfaste le sentiment d'une culpabilité mystique, ne saurait concevoir la « grâce » de cette manière — que P. Bourget invoque le poète allemand dans l'*Étape.* « A force d'avoir creusé jusqu'en leur fond les « Pensées » de Marc-Aurèle, Jean Monneron avait fini par y découvrir ce qui s'y trouve, comme dans Goethe, comme dans tous les génies vraiment cosmiques : une voie de conciliation entre les idées de pur rationalisme d'où il était parti, et les croyances vers lesquelles il marchait, La résignation des stoïciens [faut-il ajouter : et de Goethe?] dit à l'univers : « Si tu n'es pas « l'œuvre des dieux, je t'accepte parce qu'il est vain de « lutter contre toi, et si tu es l'œuvre des dieux, je t'accepte « parce que tu es l'ordre ». Que fait le christianisme, que de prendre l'âme à ce point de soumission et d'ajouter : « Il y a un esprit derrière cet ordre, et qui répond à la « bonne volonté par l'amour? »

Deux autres thèses chères à l'autour de l'*Étape* se sont autorisées, à l'occasion, de Goethe. Dans un article du *Figaro* du 7 octobre 1898, relatant *Une visite à la maison de Goethe* à Francfort, Bourget rappelait les conditions dans lesquelles s'était produite l'ascension lente des ancêtres du poète. « ... Sa sagesse même, le grand homme l'aura due surtout au fait que sa haute culture a été un moment la culture de sa race.... Une famille qui monte lentement, patiemment; qui, des métiers manuels, s'élève à des travaux moins serviles, puis à une fonction plus haute; des mœurs nationales qui se prêtent à ce développement et qui assurent à l'héritier génial du forgeron, de l'aubergiste, du tailleur et du légiste la protection d'un prince intelligent, après avoir assuré aux autres la sécurité d'une ville libre, telles furent les conditions où Goethe a évolué.... » Et c'étaient ces conditions heureuses qui avaient permis au conseiller du duc de Weimar de « se transplanter » dans l'équilibre et dans la santé, de changer de milieu, assurait l'auteur, avec une aisance que la démocratie rend impossible.

Le traditionalisme social s'autorisa encore ailleurs, chez P. Bourget, du précédent de Goethe. Déjà en 1892, durant la publication de l'*Ennemi des lois* de Barrès, il avait invoqué, contre l'épithète de *goethien* attribuée à André Maltère, une phrase du *Siège de Mayence* : « Cela est dans ma nature. J'aime mieux commettre une injustice que supporter un désordre. » Si l'application de cet aphorisme était admissible dans le cas présent, il n'en allait plus de même dans tous ceux où la polémique l'a invoqué depuis : c'était, on l'a remarqué justement, l'absence de sanction pénale, non l'iniquité, dont Goethe estimait, après la prise de Mayence, qu'elle était moins dangereuse qu'une exécution sommaire et qu'un lynchage improvisé; et le désordre pouvait précisément consister dans le refus de réparer une injustice commise, puisque c'était là atteindre le pacte même de toute société organisée.

Si la galvanisation des valeurs traditionnelles, à laquelle Goethe était invité à coopérer, touchait surtout, chez Bourget, la religion et la famille, Barrès l'appliquait principalement à la race et à la « petite patrie ». « Ne rien gâter, ne rien détruire », lui semble la formule goethéenne par excellence. Il est surtout sensible aux « rapports naturels et consentis » qui unissent, à son gré, le poète allemand à la Germanie ou à la Franconie, et son Roemerspacher, dans l'*Appel au soldat*, voit en *Faust* une conception à la fois « libre jusqu'à l'audace et disciplinée jusqu'au traditionalisme ». C'est le Goethe invitant à « la soumission aux lois naturelles » qu'il s'applique à écouter à Igel ou à Venise, et qu'il invoque contre un fonds persistant de byronisme et d'hégélianisme. Et il arrive à faire du grand évolutionniste une manière de Taine, « haïssant le désordre » au point de méconnaître la nécessité, dans certains cas de la vie cosmique et de l'histoire, des énergies novatrices. Une lettre répondant à une *Enquête sur l'œuvre de Taine*, parue dans la *Revue blanche* du 15 août 1897, renferme cette phrase : « ...Marc-Aurèle, Spinoza, Goethe,... les grands hommes que je viens de citer sont des forces conservatrices; elles s'efforcent de maintenir; elles pourraient enrayer le mouvement vers l'inconnu, qui est la vie même ».

N'est-il pas curieux qu'on puisse citer, en regard de cette signification attribuée à Goethe, ces mots d'Eugène Fournière dans son *Essai sur l'individualisme* : « Prenons parti pour Goethe contre Jean l'Évangéliste, pour l'action contre le Verbe, et, au lieu de dire : La liberté est la faculté que possède l'individu de faire ce qu'il veut, disons : La liberté est la faculté que l'individu acquiert d'exercer son pouvoir sur l'univers. » Est-ce là, de la part de l'écrivain socialiste, une annexion injustifiée? Nullement, à condition qu'on admette avec lui qu' « il faut cesser de croire mystiquement qu'un acte de la puissance publique, réunît-il l'unanimité des votes des citoyens, peut suffire à transformer la propriété individuelle en propriété sociale », et que « le socialisme doit faire appel à l'individu, lui dire : Je ne te libère pas; libère-toi toi-même, par moi, qui ne suis pas ton but, mais ton moyen ». C'est simplement qu'ici le Goethe

« progressif », plutôt que le Goethe respectueux des forces de permanence, reprend son avantage. Il le conserve visiblement dans la pensée et l'affection de divers esprits de ce temps : il y paraît assez à plusieurs témoignages, provenant d'œuvres différentes d'intentions et de moyens, mais qui inclinent à mettre l'accent principal de la signification de Goethe dans un élément d'activité que d'autres âges avaient beaucoup moins discerné.

Qu'il y eût une singulière leçon d'énergie dans la carrière ininterrompue de Goethe et dans son infatigable recherche, que l'exemple de cette persévérance dans la prospérité, de cette lutte contre l'influence déprimante de la réussite, voilà ce que l'on avait reconnu souvent sans trop de difficulté. « Goethe n'eut jamais à lutter contre la misère, écrivait dès le 24 octobre 1840 un collaborateur du *Moniteur universel*, mais il eut à lutter contre l'opulence, et cette lutte-là est bien autrement terrible pour le poète! » Emile Montégut n'avait pas manqué de signaler tout ce qu'il y avait de militante énergie chez celui qu'on représentait comme une façon d'épicurien admirablement doué. Mais jamais autant qu'à cette heure-ci, on ne s'est plu à insister sur l'efficacité libératrice de ce grand exemple : et si l'on peut souhaiter plus de retentissement et d'influence aux voix qui la proclament, on ne saurait dénier à plusieurs toute la netteté désirable.

L'essai d'Emerson sur Goethe, traduit par F. Roz et Izoulet, paraît dans les *Surhumains*; celui de Carlyle, à propos de la mort de Goethe, est publié dans la *Plume* du 1er décembre 1901 : et ces appréciations anglo-saxonnes ne se font pas faute, comme on sait, de célébrer la valeur éthique de la personnalité de Goethe. « Vivre comme il le conseillait et comme il l'indiquait : non pas commodément dans l'Honorable, le Plausible, l'Indécis, mais résolument dans la Franchise, la Bonté, la Vérité! »

La fidélité au « moi », qui semblait naguère constituer toute la « culture », s'augmente et s'enrichit donc d'un principe nouveau, et l'idée de progression, de perfectionnement, domine ici l'application que font divers critiques de Goethe des leçons du maître. P. Lasserre, commentant *Faust* dans une *Introduction* publiée par le *Mercure de France* de septembre 1898, insiste sur l'idée « de l'apprentissage de la vie par la faute » : « idée fondamentale, pourrait-on dire, de la morale de Goethe, qu'on se figure si misérablement, quand on l'accuse d'une espèce d'optimisme contemplateur, d'une acceptation toute païenne et voluptueuse de la nature. Personne n'a eu une notion plus sévère et plus tragique du mal, ni plus compris que l'homme ne se forge un peu de sagesse qu'au feu de la souffrance.... »

Une ingénieuse application des dialogues de Goethe, où s'exagère néanmoins l'actualité de la pensée du maître, les *Nouveaux Entretiens avec Eckermann*, — que Léon Blum, rédacteur à la *Revue blanche*, publia dans ce périodique avant de les donner en volume en 1901, — mettait dans la bouche du vieux poète une profession de foi analogue. Et s'il y avait quelque sophisme à intéresser Goethe à toutes les contingences de l'histoire contemporaine, ou à lui faire exposer le plan d'un troisième *Faust*, dont le héros, en agitateur socialiste, préparait le règne de la justice, — c'était solliciter sa pensée et non la contraindre que de lui faire dire : « L'individu ne doit pas se poser comme sa propre fin.... Il doit regarder au dehors, chercher dans l'intelligence des lois sociales la loi de sa propre perfection. Et son bonheur n'est que la mesure de son apport au bonheur de l'humanité entière... » ou encore : « Notre devoir actif, c'est de savoir que la vie n'est pas immobile et figée, qu'elle change, qu'elle évolue, qu'elle se perfectionne et que nous devons la rendre meilleure en nous rendant nous-mêmes meilleurs. Car nos devoirs envers nous-mêmes et envers autrui se confondent, et nous sommes responsables vis-à-vis du monde de ce que nous portons d'utile et de bon en nous. »

Ainsi comprise, comment la personnalité de Goethe ne serait-elle pas stimulatrice d'énergie, instigatrice de cet individualisme que les Weimariens de 1800 travaillaient à développer, et sur lequel peuvent se fonder les plus solides édifices des communautés, régénération nationale ou transformation sociale? Et si le sillage de Goethe était lumineux aux yeux de quelques-uns de nos contemporains, n'est-ce point pour cet encouragement à l'énergie appliquée à l'amélioration individuelle? Le « goethéen » de ce moment, sans s'interdire l'ampleur des curiosités intellectuelles qui faisaient du poète, vers 1866, le plus grand des alexandrins, sans renoncer à soumettre à la loi de l'harmonie ses facultés disséminées, comme les égotistes de 1890, serait plus disposé qu'eux à goûter les préceptes d'énergie vraie qui se peuvent extraire de cette forte destinée. Non sans enrôler le grand homme sous une bannière imprévue, V. Basch, en 1904, l'examine du point de vue de *l'individualisme anarchique*, et admet que pour lui, comme pour les individus privilégiés où se révèle le « noyau de la nature », sont seules impérieuses « des lois qui ne valent que pour eux et dont rien ne saurait les détourner ». Ainsi rangé parmi les surhommes conscients, le mari de Christiane Vulpius pourra encore fournir des arguments aux « droits de l'homme supérieur », et l'on songe à lui dans *Ars et Vita* de R. Gillouin, à propos des *Flambeaux* de Bataille, *Dans l'ombre des Statues* de Duhamel. Il est vrai que la *Revue socialiste* du 15 mai et du 15 juin 1910, sous la plume de F.-M. Crémieux, examine jusqu'où Goethe s'écartait des revendications du parti. Son vrai sens, cependant, est ailleurs....

P. Stapfer, recherchant, non sans amertume, les conditions des *Réputations littéraires*, écrit en 1901 : « Je ne serais pas étonné que Goethe dût une grande partie du prestige qu'il conserve dans la postérité à l'impression qu'il a su laisser au monde, malgré toutes ses défaillances morales, d'un artiste intérieur continuellement appliqué à faire de lui-même une plus noble créature. » Cam. Mauclair, dans un des fragments de *l'Art en silence*, évoque la bienfaisante action, sur « nos âmes de jeunes hommes », de cette discipline : « se clarifier au spectacle de la vie de Goethe » ; André Gide voit en lui l'éducateur par excellence. Georges Brandes, traitant, le 15 mai 1903, de *Goethe et l'idée de liberté* dans une conférence que reproduit la *Revue bleue* des 27 juin et 11 juillet, examine les divers aspects qu'a revêtus l'instinct libertaire chez Goethe et aboutit à cette conclusion du second *Faust* où le poète, ayant rejeté toutes les possibilités de bonheur pour son héros, n'en laisse subsister qu'une : « Faust pressent un avenir dans lequel il est devenu le bienfaiteur des hommes en leur donnant une terre qu'ils doivent eux-mêmes défendre sans relâche contre l'Océan ». Pour R. de Gourmont, « le héros, c'est Goethe ».

Cette sorte de libération du Dieu intérieur, cette proclamation de l'individualisme de Goethe, c'est visiblement là qu'est la nouvelle portée que les mieux informés des plus récents admirateurs de Goethe donnent à leur culte. Les *Essais de critique et d'histoire de la philosophie* de S. Karppe, en 1902, consacrent un chapitre au spinozisme du poète allemand. « Ce qui l'attira avant tout dans la doctrine, ce ne fut pas l'élément métaphysique proprement dit, mais l'élément moral, mieux l'élément religieux. C'est à force de méditer ses passions, de les pénétrer et de les traduire par écrit qu'il arriva à les dominer. » P. Bastier, dans son livre sur *la Mère de Goethe*, va jusqu'à estimer que l'influence du père fut plus heureuse et plus durable que celle de la délicieuse Mme Aja : Goethe lui doit la persévérance inébranlable et la construction méthodique de sa vie, « l'esprit ouvrier » sans lequel une existence ne peut pas plus croître qu'une œuvre d'art. Enfin il est apparent que si l'accueil de divers critiques ne fut pas très favorable, en 1903, au *Werther* de P. Decourcelles, on en voulut un peu, à travers le travestissement de cette pièce, à la passivité du mélancolique héros et au dénouement veule du roman. « Lui qui, plus tard, aima tant la vérité, écrit Ét. Bricon dans la *Grande Revue* du 1er avril 1903, il pouvait le dire déjà : « Voici le mal irritant, tenaillant, dont j'ai « souffert; je m'en suis guéri par l'action... ».

On pourrait multiplier ces témoignages. Les plus intéressants, aux alentours de 1910, tendent à faire de Goethe, non plus un apôtre des traditions ou un prédicateur de révolte, mais un maître de culture. Et c'est là, coïncidant avec des soucis du même ordre en fait de société ou d'individu, tendant à harmoniser en une gravitation heureuse les forces divergentes de l'émancipation et de l'acceptation, que se retrouve la phase la plus récente de l'action française de celui que Moréas appelait « le moins Allemand des Allemands ».

CHAPITRE V

LE RENOUVEAU DE LA NOTION DE CULTURE

Pour que la notion de « culture » soit vraiment un principe agissant, il faut peut-être que, de la vie et de l'homme, subsiste une arrière-pensée pessimiste. A quoi bon rester sous les armes, pourquoi réduire à une forte hiérarchie les tendances innées des êtres, et discipliner de multiples énergies, si la nature humaine est bonne et si la société se fonde simplement sur le libre jeu de tous ses éléments? Dans une civilisation rousseauiste, on n'aurait que faire de l'idée de « culture » : mais combien de temps resterait-elle une civilisation? Au contraire, des époques d'effort véritable vers une plus-value humaine, l'âge de 1660, par exemple, en France, ou la belle époque weimarienne, admettent à la fois le pouvoir des facultés supérieures et la nécessité de leur action, et supposent une combinaison d'optimisme volontaire et de pessimisme instinctif.

Heureuses les littératures qui ont le rare privilège de fournir le reflet de telles dispositions! L'œuvre de Goethe, surtout si l'on y recherche une confidence continue et le secret d'une personnalité exemplaire, est une des mieux faites pour les illustrer : d'autant que, ayant vécu de 1749 à 1832 et s'étant trouvé le contemporain des plus violentes crises des temps modernes, c'est aux nécessités de la civilisation qu'il a finalement rapporté les multiples soubresauts de son existence, c'est vers un permanent idéal de culture, dans la collectivité et chez l'individu, qu'il a le plus souvent infléchi la courbe de ces riches années.

La dernière phase de la « légende » de Goethe dans la pensée française est favorable à ces vertus profondes : on s'y rallie de points de départ fort opposés. L'abbé Delfour déplore (*Université catholique*, 15 avril 1904) que ce soit hors de France, dans l'Allemand Goethe, que la synthèse se soit faite des éléments classiques et des éléments romantiques, de la stabilité et de la mobilité. Jaurès (Chambre des Députés, séance du 25 juin 1909) évoque « l'immense horizon » dont la lumière baignait, pour Goethe, ses moindres émotions personnelles : solidarité avec les siècles qui ennoblit les tressauts de ce prétendu égoïsme et qui, de gré ou de force, les amène sur le plan de la « culture ».

Assurément, des survivances d'anciens antagonismes, des préjugés de tout genre transparaissent çà et là. Ernest Naville a rangé décidément le *credo* de Goethe parmi *les Philosophies négatives* (1900). Certains n'admettent pas qu' « au commencement était l'action »; d'autres s'en tiennent à une interprétation panthéiste de Goethe; d'autres encore s'irritent d'un point de vue qui semble trop souvent transporter le sage de Weimar par delà le bien et le mal. Mais même R. Rolland fait citer à son Jean-Christophe les paroles de Goethe qui condamnaient les apostolats excessifs : « Nous ne devons exprimer parmi les vérités les plus hautes que celles qui peuvent servir au bien du monde. Les autres, nous devons les garder en nous; semblables aux douces lueurs d'un soleil caché, elles répandront leur lumière sur toutes nos actions. »

Des approches nouvelles, d'ailleurs, sont rendues possibles. Mlle Fanta réunit un choix significatif de lettres, extraites de l'infinie correspondance du Weimarien. Les relations épistolaires avec Carlyle, en particulier, sont mises dans leur jour; ou bien de simples biographies de vulgarisation, celle de R. Darsiles (*Portaits d'hier*, 1909), celles de J. Bertaut et A. Séché (*La vie pittoresque et anecdotique des grands écrivains*, 1909) retracent la sûre ascencion d'un homme que guettaient, comme d'autres, les Puissances hostiles. *Satyros* — véritable « anti-Rousseau » — est traduit par G. Polti et P. Morisse.

Et c'est là, en effet, que réside la vertu de ce grand exemple; Goethe le prédestiné, Goethe le favori des Dieux, s'efface insensiblement au bénéfice d'un Goethe incertain et menacé, qui n'avait pour lui, parmi des dons multiples dont plusieurs néfastes, qu'une claire connaissance de lui-même et une *entéléchie* animée d'un sérieux désir de vivre et de persister dans l'être.... Déjà Maurice de Fleury, dans son *Introduction à la médecine de l'esprit*, avait insisté sur la paresse secrète de cet actif cerveau; quelques échos des travaux allemands sur la « pathologie » de Goethe aident à conjurer la légende d'un équilibre immuable chez ce vainqueur de tant de troubles. Il devient visible que la « vie héroïque » peut s'autoriser de celui qu'on a souvent représenté comme un placide épicurien : Jean Lahor ne manque pas, dans les chapitres intitulés *la Création de la vie nouvelle* de son *Bréviaire d'un panthéiste* (1906), de s'autoriser de nombreux aphorismes goethéens.

Cette guérison par l'activité, ce perfectionnement intérieur, cette vraie *culture* enfin dont la nécessité des temps rappelle l'idéal à une croissante élite, n'ont pas été mieux définis que par les études que Michel Arnauld consacra dans *l'Ermitage*, de 1900 à 1906, à la *Sagesse de Goethe*. Vertu acquise à force de tâtonnements et sans l'espèce de prédestination impliquée par la constante soumission d'un Marc-Aurèle; domination volontaire exercée sur mille tendances morbides, au physique et au moral; dégoût des éthiques toutes faites, auxquelles sera préférée la claire conscience de la finalité immanente à l'individu; le « renoncement », la modération devenant condition intégrante du développement, sans ensanglanter la personne humaine aux ronces de l'ascétisme: toute cette vaillance de Goethe, dont on avait en général soupçonné les raisons, se manifeste ici dans sa force et sa beauté. « La vie de Goethe, la sagesse de Goethe, l'œuvre de Goethe, ne sont qu'un effort vers la *culture*.... Elle ne se propose pas de simplifier l'être, de dompter ou de mettre d'accord, une fois pour toutes, les penchants opposés qui se disputent l'âme. Elle utilise leurs violences, leurs résistances et leurs conflits. Son vrai but est de préserver la citadelle de sagesse, le point de vue élevé sur l'homme et le monde, le centre d'équilibre moral, qui justement est le prix du combat.... » Et, d'accord avec cette déclaration liminaire, divers chapitres étudient, avec une grande lucidité d'analyse, tous les modes d'activité par où Goethe a manifesté sa force apaisante à la fois et vivifiante.

Point de vue identique et méthode moins synthétique, en revanche, dans l'*Évolution morale de Goethe*, de H. Loiseau (1911): sorte d'encyclopédie biographique — pour quarante-cinq années de « libre formation » — d'une œuvre et d'une destinée, celle-ci s'expliquant par celle-là, celle-là servant tout ensemble, pour celle-ci, de témoignage et de manifestation. « Montrer comment Goethe a résolu le problème de l'existence, comment, avec une inlassable volonté et une conscience toujours plus nette, il s'est élevé par une lente et pénible ascension des abîmes obscurs de l'individualisme le plus fougueux aux régions sereines de la « pureté », comment, après avoir affiché un insolent dédain des règles et des limitations, il en est venu à vénérer la loi et à en proclamer la sainteté, comment il a fait servir à son enrichissement moral, au développement de sa personnalité ses expériences les plus diverses, comment, en un mot, il a réussi à monter toujours plus haut la « pyramide de son existence » : ce dessein de l'auteur, qu'un in-8 de 800 pages réalise assurément, voit peut-être se retourner contre lui l'ampleur même de sa réalisation. La notion de ce « renoncement », qui n'empêche pas une carrière aussi chargée, reste inadmissible à H. Chantavoine » (*Annales politiques et littéraires* du 3 septembre 1911). Il faut, pour que la critique pénètre en sympathie dans cette construction un peu massive, qu'elle soit familiarisée avec ces problèmes (M. Arnauld dans la *Nouvelle Revue française*; Ernest et Henri Lichtenberger...) ou qu'elle s'avise ironiquement que la moitié d'une existence goethéenne demanderait, à vrai dire, un livre encore plus ample pour être détaillée (E. Faguet dans *le Temps* du 30 juillet); ou encore que l' « éducation » qui est le point vif d'une telle étude soit de ses préoccupations spéciales (A. Moulet, *Bulletin de Saint-Cloud* (octobre 1912)....

Du moins peut-on dire que toute une jeune génération française est disposée à mettre les conditions et la pérennité de la « culture » au centre de son activité. Le mot est à double sens parce qu'il est à double portée, et que l'individu comme la société en sont pareillement les ressortissants. Goethe est « éducateur » au gré de J. Prost (*Bulletin critique* du 10-25 août 1908). Une « noble biographie » comme la sienne est faite pour plaire à ce que le pragmatisme des *Jeunes gens d'aujourd'hui*, écrit Agathon en 1912, a de meilleur; son attitude de « joyeuse résignation » renferme un actif principe de lyrisme, observe Tancrède de Visan dans l'*Attitude du lyrisme contemporain* (1911).

Pour que de tels principes d'activité réelle passent vraiment dans la vie politique ou dans la sociologie pratique de la France contemporaine, il faudrait assurément une modification profonde dans l'économie même des idées sur lesquelles vit une démocratie. La « culture » de Goethe, en dépit des encouragements qu'elle peut donner à n'importe quelle individualité consciente, a paraît encore comme un idéal aristocratique, auquel ne se hausseraient les moyennes humaines que dans d'autres conditions sociales : et, de même que E. Metschnikoff, dans ses *Essais optimistes*, examine *Goethe* et *Faust* comme des exemples d'activité auxquels ne prétendront que des individus affranchis de la mort prématurée, le principe de la vie morale du sage de Weimar semble d'une essence trop rare pour être proposé à l'imitation de groupes étendus. « Acquiers la seigneurie de toi-même pour être de meilleur service à tes pareils », nous dit ce grand homme. « Dévoue-toi, tel quel, aux imperfections du monde », semble être, par contre, le message des maîtres de l'heure : entre ces deux préceptes, comment ne subsisterait, à vrai dire, le même antagonisme qu'entre l'éternel esprit « nazaréen » et l'esprit « athénien » immortel? Du moins peut-on croire que, dans les régions les plus nobles de la pensée — et celles de l'action y baignent par quelques-unes de leurs cimes — ce libre esprit goethéen se répand de plus en plus. Les livres d'Em. Boutroux comme ceux de M. Barrès, pour ne citer que deux maîtres assez divers de la pensée et de l'art français, portent le témoignage d'une telle diffusion.

En face de ces conquêtes supérieures de l'esprit moderne, est-il besoin de rappeler quelques menus indices de curiosités persistantes? Une adaptation de *Faust* par E. Vedel est donnée à l'Odéon en 1912, sans grand bénéfice littéraire, avec quelque progrès, pour le public, sur le livret de l'opéra de Gounod : une réduction en sept tableaux et un prologue, par H. Kaplan, avait déjà proposé en 1908 un *Faust* succinct Des traductions d'œuvres peu connues, le *Journal en Italie* dans la *Revue des lettres et des arts* de 1909, la *Réconciliation avec la vie* dans l'*Almanach littéraire* de 1914, des poésies variées dans un recueil de P. Baillière en 1907, témoignent de sympathies actives que la « culture » n'est pas seule à diriger. C'est bien elle cependant, à ce qu'il semble, qui donne leur axe principal à ces suprêmes dépendances françaises — cent quarante ans après les premiers frémissements ou les premières répugnances des lecteurs, qui, chez nous ouvrirent le petit livre intitulé par ses traducteurs *les Souffrances du jeune Werther*.

CONCLUSION

> « Je n'ai été le maître de personne, mais j'ose me nommer un *libérateur*. »
>
> (GOETHE.)

Rien de plus ordinaire, lorsqu'on recherche les témoignages directs de la renommée et de l'influence de Goethe dans notre pays, que de rencontrer coup sur coup les contradictions et les démentis les plus catégoriques. L'écrivain allemand est couramment appelé, vers 1778 et vers 1804, « l'illustre M. Goethe », et cependant cette illustration ne va qu'à son roman de jeunesse, le seul ouvrage que dictionnaires et journaux, bien souvent, connaissent de lui. Léon Thiessé, en 1825, dans un article du *Mercure du XIXe siècle*, l'appelle « le grand-prêtre de la littérature romantique », l'initiateur de « la secte dont on l'a proclamé le chef » ; et cependant, la même année, A. Stapfer écrit dans sa *Notice* : « Au lieu d'être surpris qu'on s'occupe de Goethe sitôt, ne trouvera-t-on pas qu'on s'en avise au contraire bien tard? » Ou bien c'est J.-J. Ampère qui, en 1826, reconnaît dans le *Globe* que Goethe n'est pas connu en France. En 1847, Louis de Loménie résume ainsi son action sur le romantisme : « Il s'est trouvé alors parmi nous une école littéraire qui a essayé d'introduire en France le culte, l'adoration de Goethe à la manière allemande. Il est résulté de cette tentative quelques travaux distingués et des résultats utiles; l'attention a été excitée, le cercle des idées a été un peu élargi, le public a admiré avec des réserves un génie étrange qui le touchait, le choquait et le déroutait en même temps; mais en somme le culte n'a pas pris, et je doute qu'il prenne jamais.... » Même remarque chez Daniel Stern, en 1849 : « Personne ne connaît Goethe en France. On juge, je devrais peut-être dire on condamne, sur un roman de jeunesse et sur la moitié d'un drame médiocrement traduit, le plus vaste génie des temps modernes. »

Moins de quinze ans plus tard, Sainte-Beuve écrit, le 6 octobre 1862 : « Goethe est toujours resté pour nous un étranger, un demi-inconnu, une sorte de majestueuse énigme, un Jupiter-Ammon à distance dans son sanctuaire », alors que J. Levallois, quinze jours après, n'hésite pas à dire : « La disposition générale, et en même temps, par quelques côtés, très spéciale qu'on me permettra d'appeler l'*esprit goethéen*, est chez nous, je le sais, fort étendue, surtout depuis une quinzaine d'années, et elle tend, chaque jour, à se répandre davantage ». Émile Délerot crie victoire en 1866 : « Après une hésitation qui a duré environ un demi-siècle, les lecteurs français semblent consentir enfin à pénétrer dans son essence intime l'écrivain universel... » : néanmoins, 1870 aidant, une nouvelle désaffection ne tarde pas à se produire. Puis, tandis que Barbey d'Aurevilly, dans sa préface de 1880, s'indignait de trouver partout l'immense personnalité de Goethe bouchant les avenues du XIXe siècle, il n'y avait guère, pour se consacrer à l'étude du poète allemand, que des spécialistes et des isolés. Eug. Ledrain, dans la *Nouvelle Revue* du 15 février 1898, croit devoir constater que « Goethe est bien loin.... Il se fait, pour les hommes les plus grands, comme pour les choses les plus capitales, une certaine saturation. Il vient un moment où l'on a suffisamment parlé d'eux... », ce qui n'empêche pas l'abbé Delfour, consacrant en octobre 1902 un article de l'*Université catholique* au *Sartor resartus* de Carlyle, d'écrire ceci : « Sa gloire disparaîtra dans celle de Goethe. Mais comme, pour l'instant, le règne intellectuel de Goethe se raffermit et s'étend, Carlyle participe dans une certaine mesure du prodigieux triomphe de son maître ».

Vicissitudes singulières d'une même renommée! Aveux contradictoires, presque dans le même temps, d'ignorance et d'initiation! Il faut y voir autre chose que les indices de points de vue opposés ou d'informations différentes, autre chose que le témoignage des jeux d'action et de réaction qui frappent les choses de l'esprit. Si la pensée de Goethe a pu être à la fois invisible et présente, agissante et cachée à diverses époques de la vie intellectuelle de la France. c'est que son influence s'est toujours exercée sur la minorité, et qu'elle ne parvenait au grand nombre qu'atténuée, dénaturée ou « débaptisée ». C'est au centre de la roue et près de l'essieu, non à l'extrémité des rayons, qu'elle put agir sur le mouvement intellectuel; ce sont les sources des hauts plateaux, non les nappes d'eau des plaines, qu'il lui est arrivé d'alimenter. Et il est advenu mainte fois qu'on ne distinguât point d'où venait une partie de l'impulsion première, qu'on ne reconnût pas, dans la rivière aux flots mêlés, ce qui était une infiltration goethéenne. Edmond Biré, si habile à traquer Victor Hugo dans tous les sentiers où il a suivi une piste étrangère, trouve moyen de parler longuement de *Pernette*, dans son livre sur Laprade, sans nommer *Hermann et Dorothée*; et de nombreuses voix ont pu, en célébrant le centenaire d Edgar Quinet, amplement citer *Ahasverus* sans même rappeler le souvenir de *Faust*. A plus forte raison chercherait-on vainement, pour Goethe, l'indice d'une notoriété allant jusqu'à la popularité : à part *Werther* et *Faust*, en dépit des tirages à 10 000 exemplaires que la grande vulgarisation typographique a pu départir à quelques-uns de ses ouvrages, l'œuvre du poète allemand ferait petite figure, dans une statistique de librairie, à côté de *Quo vadis?* ou de tels romans de W. Scott. Et qui dira que les spectateurs de nos théâtres lyriques, en assistant au *Faust* de Gounod ou à la *Mignon* d'Ambroise Thomas, aient été touchés par une émanation essentielle de la pensée de Goethe? Or ce sont là, sans doute, les publics les plus nombreux en apparence qu'ait ralliés chez nous le nom du grand écrivain d'outre-Rhin. Mais lui-même le disait assez : « Mes œuvres ne peuvent pas devenir populaires; et c'est faire erreur que de s'efforcer de les rendre telles ».

Même dans l'élite, il est certain que Goethe a suscité chez nous de moindres conflits que Shakspeare n'en souleva en 1770 et en 1825, et que la mode et la vogue ne se sont jamais emparées de son nom comme de ceux d'Ossian ou de Hoffmann. Plus discrète, sa notoriété a été plus féconde et plus durable; et, malgré tout, son influence a touché le grand public par l'intermédiaire de ce qu'on pourrait appeler le *premier ban* de ses lecteurs français. Car il est difficile de prétendre qu'un écrivain qui a inquiété Chateaubriand et ému Lamartine, qui a secondé Geoffroy Saint-Hilaire, abrité le doute de Renan et enchanté la spéculation de Taine, n'a point agi sur l'intelligence française. Ce que Nietzsche appelait « la musique de chambre » de la France — et non le grand orchestre de la salle de concert ou de la place publique — a déchiffré plus d'une fois des pages empruntées à l'œuvre de Goethe : mais ne savons-nous pas que des transcriptions font passer de plus en plus, non sans les vulgariser de rythme et de ton, la pensée des maîtres au libre grand air et parmi les amples auditoires?

Cette élite française qui a trouvé la révélation, la confirmation ou la justification d'une partie de sa vie mentale dans l'activité de Goethe, peut-on définir plus exactement sa place dans notre intellectualité nationale? Est-il possible de déterminer avec quelque précision quels furent, en quelque sorte, les points de polarisation de la notoriété de Goethe en France? De pareilles recherches ont leur danger évident : elles risquent d'attribuer une existence factice à des entités issues du pur esprit de système, et d'asservir les initiatives individuelles à des groupements qui n'existent guère en fait, et dont on se sert surtout pour la commodité du discours ou pour la simplification de la pensée. Cependant, la signification intime de Goethe est assez particulière pour qu'en face de l'œuvre ou de la personnalité du grand écrivain, la doctrine ou le dogme qui sont au fond de telle catégorie, de telle association, de telle secte, aient provoqué chez les membres de celles-ci une réaction analogue.

Il faut noter d'abord que « Rome » et que « Genève » sont restées assez irréductiblement hostiles à la diffusion de l'esprit goethéen en France. Antagonisme bien conforme à la nature des choses. L'unité dans la foi ou l'unité dans la morale, l'orthodoxie dans le credo religieux ou dans la pratique de la vie, c'est là ce que représentent respectivement, au fond, le catholicisme romain et le protestantisme calviniste dans les destinées spirituelles de la France moderne : comment s'accommoderaient-ils l'un et l'autre de l'éclectisme religieux et de la tolérance morale du grand poète? Aussi voyons-nous, parmi les catholiques, les uns poursuivre d'anathèmes l'auteur de *Faust*, l'appeler, comme Lacordaire, un « mauvais génie », et l'accuser de tous les crimes que peut comporter ce mot terrible de « panthéisme »; les autres, comme d'Eckstein, Laprade ou Léon Gautier, insister sur la catholicité malgré tout de ses dogmes profonds afin de pouvoir conserver leur admiration à cet hérétique. Parallèlement, les représentants de l'esprit genevois s'en prennent assez spécialement à sa moralité. Son centre est l'esthétique plutôt que la morale; sa vie est dominée par l'idée du développement individuel, non de la soumission à la règle que d'autres ont établie : voilà ce dont l'accusent, à le bien prendre, ceux qui parlent chez nous au nom de l'esprit calviniste, même s'ils ont rompu, comme Edmond Scherer, avec le milieu natal. Amiel l'a dit expressément : « Goethe ignore la sainteté et n'a jamais voulu réfléchir sur le terrible problème du mal. Il n'est jamais arrivé au sentiment de l'obligation et du péché. »

Pas plus qu'autour des pôles catholique et calviniste, on ne constate que les éléments goethéens se soient portés vers le judaïsme; et si, dans un accès de mauvaise humeur, un professeur de séminaire a pu accuser la franc-maçonnerie d'avoir propagé la gloire de Goethe dans notre pays, il serait difficile de faire passer le *goethisme* pour une entreprise de la « juiverie internationale ». Moins contemplatif que réalisateur, doué de moins de ferveur idéaliste que de persistance dans le dessein et la revendication (si l'on excepte quelques types notoires de la « mystique » juive), l'esprit judaïque ne semble guère avoir lié partie avec le poète : et n'est-il point singulier de trouver précisément ici une parodie et un pastiche, le *Petit Faust* et les *Nouveaux Entretiens*?

A défaut de Rome, de Genève et de Sion, dira-t-on que c'est Paris qui marquerait surtout le contact de la pensée française avec Goethe? La grande ville a donné à une de ses rues le nom de cet étranger, — honneur que les capitales germaniques ne rendront peut-être pas de sitôt à l'une de nos gloires : cependant il est visible que les affinités de

Paris ne l'inclineraient guère vers une œuvre qu'il ne faut pas prendre par ses dehors, vers une individualité chez qui la vie intérieure et la calme et persévérante étude jouent un rôle primordial. Un auteur tout en nerfs, comme Henri Heine, a pu s'accommoder davantage, à un moment donné, de ce qu'on nomme, par une simplification excessive, l'esprit parisien. Mais, si la notoriété de Goethe, dans les salons et dans les coulisses de la capitale, n'a pas véritablement dépassé une certaine interprétation de *Werther* et de *Faust*, il serait injuste de séparer de Paris une partie de sa pensée la plus agissante. Plus d'un actif bureau de rédaction, plus d'un solitaire cabinet de travail, plus d'une chaire d'enseignement supérieur, sans être représentatifs des tendances dominantes de la ville, font partie d'un système de forces qui n'est possible qu'à Paris, et que l'histoire de la France elle-même rend portion intégrante de son énergie et de sa signification. Il y a là comme une « excentrique », qui tient à la capitale indissolublement, sans avoir exactement le même pôle qu'elle.

L'Université, plutôt préparée à enregistrer les résultats acquis dans le domaine de la pensée qu'à faire œuvre de révolution intellectuelle, n'a pas, dans son ensemble, dépassé ici un rôle assez timide de médiation et comme d' « entérinement ». Les exceptions, assurément, ne manquent pas; mais il est visible que l'Université de 1830 était trop attachée aux formes classiques, celle de 1860 au moule de l'éclectisme cousinien, pour adhérer activement aux nouvelles manières de comprendre la littérature et la philosophie sur lesquelles flottait l'étendard de Goethe. Et l'on peut croire que Lacretelle et Caro représentèrent l'Université, à ces deux dates, plus exactement que J.-J. Ampère et Taine, quelles qu'aient été leurs attaches avec elle. Mais il ne convient pas de s'irriter qu'il en ait été ainsi : sans s'niterdire l'investigation originale et l'exploration sympathique des nouveautés, l'Université n'a pourtant point charge d'accueillir en première ligne ce qui contredit la tradition antérieure : dans la mesure où elle est enseignante, quelque réserve ne lui messied pas trop.

Nos provinces, par l'intermédiaire des écrivains chez qui le terroir est encore perceptible, ont « réagi » d'une façon conforme à ce qu'on peut légitimement inférer de leurs prédilections de tempérament et d'esprit. L'Alsace a joué le rôle d'intermédiaire entre deux civilisations auquel l'a prédestinée sa place : mais, en vertu même de dispositions qui sont en partie germaniques, elle a plutôt révélé et imité qu'interprété et transformé — je songe à Ramond de Carbonnières, à Willm, à L. Spach, Ch. Dollfus, J.-J. Weiss — quelques-unes de ces idées et de ces formes d'outre-Rhin. La stricte Lorraine, de Villers à Mézières ou Barrès, a été moins soucieuse de reproduire une variété d'art ou d'émotion littéraire que de saisir la nuance de personnalité de Goethe et son attitude en face de la vie. Un élément romanesque et sentimental s'est surtout manifesté à ces Francs-Comtois qui s'appelaient Nodier, Marmier et Grenier, — alors que Stendhal, un de ces Dauphinois « qui ont souci de n'avoir jamais l'air d'être dupes », résistait plutôt à cette action, et prêtait en revanche plus d'attention que ses contemporains à une hypothèse matérialiste du sentiment. Parisiens, Mérimée et Vitet se trouvent avoir tiré de bonne heure parti de la formule dramatique extraite de Shakspeare et reprise par le jeune Goethe; et n'était-ce pas pour avoir voulu forcer le clair génie de l'Ile-de-France jusqu'à des mystères trop abstrus que Gérard de Nerval s'était déséquilibré? Doués de plus de résistance, des Berrichons comme Latouche, Émile Deschamps et George Sand s'éprenaient avec prédilection de quelques aspects de Goethe qui confinent au fantastique. Les tendances synthétiques des Lyonnais étaient peut-être en jeu dans l'attrait que le symbolique déroulement de *Faust* eut de bonne heure pour Quinet, dans la faveur où Laprade n'a point cessé de tenir le naturisme du poète allemand, dans la clairvoyance avec laquelle J.-J. Ampère considéra vite comme des ensembles homogènes et indissolubles l'œuvre et la vie du grand homme, les périodes successives de son existence et de sa production. Ce que Michelet appelle « l'aimable sentimentalité de la Bourgogne » faisait errer, son *Werther* en poche, le jeune Lamartine dans ses campagnes natales. Le Latin Th. Gautier, après avoir adhéré à quelques inventions fantastiques, qu'il pare d'ailleurs d'un vêtement singulièrement matériel et concret, se ralliait vite à la forme d'art objective et païenne que préféra la maturité de Goethe. Une sorte d'inébranlable ténacité, la résistance d'un « moi » inattaquable, empêche le Limousin E. Montégut de concéder, autant que ses contemporains panthéistes, à la dissolution de l'individu dans le flux du phénoménisme. Les anxiétés bretonnes de Chateaubriand et de Mme de Duras, de Boulay-Paty, d'Ernest Renan, se sont apparentées tour à tour à quelques-unes des émotions qu'avait exprimées, en face de la vie ou de l'univers, un fils de la lointaine Germanie. Ed. d'Anglemont et U. Guttinguer, séduits par les *Ballades* et par *Werther*, se rattachent bien à ce groupe « neustrien » que semblent constituer, en marge de l'autre Normandie, quelques écrivains de cette province, alors que Flaubert et Barbey d'Aurevilly en conservent l'impétuosité et l'élan. Taine, enfant de cette Ardenne où persiste un fonds germanique, anime d'un frémissement panthéiste, tel que l'Allemagne en a souvent connu de semblables, un système construit avec une rigueur positive digne de la netteté latine. Des Suisses français comme B. Constant et Mme de Staël, conformément à un penchant qui témoigne assez de cette origine, inclinèrent vers de possibles applications civiques, vers un souci permanent de la collectivité religieuse et politique, les notions qu'ils eurent de l'œuvre de Goethe, en avance sur leurs contemporains immédiats.

Gardons-nous de pousser trop loin cette recherche, et abstenons-nous de « fédéraliser » outre mesure une littérature dont c'est à la fois une supériorité et un défaut d'être plus centralisée que telle de ses voisines. Outre que cette préoccupation des psychologies provinciales est particulièrement spécieuse à propos d'un pays que domine depuis longtemps la communauté de la langue et du régime administratif, elle a l'inconvénient de ramener l'effort littéraire à la simple continuation des aïeux, et de faire entendre trop distinctement cette « musique du sang » dont parle Calderon. Sans doute, celle-ci chante les mêmes airs dans les générations successives d'un même groupe, mais il lui faut bien s'adapter aux rythmes nouveaux que créent les modifications incessantes de la vie. Et il ne serait pas excessif de ramener, pour une bonne part, la littérature d'un pays à l'expression des efforts que font les plus doués, dans un milieu traditionnel, pour s'écarter de celui-ci, ou de leur nostalgie lorsqu'ils en sont sortis.

L'influence de Goethe, précisément, agit presque toujours sur une sorte de parti d'avant-garde — non d'éclaireurs — et sur la *gauche* — non l'extrême-gauche — que constituent, à travers notre XIXe siècle, et en face de manières surannées de sentir ou de penser, les hommes pour qui son autorité et son précédent ont été d'un secours véritable. Goethe a toujours, chez nous, été du parti du mouvement, — mais non du tumulte. Il est rare qu'on le trouve invoqué par les partisans du passé, — ou, alors, c'est grâce à un hommage d'un autre genre, et parce qu'ils s'ingénient à harmoniser sa morale ou son esthétique avec ces vérités irréductibles qui gisent au fond de toute doctrine humaine un peu viable. De même, il n'y a guère, pour considérer sous un angle nouveau et avec un désir d'application prochaine quelque aspect de Goethe, que les journaux ou les revues dont le programme est nettement progressiste.

C'est qu'on l'a appelé au secours lorsqu'il s'agissait de dépasser — non d'une enjambée démesurée, mais d'un pas vraiment nécessaire — le point où l'on était arrivé et où l'on ne pouvait demeurer sans malaise et sans étouffement. L'irrésistible penchant qui conduisait la fin du XVIIIe siècle à une littérature personnelle s'est autorisé de *Werther* contre les répugnances de l'ancienne esthétique. Mme de Staël et les théoriciens romantiques se sont tournés vers Weimar, citant le théâtre de Goethe à l'appui des revendications qui se heurtaient à l'ancienne forteresse du classicisme dramatique. A un rationalisme de courte vue, quelques confuses lumières échappées de *Faust* et des *Ballades* révélèrent qu'il y avait plus de choses au ciel et sur terre — et même dans l'âme humaine — que n'en imagine la philosophie coutumière. Les progrès des sciences naturelles virent associer le nom du grand poète à ceux de savants novateurs. Puis ce fut *Hermann*, ce fut le paganisme même de Goethe qui fournirent des arguments contre l'école du sentiment et de la fantaisie, alors que celle-ci, à sa date, en avait cherché dans une autre région de son œuvre. Quand le positivisme s'inquiéta de se donner une métaphysique, il trouva Goethe sur son chemin, et c'est lui encore que, plus récemment, les fervents du « moi » considérèrent comme un des plus beaux exemplaires d'une culture méthodique et continue. Et il ne s'agit pas, dans tous ces cas, d'une vague référence au grand poète : même si nombre de combattants l'ignorent, et s'il est plutôt deviné que bien connu, il ne manque pas d'une voix autorisée pour lui adresser l'hommage du nouveau parti. J.-J. Weiss, on l'a vu, après avoir noté en 1856 les symptômes d'« une réaction presque universelle » en faveur « des vertus bourgeoises, de la vie domestique, de l'amour du devoir », considère que le poème d'*Hermann* « a conservé jusqu'à ce jour la même portée morale et le même à-propos ». Quatorze ans plus tard, Legrelle, dans la dédicace de son *Iphigénie*, voudrait voir la bannière de Goethe « déployée partout au-dessus des marécages de la littérature contemporaine » : on est en 1870, à quelques semaines de la guerre. Tout près de nous, Michel Arnauld, préoccupé des leçons que nous offre la « sagesse » du maître, écrivait à l'auteur de ce livre : « Il y a plus d'un poète que nous pouvons préférer à Goethe; mais aucun ne le vaut comme éducateur... »

Si Goethe est donc synonyme de progrès, et si les feux tournants de ce phare qui irradia successivement divers coins de la nuit éclairent toujours une conquête, il convient de remarquer que le nouveau district promis à nos regards ne dépassa jamais la mesure du nécessaire et du possible. C'est, nous le disions plus haut, un *leader* de gauche, et non d'extrême gauche, que Goethe. Et l'on peut constater qu'à chaque phase d'influence, le nouvel aspect goethéen que notre élite discernait était comme une valeur réduite de quelque formule plus avancée, plus catégorique, plus périlleuse aussi, qu'adoptaient seuls l'enthousiasme passager ou l'imprévoyance arbitraire. *Werther*, où il y a encore, à tout prendre, tant de bonne humeur et de désir de vivre, est un livre de réconfort à côté de quelques produits du sentimentalisme larmoyant du XVIIIe siècle à son déclin, et les *Brigands* de Schiller, dont on connaît la vogue durant la Révolution, poussaient à une bien autre acuité cet esprit anti-social dont on a reproché à *Werther* d'être pénétré. Le théâtre de Goethe ne favorisait que partiellement les revendications d'indépendance de 1825, dont Shakspeare, cela va sans dire, faisait beaucoup mieux l'affaire. Hoffmann, qui jouit d'une popularité si grande en 1830, risquait d'entraîner les esprits vers un occultisme et un goût du mystère autrement dangereux que l'espèce de merveilleux chrétien du premier *Faust*. Walter Scott rendait ses dévots ivres de moyen âge et d'archaïsme nostalgique beaucoup plus que tels aspects médiévaux de Goethe, qui restait, lui, si intensément de son temps; et, auprès du satanisme persistant qui parut être la caractéristique de Byron, qu'était le ricanement du seul Méphisto? De même plus tard : c'est Humboldt, non Goethe, que Challemel-Lacour propose comme sujet de démonstration, lorsqu'il se préoccupe de donner ses lettres de noblesse à la revendication individualiste. La philosophie de Goethe, inversement, ne menaçait pas les sources vives de l'énergie personnelle et de l'activité libre au même degré que d'autres doctrines issues du mystique panthéisme de Germanie. Enfin la métaphysique de Hegel, l'aristocratisme de Nietzsche, le culte de l'instinct de Kipling risquaient d'encourager tour à tour, dans une autre mesure que la foi de Goethe en lui-même, l'admiration de la force et les exagérations du moi intellectuel ou volontaire; et, pour échapper à la superstition du réalisme intégral et de la « tranche de vie », Novalis ou Ibsen étaient des maîtres plus absolus que Goethe symboliste. C'est que l'influence de l'écrivain et du penseur qui fut, avant tout, un « médiateur », ne pouvait manquer d'être elle-même une sorte de conciliation entre les forces divergentes qui sollicitent la vie morale de l'humanité.

Les phases principales de notre XIXe siècle ont toutes rencontré, à leur date, une manière d'encouragement, sinon de point de départ, dans l'œuvre ou la personnalité de Goethe. Il faut faire exception pour l'impressionisme et pour le naturalisme. Soit ignorance, soit plutôt incompatibilité, les Goncourt n'ont point cherché auprès de Goethe de recours pour une tentative d'art qui s'accordait mal avec la technique plus pesante, moins trépidante aussi, de l'auteur de *W. Meister*, avec ces procédés qui saturent de réflexion et comme de recueillement la notation des objets extérieurs, et qui voudraient aller au delà du papillotement des apparences pour toucher au permanent et au général. Aussi ne voit-on pas que les dimanches chez Flaubert, où l'on parlait souvent de Goethe, ni les dîners Magny dont le *Journal* rapporte les moindres propos, dès qu'ils sont désobligeants pour qui les énonce ou pour qui ils concernent, aient donné aux auteurs de *Germinie Lacerteux* une notion bien féconde du poète allemand. Le *Journal* écrit cependant, à la date du 26 mai 1872 : « Le manifeste de l'école réaliste, on ne va guère le chercher où il est. Il est dans *Werther*, quand Goethe dit par la bouche de son héros : « Cela me « confirme dans ma résolution de *m'en tenir uniquement à la* « *nature.* » Et il ajoute : « Toute règle, quoi qu'on dise, étouffera le sentiment de la nature et sa véritable expression ». Mais il y a là, outre un contresens matériel, une méprise évidente, puisque, enfin, c'est Werther qui parle, et que Werther est condamné par Goethe lui-même, en dépit de son enthousiasme, à n'être en art qu'un dilettante infécond. Zola, de son côté, parlant de la mélancolie de Chateaubriand, a félicité Goethe, « plus solide sur ses membres puissants », d'en avoir été effleuré seulement. L'éloge est mince; il n'est pas très exact non plus. Il ne paraît pas que l'auteur des *Rougon-Macquart*, chez qui grouille assurément une vaste humanité, qu'il dénombre et anime au même titre que le monde matériel, ait dû la moindre des choses au simplificateur éclectique et au symboliste de *Faust*. Et si l'*existence*, de ses flots pressés, emplit jusqu'aux bords l'œuvre du grand naturaliste, on regrette souvent, quand on se penche sur ce courant tumultueux, qu'il ne laisse point assez discerner la *vie* elle-même, la vie profonde de la nature et du genre humain.

En dehors de ces phases de l'évolution littéraire qui ne doivent rien à Goethe (car il y aurait quelque sophisme à faire remarquer les liens qui rattachent à Taine le naturalisme), tous les moments climatériques de la littérature des cent vingt-cinq dernières années sont redevables peu ou prou à cette forte initiative de leur assurance et de leur justification, sinon de leur naissance. Les temps nouveaux qui commencèrent par le malaise des bourgeois supérieurs d'Ancien Régime, pour s'exalter au triomphe d'un génie conquérant et d'une destinée surhumaine, s'accommoder ensuite, non sans quelques tressauts, d'une activité toute positive, ces temps nouveaux qui sont en train de devenir du passé à leur tour sont dominés, *au spirituel*, par la figure de Goethe, comme ils l'ont été, *au temporel*, par celle de Napoléon. Quel dommage que sa vie et le cours du dernier siècle ne coïncident point! c'eût été vraiment « le siècle de Goethe ». Grand bourgeois lui-même, on peut dire que l'intellectualité de l'âge de la bourgeoisie s'est trouvée en lui résumée et synthétisée. Shakspeare avait dramatisé les énergies et les rêves aristocratiques de la Renaissance. Molière avait raillé les travers où les gens de condition moyenne, dans une société encore hiérarchisée, sont tentés de glisser par imitation de tout ce qui passe pour distingué et supérieur. Voltaire avait été l'homme nécessaire du « despotisme éclairé », régulateur des puissants et leur flatteur tout ensemble, tandis que Rousseau avait illustré d'un exemple pitoyable la trop rapide ascension d'un homme du peuple aux régions ultra-raffinées de l'ancienne société. Les problèmes du monde dominé par la Révolution, beaucoup des espoirs et des inquiétudes de cet âge à qui l'on ne déniera point l'activité, la recherche fiévreuse et le desir ardent du progrès, enfin les formes d'art qu'a suscitées tour à tour le mouvement des esprits, tout cela a trouvé chez Goethe une incarnation, une expression, le plus souvent une solution. Tout ce que peut réaliser un homme des classes moyennes, l'ampleur du développement individuel jointe à l'utilité des services altruistes, la royauté de l'esprit atteinte à force de persévérance et de labeur, l'indépendance dans la dignité et l'effort dans la sécurité, s'est manifesté dans sa longue vie et s'est inscrit dans son œuvre complexe. L'une et l'autre sont aussi la glorification des sentiments et des idées du XIXe siècle, et, par l'amour de la vie universelle qui les pénètre, la plus belle incarnation de l'esprit paisible et confiant qui succède, sans parvenir à l'éliminer tout à fait, au génie craintif du moyen âge.

Mais la vertu de Goethe est-elle assurée de durer au delà de cette société bourgeoise dont il a été la fleur la plus aristocratique, la mieux préservée des étiolements et des desséchements qu'a si souvent produits ce régime? En sera-t-il de lui ce qu'il est advenu, malgré tout, de Dante, dont la valeur humaine reste intacte assurément, mais qui porte la peine de tenir par trop de racines à un ensemble de croyances et d'idées dépassées aujourd'hui? Qui sait quelles conditions nouvelles résulteront, pour l'esprit humain, des modifications sociales que réserve l'avenir? Sans doute, Goethe a prévu — de même qu'il avait vite reconnu le sens historique de Valmy — les transformations que le développement industriel, l'esprit d'association et de mutualité, l'interpénétration matérielle et morale des nations ne devaient pas manquer d'apporter au vieux monde. Mais le quatrième état n'en est pas moins à peu près absent de son œuvre; l'activité altruiste de Wilhelm Meister, l'énergie de Faust devenu franc-fermier, étaient pour ces personnages des solutions et des aboutissements, et non le point de départ de conditions nouvelles pour la société. Et qui sait si dans cette Cité future que leur bonne volonté espérait, qu'ils entrevoyaient au terme de leur recherche, mais qu'ils annonçaient plutôt qu'ils ne la constituaient, il y aura encore place pour quelques-uns des soucis qui ont assuré à Goethe et à son œuvre un retentissement si prolongé? Un nivellement général des conditions et des esprits, une autre organisation du mariage rendront-ils incompréhensibles, et le frémissement de *Werther*, et l'élancement de *Faust*? La démocratie souhaitera-t-elle uniquement un art à résultats immédiats et à applications pratiques, comme celui que préconise Tolstoï? Et Goethe, étant de ceux qui ne croient pas le progrès de la société possible sans une amélioration des individus par la conscience et la raison, portera-t-il la peine de n'avoir point proposé des solutions directes et vives à quelques problèmes politiques ou sociaux? Caliban permettra-t-il, seulement, à Prospero cette contemplation des lois de la vie qui est le principe de l'activité de Goethe? Enfin, Goethe ne s'est guère occupé de la situation de l'homme — et de l'homme des classes moyennes — que vis-à-vis de la société et en face de la nature terrestre : le rameau d'or des évocations lui a servi à animer un monde qui a, malgré son ampleur, des frontières. C'est un *tellurien* ardent, qui restreint son horizon à un domaine immense, mais non infini : et qui sait quels Prométhées resteront à déchaîner dans les siècles à venir? qui sait si d'autres races humaines, d'autres règnes animés, si d'autres mondes célestes n'élargiront pas, plus que Goethe n'en a sans doute prévu la possibilité, le champ de l'énergie et de la poésie futures?

De la réponse que l'avenir fera à ces questions dépendra pour une bonne part l'efficacité durable de Goethe. Est-il besoin de dire que plusieurs d'entre elles, pures hypothèses, ont surtout pour objet de marquer par où la signification du grand poète est limitée, malgré son ampleur de curiosité et d'information?

En tout cas, bien des chances de durée lui viennent de ce qui fait peut-être au fond, et derrière les distinctions successives et les départs qu'a subis son œuvre, la force et la vertu de cette manifestation intellectuelle, une des plus grandes des temps modernes. C'est l'*éternel humain*, non le conflit passager de quelques tendances ou la médiocrité superficielle de quelques préoccupations, qui anime le monde où Goethe a vécu et où il a puisé. Ainsi que Faust, il a rendu visite aux Mères, et il a rapporté de son voyage vertigineux la notion de plusieurs des lois immuables dont ne s'écartera point, sous peine de périr, l'humanité, même progressive, même émancipée. Étant, comme on l'a dit, l'homme offert en méditation à l'homme, il ne saurait perdre absolument son rang parmi les héros dont se composera, même dans des conditions sociales nouvelles, le Panthéon des plus dignes. Lui qui estimait que le progrès est une spirale qui fait passer à des plans supérieurs, mais en retrouvant en quelque sorte les mêmes longitudes et les mêmes méridiens, la ligne ininterrompue des destinées de l'humanité, il subira peut-être l'effet de cette loi. On reverrait alors, nouveaux Werthers, des jeunes gens qui s'irriteraient, au nom des droits de la nature et du cœur, contre des tyrannies nouvelles, des ambitieux d'absolu et d'infini tenter d'escalader, à la manière de Faust, le ciel du Surhumain, par delà les ordinaires limitations qui les enserrent encore une fois; on reverrait des « impassibles », des amoureux de la calme beauté abriter derechef leurs rêves dans la tradition d'idéale harmonie léguée par la Grèce, et surtout des ambitieux de culture et de développement intégral souhaiter de donner à leur moi une tonalité supérieure à la vague moyenne des individualités courantes. Il y aurait quelque chance alors qu'on se tournât encore vers l'œuvre de Goethe comme l'avaient fait, à un autre plan de l'interminable spirale, les hommes d'une époque antérieure.

Il est peu probable que les temps à venir frappent Goethe de déchéance pour des motifs religieux, et qu'on lui tienne rigueur, par un retour aux anciennes orthodoxies, d'avoir été hostile à l'ascétisme, à la doctrine des causes finales entendues théologiquement, à la notion du miracle et de l'arbitraire suspension des lois naturelles, à l'hypothèse enfin d'un monopole que la révélation aurait conféré à telle ou telle religion. En dépit de défaillances individuelles ou de régressions collectives, on constatera de plus en plus qu'une croyance et une espérance analogues sont déposées au fond de toute foi, fût-ce de la foi en la raison humaine. Éternel et permanent, le sentiment religieux trouvera de plus en plus à s'objectiver dans d'autres conceptions que celle d'un Dieu personnel et arbitraire, distinct des lois mêmes de l'Univers. Et, ainsi, il est douteux que Chateaubriand, apologétiste et néo-chrétien, tienne en échec le penseur qui s'est penché sur la nature et le monde en savant et en observateur, non en dévot et en mystique. Ce qui d'ailleurs lui assure la durée à cet égard, c'est qu'il n'a point été un rationaliste comme le XVIIIe siècle l'entendit, mais qu'il a parfaitement admis les droits de la sensibilité et de l'inconscient à participer à la vie morale de l'individu.

Que lui-même, — tel qu'il nous apparaît dans l'attitude principale qu'il a due à sa maîtrise de soi — semble manquer de vibration et de pathétique, il n'y a point là non plus de quoi inquiéter sur ses chances de durée. Il a possédé plutôt la lumière qui éclaire que la flamme qui brûle. Il a mieux aimé voir juste que s'émouvoir profondément, ou, plutôt, il a fait effort pour harmoniser ses plus profondes émotions. En face des hommes et de la vie, il s'est trouvé exercer plutôt la difficile vertu de la justice que la vertu bienfaisante de la charité. Mais c'est, selon toute apparence, un gage de survie future autant que cela peut être une raison de défaveur passagère. Les effusions à la Lamartine ou à la Schiller, les tirades à la Rousseau et les apitoiements à la Tolstoï, merveilleuses pour la propagande et pour l'action immédiate, risquent de paraître plus vite surannés et excessifs que l'équilibre goethéen, qui est, pour ainsi dire, un compromis entre l'émotion personnelle et l'acceptation raisonnable des lois de la vie. Il semble bien d'ailleurs que la justice occupe, dans la hiérarchie des sentiments humains comme dans la chronologie du progrès, un rang plus élevé que la charité. Des trois manières que l'homme possède de sortir efficacement de lui-même, la charité, l'amour et la justice, cette dernière est, en somme, la plus malaisée et la plus admirable lorsqu'elle est pratiquée dans toute sa force. Il se pourrait bien que la charité et l'amour aient dû être prêchés aux hommes parce que la justice dépassait leur abnégation et leur intelligence; et Goethe ne se rendait qu'un demi-témoignage lorsqu'il écrivait à Zelter, le 7 novembre 1816 : « Je n'ai fait que prêcher ce que saint Jean recommande : « Enfants, « aimez-vous, et si vous n'y arrivez pas, supportez-vous « du moins les uns les autres... »

Enfin, la formule d'art que représente éminemment Goethe paraît assurée de triompher et de s'imposer. Elle est, sinon identique, du moins comparable au principe d'individualisation qu'admettent peu à peu divers ordres d'activité, la morale, la pédagogie, et qui gagnera sans doute la jurisprudence, la sociologie et la politique. Cette formule, c'est qu'une *nécessité intérieure*, faite d'un invisible réseau de déterminations et d'un délicat mécanisme de forces impulsives et répressives, doit déterminer le développement de toute chose. Truisme en apparence, et que les faits, en tout cas, se chargent bien d'appliquer et de vérifier. Mais il s'en faut que l'intelligence humaine s'y arrête d'elle-même. Soit par la force de la tradition et la foi dans les codes, soit par l'impétuosité d'esprits impérieux ou indiscrets, cette loi se trouve sans cesse violée dans un sens ou dans l'autre. Le classicisme imposait au motif artistique une forme fixe de développement : la séparation des genres, la règle des unités sont les exigences les plus nettement exprimées de tout un système dont la rigueur, chemin faisant, alla s'aggravant. N'a-t-on pas voulu donner à tout poème épique l'inéluctable dimension de douze chants? Un esthéticien du XVIIIe siècle ne s'avisa-t-il pas de proposer pour les romans la loi de l'*unité d'année*, de même que la tragédie reconnaissait l'unité de jour? Et combien de fausses fenêtres faites ainsi pour la symétrie, de remplissages destinés à assurer un équilibre extérieur et une apparente obéissance aux règles! Sans doute, il s'est trouvé, aux alentours de 1660, un ensemble de conditions merveilleusement favorables qui ont suscité, d'accord avec les règles, un petit nombre de chefs-d'œuvre : mais le principe lui-même n'en est pas moins tyrannique, et ce n'est qu'en faveur de Racine qu'on est disposé à lui pardonner d'avoir longtemps dirigé les jugements des « législateurs du Parnasse ».

De même, quel admirateur de Victor Hugo, quel fervent de Beethoven s'indignera outre mesure de la conception qui triompha dans le romantisme, et qui, laissant le sujet, le thème, l'idée, à l'entière merci de l'artiste, le faisait seul maître de l'appropriation qu'on leur devait donner? On peut se permettre, lorsqu'on est Hugo, de jeter tout ensemble la flamme et les scories, de déformer à sa guise la vérité, de faire un théâtre qui n'est qu'un recueil de « mots d'auteurs », ou mieux encore, de « tirades d'auteur ». Un Beethoven est excusable de dire à tel violoniste qui se plaignait qu'une partie fût injouable : « Croyez-vous

donc que je pense à votre sale violon, quand l'Esprit me parle et que j'écris sous sa dictée? » Un tel principe d'art n'en est pas moins inadmissible, et le génie seul a le droi de s'en autoriser : mais où commence le génie? où commence même, chez ceux à qui nous attribuons ce don, déséquilibre et le caprice de ceux qui sont simpleme « ivres d'eux-mêmes et de leur vin »?

Au contraire, la loi qui, de plus en plus, s'impose à conscience artistique est celle que Goethe appliquait, au bien dans son activité productrice que dans ses jugeme critiques. L'homme qui sut passer de la forme trépid de *Goetz* à l'eurythmie d'*Iphigénie*, qui discernait le des premiers drames d'Hugo, tout comme il s'irrita voir en 1825 des classiques attardés invoquer encore des unités, cet homme-là a fait effort, plus que tout a pour s'affranchir de deux contraintes : la *pathetic fa* comme dit Ruskin, qui fait du moi la mesure de l' d'art, le juge unique, avec toutes ses prédilections emportements, d'un plan, d'une situation, d'un mo l'espèce de pétrification par laquelle les principes nent préjugés et constituent des formes immuables pendantes des lois de la vie, des types immobiles de tion qui servent de normes pour admettre ou pour C'est grâce à cette double garantie — conservée au quels efforts! — que Goethe n'a guère connu le r qui atteint souvent d'anciens guides de leurs co rains, de devenir étranger à la langue parlée auto par les générations montantes.

Or ce qui a été souvent traité d'indifférentisme tantisme ou de décevant caprice, et qui n'est au fo divination délicate des puissances génératrices et sités invisibles, s'impose de plus en plus, et san nous en doutions toujours, à l'art des temps mod Loi préside à la création artistique, aussi élo

Règle que de la Fantaisie. Il y a véritablement des « scènes à faire », qui ne sont point telles en vertu de l'esthétique consacrée ou de la fougue arbitraire, mais qui résultent de la disposition d'un plan, des données d'une intrigue. La prose ou le vers s'imposent dans des cas déterminés, sans que leur convenance soit réglée par autre chose que la nature d'un sujet. Tous les sermons ne sont pas nécessairement en deux ou trois points, ni tous les drames en cinq actes. Et ainsi du reste. Un musicien qui, pour le même opéra, orchestre une page de vie intérieure et une scène où se déchaîne la fureur des éléments, pourra très bien, d'accord avec cette loi, employer pour celui-ci les ressources tumultueuses de Wagner et s'en tenir pour celle-là à l'écriture réduite de Mozart. Le tâtonnant et fécond mouvement de l'art décoratif moderne, divers efforts de l'architecture contemporaine tendent à faire, de créations artistiques, les résultantes de la destination de l'objet ou de l'édifice, à leur attribuer le genre d'ornementation, de disposition, de beauté, que commandent leurs usages. Le rôle de l'artiste, ainsi compris, n'est pas moins noble parce qu'il comporte moins de déférence, ni moins actif parce qu'il est moins dominateur. Et, sans doute, le sort médiocre que la vie moderne fait de plus en plus aux individualités débordantes, et, d'autre part, l'impatience avec laquelle des âges émancipés consentent à subir la contrainte des impératifs catégoriques, favoriseront-ils de concert cette esthétique sans « obligation » ni « licence »; c'est celle que réalisent, au fond, toutes les grandes œuvres d'art et qu'appliquent tous les vrais critiques, celle aussi que sanctionnent, en dépit de leurs apparents caprices, les longues renommées littéraires.

C'est là, je crois, une des raisons qui empêcheront la souveraineté intellectuelle de Goethe d'être foncièrement évincée par celle de Victor Hugo, le seul grand homme

du XIXᵉ siècle qu'il soit possible de lui opposer, celui de nos grands hommes aussi qui s'est le plus catégoriquement refusé à admettre l'éminence du poète d'outre-Rhin. Il y a, entre eux, plus qu'une différence de tempérament poétique : c'est toute l'opposition de deux types d'humanité supérieure, de deux systèmes métaphysiques, de deux conceptions de l'idéal, qui se manifeste en eux. Le visionnaire synthétique et l'observateur analytique, l'impulsif et l'intuitif, l'éternel preneur de parti et le constant arbitre, puis, en philosophie, le partisan d'une explication dualiste du monde et le précurseur plus ou moins conscient de l'évolution, forment entre eux une antithèse comme Victor Hugo lui-même n'eût pu la souhaiter plus saisissante. Faut-il remarquer que, pour l'un, la rédemption du monde, la « fin de Satan, » sera due à la Pitié suprême, tandis que, pour l'autre, le déploiement même de l'univers est renfermé dans cette proposition, *am Anfang war die That*? ou encore que l'un écoutait les mystérieuses confidences de la « bouche d'ombre », tandis que l'autre demandait, en mourant, « plus de lumière » ? Il serait aisé de continuer le parallèle; peut-être les écoliers du XXIᵉ siècle s'y exerceront-ils.

Ce qu'ils pourront trouver en dernière analyse, c'est qu'il y a là surtout deux manières de comprendre la liberté et l'idéal : et qui ne voit que toute littérature digne de ce nom, que toute personnalité s'élevant au-dessus du commun niveau, ne toucheront jamais les hommes avec force et durée que si une liberté et un idéal, visibles ou latents, motivent l'œuvre littéraire et s'incarnent dans le *héros*? Or, la signification de Victor Hugo, c'est dans la lutte pour des libertés extérieures qu'il la faut chercher : nul n'a cru faire davantage pour diminuer notre dépendance vis-à-vis des pouvoirs oppresseurs, les gouvernements, les églises, la hiérarchie, la convention; nul n'a souffert avec plus de pathétique du pouvoir du Mal social et du Mal métaphysique, de la Mort, de la fuite et des flétrissures du Temps. Goethe, au contraire, représentera surtout une autre tentative de libération, celle qui nous affranchirait de nos entraves intérieures, des chaînes que nous font porter nos ignorances, nos habitudes, nos terreurs, nos préjugés, notre hérédité et notre passé lui-même : autonomie plus rare et plus haute que les libertés politiques et sociales, et dont lui-même pouvait à bon droit se vanter d'avoir fait l'honneur de sa vie : « Je n'ai été le maître de personne, mais j'ose me nommer un libérateur. On s'en est aperçu par mon exemple : c'est du dedans au dehors que l'homme doit vivre, et que l'artiste doit ouvrer. »

De même pour les notions de l'idéal qui dirigent respectivement ces deux hautes pensées. C'est, au gré de Victor Hugo, une entité tout extérieure, un degré de perfection mystérieusement révélé, et que réalisera sans doute ce jour de l'universelle promotion qui remettra toutes choses au stade supérieur d'où la chute les fit déchoir. Pour Goethe, au contraire, l'idéal est immanent, si l'on peut dire, au lieu d'être transcendant : il est, non pas le contraire de la réalité et sa perpétuelle et humiliante condamnation, mais l'épanouissement de cette réalité. Toute époque porte en soi l'intuition d'un idéal qui peut être réalisé par l'âge suivant; et c'est au poète et au savant de traiter le réel de telle façon que l'idéal y résonne, comme dans ces rochers de légende où les rayons du soleil faisaient bruire une lointaine et sourde mélodie....

Constatons d'ailleurs que ces manières différentes de comprendre la liberté et l'idéal sont faites pour assurer à un moindre degré la popularité de Goethe auprès du grand public, pour laisser au contraire Victor Hugo un peu en défaut devant l'élite. Le poète allemand s'en doutait bien lorsqu'il disait, dans son élégie d'*Ilmenau* : « C'est quand j'ai chanté courage, et liberté, et franchise, et toujours liberté sans contrainte, que j'ai gagné la faveur des hommes.... » Cette condition défavorable est peut-être surtout sensible lorsqu'il s'agit de nous autres Français, le peuple des réalisations immédiates et des hostilités définies, si prompt à se ruer sur toutes les Bastilles, et à qui la liberté d'action extérieure, la liberté de parole, la liberté d'écrire importent plus que la liberté de pensée prise dans son sens le plus strict et le plus vrai. Et, parallèlement, nous sommes en majorité plus sensibles à un idéal qui se revêt de flamboiement, d'impossible et surhumaine beauté, ou simplement de panache, qu'à la résonance de l'idéal dans de moins triomphantes manifestations.

C'est là, plus que telles raisons qu'on en a données — le panthéisme de Goethe, ou la façon dont il traite la psychologie de ses héroïnes, — la cause profonde de l'incompatibilité qui n'a point cessé de séparer l'écrivain allemand et le grand public français, alors que tant des maîtres de notre pensée trouvaient auprès de lui une inspiration, un encouragement, une révélation ou un réconfort. Il faut d'ailleurs compter avec des discordances de cet ordre presque chaque fois qu'une haute personnalité intellectuelle franchit des frontières, quelles qu'elles soient, et s'assied au foyer d'un peuple étranger. Il n'y a rien là qui empêche ces hospitalités d'être fécondes et éternellement souhaitables; et ce que Renan disait un jour du génie celtique, qu'il avait besoin d'être fertilisé de temps en temps par le génie germanique, et que c'était même une garantie de durée et de solidité pour la civilisation occidentale, — cela est vrai de toutes les nations et de tous les commerces d'idées. Dans l'échange incessant des pensées et des formes, le temps fait tôt justice de ce qui n'est que pastiche et singerie, et respecte ce qui fut profit et gain véritable : non point exactement un apport soudain, mais plutôt une rêverie nouvelle de l'enfant du logis, provoquée par le récit de l'hôte venu de loin, décision prise à la vue d'une destinée déjà formée, révélation du vrai « moi », enfin, par la rencontre d'un type encore inconnu de développement.

Dans ce perpétuel va-et-vient des choses de l'esprit, le rôle des grands peuples modernes, ou simplement des groupes cohérents et définis, se laisse ramener sans excessive simplification à des valeurs assez nettes. L'Italie a surtout été (et c'est pourquoi Dante reste comme en dehors de la stricte influence italienne) la révélatrice des belles formes, ouvrière incomparable des choses d'art, plus préoccupée parfois de bien dire que de bien vivre, et inclinant avec une prédilection égale vers la virtuosité un peu vide ou vers l'indifférence morale. L'Espagne n'a guère cessé de représenter « l'honneur castillan », frisant même la hâblerie à l'occasion, que pour incarner, semblait-il, l'obscurantisme monacal et la misère pittoresque, ou picaresque, servant de repoussoir à de somptueux donjuanismes. L'Angleterre nous a paru dépositaire de bien des libertés, soit que la vie civique ou que l'énergie individuelle y fussent surtout intéressées; et le culte du fait poussé au terre-à-terre, l'indépendance du caractère exaltée jusqu'à la singularité, ont semblé émaner de sa culture insulaire. Un archaïsme mélancolique (dont on ne savait trop s'il était celtique ou scandinave) se dégagea d'Ossian. L'Écosse de Thomson ou de Walter Scott nous a aidés à voir ou à nous imaginer, tandis que la Suisse, par Haller ou Gessner, Töpffer ou Gotthelf, a signifié surtout la médiocrité heureuse d'humbles destinées utiles, dans un décor admirable. La Suède s'identifia peut-être plus que de raison avec le séraphisme de Swedenborg, la Norvège avec la rude morale individualiste d'Ibsen, tandis que le Danemark et la Flandre, à travers Andersen ou Henri Conscience, nous séduisaient par leur bonhomie. L'Amérique du Nord, après avoir représenté la vie aventureuse des prairies ou la demi-sauvagerie des placers, tend à monopoliser l'idée d'un développement intensif des volontés. Plus éprise, de son côté, de fraternité et d'humilité que de cette liberté qui anime ses sœurs germaniques ou anglo-saxonnes, la Russie nous envoie les messages d'un évangélisme apitoyé et utopique. Et de plus loin encore, de la profonde Asie, sont venus quelquefois les reflets d'une sagesse millénaire et d'une abdication résignée devant la loi du Monde.

L'Allemagne et la France ont été plus attentives que tout autre grand peuple à ces voix par où s'exprimaient les génies nationaux. L'une et l'autre ont ouvré, dans la trame de leur propre tissu, bien des fils arrachés à de lointains fuseaux. Celle-là y a mis une application un peu pédantesque, mais une intelligence souvent admirable de la pensée étrangère; celle-ci, avec une compréhension plus superficielle, a témoigné d'une entente plus heureuse de l'art, des moyens pratiques, des nécessités littéraires. L'une et l'autre aussi ont, dans l'ensemble des relations intellectuelles, leur légende et leur signification durables. La France a surtout manifesté et illustré la réduction de toutes les choses de l'esprit à leur valeur sociale et humaine, l'application des idées aux faits, le goût de la mesure et de l'équilibre. L'Allemagne, avec moins d'habileté et plus de sincérité, a été avide de confession absolue et d'expression intégrale, d'idéalité et de liberté dans toutes les manifestations de la pensée, soucieuse aussi des rapports de l'homme avec la Nature et l'Univers, plus attentive enfin que la plupart de ses voisines à la notion du *fieri*, du développement : et c'est dans cette direction qu'elle a agi, le plus souvent, sur celles de ses voisines qui l'ont interrogée.

En ce sens, on peut dire que l'Allemagne des deux derniers siècles est assez exactement représentée par Goethe, et que la « légende » qui fut, jusqu'à ces derniers temps, celle de la Germanie fut aussi, à peu près, celle de son plus grand écrivain. Avec un peu plus d'élégance dans les formes mêmes de la vie, Goethe symbolise sans trop d'inexactitude la moyenne de ce que la pensée allemande a signifié longtemps pour tout l'Occident. Il est, vis-à-vis de l'étranger, comme le *sensorium commune* de divers centres qui furent tour à tour l'érudition sagace où notre XVIIe siècle réduisait tout le génie de la Germanie, l'idyllisme provincial des descriptifs et des pastoraux découverts par le XVIIIe, l'enthousiasme religieux de Klopstock, l'éloquence libertaire de Schiller et le criticisme intérieur de Kant; puis la sentimentalité d'Auguste Lafontaine, le fantastique et le « gothique » de Hoffmann et de Bürger, l'émotion nuancée de sarcasme d'Henri Heine; enfin le panthéisme de Schelling, l'idéalisme de Hegel et l'individualisme aristocratique de Nietzsche. Goethe forme ainsi, en quelque sorte, le centre de l'étoile dont les branches représentent les divers aspects principaux sous lesquels l'esprit et l'imagination de l'Allemagne sont apparus à sa voisine de l'Ouest. Assurément, il est exact de dire en un certain sens, comme on l'a fait (Ernest-Charles dans la *Revue bleue* du 20 février 1904) que « ce qu'il y avait de particulièrement allemand dans Goethe a cessé d'agir dès le romantisme fini; on ne voit plus guère dans son œuvre que ce qu'elle a d'essentiellement cosmopolite » : et, par là, ce serait une « influence française », dans la meilleure acception du terme, qui reviendrait au monde à travers Goethe. Cependant ce grand classique est aussi un grand « Rhénan »; et quelques-unes de ses tendances maîtresses, avant de se purifier dans l'Empyrée des gloires humaines, ont été vraiment apparentées à quelques-unes des dispositions par où un certain esprit germanique s'est manifesté au dehors.

Mais il s'agit là d'une Allemagne d'antan, de la terre favorite, croyait-on, des idéalités, de la patrie d'élection des chimères, des nostalgies et des espérances, de cette Allemagne qui n'avait eu pour elle, selon le mot d'un de ses fils, que le royaume de l'air, tandis que l'Angleterre s'était emparée de la mer et la France de la terre, mais qui, dans son domaine de nuages, s'était fait une existence enviable et, semblait-il, merveilleuse. Les nouvelles orientations de l'Allemagne rendront-elles à l'avenir l'image de Goethe de moins en moins représentative de sa patrie d'autrefois ? C'est assez possible, et il faudrait alors souhaiter à nos voisins de trouver, dans la contemplation de leur plus grand homme, un remède à la déchéance morale et à la médiocrité de pensée que risqueraient d'entraîner avec soi un développement économique trop exclusif et trop de soumission au formalisme étataire ou à l'étroitesse religieuse : dangers assez sérieux dans un pays qui n'a pas, comme le nôtre, une habitude invétérée de l'aménité sociale et des formes de la culture. Il possède, en revanche, une traditionnelle habitude de la vie intérieure, une impatience héréditaire de toutes les contraintes qui pèsent sur la liberté *morale*; et il n'est que juste de lui appliquer les paroles par lesquelles Goethe exprimait, en juillet 1827, sa confiance dans la pérennité de la France : « Je n'ai pour les Français d'inquiétude d'aucune sorte; ils sont placés à un degré si élevé dans la perspective de l'histoire du monde que l'Esprit ne peut aucunement être étouffé chez eux ».

INDEX ALPHABÉTIQUE

TABLE DES MATIÈRES

QUATRIÈME PARTIE

LA PERSONNALITÉ DE GOETHE